LORENZO MONTÚFAR

RESEÑA HISTÓRICA DE CENTROAMÉRICA

TOMO I

ERANDIQUE
COLECCIÓN

RESEÑA HISTÓRICA DE CENTROAMÉRICA TOMO I
LORENZO MONTÚFAR

©Colección Erandique
Supervisión Editorial: Óscar Flores López
Diseño de portada: Andrea Rodríguez
Administración: Tesla Rodas y Jessica Cordero
Director Ejecutivo: José Azcona Bocock
Primera Edición
Tegucigalpa, Honduras—Octubre de 2024

CON OJO MORAZANISTA

Lorenzo Montúfar, además de testigo privilegiado y analítico de una época convulsa de ideales, traiciones y guerras interminables, fue un consumado morazanista. Su libro **Morazán** es, además, un clásico de la literatura centroamericana.

Esos méritos nos llevaron al proyecto de publicar otras de sus obras magnas: la Reseña Histórica de Centro América.

Al igual que en Morazán, Montúfar defiende "a capa y espada" al héroe unionista, y fustiga con dureza a aquellos sectores que se opusieron —y combatieron— a la Federación, entre ellos, el marqués Aycinena, Rafael Carrera y la iglesia.

Debido a su pensamiento liberal, a Montúfar le era difícil narrar los hechos con objetividad. Pero eso no le quita méritos a la historia que él escribió, y que **COLECCIÓN ERANDIQUE** entregará al lector en cinco tomos.

"La entrada del general Morazán a la plaza de Guatemala el 13 de abril de 29, puso término a la guerra civil y a las pretensiones de la aristocracia; pero muy pronto el espíritu servil formó conjuraciones en San Salvador, en Soconusco, en Honduras, hasta el extremo de que traidoramente se izara la bandera española en el Castillo de Omoa", escribe, demostrando su admiración por el prócer.

El general Morazán se sobrepuso a los traidores, y en 1832 Centro—América quedó libre de ellos —agrega.

La edición que sirvió para esta nueva publicación es la de 1878 de la tipografía El Progreso de Guatemala. Lastimosamente, por razones que se desconocen, el libro tiene innumerables errores que nada tienen que ver con el estilo ortográfico de aquella época, lo que nos lleva a pensar más en un descuido.

En ese sentido, tuvimos que reconstruirlo (¿Reescribirlo?) con sumo cuidado, para que el lector no patinara en errores gramaticales que "ensuciaban" el texto. Creemos que lo logramos en un alto porcentaje, aunque seguramente la limpieza no fue total.

Eso no impedirá, sin embargo, que el lector disfrute de una obra que nos traslada a un pasado con olor a pólvora y sangre.

Óscar Flores López/Colección Erandique

RESEÑA HISTÓRICA DE CENTROAMÉRICA POR
Lorenzo Montúfar,

Abogado de la América Central y del Colegio de abogados de Lima; Doctor en Leyes de la Universidad de Costa—Rica; Académico correspondiente de la Real Academia española, de la Real Academia de la Historia, y de la Academia de Bellas Letras de Santiago de Chile; Académico profesor de la Matritense de Jurisprudencia y Legislación; individuo de la Sociedad de Geografía de Paris.

TOMO PRIMERO.

GUATEMALA
TIP. DE "EL PROGRESO," Octava calle Poniente, núm.11.
1878

DEDICATORIA

AL GENERAL PRESIDENTE
CIUDADANO D. RUFINO BARRIOS.

Señor:

Desde la Independencia hasta hoy, la historia de Centro—América es un combate entre un partido que intenta volvernos a la Edad Medía y otro que empuja moralmente al país hacia adelante.

El acta de 15 de setiembre de 1821 es el punto de partida de esa lucha incesante y continua.

Esa acta inmortal habla de la separación de España; pero no indica la forma de gobierno que Centro—América debía adoptar.

Tan importante declaratoria se dejó para otro tiempo.

Este aplazamiento no es casual; proviene de la meditación y del cálculo.

A los salones de Palacio concurrieron el 15 de setiembre de 821republicanos y monárquicos, y estos se dividían en Constitución ales y absolutistas, que se habrían agregado al partido de don Carlos en España, o al de Carlos X en Francia, pues parece que el nombre Carlos está dedicado en todas partes a indicar el absolutismo de los reyes.

Los monárquicos de ambas secciones apoyados en que el acta de Independencia no establece la república, lucharon con los republicanos en favor de la monarquía, hasta obtener la anexión al Imperio mejicano, consignada en el acta fatal de 5 de enero de 1822.

Caído el Imperio por grandes sucesos que en Méjico acaecieron, muchos delos monárquicos de setiembre de 21 y de enero de 22 tuvieron necesidad de transigir con la república, no por convicciones, sino porque el Emperador de Méjico había sucumbido; pero aplazaban la declaratoria sobre la forma de gobierno.

El acta de 1.° de julio de 1823 declara solemnemente que las provincias del antiguo Reino de Guatemala son libres e independientes de Méjico, de España y de cualquiera otra nación, pero no adopta todavía la forma republicana.

La república no triunfó sino hasta el 17 de diciembre de 1823 día en que se publicaron, después de una reñida lucha parlamentaria las bases de una Constitución popular, representativa, federal.

Vencidos nuestros monárquicos en este terreno, se dedicaron desacreditar la nueva forma de gobierno, a presentar obstáculos de todas clases a la administración, para destruir la ley fundamental y establecer, si no una monarquía, a lo menos una república aristocrática, como Venecia, cuyo Dux fuera uno de los partidarios del Imperio mejicano.

Con este fin hubo combates desde el año de 26 hasta abril de 1829.

La entrada del general Morazán a la plaza de Guatemala el 13 de abril de 29, puso término a la guerra civil y a las pretensiones de la aristocracia; pero muy pronto el espíritu servil formó conjuraciones en San Salvador, en Soconusco, en Honduras, hasta el extremo de que traidoramente se izara la bandera española en el Castillo de Omoa.

El general Morazán se sobrepuso a los traidores, y en 1832 Centro—América quedo libre de ellos.

Pero otras conjuraciones apoyadas por el fanatismo, y por las supercherías más absurdas, abrieron nuevas campañas hasta dominar la situación el 13 de abril de 1839.

Un esfuerzo heroico de la juventud, acaudillada por los próceres de la Independencia, triunfó sobre el salvajismo en 1848.

Pero los liberales no supieron mantener el triunfo. Se engolfaron en discusiones teóricas, en momentos solemnes que exigían la acción, la actividad y la fuerza; se dividieron en dos secciones, una de ellas se unió a los serviles, e hizo correr la sangre de distinguidos ciudadanos, en los campos de San Andrés, llevando su ceguedad hasta el exceso de elevar al poder supremo a un partidario del régimen caído, que terminó su mando perpetrando una traición, que condujo á los calabozos y al destierro a los mismos que lo habían elevado.

El régimen de 13 de abril de 1839, se restableció entonces, se fortificó con los errores del año de 48, aumento su solidez con el apoyo de jesuitas y de frailes de todos colores, que en burcadas se hacían venir del extranjero, y todavía existiera sin los sucesos de 1871.

Señor General Presidente: U. asociado de otro Jefe ilustre, destruyó ese régimen fatal; y U. solo ha mantenido hasta hoy una Era nueva de adelanto y de progreso cualquier palabra que salga de mi pluma o de mis labios será interpretada como vil adulación. Las circunstancias me imponen, silencio. Me contraigo, por tanto, a un acontecimiento solo, que, estando a la vista de Guatemala, de Centro—América y del mundo entero, nadie podrá tener la osadía de negar, y me atrevo a dedicar a Ud. esta "Reseña", que se compondrá de varios tomos.

La obra significa poco; pero ella estimulará a personas competentes a escribir otras dignas de Centro—América.

No hago ahora más que salvar de las llamas devoradoras del partido servil, preciosos documentos, y consignar recuerdos que et tiempo destruye.

Señor Presidente: dígnese Ud., en tal concepto, aceptar benévolamente esta dedicatoria.

Libertad y Reforma.

Guatemala, septiembre 30 de 1878.

LORENZO MONTÚFAR

PRÓLOGO DEL AUTOR.

La historia es la experiencia del mundo y la razón de los siglos.
EL CONDE DE SÉGUR,

La historia ha sido comparada con un anciano de millares de años, que refiere lo acaecido durante su prolongada existencia.

Nadie ignora la importancia de esta narración, llamada por muchos, "espejo de la verdad que nos da en el cuadro de lo pasado el anuncio del porvenir."

"En el tribunal de la historia, se ha dicho: Los conquistadores descienden del carro triunfal: los usurpadores no nos espantan con la comitiva de sus satélites: los príncipes aparecen sin sus cortesanos, y despojados de la falsa grandeza que les prestaba la adulación. Detestamos sin riesgo la ferocidad de Nerón, las crueldades de Sila, la hipocresía de Tiberio. Si hemos visto a Dionisio espantoso en Siracusa, lo vemos humillado; en Corinto".

Este cuadro referente a Grecia y Roma, comprende toda la historia. Los acontecimientos son los mismos en todas las edades, en todas latitudes y bajo todos los meridianos. La diferencia está en el teatro donde se ejecutan y en los actores que los representan.

En todas partes hay Dionisios humillados después de haber ejercido largos años la tiranía. En todas partes hay Tiberios que, después de haber ahogado todas las libertades, exclamen: "¡Nación vil! naciste para la servidumbre." En todas partes hay hombres que sin las glorias militares, ni las eminentes cualidades de Sila, emplean para vencer, la corrupción y las tablillas de proscripciones. En todas partes hay Nerones que incendien la capital de su patria, como incendió Nerón muchos cuarteles de Roma, consumiendo inmensas riquezas.

Y pasando a otros tiempos y a otros países, puede decirse que en todas partes hay traidores. La historia de España exhibe al conde don Julián bajo el peso de la execración de once siglos, porque entregó su patria al extranjero; traición infame que, para oprobio de la humanidad, no solo a las márgenes del Guadalete se ha perpetrado.

Ahora se trata únicamente de presentar los sucesos que precedieron a la Independencia de Centro—América y que se han realizado hasta hoy.

El señor doctor don Alejandro Marure, por orden del jefe del Estado de Guatemala doctor don Mariano Gálvez, escribió un "Bosquejo Histórico", que comenzando con la Independencia debió terminar con los sucesos de 1834. La obra iba a contener tres volúmenes; Marure hizo imprimir dos, y el tercero quedó inédito. El partido servil de Guatemala estaba caído entonces; no pudo, por lo mismo, impedir la circulación del primer tomo, y su edición se agotó: pero cuando ese partido subió al poder, se recogieron muchos ejemplares. Por todas partes tenían los serviles agentes que pedían prestado el primer tomo de Marure, y jamás lo devolvían.

El segundo tomo ya no se dejó circular. Un solemne auto de fe devoró la edición entera. Sin embargo, un ejemplar escapado de las llamas aparece ahora reimpreso, y circula sin riesgo de pesquisas inquisitoriales.

Cuando se hacía cargo a los serviles por la desaparición del segundo volumen de Marure, decían que contiene una serie de falsedades, y que no debe engañarse al público con mentiras.

Ese tomo está hoy a la vista del público, y con el texto en la mano pregunto al partido servil: ¿dónde están esas falsedades y esas mentiras?

¿Será una falsedad el decreto de 28 de marzo de 27, en que Aycinena pone fuera de la ley a los próceres de la Independencia centroamericana?

¿Será una falsedad el decreto de don Mariano Aycinena que condujo al patíbulo al honrado artesano Isidro Velasco?

¿Será una falsedad el decreto de 10 de mayo de 27, firmado por don Mariano Aycinena y por don Agustín Prado, que inmola á Pierzón?

¿Será una falsedad el decreto de Aycinena, refrendado por don Antonio José de Irisarri, que manda no se lea ni circule en Guatemala ningún libro que no fuere del agrado del arzobispo fray Ramon Casaus y Torres?

¿Serán una falsedad los confinamientos por diez años al castillo de Omoa, lo que equivalía a la pena de muerte infligida lentamente; y con la circunstancia agravante de que los confinados iban bajo las órdenes del inhumano Sistiaga, ¿que se complacía en darles un trato cruel?

¿Será el despojo y la persecución de los magistrados de la Corte de Justicia, entre los, cuales figuraba el distinguido jurisconsulto y honradísimo ciudadano don José Venancio López?

¿Será una falsedad el incendio de Comayagua ejecutado por las fuerzas serviles que Arce mandó a Honduras á sojuzgar el país, y a proteger al vicario don Nicolas Irías, quien intentaba vencer a los liberales lanzando contra ellos inútiles excomuniones?

¿Será una falsedad la devastación de una parte de Aculhuaca, de San Sebastián, de Cuscatancingo, de San Martin, de Mejicanos, de Tuistepeque, de Nejapa y de algunos barrios de la ciudad de San Salvador?

¿Será una falsedad el asesinato de Merino extraído de un buque extranjero que se hallaba en la Bahía de Conchagua?

La narración del segundo tomo de Marure está comprobada con documentos justificativos, que se hallan al fin del volumen: digan los serviles cual de todos esos documentos es falso.

No ha sido posible conseguir el tomo inédito. Algunas personas de la familia del autor, no sé por qué género de consideraciones, se oponen a que se vea.

Si aquel tomo se hubiera publicado, esta Reseña comenzaría con los sucesos del año de 34; pero faltando una parte de lo que escribió Marure, ha sido preciso comenzar desde fines de 1828, circunstancia que me ha proporcionado ocasión de palpar las falsedades con que el partido servil ha desfigurado los sucesos memorables de 1829.

La obra está dividida en capítulos cortos; su brevedad y la geografía política de Centro—América así lo exigen. La República estaba distribuida en cinco Estados. Es preciso hablar de todos sin que haya confusión. Limitarse a uno solo, sería lo mismo que pretender escribir la historia de Francia, sin hablar más que de Burdeos ó de Marsella. Cada Estado exige capítulos separados. Exígelos igualmente el Gobierno federal. Una narración rápida de un país con seis gobiernos, necesita muchas divisiones para ser clara. Se sigue el orden cronológico. Pero una y otra vez para completar un acontecimiento, se da fin a lo que a él concierne, volviéndose en el capítulo siguiente al tiempo que ha servido de punto de partida.

La primer cualidad de un historiador es la imparcialidad. Jeremías Benthan dice, para explicar la imparcialidad que ha de adornar a los jueces, que deben ser perpendiculares. El historiador es un juez en las cuestiones sobre que versa su obra, y debe, por lo mismo, ser tan perpendicular, como Benthan quiere que sean los jueces.

Pero si para obtener esta cualidad fuera preciso no pertenecer a ningún partido, no habría quien escribiera la historia, porque aunque no existe entre nosotros una ley de la antigüedad que condenaba a los ciudadanos que fueran indiferentes a las cuestiones de la patria, es imposible encontrar un hombre solo, que no se incline más a un círculo político que a otro, que no crea más justo un sistema que otro sistema, y a quien no inspiren más simpatías las doctrinas de unos hombres que las doctrinas de otros.

No hemos tenido una obra histórica desde el año de 21, trazada por una pluma enteramente imparcial. Las Memorias de Arce son un alegato de bien probado en favor de su administración. Las Memorias de Jalapa son la apología del partido servil. Todas las publicaciones de Irisarri, de don Juan José Aycinena, de Pavón, de Milla y cuantas se han hecho durante treinta años por los retrógrados, presentan a los liberales como una sociedad de malhechores, y a los serviles como ángeles que forman coros celestiales. Los recalcitrantes, durante todo ese tiempo, aprovechaban todas las ocasiones y todas las circunstancias, para cubrir de oprobio a un partido que se proponían destruir colectiva é individualmente. Esa incesante predicación llegó a producir efecto en el ánimo de muchas personas.

Al escribir esta Reseña, me encuentro bajo una pesada atmósfera de errores, y para restablecer la verdad necesito colocarme al frente de esos errores, a fin de procurar destruirlos con documentos, con raciocinios y con narraciones.

Ese ataque, indispensable para desvanecer las nieblas arrojadas sobre los grandes acontecimientos, y sobre una serie de individuos, será lo que los serviles llamen parcialidad y espíritu de partido. Pero en las circunstancias en que ellos colocaron al país, no se puede restablecer la verdad comenzando de otra manera.

El espíritu de adulación ofusca a los historiadores; pero en esta Reseña no puede existir. Los principales personajes á que me refiero han muerto. El general Morazán desapareció, y nada tengo que esperar, ni que temer de su familia. Barrundia no existe. Se dirá que tiene un hijo en elevada posición. Es verdad; pero cuando Barrundia murió, su hijo era un niño, y entonces escribí una Noticia biográfica de don José Francisco Barrundia, que fue publicada en el periódico oficial de Costa Rica, y reproducida en San Salvador, sin embargo de las circunstancias aflictivas de la época, y en otras secciones de América.

En esa Noticia biográfica se presentan más de relieve las virtudes cívicas de aquel esclarecido ciudadano que en toda esta Reseña.

No mueve, pues, mi pluma, ni la vil adulación, ni el misérrimo interés.

El partido liberal no se presenta como intachable: censuro severamente su falta de unidad, sus divisiones, que tan funestas han sido para él; sus tendencias a sacrificar a simples formas los más elevados intereses y a fijarse decididamente en la bondad absoluta de las leyes, sin considerar algunas veces su bondad relativa; la facilidad para condenar a sus prohombres por pequeñeces, sin tener en cuenta largos años de sacrificios heroicos, y de cívicas virtudes; vicios que si no se corrigieran, el partido liberal jamás podría permanecer largo tiempo en el poder.

Otra falta que se intentará atribuirme es la ingratitud.

La ingratitud es un vicio que envilece.

Un hombre, para no ser ingrato, debería callar los defectos de sus bienhechores, aunque solo se trate de los actos de la vida política; pero ningún deber de gratitud sella mis labios respecto de los individuos del partido servil, comprendidos en esta Reseña. No debo molestar al público con materias que, siendo absolutamente personales, ningún interés ofrecen para él. No tendré inconveniente, sin embargo, en contestar detalladamente, demostrando lo que digo, a cualquiera que por la prensa me impute falta de gratitud.

Casi en cada capítulo de esta Reseña se insertan los decretos, los discursos, las proclamas, los manifiestos a que la narración se refiere; sistema que si por una parte hace fastidiosa la obra, por otra eleva el relato á evidencia, primer cualidad de un libro histórico.

Muy fácil me habría sido referirlo todo con mi propio estilo; pero he preferido a la pueril vanidad de presentar incesantemente redacciones propias, la conveniencia de que la juventud conozca a muchos hombres de nuestra historia, no solo por lo que se dice de ellos, sino por sus discursos, por sus proclamas, por sus decretos, por sus notas oficiales y otras publicaciones suyas.

La historia no es un libro, es una serie de sucesos que se realizan; los libros no hacen más que consignar esos sucesos. El que escribe un libro histórico debe procurar desaparecer en su obra, presentando a la vista los acontecimientos que narra como si se estuvieran verificando.

La juventud que se educa desde el año de 1871, no conoce a los primeros personajes de nuestra historia. No existen sus discursos, porque no hubo taquígrafos que los consignarán. No existen sus publicaciones periódicas, porque los serviles las destruyeron. ¿Dónde están las colecciones de El Genio de la Libertad, de El Editor Constitución al, de El Amigo de la patria, de La tribuna, de El liberal, de El amigo del pueblo y de otros muchos periódicos que se publicaron en Centro—América? No existen. Los serviles han procurado que desaparezca hasta la memoria de lo pasado.

No hay tampoco tradiciones exactas, porque los serviles las han alterado convirtiendo en acciones monstruosas actos recomendables, y deificando la barbarie, que asombrará a los jóvenes cuando lean el relato de los crímenes que, cantándose la Salve Regina, se perpetraron.

Es conveniente, pues, dará conocer las personas históricas á que mae refiero, presentando sus propias obras.

Las Memorias escritas por el general Morazán en David, para contestar los cargos que los serviles le hacían, contienen la narración de algunas de sus batallas. Esas Memorias han circulado tan poco, que el general don Miguel García Granados, por más esfuerzos que hizo, no pudo conseguir verlas antes de publicar el primer tomo de sus Memorias.

Me propongo hacer que la juventud conozca al general Morazán , pintado por los serviles como un Heliogábalo, no solo refiriendo sus hechos, sino presentando íntegras sus palabras y textualmente sus vindicaciones.

El general Morazán describe las acciones de la Trinidad, de Gualcho, de San Antonio, de San Miguelito y de las Charcas. No puede haber mejor historiador de una batalla que el jefe victorioso. Sería una falta preferir mi propia narración a la narración de quien no solo fue testigo ocular, sino que lo hizo todo en el campo de batalla.

La inteligencia de Raoul, y su elevada posición en el ejército aliado que sitió a Guatemala el año de 29, le dan una grande importancia en aquella campaña. Morazán comisión, a Raoul para dar a los gobiernos aliados noticia circunstanciada de los sucesos militares acaecidos en los días 7, 8, 9, 10, 11 y 12 de abril de 1829. La narración de Raoul está documentada y la presento íntegra, con todos sus documentos anexos, en el capítulo octavo del libro primero.

Los acontecimientos de los días 11 y 12 de abril, tienen una importancia inmensa; son una gran crisis en que se desploma todo un sistema, para elevarse otro sistema. En esos dos días ya no se ven las miserables fortificaciones de la plaza de Guatemala que caen, sino la libertad republicana que se eleva. Los grandes acontecimientos de esos dos días memorables no pueden descansar solo en un parte militar. Se hace otra narración amplificada. Esta no se desvía de la verdad; está basada en los mismos partes militares y en notas de Aycinena, quien horrorizado por los estragos de la metralla, único argumento capaz de convencerlo, suplica y vuelve a suplicar al general Morazán que suspenda las hostilidades contra la plaza. Los serviles han escondido esa correspondencia. Ellos juzgándola aniquilada, escribieron atroces falsedades sobre la rendición de la plaza. Alguna de estas falsedades realza en la Biografía de don Manuel Francisco Pavón, escrita por don José Milla y Vidaurre.

Desde el 13 de abril de 1829, día en que el general Morazán ocupó la plaza de Guatemala, hasta el 13 de abril de 1839, día en que la ocupó el general Carrera al frente de hordas salvajes, la historia es una lucha incesante y sin tregua con la aristocracia, con el clero, con todo el partido servil empeñado en que las instituciones liberales no se afianzarán y en restablecer el monaquismo y la teocracia, valiéndose de las supercherías más absurdas.

No con el fin insano de turbar la paz de los muertos, ni de herir en lo más vivo a familias que todavía existen, sino para que la juventud vea y tenga en sus propias manos las armas con que el Arzobispo, los pretendidos nobles y el clero han combatido la independencia, la república y las instituciones liberales, se relatan y documentan en el capítulo cuarto los sucesos del convento de Santa Teresa, y las más severas resoluciones dictadas contra ellos por el papa Pio VII.

Pio VII no era un liberal, nada de liberal tenía; fue el Pontífice que excomulgó a Napoleón I, y derogó el Breve de Clemente XIV, contra la Compañía llamada de Jesús; pero no soportó las supercherías del Arzobispo y de los nobles de Guatemala, como no soportó que los jesuitas le exigieran que coronara a Luis XVIII como sucesor sin interrupción e inmediato del Delfín de Francia. Pio VII les contestó airado: "HE CORONADO Á NAPOLEON BAJO LAS BÓVEDAS GÓTICAS DE NUESTRA SENORA DE PARIS, Y NO PUEDO DECIR HOY QUE NO FUE UN MONARCA LEGÍTIMO."

La condenatoria dictada en Roma contra fray Ramon de nada valió. Ni el Arzobispo, ni don Mariano Aycinena ni su círculo, hicieron caso de la resolución del Papa. Sus esfuerzos se dirigieron a que no circulara, á que nadie la viera, y continuaron las profecías contra los liberales. Los serviles aprovechaban, para dar pábulo a esas siniestras predicciones, los terremotos, los rayos, los eclipses y todos los grandes fenómenos de la naturaleza.

Estas maniobras que durante los acontecimientos en el libro primero y segundo contenidos, solo produjeron el ridículo y el escarnio, triunfan más tarde.

El clero y la pretendida aristocracia, para sublevar a los pueblos, aprovechan una serie de reformas que a la legislación se habían hecho. Muchos curas logran al fin levantar a los campesinos. Los milagros se repiten. Ya no los hacia la madre Teresa Aycinena, porque había muerto; pero los hacia su memoria; los hacían sus vestidos, que se dividieron para esparcirlos por todas partes, como sacrosantas reliquias; los hacían otras monjas tan santas como aquella, aunque no de tanto crédito; y mediante tales portentos que se emplearon el año de 37, para hacer creer a los pueblos que el gobierno envenenaba las aguas, se levantó Carrera, auxiliado por los aristócratas y los curas. Aquel caudillo se convirtió en instrumento de sus protectores, y cuatro familias apoyadas por los jesuitas, que llamaron en su auxilio, ejercieron como dueñas y señoras de los destinos de la patria, su voluntad absoluta durante treinta años.

En toda esta Reseña se habla de nobles y aristócratas para seguir las denominaciones usuales y las creencias de algunos biógrafos; pero en realidad, en Centro—América no hay nobleza ni la hubo jamás. Determinadas familias formaron ligas para no mezclarse con el resto del país, y para imponer su autoridad a la nación entera. Estas ligas más hostiles al pueblo que la nobleza europea, es lo que se ha llamado aristocracia. En todo el reino de Guatemala no hubo más título nobiliario que el correspondiente a un marquesado. Ese único marquesado se obtuvo, no por proezas, ni por relevantes cualidades del fundador, ni de sus ascendientes; sino por compra al Rey de España. El título fue abolido por la Asamblea Nacional Constituyente en decreto de 23 de julio de 1823. En España, muchos años ha que se declaró suprimido ese marquesado, y quien su título usara hoy, en los dominios de Don Alfonso XII, incurriría en pena, según la ley española de 28 de diciembre de 1846.

Los conquistadores, cualquiera que haya sido su origen, que en lo general aparece muy innoble; venían casi siempre solos, y tuvieron sucesión, legítima o ilegítima, con las indias conquistadas, únicas mujeres que se hallaban en este suelo. Se infiere evidentemente de lo expuesto, que mientras más antiguas sean las familias centroamericanas, más clara es su procedencia indígena. Juarros enaltece a una serie de familias guatemaltecas, de las que más ostentan todavía con su orgullo y el desdén con que miran a los hijos del pueblo, los humos aristocráticos, por creerlas procedentes de don Jorge de Alvarado, hermano de don Pedro el conquistador.

Don Jorge nao era en España ningún Duque de Medinaceli, ni de Medina—Sidonia; pero aunque matando indígenas hubiera ascendido a un Ducado, con grandeza de primera clase, la sucesión de don Jorge de Alvarado en América procede de Lucia Xicotenga—Tecubalsi, india americana, hermana de Luisa Xicotenga, madre de doña Leonor de Alvarado. Los hijos de españoles y de indias, no miraban con tanto disgusto como sus padres, a los indios sus parientes, y continuó mezclándose la raza. He aquí el principio de la antigua nobleza centroamericana. Siendo esta la cuna de la aristocracia de nuestro país, los hijos del pueblo deben ver a todos sus conciudadanos, cualquiera que sea la ropa que vistan, como iguales, no solo ante la ley, sino ante el origen; y no admitir distinciones que no procedan de la inteligencia, de la cultura y la honradez.

Nada de lo que presenta la historia del universo nos es extraño, desde la superchería de Numa Pompilio que hace creer al pueblo que la ninfa Egeria aprueba y guía todos sus actos, hasta los jesuitas de Santiago de Chile que hacen creer al pueblo que la Virgen María contesta las cartas que se le escriben; desde los sacerdotes paganos del templo de Diana, que fingen que la Diosa habla, hasta los sacerdotes católicos de Nápoles, que fingen que en sus manos se liquida la sangre de San Genaro.

En toda nuestra historia domina la incesante lucha entre lo presente y lo pasado; entre los hombres que nos arrastran a la Edad Media y los hombres que nos empujan hacia adelante.

Esta lucha no es propiedad de la América Central; ella se presenta en el orbe entero; pero en aquellos pueblos donde la luz de la civilización no penetra, sus estragos son mayores y sus consecuencias más funestas.

Guatemala, 26 de setiembre de 1878.

LIBRO PRIMERO: RESEÑA HISTÓRICA DE LA AMÉRICA CENTRAL

COMPRENDE UN CAPÍTULO PRELIMINAR SOBRE LAS CAUSAS DE LA REVOLUCIÓN; LA GUERRA DE HONDURAS DESDE EL SITIO DE COMAYAGUA HASTA EL COMPLETO TRIUNFO DEL GENERAL MORAZÁN , Y LOS SUCESOS QUE PRECEDIERON A LA VICTORIA DE LOS SALVADOREÑOS EN MEJICANOS, HASTA LA RESTAURACIÓN DE LAS AUTORIDADES DISUELTAS EN 1826.

CAPÍTULO PRIMERO-CAUSAS DE LA GUERRA DE GUATEMALA CON EL SALVADOR Y HONDURAS.

SUMARIO.

Antes de continuar el hilo de los acontecimientos que el Sr. Marure suspende en su obra impresa, al comenzar la narración del fin trágico de Merino, es conveniente que se conozcan los móviles de esa guerra desastrosa, que tanto ha influido en la suerte de Centro— América, y que tan funesta fue para los Estados beligerantes.

Guatemala, en tiempo del gobierno español, era la capital del Reino. En ella residía el Capitán General, la Real audiencia y el Arzobispo. El circulo político de estos señores, no solo se componía de españoles, sino de guatemaltecos pertenecientes a las familias que se llamaban nobles. Los males, por tanto, procedentes de las primeras autoridades, no se atribuían únicamente a los peninsulares, sino a la aristocracia guatemalteca.

El pueblo estaba reducido a la nulidad más absoluta. No se le educaba, ni se le instruía, y era un instrumento ciego de la oligarquía que imperaba en el Palacio de los Capitanes Generales.

El odio de las provincias se marcó contra esa oligarquía, y más tarde, por equivocaciones y errores, se hizo extensivo a todo lo que fue Estado de Guatemala. Este odio era mayor en las provincias limítrofes, por ejercer en ellas una influencia más directa los consejeros de los gobernantes españoles que se hallaban en la capital.

25

Hubo un acontecimiento que debió haber sido agente destructor de envejecidos odios y vetustas preocupaciones: la Independencia. Pero aquel suceso memorable, si bien dio autonomía Centro— América, no pudo darle la unidad y la confianza que para su prosperidad necesitaba. Son pocos los hombres que tienen la grandeza de alma y las virtudes cívicas indispensables para prescindir de los honores y preeminencias que los han rodeado desde la cuna.

El círculo aristocrático de Guatemala carecía de esas cívicas virtudes. Él había perdido muchas de sus prerrogativas con la Constitución de 1812, y con los decretos de las Cortes de Cádiz. El golpe que en 1814 dio Fernando VII anulando la Constitución, prendiendo a los diputados liberales, disolviendo las Cortes y restableciendo la Inquisición y la Compañía llamada de Jesús, fue celebrado con entusiasmo por la aristocracia de Guatemala.

El arzobispo Fr. Ramon Casaus y Torres, español tan erudito como intrigante, estaba ligado a la misma aristocracia desde que arribó a esta diócesis el año de 1811, y todas sus pastorales, edictos y sermones tendían a sostener los fueros de la nobleza.

El 1° de enero de 1820, Riego a la cabeza de un ejército, que en las inmediaciones de Cádiz se había formado para combatir la Independencia americana, dio el grito de libertad, secundado por Quiroga, Arco—Agüero, López Baños, O. Dalí, La—Bisbal y otros; y Fernando VII juró la Constitución de 1812 y convocó las Cortes. La aristocracia de Guatemala sufrió un segundo golpe. Ella no calculaba entonces que cien mil franceses, a las órdenes del Duque de Angulema, restablecerían el poder absoluto de Fernando VII, ni que una elevada horca haría expiar á Riego su amor a la libertad. Los nobles fueron vencidos en las elecciones de diputados á Cortes y demás funcionarios que creaba la Constitución, porque el partido que combatía la nobleza, contaba en su apoyo con las autoridades españolas y había tenido habilidad para ganarse al pueblo. Todo esto hizo a muchos aristócratas decidirse a trabajar con ahínco por la Independencia.

Verificada nuestra emancipación, se había realizado el primer acto del drama político. Veamos el segundo. Méjico, según los tratados de Córdova, debía tener un monarca. Los nobles de Guatemala acogieron esa monarquía con entusiasmo, e hicieron esfuerzos para que su país fuera una parte integrante de ella. San Salvador se opuso. Ellos lo invadieron. No pudieron triunfar. Pidieron entonces auxilio a Méjico y realizaron una segunda invasión con tropas mejicanas, hasta imponer el yugo monárquico a la provincia que más había combatido por la libertad, por la independencia y por la República. Los odios que estas dos invasiones produjeron son profundos, muy profundos.

El pronunciamiento de Casa Mata, destruyó el Imperio mejicano. Centro—América no podía ser una monarquía siendo Méjico una República. Si Méjico no estaba regido por una testa coronada, la nobleza de Guatemala ningún provecho reportaba de la anexión, porque la República no podía conservarle los honores y preeminencias de hidalguía á que tanto aspiraba. El Imperio desapareció; pero no se borraron las huellas de sangre que en el Salvador dejaba impresas.

La asonada de Ariza Torres dio a conocer el estado de los ánimos. Ella obligó a las autoridades nacionales residentes en Guatemala, a pedir auxilio a San Salvador. Los salvadoreños entraron a la capital con el disgusto y la zozobra con que se penetra a un país enemigo. Por todas partes veían, o se figuraban ver a los invasores de su patria. Esta situación produjo alarmas que no terminaron sino hasta que la división salvadoreña evacuó el territorio guatemalteco.

Bajo el poder de estas impresiones fatales se había instalado la Asamblea Nacional Constituyente. Este alto Cuerpo, honra de la patria, se compuso de los hombres más ilustrados de la República. Allí estaban representadas las cinco secciones centroamericanas. Entre los diputados del Salvador se hallaban los doctores Matías Delgado e Isidro Menéndez, quienes creían, como la mayor parte de los pueblos que representaban, que los nobles de Guatemala se proponían sojuzgarlos. Estas ideas se hicieron extensivas a los representantes de otras secciones. Los diputados guatemaltecos don José Francisco Barrundia y don Antonio Rivera Cabezas, participaban de los mismos temores.

Tales convicciones contribuyeron poderosamente a la adopción del sistema federativo, que se consideraba un baluarte contra el poder de la aristocracia monárquica. Favorecían también el sistema federal los publicistas entonces conocidos en este país. Montesquieu dice que si una República es pequeña la destruye una fuerza extranjera, y que si es grande la destruye algún vicio interior: que los hombres se habrían visto precisados a vivir bajo el gobierno de uno solo, si no hubieran imaginado un modo de Constitución que a todas las ventajas interiores del gobierno republicano reúne la fuerza exterior del monárquico; tal es la República federativa. Tenían los liberales en la historia antigua el ejemplo luminoso de la Grecia, más tarde la Holanda y en los tiempos modernos la Suiza y los Estados Unidos. En Centro América el sistema de intendencias y de diputaciones provinciales independientes entre sí, había preparado el país para la organización de diferentes Estados, y no eran bastante conocidas todavía muchas de las impugnaciones que se han hecho a los pensamientos políticos del autor de las Cartas Persianas y del Espíritu de las Leyes. El partido servil, con todas sus fuerzas combatía la idea de federación, y este combate convencía más a los liberales de que la aristocracia aspiraba al gobierno unitario para sojuzgar al país con el auxilio del Metropolitano, de los obispos sufragáneos y de los monjes. Los liberales tuvieron mayoría, y la Constitución Federal fue decretada. Un Congreso posterior la sancionó, y comenzó a regir como ley de la República.

La elección de Arce, tan inconstitucional, como expresa Marure en el primer libro del Bosquejo Histórico, fue el principio de una nueva revolución. Arce era enemigo de la ley fundamental, y se proponía destruirla. Los nobles se le unieron y se ligó con ellos. Esta liga produjo grandes temores en los Estados y especialmente en San Salvador.

La liga de Arce con la aristocracia, lo puso en pugna con el Gobierno del Estado de Guatemala, a cuyo frente se hallaba don Juan Barrundia. Los nobles se propusieron entonces, apoyados en la autoridad del Presidente, dar golpes de hecho en todos los Estados que pudieran oponérseles, para tener jefes que pertenecieran a la escuela aristocrática. Arce se convirtió en dócil instrumento de la aristocracia. Redujo a prisión al jefe Juan Barrundia. Encendió la tea que produjo el asesinato del vicejefe don Cirilo Flores, y la disolución de la Asamblea y del Consejo. Mandó hacer nuevas elecciones, que por la influencia de las bayonetas favorecieron a la nobleza. Don Mariano Aycinena fue electo Jefe del Estado de Guatemala. Se dio un decreto premeditado convocando a elecciones para un nuevo

Congreso nacional y se maquinaron revolución es en los otros Estados.

16—En Honduras mandaba don Dionisio Herrera, liberal sin tacha, amigo y pariente de don José del Valle, cuyas opiniónes Herrera respetaba siempre y seguía muchas veces. Era preciso derrocarlo, y se emprendió la lucha contra él por medio de las autoridades eclesiásticas. El obispo de Honduras había muerto. En sede vacante mandaba como vicario el canónigo don Nicolas Irías. Arce, el arzobispo Casaus é Irías estaban de acuerdo. El vicario hondureño suscitó a Herrera cuantas dificultades pudo promover. Le sublevó algunos pueblos y lanzó contra él la excomunión. No pudiéndosele derribar solo con las intrigas del clero, Arce invadió a Honduras por medio del coronel don Justo Milla.

17—En San Salvador gobernaba don Juan Vicente Villacorta, a quien los nobles lograron alucinar. Villacorta dio auxilios á Arce para sostener su política. Pero muchos hombres pensadores comprendieron que se hallaban al borde de un abismo. Hicieron ver al Jefe del Estado los planes de la aristocracia, y la política comenzó a variar. La poca salud y avanzada edad de Villacorta, no le permitían entrar en luchas políticas y se retiró del mando. El vicejefe don Mariano Prado ascendió al poder. Arce deplora en sus Memorias este acontecimiento. Tiene razón.

18—Prado cambió la faz política de su país. Rechazó el decreto de convocatoria y emitió otro llamando a los diputados y senadores a la villa de Ahuachapán para que formaran el Congreso y el Senado de la República, disueltos indebidamente por intrigas del Presidente. Todos los Estados aceptaron este decreto. Pero dificultades de hecho impidieron la reaparición de los cuerpos colegisladores.

19—El recuerdo de las dos pasadas invasiones: el golpe de Estado contra el jefe don Juan Barrundia; las elecciones hechas en Guatemala bajo la presión de las bayonetas; el aparecimiento en los primeros puestos del Estado, de los aristócratas que dos veces invadieron al Salvador para establecer la monarquía; el decreto de Arce desconociendo al Congreso existente y convocando a elecciones para reformar la República de la manera que pluguiera a las clases que habían sido privilegiadas, y las maquinaciones en los Estados para destruir las autoridades liberales y establecer otras de la escuela aristocrática, produjeron en San Salvador una grande excitación. Se creyó que había llegado la hora de invadir a Guatemala, para cambiar las autoridades llamadas intrusas del año de 26, que todo lo conmovían y restablecer a las inconstitucionalmente caídas. Aycinena comprendió que el Salvador se preparaba para invadirlo y dio un manifiesto a los pueblos llamándolos a las armas. Este manifiesto en que se hacen violentas increpaciones a los liberales de todos los Estados, aceleró los acontecimientos.

Marcharon dos mil salvadoreños sobre Guatemala y fueron derrotados completamente en Arrazola. La aristocracia había triunfado. La victoria de Arrazola le daba una gran preponderancia en toda la República. Los nobles se creyeron invulnerables. Ellos pensaron que con solo una orden podían destituir al jefe del Estado de Honduras don Dionisio Herrera y con un pequeño movimiento al vicejefe del Salvador don Mariano Prado, para verificar una reforma aristocrática en todo Centro—América, que les hiciera olvidar la pérdida del emperador Iturbide.

20—El coronel Milla puso sitio á Comayagua después de haber invadido a Honduras bajo el pretexto de custodiar cantidades de tabaco que existían en Los Llanos, y con el fin preciso de proteger el partido de Irías y de operar un cambio político.

21—Otras fuerzas mandadas por los nobles, marcharon á invadir tercera vez al Salvador.

¡He aquí las causas de la guerra!

CAPÍTULO SEGUNDO: CAMPAÑA DE HONDURAS

SUMARIO.

1—"Memorias" del general Morazán —2. Sitio y rendición de Comayagua. 3. Auxilio que envió Prado—4. Prisión de Morazán y salida de ella—5. Reflexiones—6. Guerra entre el Jefe y el vicejefe de Nicaragua—7. Conferencias de Morazán con Vidaurre—8. Caída del vicejefe de Nicaragua—9. Acción de la Trinidad—10. Morazán gobierna como Jefe de Honduras—11. Movimiento de Domínguez contra el general Morazán : asesinato de Merino—12. Reflexiones de Morazán sobre este crimen. —13. Morazán en Texiguat y Lolotique. —14. Batalla de Gualcho—15. Consecuencias de este triunfo—16. Juicio del general Morazán sobre el triunfo de Gualcho.

El general don Francisco Morazán , expresidente de la República centroamericana, después de haber regido durante dos períodos Constitución ales los destinos de la patria, se retiró de Centro—América. Sus enemigos lo colmaron de acusaciones, y para vindicarse comenzó a escribir una obra intitulada "Memorias". Ella contiene algunos de los sucesos más importantes en que intervino el general Morazán desde la elección de don Manuel José Arce hasta el año de 1829. De ese interesante documento que, por desgracia, quedó sin concluir, he tomado algunos párrafos relativos a las acciones de guerra. Con respecto al sitio de Comayagua, que debo narrar ahora completando el texto de Marure, Morazán se expresa así:

"Milla, sin encontrar en el camino ninguna resistencia, llegó a la ciudad de Comayagua el 4 de abril, y estableció su cuartel general en la iglesia de San Sebastián. Unas trincheras mal construidas y un jefe[1] militar traidor eran dos obstáculos de fácil acceso para los sitiadores, si la vigilancia de los soldados patriotas no hubiera hecho impotentes por largo tiempo las maquinaciones de la intriga, así como los diversos ataques que se dieran a la plaza. Estos no tuvieron otro resultado que el saqueo de toda la ciudad que se hallaba fuera de

---

[1] Un tal Fernández, europeo, quien el año de 32 fue fusilado en Omoa por traidor.

trincheras, y el inútil incendio de sus mejores edificios con que se vengara la cobardía, ofendida de la tenaz resistencia que le opusiera el valor de un puñado de soldados hondureños y leoneses."

"En tanto que tenían lugar estos sucesos, la fuerza enemiga se aumentaba en razón que se disminuía la de la plaza. Los víveres faltaban ya en esta; y muchas veces era mayor la sangre que se derramaba, que el agua que se tomaba en el rio defendido por los contrarios."

"La esperanza de un pronto auxilio hacía, sin embargo, sufrir estos males con resignación; pero esta desapareció muy luego. Cuando se supo en la plaza que la tropa auxiliar se había disuelto en la Hacienda de la Maradiaga después de haber rechazado la división que la atacara al mando del teniente coronel Hernández, el desaliento se apoderó del ánimo de los cobardes."

La perfidia del Comandante tuvo en ellos un apoyo, y la plaza se rindió el 9 de mayo de 1827 por una capitulación en que todo lo sacrificaba el traidor, por la conservación de su empleo, al jefe que no había podido lograr ninguna ventaja sobre los sitiados. Y para que nada faltase a este documento vergonzoso, la firmeza con que había el jefe Herrera rechazado las proposiciones de rendirse que se le hicieran, fue castigada dejándolo a merced del vencedor como prisionero de guerra.

El vice—Jefe del Salvador envió auxilio a Honduras; pero éste llegó tarde: Herrera había sucumbido, y las fuerzas salvadoreñas no eran bastantes para restablecer su autoridad.

Morazán continúa así la narración: "Los coroneles Díaz, Márquez, Gutiérrez y yo, buscando nuestra seguridad, acompañamos al Jefe salvadoreño que se retiraba a Nicaragua. Un incidente desagradable, que podía comprometer nuestro honor, nos obligó a separarnos de él en la villa de Choluteca, y a pedir garantías al coronel Milla para permanecer en Honduras. Nuestros deseos fueron satisfechos por este Jefe, mandándonos el pasaporte con el mismo correo que condujo la solicitud. Al instante marché con dirección al pueblo de Ojojona para disfrutar en unión de mi familia de la gracia que se me concediera. Por un presentimiento, que "jamás cupo en la confianza que me inspiraba la palabra de Milla, dichos jefes no corrieron la suerte que se nos aguardaba en aquel pueblo, y yo, víctima de mi credulidad, conocí aunque tarde, lo poco que debe confiarse en los que defienden una mala causa. Diez horas después de haber llegado al pueblo que había señalado para mi residencia, fui reducido a prisión por el teniente Salvador Landaverri, de orden del mayor Anguiano, comandante local de Tegucigalpa, y conducido a aquella ciudad. A pesar de haber presentado a este Jefe mi pasaporte, me hizo poner en la cárcel pública".

La importancia que se daba entonces a los salvoconductos era igual al respeto que el Papa Juan XXIII tuvo a los que le presentó Juan Hus; pero Morazán más afortunado que Hus, después de haber sufrido 23 días una estrecha y penosa prisión, pudo burlar la vigilancia de sus carceleros, y retirarse a la ciudad de San Miguel; de allí pasó a León de Nicaragua en busca de auxilios para volver sobre Honduras.

En Nicaragua se hallaban en guerra el jefe Cerda y el vicejefe Argüello. Este choque dificultaba la intervención liberal de aquel Estado en los asuntos de Centro—América. Prado envió a don José Mariano Vidaurre, en calidad de Comisionado del Salvador a Nicaragua con el fin de procurar un avenimiento.

Morazán encontró a Vidaurre en el puerto de la Unión y conferenció con él extensamente. Este hizo ofrecimientos de interesarse con todo empeño para que de Nicaragua se dieran auxilios contra Milla. Vidaurre y Milla eran hermanos políticos; sin embargo, estaban en choque. Esta división de familias es frecuentísima en las guerras civiles.

"Entre tanto —dice el general Morazán—, el coronel Ordoñez, que llegó preso á León, pudo formar una revolución contra el vicejefe Argüello, que tuvo por resultado la deposición de este funcionario, y el auxilio que se me dio de los militares que le eran más adictos. Ciento treinta y cinco, entre jefes y oficiales, componían mi pequeña fuerza. Su fidelidad al Gobierno a que habían pertenecido me inspiraba la mayor seguridad, y la fundada esperanza de reunir los descontentos hondureños que produjeron las persecuciones de Milla y sus agentes, ponían de nuestra parte todas las probabilidades del triunfo".

"En la villa de Choluteca, con un auxilio que mandó el Gobierno del Salvador, pude organizar una considerable división y en el campo de la Trinidad acreditar a los hondureños que era llegada la hora de romper sus cadenas. Milla fue allí completamente batido, dejando en nuestro poder los elementos de guerra que había acumulado y toda su correspondencia oficial. La vanguardia sola, consiguió este triunfo, en el que se distinguieron los coroneles Pacheco, Balladares y Díaz. A los de igual clase, Márquez, que había quedado malo en Pespire, y Gutiérrez que en unión de Osejo y el capitán Ferrera, conducían la retaguardia, no les fue posible encontrarse en la acción".

"Libres ya los pueblos de Honduras de sus enemigos, me dediqué a la reorganización del Estado. El Consejo se reunió en la ciudad de Comayagua, y me encargó del Ejecutivo con arreglo a la ley, en concepto de Consejero por falta de jefe y vicejefe del Estado".

Arce hizo marchar sobre Honduras al coronel Domínguez. Este jefe era ciego partidario de Aycinena, y uno de los hombres que menos dificultades tenían en esa época para cometer todo género de atentados. La expedición de Domínguez sobre Honduras produjo un nuevo crimen. Domínguez después de una ligera incursión por los pueblos de la costa, se situó en San Miguel. En esos días el general Merino se embarcó en Acajutla con el fin de retirarse a Guayaquil. Iba en un buque de vela con bandera colombiana. Este buque tuvo necesidad de arribar al puerto de la Unión perteneciente al departamento de San Miguel en el Estado del Salvador. Domínguez tuvo noticia de que a bordo de ese buque se encontraba el general Merino; lo hizo capturar y lo condujo a San Miguel, donde fue fusilado. Merino no era un prisionero de guerra, porque no se le había tomado con las armas en la mano. No era un enemigo, porque había abandonado la milicia y regresaba a su patria, con intención de no volver a Centro—América. Pero los hombres que quitaron la vida a Pierzón, de la manera que expresa el Sr. Marure, no tenían inconveniente en repetir ese género de atentados. Si la biografía de un personaje tan eminente como el héroe de Marengo y Austerlitz, se manchó con el asesinato del Duque de Enghien, ¿qué tocará a hombres que cometiendo crímenes del mismo género, ninguna semejanza tiene con aquel genio extraordinario?

"Este asesinato, sin ninguna mira política, dice el general Morazán , esta víctima sacrificada a la venganza ajena, cerró todos los medios de conciliación entre Domínguez y yo, rompiendo la correspondencia que habíamos establecido con este objeto: presagió la suerte que correríamos los que fuésemos prisioneros de semejantes enemigos; y acabó de uniformar la opinión pública".

13—El general Morazán tuvo entonces que separarse del Gobierno para tomar el mando de las fuerzas; estableció su cuartel general en el pueblo de Texiguat y organizó una división compuesta de hondureños y nicaragüenses, con gran dificultad, porque los recursos del Estado de Honduras los había agotado Milla, y marchó a San Miguel en medio de una estación rigurosa de lluvias.

Morazán iba sin ninguna caja militar, y tenía necesidad de exigir en los pueblos del tránsito los alimentos de la tropa. El número de soldados se disminuía con las privaciones, y apenas llegaron a los contornos de San Miguel dos terceras partes. Domínguez tenía recursos y se hallaba a la cabeza de una numerosa tropa veterana. El Gobierno del Salvador había ofrecido auxilios a Morazán para engrosar su división, y este jefe se colocó en Lolotique con el fin de aguardar ese refuerzo. Domínguez con todas sus fuerzas se le acercó a una legua, colocándose en el pueblo de Chinameca.

14—"Hizo varias tentativas —dice Morazán en sus Memorias— para forzar las guardias avanzadas colocadas en los desfiladeros que conducían a la altura que yo había ocupado; y aunque siempre fue rechazado con pérdidas, logró sin embargo, ver desplegarse la fuerza, y se enteró de su número. La confianza que le inspiró este conocimiento la acreditaron sus hechos posteriores. Domínguez pudo muy bien contar nuestros soldados; pero pronto conoció, por una costosa experiencia, que no es dado calcular a un Jefe mercenario, el valor de hombres que defienden su patria y sus hogares".

Once días se pasaron sin ocurrir nada notable entre las dos fuerzas. Al duodécimo recibí una comunicación del teniente coronel Ramírez, jefe de la tropa auxiliar tanto tiempo esperada. Me aseguraba que al siguiente día pasaría, con alguna dificultad, el Lempa, por falta de barcas.

"La facilidad con que el enemigo podía descubrir la aproximación de aquel jefe, y destruir su pequeña fuerza, me decidió a protegerle. A las 12 de la noche emprendí mi marcha con este objeto; pero la lluvia no me permitió doblar la jornada y me vi obligado a aguardar, en la hacienda de Gualcho, que mejorase el tiempo".

Entre tanto, Domínguez que había sabido mi movimiento y marchaba por mi izquierda, detenido también por la lluvia, fue igualmente obligado a situarse a una legua distante de aquella hacienda, sin que se hubiera podido descubrir su movimiento hasta entonces".

"A las tres de la mañana, que el agua cesó, hice colocar dos compañías de cazadores en la altura que domina la hacienda, hacia la izquierda, en razón de ser el único lugar por donde podía presentarse el enemigo. A las 5 supe la posición que este ocupaba y pocos minutos después, el jefe de una partida de observación aseguró que se hallaba a tiro de cañón de las dos compañías de cazadores".

"No podía yo retroceder en estas circunstancias, porque una retirada con tropas que no son veteranas, tiene peores consecuencias que una derrota, sin la gloria de haber peleado con honor. No era ya posible continuar mi marcha, sin grave peligro, por una inmensa llanura, y á presencia misma de los contrarios. Menos podía defenderme en la hacienda, colocado bajo una altura de más de 200 pies, que en forma de semicírculo, domina a tiro de pistola el principal edificio, cortado por el extremo opuesto, con un rio inaccesible, que le sirve de foso. Fue, pues, necesario aceptar la batalla con todas las ventajas que había alcanzado el enemigo, colocado ya en actitud de batirse a tiro de fusil de nuestros cazadores".

"Conociendo el tiempo que había de gastar la división en salvar la altura, que se hallaba entre el campo y la hacienda, hice avanzar a los cazadores sobre el enemigo, para detener su movimiento, porque conociendo lo crítico de mi posición, marchaba sobre estos á paso de ataque".

"Entre tanto, subía la fuerza por una senda pendiente y estrecha, se rompió el fuego, a medio tiro de fusil, que luego se hizo general. Pero 175 soldados bisoños, hicieron impotentes por un cuarto de hora los repetidos ataques de todo el grueso del enemigo. Este obligado por instinto a tributar el respeto que se debe al valor, no se atrevió a hollar la línea de cadáveres á que quedó reducido "el pequeño campo que ocupaban los cazadores, para detener la "marcha de la división que volaba en su auxilio. El entusiasmo que produjo en todos los soldados el heroísmo de estos valientes hondureños, excedió al número de los contrarios. Cuando la acción se hizo general por ambas partes, fue obligada a retroceder nuestra ala derecha, y ocupada la artillería ligera que la apoyaba; pero la reserva, obrando entonces por aquel lado, restableció nuestra línea, recobró la artillería y decidió la acción, arrollando parte del centro y todo el flanco izquierdo que arrastraron, en su fuga, al resto del enemigo, dispersándose después en la llanura".

"Entre los muchos prisioneros que se hicieron, se encontraron algunos vecinos del departamento de San Miguel, que vinieron en gran número a ser testigos de nuestra derrota. Tal era la seguridad que tenían en la táctica, en la disciplina y en el número de nuestros contrarios".

"Los salvadoreños auxiliares, que abreviaron su marcha al ruido de la acción, con el deseo de tomar parte en ella, llegaron a tiempo de perseguir a los dispersos".

15.—La victoria de Gualcho aumentó la reputación que Morazán había adquirido en la Trinidad. El nombre de este Jefe se pronunciaba en todos los pueblos de la República. Unas personas lo colmaban de elogios, otras lo maldecían, y todos ensalzaban la táctica militar de Morazán . La situación de Arce y Aycinena era ya dificilísima. El prestigio de Domínguez les faltaba para vencer, y la causa de los hombres que con tanto denuedo combatieron el Imperio mejicano, contaba ya en su auxilio con el prestigio de un militar a quien se miraba como el salvador de las instituciones liberales.

16—Morazán hablando de la victoria de Gualcho, dice: "Cediendo a un sentimiento de justicia, he descendido á pormenores que no a todos podrán ser agradables. Mi deber ha sido honrar la memoria de los patriotas hondureños y nicaragüenses, que pelearon aquel día; es el de fijar los hechos que tuvieron lugar en aquella "jornada, desfigurados después por la malicia o la ignorancia. Es el de dar a conocer la importancia que merece este hecho de armas. Si él fue en sí bien pequeño, produjo sin embargo los mejores resultados, porque economizó la sangre, que inútilmente se derramara en las trincheras del Salvador, facilitando la rendición de Mejicanos, y abrevió el desenlace de la revolución de 1828. Revolución que tan abundante fue en acciones de guerra ganadas por nuestros soldados a consecuencia del memorable triunfo de Gualcho".

ADVERTENCIA.—En algunas de las páginas que preceden se olvidó, al corregirse las pruebas de imprenta, el sostener la ortografía adoptada de escribir General con g y Jefe con j, y lo concerniente al uso de las mayúsculas o minúsculas con los nombres de títulos y dignidades.

En las páginas subsiguientes se procura evitar ese defecto, para que haya unidad en la ortografía que se sigue de acuerdo con autorizadas prácticas modernas.

Lorenzo Montúfar

CAPÍTULO TERCERO: SITUACIÓN DE GUATEMALA DURANTE LA CAMPAÑA

SUMARIO.

El Sr. Marure refiere prolijamente la derrota de los guatemaltecos en Milingo, la sublevación de Jalpatagua, el sangriento combate de Santa Ana, la separación de Arce de la presidencia de la República, la entrada al mando del vice—presidente Beltranena, la batalla de Chalchuapa, el asalto a la plaza de San Salvador, verificado el 12 de marzo, la retirada de los sitiadores después de seis horas de fuego, la acción de Quelepa en que fue batida una división salvadoreña, las estipulaciones firmadas] en la casa de Esquibel y sus consecuencias. Es preciso presentar ahora la situación de Guatemala durante todos estos acontecimientos.

El vice—jefe del Estado del Salvador, C. Mariano Prado, dio a los centroamericanos un manifiesto el 20 de febrero de 1828, que hizo gran sensación en Guatemala.— Un año y más, dice, hace que se reclama por este Estado la reposición de las autoridades representativas de estos pueblos. En 6 de diciembre de 26 se emitió el decreto de este Gobierno a que adhirieron los de Honduras, Nicaragua y Costa—Rica, con el importante fin de que se reúnan los representantes de la República y eviten la calamidad de la guerra. La oposición del Ejecutivo Federal apoyada por las autoridades intrusas de Guatemala, lo ha impedido. ¡Cuánta sangre, cuantos padecimientos y sacrificios de todos géneros se hubieran ahorrado sin esta oposición a la más justa demanda que puede hacer la soberanía del pueblo, por medio de cuatro de sus cinco Estados! Volviose a reclamar lo mismo y aun con modificaciones favorables para Arce, después de la jornada de Arrazola y antes de la de Milingo. Ya había costado sangre la resistencia, y con todo, las nuevas proposiciones, se recibieron con inaudita arrogancia: la aristocracia guatemalteca, ostentando su triunfo precario con muertes, destierros, proscripciones y persecuciones de todos géneros contra los liberales, indisponía los ánimos para que no hubiera conciliación. Arce fue derrotado en Milingo, y en el acto del vencimiento se le repitieron las proposiciones de paz, y en contestación llamó sedicioso al Gobierno salvadoreño. Después de la derrota de Milingo volvió el enemigo a invadir nuestro territorio, y en él se cometieron todo género de hostilidades. El Presidente llegó a inclinarse a que cesaran nuestros males y manifestó deseos de aceptar otras nuevas proposiciones. Esta buena intención lo desconceptuó con el partido aristocrático, y se preparó su caída. Montúfar escribió al intruso Jefe del Estado de Guatemala que no convenia que el Presidente mandara el ejército, porque los oficiales estaban disgustados. Este disgusto lo promovían el mismo Montúfar y los aristócratas que lo seguían. Se obligó al Presidente a dejar las armas y a nulificarse en Guatemala. Se decreta por las autoridades intrusas de aquel Estado que a ellas compete la facultad de revisar los tratados, facultad que solo a las autoridades federales otorga la Constitución , y el atrevimiento llega hasta el extremo de anunciar que separarían al Estado de Guatemala de la Federación si el jefe don Mariano Aycinena no era el director supremo de todo el movimiento. Cuando nuestro ejército adquirió una actitud imponente, el temor los indujo a tratar de paz; pero sin abandonar los departamentos de Sonsonate y de Santa Ana que habían ocupado y sin dejarnos de hostilizar. El Presidente aprovechó la oportunidad y emitió el decreto de 5 de diciembre[2].

---

[2] Este decreto dice que se convoca el Congreso Federal y el Senado, que se compondrán de representantes y senadores nuevamente elegidos en su totalidad. Tal disposición dejaba disgustados a los liberales y a los serviles. Los liberales querían la reunión del Congreso existente, que no podía desaparecer según la Constitución sino renovarse por mitad. Este decreto no hacía más que ratificar esencialmente el

En esos momentos el Estado del Salvador no creyó honroso admitirlo por las circunstancias en que se hallaba. Aunque lo hubiera admitido, la guerra no hubiera cesado, porque la rechazaban las autoridades intrusas de Guatemala, sin comprender que solo aquel decreto podía salvarlas. La batalla de Santa Ana nos devolvió los departamentos perdidos. Encontrándose el Salvador en toda su integridad, no se creyó deshonroso el admitir el decreto de 5 de diciembre, y fue aceptado para evitar la prolongación de la guerra y nuevos males. La respuesta fue hacer nuevos preparativos de guerra, y avanzar las huestes enemigas sobre nosotros, sin haber habido hostilidad alguna de nuestra parte. El coronel Guillermo Perks mandaba las tropas enemigas. Sus miras pacíficas y conciliadoras lo hicieron sospechoso a la aristocracia. Un motín escandaloso de los oficiales Montúfar, Irisarri, Aycinena, Domínguez y otros, lo arrojó de su empleo, al mismo tiempo que la Asamblea intrusa de Guatemala proyectaba obligar al Presidente a separarse del mando, a confiarlo al vicepresidente Beltranena, que es uno de los personajes más notables de la facción opresora. No se trata de centralismo ni de federalismo. No se trata de nada que mire al bien general, sino de cimentar un imperio de hierro, cual lo han experimentado los guatemaltecos y hondureños. Es la ambición de tres familias orgullosas lo que se defiende, abusándose del nombre de la religión y poniéndose en uso las inicuas arterías del fanatismo.

Muchos de los fundamentos que el vice—jefe Prado tuvo para hablar en esa forma, se encuentran en algunas cartas interceptadas. La prensa las publicó: no fueron desmentidas por las personas cuyos nombres llevan. Don Manuel José Arce dirigió al brigadier don

---

golpe que al Congreso legítimamente constituido se había dado en 10 de octubre de 26, después de la caída del jefe don Juan Barrundia, para que no hubiera una autoridad legítima que exigiera á Arce la responsabilidad por aquel atentado y los que seguía cometiendo. Los serviles consideraban el decreto de 5 de diciembre como una debilidad del Presidente; como una transacción punible con los salvadoreños, a la cual se inclinaba Arce por ser hijo del Salvador. El decreto de 5 de diciembre quitaba a los serviles la esperanza de destruir la Constitución de 24, porque un Congreso ordinario en sus dificultades, y solo extraordinario en la manera de formarse, no podía dar rápidamente el golpe que ellos deseaban al sistema establecido.

Francisco Cáscaras la siguiente carta datada en Sonsonate, á 17 de octubre de 27. Apreciable amigo y señor mío—Con fecha 11 del corriente se me dice de Guatemala lo que sigue: Vino ante—noche un correo a don Mariano Aycinena dirigido por don Manuel Montúfar, quien le dice que los jefes y oficiales de la columna se hallan sumamente disgustados por no querer Ud. dejar "el mando: que se teme una sublevación de la tropa contra Ud. y se pregunta qué providencias deben adoptarse. Esta comunicación ocasionó que la Asamblea del Estado se reuniese ayer extraordinariamente en sesión secreta á que asistió el Consejo representativo. La sesión duró hasta las 3 de la tarde, y en ella se trató de facultar a Aycinena más ampliamente de lo que está (si fuere posible) y de resolver una consulta del mismo Jefe contraída a estos tres puntos: 1. Si en virtud de los servicios y sacrificios que ha presentado Guatemala en la presente guerra, deberá tener intervención el Gobierno del Estado en los tratados de paz que celebre el Federal con San Salvador—2. Si en caso que se celebren estos tratados y se niegue al Estado intervención en ellos, debe este pasar por los que se hagan—y 3° Si verificada esta negativa, el Gobierno del Estado deberá separarse del Federal. Esta consulta fue resuelta ayer mismo en estos términos: el primer punto afirmativamente: el segundo y tercero, que si de hecho llegasen a celebrarse los tratados y desagradarán al Gobierno del Estado, puede separarse de la Federación y sus tropas continuar ocupando esos pueblos—.Yo, sigue Arce, me apresuro a comunicar a Ud. estas cosas para evitar que le lleguen noticias equivocadas que puedan extraviar su juicio. Está ya corrido el velo y Ud. conocerá que mis cálculos no han sido errados. La intriga y la mentira están jugando y es menester proceder con una meditación muy detenida, y con el conocimiento de que los malos andan en los negocios. Me reitero de Ud. su amigo y atento servidor que besa sus manos—Manuel José Arce.

"Está ya corrido el velo", dice Arce. Para él se corría hasta entonces; para los liberales de Guatemala y del resto de Centro—América estaba corrido desde la liga de la aristocracia con el arzobispo Casaus el año de11, y despedazado desde el imperio mejicano. Ese velo, hecho pedazos ya, había sido pulverizado el año de 26 y su polvo arrojado al viento sobre el cerro de la Trinidad. Arce era una víctima. Había roto la Constitución , había pretendido engañar a los pueblos, había derramado la sangre de sus conciudadanos para elevar a los nobles hasta una altura á que no creyeron poder ascender después de la caída del Imperio; y esos mismos nobles se levantaban contra él y lo nulificaban, para que caído, abatido y responsable de todas las desgracias de su patria, tuviera en su infortunio la amargura del desengaño. Solo el poder federal podía hacer tratados. El Presidente de la República quedaba despojado de ese derecho y reducido a la nulidad. Cáscaras era servil y prestando servicios al servilismo murió; pero era extranjero y no pertenecía á las familias que se llaman nobles en Guatemala. Era preciso que la aristocracia estuviera al frente de todo, para que se confirmaran los conceptos del manifiesto de Prado.

Don Juan José Aycinena, ex—marqués de Aycinena, primo hermano del Jefe del Estado, escribió a su hermano, que se hallaba en el ejército invasor, lo siguiente: El decreto de 5 de diciembre no tiene en sí nada bueno, es impolítico, es ilegal, es arbitrario.

Este decreto que tanto censura el señor ex—Marques no hacía más que convocar el Congreso federal y el Senado, que se compondrían de representantes y senadores nuevamente elegidos en su totalidad. Era impolítico, en concepto de los serviles, porque seguramente iban a perder las elecciones en todos los Estados, excepto en el de Guatemala, único que se hallaba gobernado por ellos. Con una mayoría adversa en el Congreso y en el Senado, no les quedaba más recurso que sacar a balazos de las cámaras a los diputados y senadores. Es ilegal, dice Aycinena. En esto tenía razón, porque no era un nuevo Congreso lo que debía reunirse, sino el Congreso existente, adverso a su partido. Congreso que había desaparecido por las influencias del servilismo, que retiró a sus diputados para que no hubiera número. Es arbitrario; pero la arbitrariedad no asusta a los serviles cuando les es favorable. Solo la combaten cuando les es adversa. Mas arbitraria fue la caída del jefe don Juan Barrundia en Guatemala y de Herrera en Honduras, y ellos la produjeron. Era una arbitrariedad tener a la nación sin Congreso y sin Senado, y esta arbitrariedad era obra de ellos.

Don Manuel Montúfar, en carta de 10 de diciembre, dice al español Viado: Va lo que trajo el correo—Es el inmortal decreto del 5, el complemento de la contradicción, y el monumento de la debilidad de mis paisanos. No hablemos de ese asunto. Tengo la esperanza de que este decreto no terminará la guerra.

Don Mariano Aycinena dirigió de Guatemala una carta a su primo hermano don Antonio, quien se hallaba en el teatro de la guerra, diciéndole, que para evitar los arreglos de paz, se emplearían medidas desconocidas hasta del mismo Maquiavelo.

Indudable es que a una de estas medidas pertenecía la destitución de Perks en Jalpatagua, la de Arce en Guatemala y la entrada de Beltranena al ejercicio del Poder Ejecutivo, acontecimientos que detalladamente narra el señor Marure. La ilegalidad había llegado a su colmo. Al presidente Arce solo podía separarlo del mando el Congreso Federal. La Asamblea de Guatemala no era competente para arrebatar el poder al Jefe de Centro—América; pero el momento de la expiación de las inconsecuencias de Arce había llegado, y una rebelión de la Asamblea de Guatemala le arrebató el mando.

Si los jefes del partido aristocrático solo querían la guerra, los propietarios y una gran parte del pueblo deseaban la paz. Aycinena no tenía dinero y se dictaban decretos para que los guatemaltecos contribuyeran a la guerra contra su voluntad. Se ocultaba al pueblo que los salvadoreños estaban dispuestos a transar las cuestiones por medio de tratados, y se les presentaba como únicos promotores de las calamidades públicas y ciegos pertinaces en perpetuarlas.

La Asamblea de Guatemala en un decreto emitido a 26 de abril de 1828, dijo: "Considerando que la inesperada prolongación de la guerra que provocaron y sostienen los gobernantes de San Salvador, exige la continuación de los sacrificios, para ocurrir a los gastos que causa la subsistencia del ejército expedicionario: —Decreta: 1. Se exigirá en el Estado un préstamo de 45,000 pesos. Si continuare la necesidad, a juicio del Gobierno, podrá extenderse hasta la cantidad de 60,000 pesos. 2. Contribuirán a dicho préstamo las personas, comunidades, corporaciones eclesiásticas y seculares, las cofradías o hermandades, y las testamentarias no terminadas que se consideren con caudal o posibles bastantes para poder exhibir las cuotas que se les señalen". Este decreto está firmado por don Manuel Abreu y por don Manuel Francisco Pavón y Aycinena. Las sumas designadas no alcanzaron para llenar las exigencias de la guerra: otro decreto que lleva las mismas firmas dice, que habiéndose tomado en consideración las exposiciones del Gobierno, en que da cuenta del estado de la guerra que se hace para sostener la defensa de Guatemala y deseando que los recursos con que debe auxiliarse se exijan en la justa proporción que demanda el interés que todos tienen en la conservación del orden, decreta: que la contribución se cobre en un duplo por aquel año: que para ocurrir a los gastos extraordinarios que causa la manutención de la fuerza en el ejército expedicionario, se exija un préstamo de 60,000 pesos que deberá dividirse entre los pudientes de esta capital. No bastando esta suma, la misma Asamblea la elevó a 100,000 pesos. La misma Asamblea dispuso poco después, que en lugar de la contribución decretada se hiciera un impuesto general que se denominaría subvención temporal de guerra por todo el tiempo que durara la campaña. Para que nadie hablara contra las medidas de Aycinena ni pudiera oponerse a ellas, se dictó un decreto autorizado por don Antonio José de Irisarri, creando un Ministerio de alta policía servido por el Ministro de la guerra.

El Jefe del Estado tenía un hermano domínico, llamado fray Miguel, y en su celda discutía los asuntos más graves de Centro—América. De ahí sacó la idea de que no debía haber más Constitución en Guatemala, que los mandamientos de la ley de Dios, sin embargo de que el Gobernante infringía el quinto. Por una orden gubernativa de Aycinena fueron fusilados don José Pierzón y don Isidro Velasco. Por un decreto del mismo Jefe fueron puestos fuera de la ley los individuos Antonio Rivera Cabezas, Pedro Molina, su hijo Pedro Esteban Molina, Miguel Ordoñez, Antonio Corzo, Juan Rafael Lambur, Juan Vendaña, Cleto Ordoñez, Nicolas Raoul e Isidoro Saget.

El partido servil siempre acaricia ideas absurdas acerca de Constitución . Para comprobarlo es conveniente citar un hecho posterior a los acontecimientos que ahora se refieren. El 15 de setiembre de 1846, aniversario XXV de la Independencia de Centro—América, el arzobispo de Guatemala, doctor don Francisco de Paula García Peláez, dijo en el púlpito de la Catedral lo siguiente: Fueron repetidos y ratificados en todos los pueblos los artículos del acta de 15 de setiembre, y en especial el concerniente a la religión: de modo que los pueblos, desconfiando siempre de las Constitución es que se fueron formando, sucediéndose unas a otras y llenando a la República de agitación, de desgracia y desconcierto, al fin las masas prorrumpieron en darse ellas por sí la Constitución , que fue la salve regina y es la que rige. Este sermón fue impreso por su autor, y de él circulan todavía muchos ejemplares. Aycinena quería que los mandamientos fueran la Constitución del país, y el arzobispo García aseguraba que debía ser y que era la salve regina. El extravío de estos señores sobre el régimen político lo acredita otro sermón de García Peláez. Antes de consagrarse; pero estando ya electo, dijo en el púlpito de la Catedral otro día en que se celebraba la Independencia, que el pueblo hebreo había peregrinado cuarenta años en el desierto, en castigo de haber adorado el becerro de oro: que los guatemaltecos habían peregrinado muchos años por el desierto de la inconstitucionalidad, en castigo de haber leído libros prohibidos y que el único remedio era restablecer el Santo Oficio de la Inquisición. Sin embargo, los liberales protegieron la mitra del señor García Peláez, para que no fuera Arzobispo don Juan José Aycinena, ni don Bernardo Piñol y Aycinena, parientes inmediatos de don Mariano Aycinena, a quienes se creía aún más recalcitrantes.

Volviendo a los sucesos del año de 28, no debe omitirse que el Jefe del Estado de Guatemala, en uso de autorización que a solicitud suya le fue concedida por la Asamblea, mandó que fueran quemados los libros prohibidos por la autoridad eclesiástica. Aycinena no creía que el arzobispo fray Ramon Casaus, a pesar de su exaltación y de su intransigencia, ejecutara ese decreto con energía y en el mismo decreto le encarga que proceda contra los contumaces. Este decreto está firmado por Irisarri. El arzobispo Casaus, no solo ejecutaba esa disposición de todo su agrado, sino que predicaba sin descanso contra los liberales.

Entre los que se llamaban nobles había ricos propietarios sobre los cuales pesaban los empréstitos forzosos. Muchos de esos señores no aspiraban a figurar en la política y solo deseaban que se les dejara trabajar con libertad y tuvieran garantía sus intereses. De estos eran los señores Asturias. Ellos no pertenecían a los altos poderes, no tenían costumbre de escribir ni de llamar en su apoyo la opinión pública; pero don Luis Pedro Aguirre, pariente de los expresados señores por afinidad, era propietario y hacía en la Asamblea oposición a las exacciones de Aycinena. Le auxiliaba en el debate el diputado presbítero Dávila. Sus discursos no solo paralizaban la acción del Jefe del Estado en el Cuerpo Legislativo, sino que abrían los ojos al pueblo poniéndole de manifiesto la inclinada pendiente en que se hallaba. Don Manuel Montúfar declama en las Memorias de Jalapa contra Aguirre, Dávila y los Asturias: los llama antipatriotas y dice, que si todos los guatemaltecos fueran como ellos, no debería servirse a Guatemala. No solo estos nobles resistían á Aycinena; el cura de San Sebastián, doctor don Juan José Batres, presentaba una renuencia absoluta a dar dinero. La misma opuso don José Antonio Batres. A la oposición de éstos cooperaban don José del Valle, don Basilio Porras y otros muchos que no es necesario enumerar.

El padre Dávila hizo proposición a la Asamblea para que entraran al tesoro 60,000 pesos pertenecientes a la testamentaria del padre don Domingo Juarros. Parte de esta cantidad pertenecía por herencia a doña Mercedes Juarros, madre de don Luis Batres y suegra de don Mariano Aycinena. El entero no se hizo; pero la discusión de un asunto sobre dinero en aquellos momentos en que todos ocultaban sus haberes, llamó mucho la atención pública. Una gran concurrencia de gente iba á las galerías, y en ellas, se lanzaban las sátiras más amargas contra el Jefe del Estado.

El representante Domínguez hizo proposición para que los albaceas del presbítero don Manuel Pineda presentaran su testamento. Don Mariano Pineda se negó a verificar la exhibición diciendo que el testamento aludido era uno de aquellos documentos privilegiados que no debían ponerse de manifiesto; y la exhibición se verificó por la fuerza de las bayonetas. Este procedimiento dio lugar a severas críticas y fomentó el malestar. También se hizo proposición para que entraran a tesorería seis mil pesos que el presbítero don Juan José Batres había donado a fin de que se fundara una escuela de mujeres. Otra proposición se dirigía á que 3,000 pesos pertenecientes al intestado D. José Mencos, entraran a tesoro. La entrega debía hacerla don Francisco Batres, y esto originó agitadas cuestiones. Los capitales de nobles y plebeyos estaban amenazados, y un gran partido pedía la paz.

Aycinena viéndose en tan graves dificultades, acudía al arzobispo Casaus para que lo protegiera. Este prelado redoblaba sus esfuerzos. Pretendía demostrar a los pueblos que la guerra era puramente religiosa: que los salvadoreños intentaban degollar a los sacerdotes, profanar los templos y aniquilar el santuario. Fray Miguel Aycinena y los religiosos de diferentes órdenes hacían coro a su prelado y se acudió de nuevo al medio tan gastado de las profecías y de los milagros de que se habla en el capítulo siguiente.

CAPÍTULO CUARTO: SUCESOS DEL CONVENTO DE SANTA TERESA

SUMARIO.

1—Relación de una historia—2. Su encuentro y pérdida—3. Lo que se conserva—4. Una carta de los ángeles del cielo—5. Autenticidad dada a esa carta por el arzobispo Casaus—6. Trapos maravillosos—7. Intervención del canónigo Martínez—8. Ca—saus da cuenta a Roma—9. Resolución del Papa—10. Instrucciones del mismo Pontífice—11. Conducta posterior de Casaus—12. Efectos que los milagros produjeron en el ánimo de los contribuyentes.

Don Mariano Aycinena tenía una hermana, monja carmelita. La historia de esta religiosa se hallaba de letra del padre José María Gracida, fraile del convento de Santo Domingo. Suponíase que era una exposición de la monja dirigida a fray Anselmo Ortiz, capellán del arzobispo Casaus. Contenía veintiocho cuadernos de cuatro fojas en cuarto. Cada una de estas estaba llena con veintinueve renglones de letra muy menuda. El primer párrafo comenzaba diciendo literalmente lo que sigue: Con pura intención y sencilla obediencia le escribí á V.P. mi padre fray Anselmo, la misericordia que mi alma ha recibido de la bondad de Dios, y deseo sea todo para gloria y alabanza de su divina majestad y de mi Señora la Virgen María por cuyo medio he sido inundada en estas misericordias, desde el punto en que fui creada hasta el día de hoy: deseo también darle a V. P. en esto gran consuelo: y que mi alma por este medio se encienda más y más en el amor de su Dios, amen, amen, amen. Al fin de la expresada historia se encontraban de letra del Arzobispo las siguientes palabras: "En 31 de octubre de 1816 me entregó el R. P. Fr. José María Gracida, dominico, mi capellán, esta copia sacada de mi orden del original, que por mandato de su confesor, el R. P. Fr. Anselmo Ortiz, domínico, había escrito de su vida la hermana María Teresa de la Santísima Trinidad Aycinena, monja carmelita descalza; y que yo leí y examiné dos veces antes de mandarla copiar, después que vi en este año los favores extraordinarios que Dios le ha dispensado.

(F.) FR. RAMON, Arzobispo de Guatemala.

Esa relación y otros muchos documentos relativos a la madre Teresa, fueron encontrados el año de 1829, por don Antonio Rivera. Cabezas en el palacio arzobispal de Guatemala. El presbítero doctor don Mariano Méndez los condujo a su casa, y algunos años después los entregó al licenciado don Miguel Larreinaga, quien los conservó reservados durante su vida. Muerto el Sr. Larreinaga, y probablemente por haberlo él dejado dispuesto, se entregaron a una persona de la familia de la monja. Están, pues, perdidos para la historia.

Pero se conservan algunas cartas, algunas pinturas portentosas, y resoluciones del Papa Pio VII, relativas al asunto.

Al fin del presente capítulo se encuentra litografiada una carta que firman los ángeles. La forma de letra prueba que Palomares no había obtenido buenos discípulos en los coros celestiales. Los ángeles escriben haora en vez de ahora; comiensa en vez de comienza, y cometen otras muchas faltas que cualquier niño de escuela notaria. Santa Teresa de Jesús, no había tenido la amabilidad de retribuir a esos señores las atenciones que le prestaron en la tierra, haciéndolos buenos hablistas para que no se pusieran en ridículo cuando escribiesen a los mortales en el idioma de San Juan de la Cruz. En la misma carta se ven manchas y una entrerrenglonadura, que prueban no ser muy firme el pulso de los ángeles. ¿Habrían estado en esos momentos ocupados en levantar una escala para la madre Teresa como la que vio Jacob en sueños?

La expresada carta acaso seria tachada como una superchería de los liberales, si no estuviera autenticada por el ilustrísimo señor don fray Ramon Casaus y Torres, obispo de Rosen y arzobispo de Guatemala. Litografiadas se hallan al reverso de la misma carta, estas palabras: En 25 de setiembre de 1816, después de darle la comunión a la hermana María Teresa de la Santísima Trinidad, le puse a un lado en las tablas de la cama, medio pliego de papel limpio. Cuando volví de decir misa, aún estaba sin escribirse nada. Se escribió, pues, estando en la celda junto a la cama con el padre capellán, madre priora y hermana María Francisca de San José. Cuando la leí, nos retiramos hacía la puerta; y a pocos minutos, como cinco, ya nos avisó que los ángeles le habían dado el alimento. La hallé mascando y sentí el olor como de panes de hostia recientes; según ella dijo, eran los que le suministraron en tres bocados en forma de cruz, y así lo repitió en éxtasis, delante de los dichos que percibieron el olor. Es la pura verdad en Dios y en conciencia."

(F.) Fr. Ramon, Arzobispo de Guatemala.

Se aseguraba que los viernes descendía Jesucristo en cuerpo y alma desde la diestra de su Padre al convento de Santa Teresa: que conversaba con la monja y le imprimía sus llagas. Muchas personas crédulas enviaban pañuelos y otros objetos a fray Ramon para que se dignara aplicarlos a esas llagas divinas y volvieran santificados a operar milagros. Así se hacía, y los pañuelos eran devueltos con signos de la pasión y otras figuras que bien se comprende no las delineaba Rafael ni Miguel Ángel. Los viernes a las cinco de la tarde, la gente se agolpaba en la portería, atrio y calles de Santa Teresa, esperando cada uno el objeto que le pertenecía.

El presbítero doctor don Bernardo Martínez era inquisidor y se propuso conducir al Arzobispo a las cárceles del Santo Oficio. Acaso lo habría conseguido sin el golpe que Napoleón I dio a la Inquisición española, que no pudo restablecer sólidamente Fernando VII y sin la Independencia de Centro—América. Causa asombro que más principios de justicia manifestara la horrenda Inquisición que el partido servil de Guatemala. El Sr. Martínez siguió un proceso contra fray Ramon y lo envió al Papa.

El Arzobispo remitió a la Curia romana un voluminoso expediente, de todas las maravillas que se operaban en el convento de Santa Teresa, y Pio VII dictó la resolución siguiente:

Al venerable hermano Ramon Francisco, Arzobispo de Guatemala. Venerable hermano, salud y bendición apostólica. La relación que nos has hecho en tu carta, de los singulares dones de la hermana María Teresa de la Santísima Trinidad, cometimos a una congregación particular, a fin de que la examinase con toda aquella diligencia y cuidado que exigía la gravedad del negocio. Oída su opinión y dictamen, la consideramos y pesamos atentamente por nosotros mismos, juntamente con los documentos que la acompañaban, y especialmente los lienzos de imágenes y figuras pintadas con sangre, y las cartas que se afirman escritas por mano de los ángeles. Teníamos a la vista la monición de nuestro Predecesor de feliz memoria, Benedicto XIV al Obispo de Augusta sobre otra monja semejante, a saber: que una multitud de experiencias manifestaban, que se predican y divulgan sombras vanas y fantasmas de santidad, apoyadas aún por los mismos directores de las almas por sus fines particulares, y con objetos menos rectos. (Constitución que comienza Sollicitudini nostre, del año 1745.) Vimos con sorpresa, que es talla multitud que referís, y la fuerza de sus dones, de sus éxtasis, de sus llagas, de sus cartas e imágenes hechas de un modo sobrenatural, que no se leen en los fastos de la Iglesia, notados en algún otro de los bienaventurados, que con luces brillantes de la perfección cristiana, veneramos en los altares. Pero reflexionamos también, que es tal el cúmulo de hechos, tal la naturaleza de las cartas y escritos, tales los modos de obrar, tal, finalmente el deseo de la gloria humana contra el ejemplo de los santos, que con el mayor cuidado procuraban ocultar las gracias del cielo, que partiendo de unos argumentos indudables y nacido y reputado como ilusa a María Teresa, y mandado: que sea tenida como tal. En esta virtud ordenamos: que se traslade a otro Monasterio, si la condición de los lugares y las personas lo permitieren, y que parala dirección espiritual de María Teresa, se elija un sacerdote que haya sobresalido entre los demás por su piedad y prudencia que no sea de los que se han manifestado más inclinados a aprobar sus hechos prodigiosos. Pero has de procurar con empeño: que todas estas cosas se practiquen con reserva y sin celebridad alguna, sofocando y disipando, inmediatamente, cualesquiera rumores. Además con el mayor cuidado y eficacia por la caridad de Jesucristo, que nos estrecha con urgencia a procurar la salvación de las almas, se ha de sacar a esta infeliz mujer del error, en que por fraude del demonio se halla: se le han de manifestar las asechanzas de este artificioso y astuto enemigo: se han de cortar sus lazos infernales, y finalmente, se ha demostrar a la misma monja el camino de la justicia, y la senda del juicio. Para que todo esto se ejecute bien y rectamente, juzgamos oportuno dirigirte la instrucción que acompaña a estas nuestras letras, a que deseamos te arregles escrupulosamente. Por lo demás, seguramente entiendes, Venerable hermano, cuanta circunspección, industria y reflexión necesita este negocio, para ser evacuado felizmente. Porque como la fe católica que estriba única y firmísimamente en la verdad, desprecia y detesta toda sospecha de mentira y falsedad, nada sería más contrario a la santidad de ella, y nada redundaría en su daño, como admitir una quimérica recomendación de virtud por hechos de esta clase, que no siendo de Dios, darían a nuestros contrarios ocasión de vituperar los más santos dogmas de nuestra Religión. Te está patente y manifiesto, Venerable Hermano, nuestro corazón en asuntos de tanta gravedad. Se ha de desterrar de todos modos cualquiera parcialidad: no se ha de tener acepción de persona alguna: la verdad únicamente se ha de pesar, se ha de indagar: se ha de buscar con suma diligencia. No se ha de dar a estos hechos un ascenso temerario, ni se han de creer con nimia facilidad, sin que preceda a este fin la industria en ejecutar, la prontitud en hacer, y el consejo en preverlo futuro. Recomendamos una y muchas veces estas cosas o tu prudencia. Así lo esperamos con la mayor confianza de tu fraternidad, que con tanta veneración a la Silla Apostólica pidió ser instruido por Nos del modo con que te has de manejar en este negocio, a quien como prenda del auxilio divino damos con el mayor amor la bendición apostólica. Dado en Roma, en Santa María la Mayor, día 19 de junio de 1819, año 20 de nuestro pontificado—Pio Papa VII. A sí está en el libro entro Santísimo Padre—Por el Sr. Mazio, secretario de cartas latinas—Pablo Polidory.

El Papa, además, dio las instrucciones que se ven a continuación.

Instrucción acerca de la hermana María Teresa de la Santísima Trinidad.—Examinados cuidadosísimamente todos los escritos y monumentos que el Reverendísimo Arzobispo de Guatemala dirigió al Sumo Pontífice, relativos a la hermana María Teresa de la Santísima Trinidad, juzgó nuestro Santísimo Señor con consulta de una congregación especial, que se conteste de esta manera al mismo Arzobispo: 1.—Apareciendo clarísimamente de las cosas puestas a examen, que no vienen de Dios los prodigios quede imponer silencio sobre los mismos. y procurarse con todo cuidado y diligencia disipar cualquier rumor, y aun sería muy conveniente que para evitar toda divulgación, se abstuviera el mismo Arzobispo de entrar al convento. —2. La misma María Teresa sea trasladada de sorpresa a otro convento, y sin llevar consigo ninguna de sus cosas; más si esto no pudiere hacerse porque acaso se excitarán grandes rumores en el vulgo, permanezca en su convento; pero en otro cuarto, y con toda precaución para impedir la entrada, la conversación y las intrigas secretas con cualquiera otra persona. —3. Hecho esto, deben emplearse aquellos medios, con los cuales pueda sacarse del error en que se halla, y apagados todos los rumores acerca de los prodigios decantados, y de las llagas singulares, se traslade mejor al camino de la verdad y de la justicia. —4 Entréguese pues, primeramente, al Eclesiástico más distinguido, por su prudencia, probidad y sabiduría; y a ella demuéstresele enérgicamente que las cosas que se publican hechas por ella no son según Dios, sino que antes bien deben provenir de asechanzas y engaños del demonio, prestando ella, acaso, su temerario consentimiento. Reconozca, por tanto, que debe despreciarlas, y tenga por cierto que no conseguirá la verdad y la voluntad de Dios sino por su dócil obediencia a los directores que se le pongan.—5. Pídale, pues, a Dios que rompa los lazos del diablo, con una oración constante, grande y humilde, insistiendo principalmente en la virtud de la humildad, pero si sucede que ella se turbe al hacerle este anuncio grave, que defienda tenazmente el origen divino de las llagas de queje de los preceptos impuestos, y que amenace con las iras del cielo a los que la contradicen, este, ciertamente sería un nuevo y más terminante indicio demonio, inducida miserablemente por él, en sentidos de vanidad, de soberbia y de propia mita á M. Teresa comunicación alguna, ni con las monjas, ni con cualesquiera otras personas defuera, a excepción de dos monjas de las más acreditadas, a quienes se entregará para que el silencio aun interpuesta la religión del juramento a la misma M. Teresa y a todos los que hablen de las cosas que se dice han sucedido grave, que defienda tenazmente el origen divino de las llagas de que se trata, que también se queje de los preceptos impuestos, y que amenace con las iras del cielo a los que la contradicen, este, ciertamente sería un nuevo y más terminante indicio para juzgarla uno ilusa por el demonio, inducida miserablemente por él, en sentidos de vanidad, de soberbia y de propia estimación.

No se le permita a M. Teresa comunicación alguna, ni con las monjas, ni con cualesquiera otras personas de fuera, a excepción de dos monjas de las más acreditadas, a quienes se entregará para que la custodien y observen. Prescríbase silencio aun interpuesta la religión del juramento a la misma M. Teresa y a todos los que hablen de las cosas que se dice han sucedido.

Ya es de esperarse que se quite todo artificio del enemigo con este método oculto de vivir, por el cual la hermana María Teresa no será más espectáculo a los hombres de dentro y fuera de su casa. Pero si se advierte que aun sobrevenga alguna cosa, háganse los exorcismos según los institutos de la iglesia para disipar y confundir las maquinaciones y arterías del diablo. Vigilará mucho el confesor, informado por las monjas, a quienes se encomiende la custodia diligente de María Teresa, para que si sucede algo nuevo, ello al Arzobispo, a quien por segunda vez se amonesta que no se acerque él mismo al reconocimiento; pues que este hecho contribuiría mucho a probar el suceso en concepto de la misma monja y de los demás, con grande detrimento de las almas, el cual, por lo mismo, sería muy detenerse tuviese un origen sospechoso y reprensible.

De allí escójase para que reconozca y cure las cicatrices de las llagas, que se asegura estar impresas milagrosamente en el cuerpo de M. Teresa, un cirujano prudente y bueno que jure guardar silencio y contarle con verdad las cosas al Arzobispo, y procure le refieran ingenuamente todos los hechos las dos hermanas monjas que la custodien, a las cuales también exíjaseles juramento de decir la verdad, y de guardar secreto con las demás. Hágase todo esto escrupulosamente; sin embargo, es precisa tal sagacidad, viveza y circunspección, que se consulte felizmente en la gravedad de tanto negocio a esclarecer la verdad, á acallar toda publicidad y a conseguir la salud del alma[3]. Pablo Polidory.

---

[3] Los serviles se esforzaron en que desapareciera todo lo que les era adverso. Por todas partes recogían el segundo tomo del "Bosquejo Histórico". Un ejemplar no cayó en sus manos, y ha sido reimpreso ahora. Ellos recogieron todos los ejemplares de las preinsertas resoluciones pontificias. Don Antonio Rivera Cabezas conservaba uno, y siendo muy joven el autor de esta "Reseña Histórica", Rivera le dijo, dándole el enunciado ejemplar: "guarda esto, que un día te será útil". Mr. Federico Chatfield, amigo íntimo de las familias de Aycinena y de Pavón, supo el paradero del enunciado ejemplar, y se propuso recogerlo. Lo pidió prestado por medio de don José Milla y Vidaurre, prometiendo formalmente que sería devuelto. Se le negó; pero tantas fueron las instancias de Milla, y las seguridades que daba de la devolución, que al fin le fue entregado. Jamás lo devolvieron. Quedó, sin embargo, la idea de su existencia y de su contenido. Y a distancia de muchas leguas de Guatemala fue citado varias veces contra los escritos del mismo Milla. Con mucha dificultad se pudo ahora conseguir el que ha servido para este tomo. Registrándose archivos se encontró otro, cuya existencia ignoraban los conservadores. Está en

No solo el Papa ordenó a fray Ramon que no entrara al convento de Santa Teresa. La misma orden le intimó el Gobierno por decreto de 8 de julio de 1826. Dos meses después, Arce dio el golpe de Estado contra los liberales. Inmediatamente que se operó ese cambio, fray Ramon se dirigió a Santa Teresa y continuó visitando el convento como antes. En consecuencia, la madre Teresa y otra monja llamada María de Jesús Prado escribían cartas sediciosas que pueden verse en el número 29 de "El Boletín" [4]. Lejos el Arzobispo de sacar a la madre Teresa del convento, la hizo permanecer en él; y anunciaba sus predicciones, sus amenazas y cuanto quería que dijera el cielo por boca de la monja. Casaus la hizo prelada de aquel convento y a las otras monjas no les permitía siquiera la elección de confesor. Esto originó quejas al Gobierno y expedientes que pusieron a los liberales delante de los ojos cuanto pasaba en el interior del monasterio.

Por más que la madre Teresa anunciara a nombre de Dios que serían bienaventurados todos los que auxiliaran a su hermano don Mariano en la santa guerra que había llevado a San Salvador, y que descenderían a las profundidades del infierno los que se negaran a prestar estos auxilios, ni don Luis Pedro Aguirre, ni los Asturias, ni el cura de San Sebastián don Juan José Batres, ni el presbítero doctor don José Mariano Méndez, cura del Sagrario, ni el presbítero don Laureano Navas, cura de San Pablo, ni Valle, ni Porras ni otros muchos querían dar dinero. Aycinena reducía a prisión en sus propias casas a las personas que se negaban a contribuir, ya pertenecieran a la nobleza o al pueblo, al clero o a los laicos. La ciudad de Guatemala parecía algunos días un gran presidio, y cada casa un calabozo.

---

cierta causa seguida contra un clérigo que continuaba divulgando milagros, no obstante el texto literal de la resolución de Pio VII.

[4] No se publica el texto literal de estas cartas, porque no ha sido posible conseguir un ejemplar. La pesquisa servil los agotó; pero el número de "El Boletín extraordinario" correspondiente al 16 de julio de 1830, hace relación de ellas y afirma fueron insertas en el núm. 29 del mismo Boletín.

CAPITULO QUINTO: CONTINUACIÓN DE LA CAMPAÑA.

SUMARIO.

Marcha del general Morazán a San Miguel, y lo que allí acaeció, referido por él mismo—2. Situación de Mejicanos—3. Don Manuel Montúfar—4. Lo que debía esperarse dadas las circunstancias en que este Jefe se encontraba—5. Proclamas del general Arzú—6. Sus consecuencias.

De Gualcho, dice el general Morazán en sus Memorias, "me dirigí A la ciudad de San Miguel, en busca de recursos, para pagar los haberes atrasados a los soldados, vestirlos y darles la gratificación de un medio sueldo, que se les había ofrecido. En el camino se me presentó una comisión de los principales vecinos de aquella ciudad, para suplicarme fuese a proteger las propiedades, que a pretexto de pertenecer a los enemigos del gobierno, eran amenazadas por un puñado de malvados. Pude llegar a tiempo de evitar el saqueo de muchas casas, aunque ya estos habían tomado algunos objetos de comercio. En uso de la facultad que me había concedido el gobierno del Estado del Salvador, mandé exigir un empréstito forzoso de diez y seis mil pesos. Este se distribuyó en un pequeño número de propietarios que más servicios habían prestado al enemigo. La noticia que se difundió en la ciudad, de que el general Arzú había salido para atacarme, del cuartel general de Mejicanos, produjo una fuerte resistencia en algunos prestamistas, que se negaron a pagar, bajo diferentes pretextos, sus respectivos contingentes. Cuando se confirmó la noticia de que el enemigo se aproximaba al Lempa, expedí una orden para que al que no quisiese prestar sus servicios como propietario, se le obligara a hacerlos como soldado, presentándose en el cuartel de cazadores. Todos pagaron a esta intimación; solo el ciudadano Juan Pérez, primer propietario del departamento, quiso tomar las armas. Pero pocas horas después de hallarse sufriendo en el cuartel, todos los castigos y privaciones de un soldado recluta, entregó cinco mil pesos que le fueron asignados, y volvió a su casa. La cantidad recaudada, fue distribuida a los soldados en medio de la plaza, á presencia de los jueces municipales, de los ciudadanos Gregorio Ávila, que contribuyó con el género suficiente para dos mil vestuarios, Pedro Gotay y otros muchos de los principales de aquella ciudad, que aún existen hoy en ella para comprobar esta verdad. Como este fue el último empréstito, y el único de alguna consideración que yo asigné hasta la conclusión de la guerra, y como algunos han exagerado su valor, y tratado de tiránicas las medidas que se tomaron para realizarlo, no me ha sido posible pasar en silencio estos pormenores. Si hubo alguna severidad contra Pérez, fue provocada por su misma resistencia: lo exigía, además, el orden público amenazado por los soldados leoneses, cansados ya de sufrir la escasez y de esperar el día, tantas veces prometido, de que esta cesara; y lo demandaba imperiosamente la necesidad de marchar a disputar el paso del Lempa al enemigo. El único atentado que yo supiese y pudiera remediar, fue cometido por el capitán Cervantes, que arrancó del cuello a una señora prestamista su cadena de oro, por lo cual fue sentenciado a la pena de muerte y fusilado en la plaza de San Salvador. Los soldados leoneses, que no pertenecían a ningún gobierno y que voluntariamente se habían puesto a mis órdenes, expresaron de diversos modos sus deseos de regresar a Nicaragua. Al coronel Balladares, que se propuso evitarlo, lo amenazaron haciendo uso de sus armas, y yo solo pude lograr que sesenta soldados continuasen en el servicio. Entre tanto, el general Arzú llegó al Lempa con una fuerte división. Al momento marché a evitarle el paso de este rio, y lo habría conseguido, si el teniente coronel José del Rosario López Plata no hubiera descuidado el punto por donde logró aquel desembarcar. Disminuida mi fuerza por la deserción de los leoneses, tuve que retirarme a Honduras para organizarla. El enemigo que marchaba a mi retaguardia, llegó hasta la ciudad de Nacaome, y no atreviéndose a perseguirme por el camino de la sierra, que había ya fortificado, regresó á San Miguel".

Don Manuel Montúfar quedó, en calidad de Mayor General, a la cabeza de la división que permanecía en Mejicanos. Arzú había dividido la fuerza sacando la tropa que condujo al Lempa y con la cual, en seguida, se situó en San Miguel.

Arce, Marure, Morazán y García Granados hablan extensamente en sus Memorias de don Manuel Montúfar, y toda la prensa Centro—Americana se ha ocupado de él atribuyéndole diferentes caracteres y presentándolo bajo distintas fases, no solo como militar, sino como político, como periodista y como historiador. Séame permitido, por tanto, dar alguna idea de su persona. Procuraré que en la descripción ni los vínculos de la sangre ni las afecciones de partido ejerzan influencia alguna. Don Manuel Montúfar no fue educado en ninguna escuela politécnica, ni siguió gradualmente la carrera militar. No había hecho estudios universitarios, ni poseía títulos académicos. Tenía conocimientos generales, debidos a su aplicación a las ciencias y a las letras, y al ejercicio de diversos destinos que había desempeñado desde joven. No podía llamarse orador distinguido; pero, como dio Marure, escribía con destreza, y su pluma era una de las más acreditadas de Centro—América. No había viajado, y su educación se resentía de las preocupaciones guatemaltecas de aquel tiempo. Oyó decir, desde la infancia, que procedía de las familias que el historiador Juarros hace descender de don Jorge de Alvarado; y sin fijarse en la verdad de este aserto, ni en el origen del mismo Alvarado en España, ni en las generaciones nada aristocráticas que a don Jorge sucedieron, ni en lo poco que vale aun la verdadera nobleza europea después de la gran revolución de 1789, tenía la debilidad de considerarse de elevada alcurnia. Era enemigo de la revolución de Francia, que juzgaba bajo el punto de vista de los horrores de 1793. Sus amistades más íntimas se hallaban en el círculo de las familias de Aycinena y de Pavón. Montúfar estaba siempre rodeado de esos conservadores que creen que no se puede ser buen guatemalteco sin aborrecer al resto de Centro—América. Su amor a su país natal lo conducía a considerar como desagradable todo lo que estuviera fuera de Guatemala. Con frecuencia tenía que oír a hombres tan localistas que, trasladados rápidamente a Nueva York, considerarían las diferencias entre Guatemala y la primera ciudad del Nuevo Mundo, como defectos de la Unión americana. Montúfar mandando en jefe una fuerza, jamás manifestó arrojo. Nunca se le vio uno de esos rasgos atrevidos que, en circunstancias: supremas, salvan las situaciones. Su carácter civil lo dominaba aun a la cabeza del ejército. Trataba a los jefes que le estaban subordinados, con las atenciones que dispensa un Secretario de Estado a los individuos del cuerpo diplomático. Ejecutando órdenes superiores era exactísimo. La idea del honor ejercía en él más influencia que los sentimientos que produce una meticulosa educación. Pruébalo su conducta al frente de las fortificaciones de Milingo, donde cumplió a sabiendas órdenes absurdas del presidente Arce. Las Memorias de Jalapa revelan su inteligencia, la diversidad de sus conocimientos y la corrección de su lenguaje, como también su odio a los liberales, su refinado localismo, su saña implacable contra el general Morazán , y la indignación que produce a los hombres que han tenido notable influencia en su país, el verse reducidos a la más completa nulidad. Montúfar había sido amigo de don José Francisco Barrundia. Después de los sucesos del año de 29, pudo volver a Guatemala, asegurando á Barrundia que no tomaría parte en nuevas revolución es contra los liberales; pero la energía de su espíritu y el deseo de contribuir, aunque fuera solo con su pluma, a un cambio favorable a los serviles, jamás le permitieron pasar bajo las Horcas Caudinas; y cuando se decretaron indultos y amnistías no quiso aprovecharlos. Méjico le había enseñado que el hombre en su país natal no es un pez en el agua, de donde no puede salir sin asfixiarse. Montúfar llegó sin dinero a la República mejicana. Allí formó un capital y permaneció hasta su muerte. Poco antes de morir, recomendó que sus restos fueran trasladados a Guatemala, y hoy se hallan en el viejo templo del extinguido convento de San Felipe.

El Jefe que se acaba de bosquejar, con sus fuerzas mutiladas y después de todos los sufrimientos que Marure refiere, debía tomar la plaza de San Salvador, que se hallaba bien fortificada y abundante en todos los elementos que faltaban en Mejicanos. Dado el carácter de Montúfar, no era posible esperar que un acto de arrojo o de osadía salvara la situación. Él envió incesantemente correos a don Manuel Arzú, llamándolo a Mejicanos. Unos de estos fueron interceptados, otros llegaron a su destino; pero Arzú nunca regresó. Es de creerse que este Jefe estaba cansado de una campaña en que tanta influencia tenían los hombres civiles a quienes él no podía dirigir. Probablemente el general Arzú comprendió muy bien que la situación de su partido exigía un arreglo de paz que tantas veces desecharon las personas a cuyas órdenes se hallaba. Siendo un antiguo Jefe militar y habiendo combatido sin éxito a los salvadoreños en mejores circunstancias, no podía dejar de proveer un término funesto para la causa que defendía.

Siguiendo al pie de la letra órdenes de la capital dirigió á los pueblos proclamas que dieron un resultado fatal a los invasores. En una de estas ofrecía el olivo de la paz a los salvadoreños si se rendían, y los amenazaba con los horrores del exterminio si persistían en la defensa de su país. San Salvador se agitó, y hasta las mujeres y los niños pidieron armas para el combate. Aquella capital presentaba entonces el espíritu patriótico que hizo célebre a Zaragoza cuando la invasión de los franceses. Otra proclama de Arzú, que casi textualmente fue dictada en Guatemala, dice así: "Pueblos, vosotros sois testigos de que el sagrado de los templos es muy respetado de las tropas federales. Pero estas no pueden permitir que los altares sean robados, y con su plata y alhajas mantenga el enemigo su fuerza y les haga la guerra. Por esto y porque el ejército debe proteger las propiedades de los pueblos, se os excitará ocultar dicha plata, a no entregarla a los enemigos del orden y en caso necesario a que se remita al cuartel general para que en él se asegure."

El pueblo del Salvador estaba unido contra sus invasores. Lo reconoce así el autor de las Memorias de Jalapa y elogia esa virtud salvadoreña. Llamar enemigos del orden a los que defendían sus hogares, era producir uña impresión fatal en todo aquel Estado. Asegurar que era un robo a los altares tomar sus alhajas para sostener una defensa que se creía santa, era ponerse en pugna con las convicciones generales. Pedir a los agredidos sus mismos bienes para que los invasores en su cuartel general se encargarán de custodiarlos, era inferir una ofensa al pueblo salvadoreño.

CAPÍTULO SEXTO: RENDICIÓN DE MEJICANOS.

SUMARIO.
1—Última victoria de Montúfar—2. Ataque de Quezaltepeque—3. Agitación en Guatemala—4. Envío de auxilios á Mejicanos y sus resultados—5. Expedición del coronel Valdés para proteger un convoy—6. Efectos que produjo en Guatemala la pérdida de este convoy—7. Contra—sitio de Mejicanos—8. Capitulación—9. Los vencidos en Mejicanos llegan a San Salvador.

Montúfar levantó una milicia local en Quezaltepeque, a pesar de su aflictiva situación. La mandó levantar igualmente en Santa Ana, Sonsonate é Isalco; pero el éxito no correspondió a sus deseos. La fuerza de su mando se componía en su mayor parte de enfermos. Los soldados que se hallaban con salud eran solo suficientes para defender las trincheras con el auxilio de la artillería. En esta situación calamitosa se verificó el ataque del 31 de julio de 1828. Los salvadoreños, con fuerzas superiores a las que defendían la plaza de Mejicanos, la atacaron por diversos puntos. Después de algunas horas de combate, fueron rechazados y perdieron toda su artillería. Montúfar tenía las fuerzas necesarias para sostener con dificultad un combate entre trincheras; pero carecía de hombres y de elementos para marchar sobre San Salvador y tomar aquella plaza. Él se queja amargamente en sus Memorias de que el general Arzú lo hubiera abandonado; dice que si todas las fuerzas hubieran estado reunidas en Mejicanos, la situación de la campaña habría sido diferente.

Los salvadoreños habían sucumbido en las trincheras de Mejicanos; pero nadie los perseguía. Se hallaban en su propio país y contaban con la gran mayoría del Estado. Bajo estas favorables circunstancias el general Juan Prem atacó un destacamento que se hallaba en Quezaltepeque y lo derrotó completamente. El autor de las Memorias de Jalapa dice que Prem puso fuego al pueblo, y que dos capitanes fueron asesinados después de hechos prisioneros cuando se les conducía atados a las colas de los caballos. El general García Granados refiere en sus Memorias esa acción con estas lacónicas palabras: "El 14 de agosto, Prem atacó un destacamento que se hallaba en Quezaltepeque y lo derrotó, dispersándose todos los que no quedaron muertos, porque según el uso de entonces, no se dio cuartel. El general Morazán no habla en sus Memorias de esta acción, y Marure solo dice en las Efemérides que hubo veintidós muertos y que no hay noticia del número de heridos.

Cada vez la oposición contra Aycinena era más pronunciada. Los presbíteros doctor don José Mariano Méndez y don José Antonio Alcallaga, habían sido reducidos a prisión; un cura, llamado el padre Casado, estaba desterrado La casa de don Mariano Fagoaga fue allanada, porque en ella había reuniones de hombres desafectos al Gobierno. Don Carlos Salazar también había sido desterrado. Don José del Valle y don José Francisco Barrundia estaban vigilados. Don Antonio Rivera Cabezas, aprehendido en el departamento de Chiquimula, estuvo a punto de ser pasado por las armas como Pierzón. Algunas influencias lograron salvarle la vida; pero se le condujo fuera de la República por la vía de Chiapas. Todo esto era preciso ejecutar para que se sostuviera un Gobierno ilegítimo bajo el punto de vista de la Constitución y de las leyes de aquella época.

Aycinena haciendo esfuerzos sobrehumanos, envió tropas de los departamentos de Guatemala y Chiquimula con dinero y municiones al cuartel general de Mejicanos. Las tropas de Guatemala se desertaron en el camino. Solo llegaron a Santa Ana algunos soldados de Chiquimula. Esta deserción era una nueva prueba de que Aycinena estaba combatido por la opinión pública, en el mismo departamento de la capital. El hizo dimisión ante la Asamblea del Estado. Esta dimisión, en concepto de muchos, no fue sincera. Tenía por fin intimidar a los hombres más comprometidos en su causa, para que redoblaran sus esfuerzos. La mayoría de la Asamblea estaba a sus órdenes, y la renuncia no fue admitida. Entonces los serviles trabajaron con empeño por hacer creer al pueblo que los salvadoreños no aspiraban a restablecer las autoridades caídas el año de 26, ni a que reapareciera el Congreso Federal, ni a que la conducta de Arce fuera juzgada por los legítimos representantes de Centro—América, sino a destruir a Guatemala. En arengas a la tropa los jefes serviles señalaban los edificios de la Catedral y San Francisco, de Santo Domingo y la Merced, presentándolos como maravillas del arte y como el objeto de una vivísima envidia de los salvadoreños. Se aseguraba al ejército, que no pudiendo aquellos hombres trasladar a su país tan suntuosos templos, se habían empeñado en demolerlos para que Guatemala no pudiera gloriarse de ellos. Muchos de los serviles hacían befa públicamente de la pronunciación, del vestido, de las maneras, de las costumbres y de cuanto había en el Estado vecino, para que fuera cada vez más odioso al pueblo de Guatemala. Estos rudos ataques a los salvadoreños, han tenido una grande influencia en la suerte de Centro—América. Los odios que existían en las provincias desde antes de la Independencia, aumentados con las dos invasiones imperiales, se exacerbaron, y en lo de adelante han sido un muro de bronce que no han podido penetrar los hombres políticos de ambos países, cuando más han anhelado la reorganización de Centro—América. Todos estos esfuerzos pudieron obtener que una parte de la tropa, creyendo de buena fe que no había en las autoridades ni en el pueblo del Salvador más fin que aniquilar completamente a Guatemala, por envidia de su grandeza, combatiera con denuedo hasta los últimos momentos.

Informado don Manuel Montúfar por el Comandante de Santa Ana, del día en que los recursos llegados de Guatemala debían salir para Mejicanos, envió a su encuentro al coronel Valdés con 100 hombres. El general Prem que todo lo observaba, marchó con una fuerza superior sobre Valdés y lo derrotó completamente en Quezaltepeque el 25 de agosto de 828. Hubo 32 muertos y 26 heridos. Los soldados de Valdés que no habían quedado fuera de combate huyeron en todas direcciones. Cien hombres menos con su correspondiente armamento y municiones, debilitaban considerablemente la plaza de Mejicanos.

Prem se dirigió sobre el convoy. Para atacarlo reunió todas sus fuerzas disponibles y todas sus partidas volantes. Se emboscó en un punto llamado el Nance, dio una sorpresa a la escolta que conducía los recursos que tanto se necesitaban en Mejicanos, y se apoderó de ellos.

La noticia de estas desgracias, produjo a los serviles de Guatemala, una impresión dolorosísima. El dinero que con tantos sacrificios había extraído Aycinena de los propietarios para el sostén de sus tropas, no solo no había llegado a estas, sino que se hallaba en poder del enemigo. Se había trabajado y hecho sacrificios extraordinarios para aumentar los recursos de los salvadoreños, a quienes cada vez se presentaba en las arengas y en los sermones con caracteres más odiosos. Algunas mujeres que creían en las profecías de la madre Teresa, acudían á la reja y al torno de su convento pidiendo explicaciones de lo que pasaba. La monja, empleando un lenguaje místico, contestaba que esas pruebas las exigía el cielo: que era preciso esperar con resignación y redoblar los esfuerzos.

"Fue contra sitiado Mejicanos, dice don Manuel Montúfar: "Prem se situó en Apopa, y otras divisiones se situaron en diversos puntos: faltaron los víveres, el hambre comenzó a sentirse, progresó la enfermedad, y las lluvias fueron más rigurosas. El general Morazán se empresa así: Prem disciplinó algunas compañías, y colocándose con ellas a retaguardia del enemigo, le interceptaba los convoyes y aprisionaba a los reclutas que venían de Guatemala, batía las fuerzas que salían del cuartel general de los sitiadores, en busca de víveres, y alentando con todos estos hechos al pueblo, hizo a los soldados concebir esperanzas de un próximo triunfo y creer al coronel Montúfar, jefe del ejército sitiador, que se hallaba sitiado. En 18 de setiembre, Prem que sabia la escasez de víveres que había en Mejicanos y que estaba auxiliado por el coronel francés Terrelonge que mandaba la caballería, ejecutó una hábil maniobra para engañará los guatemaltecos y vencerlos con más rapidez. Hizo que se colocaran unas yuntas de bueyes a la falda del volcán que está a distancia como de media legua. Este ganado se divisaba desde Mejicanos. Montúfar envió al mayor Vera con 160 hombres para tomar las reses. Prem dejó que Vera llegara hasta la falda del volcán, que se apoderara del ganado y que con él contramarchara á Mejicanos. Entonces Prem salió al encuentro de Vera y lo atacó en los estrechos y barrancosos callejones del volcán. Vera, dice Montúfar, peleó con un valor desesperado y se rindió con diez hombres, después que toda su tropa fue muerta o prisionera. El autor de las Memorias de Jalapa, atribuye todas estas desgracias a la fatalidad, sin conceder a Prem la pericia que desplegó en toda la campaña. Montúfar para proteger el convoy, había perdido 100 hombres a las órdenes de Valdés y para conducir el ganado á Mejicanos 160 a las órdenes de Vera. Doscientos sesenta combatientes menos en aquellas circunstancias, casi dejaban desmantelada la plaza de Mejicanos. Prem comprendiendo la situación, dio un ataque a las trincheras, y después de algunas horas de fuego, tuvo necesidad de retirarse, pero no hasta la plaza de San Salvador. Conservó algunos puntos intermedios y fue estrechando el sitio por instantes; ya los guatemaltecos no podían tomar agua de los arroyos que abastecen al pueblo. Montúfar esperaba auxilios como único medio de salvación y con la misma ansiedad con que Massena asediado en Génova aguardaba a Suchet; pero ni los incesantes llamamientos que al general Arzú se hacían, ni el cañón que tronaba en Mejicanos, pudieron obligar a este Jefe a socorrer a una fuerza que sucumbía.

Viendo el coronel Montúfar que era imposible sostenerse por más tiempo, propuso una capitulación, que fue aceptada. Se estipuló que hasta la conclusión de la guerra don Manuel y don Juan Montúfar, el coronel Perdomo, don José Antonio Palomo Montúfar, don José Batres Montúfar, y otros seis oficiales quedaran prisioneros. Los demás oficiales y tropa podían retirarse a Guatemala. También se estipuló que sería respetado el derecho de gentes en la persona del Jefe vencido y de los otros prisioneros.

El autor de las Memorias de Jalapa; se queja amargamente de los salvadoreños. No los conocía bien, ni pudo comprender, por las circunstancias difíciles en que se hallaba, el juicio que ellos habían formado de su persona. Montúfar había invadido el Estado y contribuido con su cooperación y sus consejos a las dos invasiones anteriores. Los incendios, la devastación y la muerte que habían despedazado el Estado del Salvador, se atribuían a su cooperación en gran parte. Sin embargo, al entrar los prisioneros a San Salvador, solo una que otra voz se oyó contra ellos, y en medio de la efervescencia de las pasiones, las familias más notables les prodigaban auxilios, manifestando grande interés por su suerte. Era imposible que el Jefe vencido, después de una lucha tan desastrosa, fuera recibido con los brazos abiertos por todos sus enemigos. La guerra no había terminadlo. Arzú estaba con sus fuerzas en el territorio del Estado, e iba a abrirse una nueva campaña. Montúfar no era solo el enemigo de ayer, podía también serlo el de mañana, y era preciso no permitirle el regreso a su país.

El coronel Montúfar, observando los acontecimientos de Centro—América desde Méjico, debe haber hecho justicia a los salvadoreños, comparando la suerte de los vencidos en Mejicanos, con el tratamiento que se dio al general Guzmán vencido en Quezaltenango, y con la espantosa matanza de salvadoreños que á sangre fría hicieron los serviles el 19 de marzo de 1840.

CAPÍTULO SÉTIMO: TRIUNFO DE MORAZÁN EN SAN ANTONIO

(Y OTROS SUCESOS HASTA EL PRONUNCIAMIENTO DE LA ANTIGUA).

SUMARIO.

1—Relación hecha por el general Morazán de su regreso a Honduras, de la acción de San Antonio y de sus consecuencias, en respuesta a los cargos que se le han hecho—2. Regreso de Morazán a San Salvador—3. Decreto de la Asamblea de Guatemala mandando renovar las autoridades del Estado—4. Revolución en Quezaltenango—5. Expulsión de Arce del Estado del Salvador, referida por Morazán —6. Conferencias de Ahuachapán, promovidas por los costarricenses—7. Pronunciamiento de la Antigua.

En pocos días, dice el general Morazán, pude aumentar la división en la ciudad de Tegucigalpa y volví con ella sobre la misma ciudad de San Miguel. El general Arzú ocupaba entonces dicha ciudad, que por una marcha forzada amenacé atacar. Como aquel Jefe no quería comprometer un acción, se retiró por la villa de Usuluán para atravesar, después, el llano de la Pava, y tomar el camino del departamento de Gracias, con el objeto de pasar a Guatemala. Yo que calculaba esta retirada, me coloqué por un movimiento de flanco en aquel llano, al tiempo mismo que la vanguardia enemiga tomaba posición en la margen izquierda de un arroyo profundo. Era su mira disputarnos este paso, para poder evitar la ocupación de la hacienda de San Antonio, en la que comienza a elevarse la sierra por donde había pensado retirarse. Pero fue arrollada y arrojada al llano en donde estaba formada su retaguardia, dejando en nuestro poder un cañón. La hacienda fue en seguida ocupada por nosotros, y los contrarios pasaron la noche deliberando. Al amanecer se me aseguró que deseaban capitular. Al efecto, hablé con el teniente coronel Antonio Aycinena, que había sucedido en el mando al general Arzú. Me ofreció aquel Jefe entregar las armas y quedar prisionero con sus principales soldados; pero no a disposición del Gobierno del Estado del Salvador.

69

La capitulación que redacté, fue firmada inmediatamente, y con sorpresa vieron los enemigos, que cuando ellos habían convenido ya en ser mis prisioneros de guerra, se les dejaba en libertad para volver a Guatemala, suministrándoles, además, el dinero necesario para el prest del soldado y concediéndoles, por una gracia, todo lo que solicitaban. Aunque nunca me arrepentí de haber observado esta conducta, poco días después, tuve el disgusto de saber que el enemigo saqueaba los pueblos del tránsito, y había cometido un asesinato, en pago de la generosidad con que se le trató, violando así la capitulación que se acababa de firmar, en la que se había consignado un artículo a la seguridad de estos mismos pueblos. Un Jefe militar del Estado del Salvador, que con dos compañías ocupaba Ocotepeque, por donde aquellos debieran pasar, recibió de los pueblos iguales quejas, y redujo a algunos oficiales a prisión, por orden de su Gobierno, a quien yo había dado conocimiento de aquellos hechos. Aunque siempre he creído que el jefe Aycinena no los mandó ejecutar, él es, sin embargo, único responsable de ellos por haber abandonado la tropa a su propia suerte, forzando sus marchas para llegar a Guatemala con todos sus jefes y oficiales allegados.

El triunfo de San Antonio dejó enteramente libres de invasores a los Estados del Salvador y Honduras. Morazán era el hombre de la situación. El entró de triunfo a San Salvador el 23 de octubre, y desde entonces se hicieron preparativos para una expedición que viniera a Guatemala, a derrocar a Aycinena y a todas las autoridades llamadas intrusas del año de 26, a fin de no permitirles que con la calma, la quietud y la paz, volvieran a adquirir fuerza y valimiento, y emprendieran nuevas maquinaciones contra los Estados. La guerra ofensiva era indispensable al partido liberal para impedir que los serviles, rehaciéndose de sus enormes pérdidas, volvieran a colocarse en situación de destruirlo. Era preciso no abandonar a los guatemaltecos perseguidos por Aycinena y a todos los que habían simpatizado con los salvadoreños, quienes ofrecían al general Morazán su cooperación para que triunfara en Guatemala. La demora en el movimiento era una pérdida. Se necesitaba proceder con celeridad y así se hizo.

El veinte de octubre la Asamblea de Guatemala decretó la total renovación de todos los poderes. Este decreto no podía salvar la situación. Arce estaba fuera del mando, odiado por los salvadoreños, siendo objeto del desprecio y e ludibrio de los serviles, espantado de las defecciones y devorado por los remordimientos. El vice—presidente Beltranena ejercía el Poder Ejecutivo Federal, sin más razón que no tener voluntad de entregar el mando al Presidente. Beltranena y don Mariano Aycinena eran parientes y amigos. Bajo el influjo de ambos se renovaron las autoridades del Estado de Guatemala. La renovación, bajo tales auspicios, solo dio por resultado algunos cambios de nombres, sin que saliera el, poder de manos de los serviles. Aycinena y casi todos los funcionarios fueron reelectos. Si Valle hubiera aceptado la vice—Presidencia de Centro—América cuando se le arrebató la primera magistratura, los asuntos públicos habrían tomado otro giro. Valle al lado de Arce habría encaminado los acontecimientos de muy diferente manera. Si el Presidente se hubiera negado a oírlo, al ejercer el Poder Ejecutivo en una de tantas veces que Arce tuvo necesidad de abandonar el mando, las instituciones liberales se hubieran salvado; más en la situación en que entonces se hallaba Centro—América, no había más remedio que las armas ni otra esperanza que los azares de la guerra.

El 5 de noviembre hubo una conjuración en Quezaltenango contra las autoridades de Aycinena. Al frente de los conjurados se hallaba el oficial Ángel Sánchez y el diputado Juan Paz. Asaltaron el cuartel y fue reducido a prisión el Jefe Político; pero atacados por algunos grupos del pueblo, sucumbieron, quedando muertos los cabecillas y tres individuos más. Aycinena, comprendiendo que el espíritu de fanatismo había influido en la contra—revolución, se propuso fomentarlo.

Pocos días después de mi llegada a San Salvador, dice el general Morazán , recibió el jefe político, ciudadano Manuel Rodríguez, orden del Ministerio para hacer salir del Estado al presidente Arce, que despojado ya del Gobierno existía en la ciudad de Santa Ana, porque su permanencia en ella era perjudicial. Una persona afecta al mismo Arce me suplicó evitase a este Jefe el disgusto de ser conducido hasta el rio de Paz por una partida de soldados que tenía ya preparada el Jefe Político. No quise perder la ocasión de acreditar á Arce que había yo olvidado la memoria que hizo de mí, en la lista que dirigió al coronel Milla, para que en unión de otros, me remitiera preso a Guatemala, da pesar del salvoconducto que me dio este Jefe. Con aquel objeto mandé al coronel Gutiérrez que comunicase al Presidente la orden del Gobierno, y le expresase mis deseos de evitarle el compromiso en que podía colocarlo su permanencia por más tiempo en Santa Ana. Pero este hecho lo tuvo Arce por un agravio, según se expresa en sus Memorias, aunque yo lo consideraba como un servicio, puesto que le suplicaba lo que podía mandarle con el mismo derecho que él quiso se me condujese preso a Guatemala. Con el mismo derecho digo, porque él usó de la fuerza para obrar contra mí, no estando autorizado por la ley, y yo podía haber usado también de esta fuerza en justa represalia, cuando me tocaba mi vez.

Costa—Rica por la distancia a que se halla de Guatemala, estaba menos expuesta a las maquinaciones del partido servil. Durante el régimen colonial Costa—Rica estuvo abandonada. Ese abandono, si bien no permitió que le quedaran palacios, grandes templos y murallas, tampoco dio lugar a que los españoles imprimieran allí su índole ni sus costumbres. Por lo mismo los costarricenses han estado siempre más dispuestos que otras secciones de la América latina a aceptar los progresos compatibles con las circunstancias del país. El juicio que en Costa—Rica se formó de la revolución que tanto elogia el señor Marure en el tomo segundo del "Bosquejo Histórico", es bastante recomendable. La cuestión que se debatía no era de tanto interés para los costarricenses como para los otros Estados de la nación. El Gobierno de Aycinena era fatal para el Salvador y Honduras, Estados limítrofes; pero su influencia maléfica no alcanzaba del mismo modo a Costa Rica. Costa Rica contribuía, conforme a la ley, con hombres y dinero al sostenimiento del Gobierno Federal y veía con profundo pesar que la sangre de sus hijos se derramara por solo exigirlo el partido aristocrático. Dados estos precedentes, no debe extrañarse que los costarricenses, durante esta prolongada lucha, hayan hecho esfuerzos por restablecer el orden y la regularidad en la República. El último esfuerzo que de ellos procedió fue una reunión en Ahuachapán, de comisionados de Guatemala y el Salvador, y el envío a ella de don Manuel Aguilar; pero esas conferencias fueron tan estériles como las que antes se habían tenido en la casa de Esquivel, y continuó la guerra.

El doctor don Mariano Gálvez, uno de los hombres de gran capacidad, más enemigos del gobierno de Aycinena, y que más influencia han tenido en los negocios públicos de Centro—América, estaba vigilado, y solo se le permitía residir en la Antigua. Gálvez fue allí el centro de todos los desafectos. Como hábil diplomático, no exhibía sus planes; pero sin dar lugar a ultrajes ni a procedimientos contra su persona, fomentaba el desagrado y contribuyó a un pronunciamiento que se verificó el 22 de enero de 1829. La opinión pública estaba tan dispuesta a ese pronunciamiento, que contaba con los primeros funcionarios de la Antigua. El jefe político don Sebastián Morales, concurría a las juntas revolución arias. Estas acordaron no reconocer más autoridades que las disueltas ilegalmente en 1826, y poner el departamento bajo la protección del general Morazán. El mismo Morales condujo a San Salvador los pliegos que se dirigían a Morazán. La revolución inmediatamente tuvo en su apoyo más de 600 hombres y se dio a Raoul el mando militar. Este Jefe no lo aceptó, no por falta de deseos de servir a la causa liberal, sino porque creía que el pronunciamiento no podría sostenerse faltando en la Antigua elementos de guerra y hallándose todavía el general Morazán en San Salvador. La negativa de Raoul produjo el desaliento, y los antigüeños se vieron sin un Jefe de prestigio que pudiera sostener la situación. El teniente coronel don José Vicente García Granados, marchó al siguiente día sobre la Antigua con una división, y los pronunciados se disolvieron sin hacer resistencia. García Granados entró en la Antigua sin haber disparado un tiro, y puso en libertad a algunos hombres que habían sido detenidos por afectos a Aycinena y a quienes no se había hecho daño alguno. Muchos de los más comprometidos, al acercarse las fuerzas de García Granados, huyeron a aumentar las filas del general Morazán. El pronunciamiento de la Antigua, hizo ver a este Jefe el estado de la opinión en Guatemala y manifestó al Gobierno de San Salvador, que era necesario marchar sin tardanza sobre la capital del Estado.

CAPÍTULO OCTAVO: SITIO Y CAPITULACIÓN DE GUATEMALA.

SUMARIO.

1—Primer movimiento del general Morazán —2. Fortificaciones de Guatemala—3. Fuerzas con que contaba el vice—Presidente de la República y el jefe Aycinena—4. Invasión de Chiquimula—5. Los salvadoreños en Corral de Piedra—6. Se sitúa una división en Aceituno—7. Acción de la garita del Golfo—8. Morazán en la Antigua. Organización allí del Gobierno del Estado—9. Medidas de Aycinena para combatir a las autoridades de la Antigua—10. Don Agustín Prado es nombrado mayor general, y a sus órdenes continuó la defensa de la plaza—11. Acción de Mixco—12. Consecuencias de esta acción—13. Acción de San Miguelito, referida por el general Morazán —14. Conferencias de Castañaza—15. División de las fuerzas del general Morazán —16. Batalla de las Charcas, referida por el Jefe vencedor—17. Descrédito de los jefes serviles a los ojos de sus mismos partidarios: gran nombradía de Morazán —18. Situación de Morazán , referida por él mismo: conferencias de Ballesteros: proyecto de tratado—19. Regreso de la primera división, falsos rumores, preparativos para la toma de la plaza—20. Movimientos militares de los días 7, 8,9 y 10 de abril, presentados por Raoul en un parte circunstanciado a los gobiernos aliados—21. Nota de don Mariano Aycinena al general Morazán —22. Graves reflexiones—23. Contestación de Morazán a don Mariano Aycinena—24 Observaciones—25. Nota de don Mariano Aycinena al general Morazán —26. Observaciones—27. Contestación de Morazán —28. Continuación de las hostilidades: pánico de don Mariano Aycinena—29. Nota de don Mariano Aycinena al general Morazán —30. Envío de comisiónados para capitular—31. Puntos previamente convenidos—32. Citas de una biografía de don Manuel Francisco Pavón—33. Capitulación.

El general Morazán disciplinó fuerzas en el Salvador y marchó sobre Guatemala a la cabeza de un ejército de 2000 hombres, compuesto de hondureños y salvadoreños. Esta fuerza tomó la denominación de ejército aliado protector de la ley.

Una triple línea de defensa guarnecía la capital. La primera o exterior, dice don Miguel G. Granados, comprendía por el Sur, lo que era conocido con el nombre de Buena—Vista, extendiéndose por el Oeste hasta la Barranca del Incienso y por el Este hasta más allá de la Barranquilla. Del lado del Norte, la línea se trazó sobre las garitas del Golfo y de Chinautla; formando así un perímetro de Nor—Nordeste á Sur—Sur—Oeste, y de tres cuartos de legua de Este a Oeste. En cuanto a las dos líneas anteriores, continúa el mismo autor, de las cuales solo la cercana a la plaza quedó concluida, consistía en un cordón de barricadas o parapetos, llamados aquí impropiamente trincheras.

El Jefe del Estado, con el auxilio del vice—Presidente de la República, quien se hallaba al frente de un simulacro de Poder Ejecutivo, por la única razón de no convenirle que el presidente Arce gobernara, desplegó extraordinaria actividad para reunir fuerzas. Pusiéronse entonces en pleno juego los recursos del arzobispo Casaus, de los frailes y de las monjas. Se vieron palmas en el cielo, emblema de la gloria que esperaba a los que murieran defendiendo a don Mariano Aycinena; la madre Teresa redobló sus conferencias con la Divinidad; los monjes salieron por los barrios y por los pueblos predicando que se trataba de defender la religión, y que destruirla era el único objeto del ejército invasor. Estos sermones iban acompañados de algunos decretos y estrictas órdenes generales llamando a las armas a todos los guatemaltecos y amenazándolos con las penas más severas si no acudían al llamamiento. A pesar de tantos esfuerzos combinados, solo dos mil hombres pudieron levantarse en todo el territorio del Estado. Un número igual traía Morazán .

El general Prem, al frente de una columna de salvadoreños, marchó sobre Chiquimula. El coronel Domínguez que en Gualcho había experimentado la pericia militar de Morazán , salió a combatir a Prem. Domínguez se situó en La Arada, punto eminentemente militar. Prem no quiso atacarlo allí, comprendiendo la ventajosa situación en que se hallaba, y obligó a Domínguez a abandonar esa posición. Este Jefe intentó hacer resistencia en los callejones de Guastatoya; pero Prem siguió su marcha.

5—Morazán adelantó una división que llegó hasta Corral de Piedra. En esta hacienda, dice aquel Jefe, se nos unió un escuadrón de patriotas antigüeños, al mando del general Isidoro Saget, que fue de mucha utilidad en la campaña. En Pinula supe que la fuerza del Estado se había concentrado toda en la ciudad. Para evitar la introducción de víveres y agua en la plaza, mandé situar una división en el pueblo de Mixco, al mando del coronel Cerda, con orden de fortificarse inmediatamente.

Otra se había colocado en la hacienda de Aceituno. Don Miguel G. Granados asegura que la mandaba Prem; pero el general Morazán dice lo siguiente. "Luego que el ejército recibió alguna disciplina, marché sobre la ciudad de Guatemala, y di orden al general Prem, que obraba ya en el departamento de Chiquimula con una división, que ocupase la hacienda de Aceituno, distante una legua de aquella ciudad, el mismo día que yo debía situarme a dos leguas de ella en el pueblo de Pinula. Mi orden fue cumplida por el coronel Enrique Terrelonge, que había sucedido en el mando a aquel Jefe, que permanecía enfermo en Chiquimula".

Los actos hostiles comenzaron por pequeñas escaramuzas, y la más notable se verificó el 5 de febrero en la garita del Golfo. El coronel Jonama con una parte de la división que se hallaba en Aceituno, atacó por aquel punto a los sitiados; pero llegaron en seguida refuerzos de la plaza y tuvo que abandonarla. En esta acción hubo catorce muertos. Sin embargo, el general Morazán le da tan poca importancia, que ni aun la refiere en sus Memorias. Este triunfo llenó de entusiasmo a los serviles. En el pequeño recinto que ellos mandaban, los púlpitos tronaban, los milagros crecían, las maravillas se multiplicaban. Se hacia creer a la tropa que a su lado peleaba el Dios de los ejércitos y solo se aguardaba que el sol detuviera su curso para colmar de gloria al moderno Josué.

Morazán envió una división a la Antigua, que ocupó aquella plaza. Raoul y todos los hombres perseguidos por Aycinena, se le unieron. Toda la ciudad le victoreó. Las autoridades disueltas el año de 26 se reinstalaron. Don Juan Barrundia se hallaba perseguido de muerte y había emigrado a Ciudad Real; pero el consejero don Mariano. Zenteno tomó el mando del Estado. El Gobierno de la Antigua desplegó grande actividad para auxiliar a Morazán con armas, hombres y dinero.

Al saberse en Guatemala que en la Antigua habían sido reinstaladas las autoridades de 1826, se dio un decreto elaborado por dom Francisco Córdova. Ese decreto se halla al fin de este capítulo como documento justificativo.

Cáscaras, en quien ya no se confiaba, por haber mantenido buenas relaciones con Arce, cuando ya este Jefe había perdido la gracia de los serviles, renunció el mando del ejército y fue nombrado Mayor General el coronel don Agustín Prado.

Cerda no se fortificó en Mixco como lo había mandado el general Morazán. El coronel Pacheco, que un año antes peleaba contra los guatemaltecos en las filas de Merino, se hallaba al servicio de Aycinena, y el 15 de febrero en la noche, marchó a la cabeza de mil hombres sobre Mixco y derrotó completamente á Cerda. Este Jefe, dice Morazán, a quien solo conocía por la buena recomendación que de él se me había hecho, se confió en un valor de que carecía. Ni quiso fortificarse, ni tuvo la presencia de ánimo y arrojo que se necesitan para defender un puesto que fue sorprendida por el enemigo. Cerda acreditó, con esta derrota, su ineptitud, y el enemigo su crueldad con el asesinato de los vencidos. Este, en lugar de marchar inmediatamente sobre el cuartel general de Pinula, aprovechando mi permanencia en la Antigua, a donde había ido con el fin de organizar un Gobierno provisional, volvió a entrarse a sus trincheras, y yo regresé a Pinula. Al día siguiente concentré todas las fuerzas en este pueblo, y marché con ellas a la Antigua para reponer las bajas y pedir recursos al nuevo Gobierno.

La derrota de Mixco llegó exagerada a San Salvador: se dijo allá que el general Morazán estaba sitiado en la Antigua. Se temía que pronto sucumbiera allí, y que el Salvador fuera por cuarta vez invadido, y se comenzaron a levantar fortificaciones en la ciudad.

El enemigo, dice Morazán, envalentonado con el triunfo de Mixco, salió segunda vez de sus trincheras para atacarme en la Antigua. Yo marché inmediatamente a su encuentro; pero las noticias de los espías, me persuadieron de que no lo encontraría en el camino que yo llevaba. Regresé por esto a la ciudad, dejando a las órdenes del coronel Terrelonge un batallón y un escuadrón para que explorase el campo. En San Miguelito, distante una legua de la Antigua, se encontró este Jefe con el enemigo, y se batió con tal ardor, que la infantería, que había sido rodeada por aquel, se defendía a la bayoneta de tal modo, que se confundió con los contrarios y se le consideraba ya muerto o prisionero. En este momento, usando de su arrojo acostumbrado el teniente coronel Corzo, comandante del escuadrón, cargó con 40 dragones. sobre el enemigo, con tan buen éxito, que llegó a tiempo de salvar nuestra infantería, que todavía peleaba sin quererse rendir.

Los contrarios retrocedieron asombrados, y una segunda carga completó su derrota. Cuando recibí el parte de que el coronel Terrelonge se hallaba al frente del enemigo, marché con el resto del ejército. Las descargas seguidas que oía en el camino, me acreditaban que aquel Jefe se había comprometido en una acción con tan poca tropa, pero todos mis esfuerzos por tener parte en ella fueron inútiles. Solo llegué al campo de batalla para premiar el valor, socorrer a los heridos y proteger a los prisioneros. Perseguí los restos del enemigo hasta Sumpango, y pasé al día siguiente al pueblo de Mixco, en donde permanecí algún tiempo.

El señor Ministro Plenipotenciario de Holanda, general Verveer, con hábil diplomacia manifestaba deseos de que las cuestiones terminaran por un tratado de paz honroso para ambas partes beligerantes; pero él deseaba el triunfo de los serviles, como perfectamente lo comprendió el coronel Raoul y lo hizo conocer al Gobierno del Salvador. Siempre que el Ministro holandés pensaba que sus amigos de la plaza iban a sucumbir, ofrecía su generosa mediación. El triunfo de Terrelonge en San Miguelito, bien daba a conocer cuál sería el fin de la campaña, y el holandés por medio de don José Antonio Alvarado, manifestó al general Morazán deseos de abrir conferencias. Estas se verificaron en la hacienda de Castañaza sin ningún resultado favorable a la terminación de la guerra.

Morazán envió una división á Quezaltenango a las órdenes del coronel Jonama. En los Altos se hallaba don Antonio José de Irisarri con fuerzas de Aycinena. "Irisarri, dice don Miguel G. Granados, era hombre duro, inflexible y con poco tacto para manejar nuestros pueblos". La administración de Guatemala estaba ya allí desprestigiada y encontró resistencias que creyó vencer con el rigor. Morazán envió una división en su seguimiento; los pueblos sabiendo que serían sostenidos y auxiliados, se sublevaron contra Irisarri, lo derrotaron e hicieron prisionero en unión de casi todos sus oficiales. Tanto este Jefe como sus principales, fueron conducidos a San Salvador prisioneros de guerra, y alojados con Montúfar.

"De Mixco, dice el general Morazán , marché a situarme a la hacienda de Aceituno. Antes de llegar a la de las Charcas, se me aseguró que el enemigo se aproximaba a la misma hacienda. Cuando llegué a ella, observé que venía en marcha, a distancia de un cuarto de legua. Entonces conocí, que quería aprovechar para atacarme, el momento en que se había dividido el ejército, con la marcha de la primera división, sobre el departamento de los Altos. Al momento formé la fuerza para aguardar al enemigo, que en triple número se presentaba en la llanura. Todo el valle se veía cubierto de caballería, que se aumentaba a la vista, con una multitud de espectadores. Esta caballería se formó fuera de los tiros de nuestra artillería ligera. El de su fusil no alcanzaba al grueso de la infantería. Solo una parte de esta, en número de 500 soldados, se aproximó, formada en batalla a menor distancia, y rompió el fuego al mismo tiempo que las guerrillas de cazadores que hizo desplegar. Los nuestros lo contestaron a pie firme. Cansado de aguardar que se aproximase el resto de la infantería y toda la caballería enemiga; que continuaba guardando la distancia en que se había colocado al principio, hice marchar dos compañías de cazadores por el flanco derecho, y tirar algunas bombas. Estas causaron mucho estrago en la caballería, y a las primeras descargas que aquellos hicieron, avanzando siempre sobre el enemigo que peleaba, este huyó y el resto siguió su ejemplo sin haber hecho un solo tiro. La caballería lo imitó volviendo caras, y la nuestra, aunque en pequeño número, cargó sobre esta confusa masa de hombres, que huían sin motivo, haciendo tan terrible estrago en todo el valle, y centenares de prisioneros. Los que no lo fueron, entraron en la plaza en gran desorden; y no hice un esfuerzo por ocuparla aquel día, por aguardar que se incorporara la división que obraba en los Altos".

Después de la acción de Mixco, Pacheco obtuvo un gran prestigio que perdió en San Miguelito, porque a sus órdenes estaban las fuerzas que allí sucumbieron. El coronel Pacheco, según se expresa don Miguel G. Granados, no se halló siquiera en esa acción y cuando le dieron parte de que se oía fuego, contestó que aquello era solo miedo. El mayor general don Agustín Prado mandó en persona el ejército que sucumbió en las Charcas. El autor de las Memorias de Jalapa analiza la conducta de este Jefe y atribuye a su impericia el triunfo de Morazán. Cáscaras estaba desacreditado, había renunciado, y no infundía confianza a los serviles. El general Arzú, o no quería tomar el mando, o se desconfiaba de él por el mal éxito de la tercera invasión a San Salvador. Morazán había vencido a Milla en la Trinidad, a Domínguez en Gualcho, a Aycinena en San Antonio, a Pacheco en San Miguelito y a Prado en las Charcas. La reputación y el nombre de este Jefe animaban al ejército aliado y a sus órdenes se creía invencible.

"Al siguiente día de la batalla de las Charcas, dice el general Morazán , marché a la hacienda de Aceituno, en donde permanecí hasta la llegada de la tropa que se hallaba en Quezaltenango, de la que se reorganizaba en la Antigua Guatemala, y reclutaba en el Estado. del Salvador. Pocos días después, me dio parte el coronel Jonama, de haberse echado el pueblo del Barrio sobre los enemigos, y entregándole prisioneros a los principales Jefes. Pero, a esta noticia que no podía ser más satisfactoria, añadía otras sumamente desagradables. Me aseguraba que el teniente coronel Menéndez había sublevado contra él la división, a pretexto de obrar de acuerdo con los enemigos, por el buen trato que diera, en cumplimiento de mis instrucciones, al coronel Irisarri y demás prisioneros; y que la viruela maligna, que había comenzado a propagarse entre los soldados, le obligaba a regresar al cuartel general. Temiendo que muy pronto cundiese esta epidemia en todo el ejército, tomé varias precauciones para evitarlo, aunque no quedé satisfecho por no haber encontrado la vacuna. Con la mediación del Ministro de los Países Bajos de que he hablado, se reunieron en el sitio de Ballesteros, para tratar de la paz, los ciudadanos Abreu, por el vice—Presidente de la República y Pavón por el Gobierno del Estado de Guatemala, el general Espinosa por el del Salvador, y yo por los de Honduras y Nicaragua. Las proposiciones que por una y otra parte se hicieron fueron desechadas; y los comisionados se retiraron. Pero mis deseos de una transacción eran tan vivos, como fundados los temores que tenía de que se disolviese el ejército por la epidemia de viruelas. Volví, por esto, á excitar al general Verbeer, ministro de los Países Bajos para una nueva conferencia, a la que concurrieron los mismos comisionados. El general Espinosa y yo les presentamos la proposición siguiente:—1.° Que se estableciera un Gobierno provisorio en el Estado de Guatemala, compuesto del mismo jefe ciudadano Mariano Aycinena, ciudadano Mariano Prado y yo—2. Que los dos ejércitos debían reducirse al número de mil hombres, y componerse, en iguales partes, de guatemaltecos y salvadoreños—3. Que el Gobierno provisorio debía instalarse en Pinula y entrar después a Guatemala con aquella fuerza, destinada a dar respetabilidad al mismo Gobierno y a mantener el orden en el Estado—4. Un olvido general por lo pasado. Tan satisfecho estaba yo de que sería admitida, sin discutirse esta proposición, porque conocía la debilidad a que se hallaba reducida la plaza, como grande fue mi admiración al ver la desechada. Si el enemigo ignoraba la causa de tanta generosidad, sabía muy bien que no era acreedor a ella, por su conducta observada con los gobiernos y pueblos del Salvador y Honduras, en circunstancias menos difíciles para estos. Sabia, además, que ni su posición actual, la más desventajosa en que pudo colocarse, ni sus futuras esperanzas, puesto que no aguardaba ningún auxilio, ni la moral de su tropa, conocida ya en la acción de las Charcas, pudieran hacerle esperar un mejor desenlace pero todavía aparece más ventajosa esta proposición, si se compara con las que hicieron a los salvadoreños para que rindiesen la plaza, tan fuerte entonces, que lejos de alcanzar la menor ventaja, concluyeron los sitiadores por rendirse a los sitiados. Y siempre merecerá el nombre de generosa, porque se hizo en la seguridad de que Ja plaza de Guatemala se rendiría con poca resistencia como sucedió diez días después, que fue entregada bajo las condiciones que le impusiera el vencedor.

La primera división volvió de Quezaltenango y se dirigió a la Antigua, donde permaneció algunos días mientras se preparaba para la marcha sobre la capital con el correspondiente tren de artillería. Al coronel Raoul le ocurrió la idea, que fue aceptada por Morazán, de hacer creer a Aycinena que en San Salvador había estallado una revolución y que era preciso marcharan mil hombres para sofocarla, y que el resto de la fuerza se retirara a la Antigua. El objeto era llamar la atención de los sitiados hacia el lado de Buena Vista, y ocupar la plaza por los puntos que debían quedar desmantelados. El entusiasmo del ejército aliado aumentaba de día en día y se pretendió acrecentarlo aún más recordando honoríficamente el nombre de sus victorias. Al escuadrón que venció al mayor general Prado, se dio el nombre de Charcas, y en las arengas militares se hablaba al ejército de que era el objeto de la expectación de toda la América Central, y estaba próximo el día del triunfo de sus fatigas.

Raoul en un parte circunstanciado que dirigió al Gobierno del Salvador, presenta los sucesos de los días 7,8, 9 y 10 de abril de 1829. No es fácil hacer una pintura más exacta. Por lo mismo parece conveniente insertarlo íntegro.

El día 7, dice Raoul, yo había practicado, de orden del General, los reconocimientos necesarios alrededor de Guatemala, a fin de alcanzar la victoria con los menos sacrificios posibles, porque el ejército había adquirido tanto valor, que no se podía dudar del buen éxito, cualesquiera que fueran las dificultades que se presentaran.

El día 7 fui yo con toda la caballería y dos compañías de infantería a explorar el terreno que está situado al Oeste de Buena—Vista, con el fin de fijar toda la atención del enemigo sobre este punto, y desde luego debió concebir el temor de ser volteado por su derecha. El día 8 después de haber distribuido a todos los comandantes las instrucciones para que obrasen con acierto, el General me mandó salir del campo con toda la caballería, tres divisiones de infantería y toda la artillería, prescribiéndome dejar en la posición de San Pedro Las Huertas, una división de infantería, la artillería y el escuadrón Charcas, mientras que con dos divisiones de infantería y el resto de la caballería yo marchaba hacia la garita de Mixco, desfilando al frente de las fortificaciones enemigas, con el objeto de dar color de verdad a la noticia que el general, por el conducto de sus espías, insinuó al enemigo, de que la noche misma del 8 al 9, salían del campo mil hombres para San Salvador para apagar una revolución supuesta, y que el resto de la fuerza se retiraba a la Antigua: o por lo menos, si este ardid no surtía efecto, el movimiento hacia la garita de Mixco debía confirmar al enemigo en la idea (que la víspera pudo nacer del reconocimiento que hice) de que el General intentaba envolverlo por su derecha. Este movimiento y el ardid referido, fijaron de tal modo la atención del enemigo, que en la noche sacó del frente de las garitas del Golfo y de Chinautla, la mayor parte de su fuerza para Buena—Vista, y al mismo tiempo mandaron un reconocimiento a Mixco para observar nuestra marcha a la Antigua. Desfilando al frente de las fortificaciones yo había colocado una cadena de gran guardias de caballería desde san "Pedro Las Huertas al punto más al Oeste de Buena—Vista, con "el intento de persuadir al enemigo, que teníamos un gran interés en observar su actitud, y disimular nuestro movimiento. Estos gran guardias tuvieron orden de retirarse a la garita de Mixco después de anochecer.

Habiendo así atraído a Buena—Vista la mayor parte de la fuerza enemiga, para confirmarla en su error, al retirarme de la garita de Mixco para volver a san Pedro Las Huertas, dejé en el primer punto cincuenta caballos, treinta infantes y una banda a las órdenes del sargento mayor Estupiñán, comandante de los falsos ataques, con el objeto referido en sus instrucciones (documento núm.1). [5]

De vuelta a San Pedro Las Huertas a las 9 de la noche, yo tenía orden de reunir la mayor parte del ejército, en la chacra de Santo Domingo, y mandar el escuadrón Charcas á Aceituno a juntarse a la segunda división a las órdenes del coronel Gutiérrez que debía salir de su campo a las diez de la noche para obrar según las instrucciones (documento núm. 2). El resultado de esta empresa es detallado en el documento número 3.

Reunido el ejército a las doce de la noche, el ingeniero en jefe hizo sus disposiciones para facilitar el paso, según el documento número 4; pero los prácticos, sea malicia o ignorancia, en lugar de dirigir los operarios al potrero de Rubio, los condujeron al de Conde, y despertaron una avanzada enemiga que desde luego "anunció, por sus fuegos, nuestra presencia en estos parajes. Habiéndonos sorprendido el amanecer en esta posición, fue preciso renunciar a la gloriosa empresa de ocupar Guatemala sin derramar sangre, como hubiera indudablemente sucedido, si hubiéramos podido ocupar el potrero de Rubio antes del amanecer. Frustrada la esperanza más lisonjera de ocupar silenciosamente el potrero de Rubio para que nuestra caballería pudiese atacar a retaguardia la Barranquilla y las fuertes posiciones de Buena—Vista, fue necesario tomar de pronto una resolución imprevista, pues era probable que el coronel Gutiérrez

---

[5] Los documentos a que Raoul se refiera en este parte, se encuentran numerados al fin del presente capítulo.

estaba empeñado con el enemigo, a pesar que no oíamos el fuego que nos habría servido de norma, si lo hubiéramos percibido. Desde luego el General hizo replegar sus guerrillas y tomó disposiciones para atacar la Barranquilla, y decidir forzosamente la suerte de la República.

Así que la cabeza de nuestra columna se acercó al punto de ataque, el enemigo hizo movimiento concéntrico, y parecía disponerse a una resistencia decidida; pero estremecido por el fuego de nuestra artillería que había sido colocada en una posición feliz, y sin duda por los progresos del ataque del coronel Gutiérrez, pareció desordenarse, lo cual advertido por los cazadores del batallón número 7 que mandaba el teniente coronel Hueso, se arrojaron estos soldados sobre las trincheras, que fueron desocupadas, sin que nuestros bravos hayan podido alcanzar al enemigo, que se retiró a la plaza principal en la mayor confusión, abandonándonos aun su segunda línea, compuesta de un recinto de trincheras, que desde luego nos sirvieron para contenerlo en el reducto de la plaza mayor.

Aquí se presenta un vacío inmenso, ¿cómo nuestra brava y numerosa caballería permitió a las tropas que guarnecían la Barranquilla y Buena—Vista entrar a la plaza mayor? La severidad de la historia me arranca una verdad que han contenido un momento los respetos y consideraciones debidas a un patriota ilustre cuyos méritos envuelven a toda su familia.

El General había formado en masa todo su ejército de infantería y caballería detrás de San Pedro las Huertas, mientras que yo recibía sus órdenes sobre las circunstancias, y al momento de ver a nuestras guerrillas apoderarse de la Barranquilla, volé a comunicar todas las órdenes a la infantería para que se precipitasen sobre la línea de operación, sobreponiéndose a todos los obstáculos que pudieran encontrar: al mismo tiempo el General mandó a su ayudante, teniente coronel Pedro Molina, para que condujese la caballería por el camino recto; pero por un error que no se puede calificar, y cuyas consecuencias son borradas por la mano del triunfo, este oficial dirigió la caballería á Buena—Vista por un camino exterior a las fortificaciones, lo que percibiendo el enemigo, se retiró en seguridad y con toda la latitud posible.[6] Este extravío prueba que los ayudantes de un General en jefe, deben ser los oficiales que reúnan el valor a la prudencia, el tino al arrojo, y la actividad a la sangre fría, en la proporción que caracteriza a los otros ayudantes del General, teniente coronel José del Castillo y capitán José Robles.

Las primeras disposiciones del General, fueron tomar por punto de apoyo el convento de san Francisco, que ocupó la tercera división al mando del teniente coronel Cordero. La primera división al mando del teniente coronel Angulo, asaltó el edificio de la Universidad para ocupar sus techos y ventanas, y desde allí poder caminar a cubierto del fuego del enemigo hacia la plaza mayor, cortando las paredes de las manzanas que nos separaban de ella. Al entrar a este edificio cayó de una muerte gloriosa el teniente coronel Villacorta, que es la única pérdida que sufrió el ejército en la ocupación importante de Guatemala.

La cuarta división ocupó todas las bocacalles al frente de las trincheras enemigas, y fue la que sufrió todo el día 9 la pérdida más sensible, porque su ardor era indomable. La intención del General era que nuestras tropas no hiciesen fuego; pero el arrojo no pudo someterse a las reglas de la prudencia, y en este combate contrario a las disposiciones del General que fue sin fin como sin resultado, hemos tenido 4 muertos y 18 heridos, entre los últimos al teniente coronel Hueso, y al capitana Joaquín Guzmán con otros oficiales. Tengo el sentimiento de añadir que esta pérdida fue debida a una felonía que acusa la firmeza del Cónsul general de Holanda: nuestras bravas tropas, que son el modelo de todas las conveniencias, respetaron la casa sobre la cual estaba desplegado el pabellón holandés, y creyendo nuestra derecha suficientemente apoyada por la neutralidad de este edificio, tuvimos que arrepentirnos de una confianza inspirada por la inviolabilidad del carácter del Cónsul

---

[6] La severidad de la historia me obliga a llamar la atención sobre que el mismo Raoul no atribuye esto a malicia sino un error. Era imposible que don Pedro Esteban Molina, declarado fuera de la ley por Aycinena, e hijo del doctor don Pedro Molina, que tantos esfuerzos había hecho, y estaba haciendo por el triunfo del general Morazán, y que también se hallaba fuera de la ley por la voluntad de Aycinena, hiciera o dejara de hacer maliciosamente un movimiento militar en perjuicio de una causa que con tanto ardor defendió.

general, pues que el enemigo, a[7] aprovechándose de esta circunstancia, se apoderó de la casa y nos hizo un fuego mortífero; pero fue desalojado luego, dejando en el patio del Cónsul un testimonio de mala fe en un oficial enemigo muerto: esta circunstancia, unida a la impresión que dejaron en nuestro campo los mediadores holandeses que se habían mostrado parciales, al grado de querer que el ejército vencedor se retirase a Ahuachapán después de los triunfos de San Miguelito y Charcas, pusieron los intereses de la Legación holandesa en un peligro inminente; sin embargo, nuestros bravos prescindieron de su indignación para que no hubiese un mínimo pretexto de negar su respeto por todas las conveniencias sociales.

A la oración del día 9 el General mandó que se retirasen las tropas a sus cuarteles: la primera división a la Universidad, la segunda a la Merced, la tercera a San Francisco, la cuarta a Santo Domingo, y la caballería a los potreros que están a retaguardia "de este convento".

Aun vencedores, nos hallábamos en una posición llena de inquietudes: la administración anterior a la mía había llevado el descuido hasta no tener más que quinientas piedras de chispa de reserva, que fueron gastadas en las acciones de San Miguelito y Charcas, y carecíamos de ellas a tal punto, que más de cien soldados nuestros tenían sus fusiles sin piedras, y por consiguiente muchos las tenían inservibles, circunstancia que nos impuso la ley de obrar con timidez, pues que la noche del 9 una cuarta parte del ejército se hallaba en imposibilidad de hacer fuego.

Cuando yo salí por la mañana del día 10, a recorrer los puestos y prohibir que los soldados saliesen de sus cuarteles, los comandantes de división, por un celo mal entendido, habían vuelto a colocar sus avanzadas en las bocacalles, y el fuego se había roto, a pesar de las órdenes terminantes para que no sucediese, pues que de él resultaban dos inconvenientes grandes: el primero, de hacer creer al enemigo que su fuego era un freno al arrojo de nuestras tropas; el segundo, que se inutilizaba una gran cantidad de soldados por destruirse las piedras. En esta alternativa tan inquietante se determinó el General a hacer ocupar todas las manzanas que se hallaban entre la plaza mayor y

---

[7] Hoy Mercado municipal.

nuestros fuertes puntos de apoyo: en consecuencia, después de haber puesto un cañón en el campanario de la Merced, y colocados allí los mejores tiradores a fin de contener las guerrillas del enemigo, empecé a caminar desde la Merced, a cubierto de los fuegos atravesando las casas particulares, cortando las paredes que se oponían a un tránsito fácil; cuando llegué a la gran calle de Belén, di las órdenes para que iguales ataques fuesen dirigidos, atravesando las manzanas que se hallaban entre la Universidad y el que yo dirigía.

Llegué sin pérdida alguna a ocupar las casas en frente a la vice— Presidencia, cuya esquina se hallaba a tiro de pistola de la trinchera enemiga construida detrás del Sagrario, que era la que más nos incomodaba. El motivo táctico que tuve para dirigir estos cuatro ataques paralelos y simultáneos, había sido el fijar toda la atención del enemigo sobre los fuegos que yo quería establecer en las esquinas de la calle del comercio con la plaza del Sagrario,[8] y hacer desfilar la caballería por el ataque que yo dirigía correspondiente a la trinchera enemiga colocada al lado del palacio del Arzobispo, que era la única que no cortaba enteramente la calle, pues que había del lado opuesto al palacio del Arzobispo un paso, a donde podían desfilar dos caballos de frente: yo esperaba que a las dos o tres de la tarde podría darse el golpe decisivo, y con este intento había mandado prevenir al General, se sirviese dar orden a la caballería de reunirse sobre la Plaza vieja; pero no pudo verificarse así, porque los oficiales encargados de la dirección de otros ataques, no correspondieron a mis esperanzas, habían adelantado poco; y el principal ataque que debía tener por base la casa de Marticorena, dirigiéndose a la esquina del Sagrario, ni aun había empezado. Esta ocurrencia me hizo renunciar al proyecto de dar el golpe decisivo en el día, desde luego me trasladé al cuartel general de Santo Domingo, para dar parte al General y recibir sus órdenes: allí supe que estaba empeñado en rechazar un ataque tan temerario como disparatado: el enemigo en su desesperación, obrando sin plan, sin tino y sin acierto, había imaginado tomar á viva fuerza el Calvario, y fue rechazado por la tercera división unida a nuestra intrépida caballería que le hizo una mortandad espantosa: la relación de este episodio de nuestras operaciones en el día 10, que fue dirigido por el

---

[8] Hoy Plaza del Teatro.

General en persona, es el objeto de los documentos números 5 y 6. Cuando fui enterado de las circunstancias de este ataque, no pude dudar que el enemigo había percibido los peligros de que estaba amenazado del lado del Sagrario, y procuraba por todos los medios que le quedaban, hacer una inversión poderosa hacia San Francisco; penetrado de estos proyectos, volví al galope hasta el Sagrario para activar allí las operaciones por todos los medios posibles.

Por la mañana del 11 de abril el general Morazán recibió la comunicación siguiente:

Al C. Francisco Morazán, General en Jefe del ejército de Honduras y el Salvador.

Señor General: Creo haber llenado mis deberes defendiendo el Estado y la capital, hasta donde me ha parecido razonable.

Ahora propongo á Ud. se suspendan las hostilidades, interín se arregla una capitulación para la que estoy dispuesto, y espero se sirva Ud. decirme el punto a que deben concurrir los Jefes que anunciaré al efecto.

Tengo el honor de ofrecer á Ud. mis respetos y consideración. D. U. L.—Guatemala, 11 de abril de 1829.

Mariano de Aycinena.

He aquí la aristocracia segunda vez vencida. El representante de la nobleza de Guatemala inclina la frente ante un hijo del pueblo de Tegucigalpa. La primera caída de los nobles, después de la Independencia proclamada el año de 21, se debió al pronunciamiento de Casa—Mata en Méjico; la segunda la produjo el heroico esfuerzo de los centro—americanos. La primera dominación aristocrática vino de una monarquía: el efímero imperio de Iturbide y la invasión al Salvador por las fuerzas mejicanas; la segunda tiene un origen igualmente bastardo: el atentado que hollando las Constitución es federal y del Estado de Guatemala, redujo a prisión al jefe don Juan Barrundia, y ocasionó la muerte del vice—jefe don Cirilo Flores. Ambas épocas consignan en la historia devastaciones y desastres. La primera nos dio el triste ejemplo de que una sección centroamericana invadiera a otra. Huestes guatemaltecas llegaron hasta la capital de los salvadoreños, fueron incendiadas 22 casas, y otras muchas sufrieron el saqueo. Una segunda invasión imprimió en el territorio vecino huellas indestructibles de luto y de dolor; las mismas quedaron en Nicaragua por otra invasión servil guatemalteca que tenía por fin combatir a Granada y hacer triunfar al emperador Iturbide. Los nobles dejan aun otro recuerdo imperecedero de su primera dominación: la pérdida de Chiapas y de Soconusco, territorios que se anexaron a Méjico con motivo del Imperio, y que ya no volvieron a ser guatemaltecos. La segunda dominación de los nobles nos deja: el asesinato de Flores: los decretos de proscripción y de muerte dictados por don Mariano Aycinena, y más de una vez ejecutados con todas sus horribles circunstancias.

Entre tanto, las fuerzas sitiadoras penetraban desde la casa de Marticorena, a las esquinas del padre Bustamante y de Yela, al frente del Sagrario, y el teniente coronel Jonama preparaba una mina bajo la casa de Beltranena. Faltaban piedras de chispa y se encontraron 3000 en la tienda de Yela, lo que dio mayor aliento al ejército aliado. Había en las bocacalles gran guardias que hacían caer sobre la plaza una lluvia de balas. Una de ellas puso fuera de combate a Pacheco, que con 30 hombres hacia tiros inútiles desde lo alto de la Catedral. La lluvia de balas que caía sobre la plaza, provocó una deserción que se había manifestado desde la noche anterior, y fue facilitada, según dijeron los desertores, por un oficial que tenía á su cargo una trinchera. Aycinena espantado cada vez más, envió al general Morazán un oficial con bandera blanca que conducía la comunicación siguiente:

"C. Francisco Morazán , general en jefe de las tropas de San Salvador y Honduras.

Estoy de acuerdo con las bases que Ud. fija en su primera nota, y esto quise decir en la mía última. En tal concepto, mandaré los comisiónados al punto que Ud. designe, desde luego que se sirva darme el correspondiente aviso.

Reitero á Ud. mis consideraciones y respetos.

—D. U. L. Guatemala, 12 de abril de 1829.

Mariano de Aycinena.

Aycinena sin esperar que Morazán le contestara, envió a don Manuel Arzú y a don Manuel Francisco Pavón, con la nota siguiente:

C. general Francisco Morazán. Los CC. brigadier Manuel de Arzú, y teniente coronel Manuel Francisco Pavón, son los comisiónados que he nombrado para las conferencias en que se debe arreglar el modo en que ocupe Ud. la plaza con sus tropas.

Ya he dado mis instrucciones, y suscribo á cuanto ambos convengan.

Reitero á Ud. mis consideraciones y respetos.

D.U.L.—Guatemala, 12 de abril de 1829.

Mariano de Aycinena.

Morazán desde su primera contestación a don Mariano Aycinena, dijo que no consentiría nada que no fuera la rendición de la plaza, ofreciendo garantizar las vidas y propiedades de cuantos en ella estuvieran. Aycinena quiso confundir el pensamiento de rendición con ideas de conferencias. Morazán replica que solo admite la rendición de la plaza. Agravándose las circunstancias, Aycinena acepta, disculpándose con que esto fue lo que quiso decir desde su primera nota. Pavón y Arzú marcharon a rendir la plaza sin más ventaja para ellos que el respeto a las vidas y a las propiedades, lo que equivale a rendirse a discreción. En este concepto fueron admitidos en el campo enemigo conforme a las leyes de la guerra.

Don José Milla y Vidaurre en una noticia biográfica de don Manuel Francisco Pavón, dice: La capitulación se había pedido a pesar del jefe Aycinena, que se proponía defender palmo a palmo la ciudad. Esta aserción es enteramente inexacta. Ella procede de un vehemente deseo de presentar como grande héroe al Jefe de los serviles y al primer representante de los nobles. Las notas preinsertas. atestiguan que Aycinena no solo quería la capitulación, sino que la solicitaba con empeño, y que sus deseos de salvarse llegaron hasta el extremo de rendirse sin más condición favorable que la garantía de vidas y propiedades. Esto estaba ya estipulado en notas que hemos visto. Los comisiónados no fueron al campo enemigo más que a darle formas de estilo, agregando circunstancias accidentales.

Arzú y Pavón fueron recibidos por el general Morazán conforme a las leyes de la guerra, y en la casa de la Andrade, esquina de la plazuela de San Francisco, [9]se firmó el siguiente documento:

Art.1.—Desde esta hora habrá una suspensión de armas y tanto el ejército del general Morazán , como el que se halla en la plaza, recogerán sus partidas a los puntos que ocupan, evitando todo acto de hostilidad.

2.—Mañana a las 10 del día entrará el ejército sitiador a la plaza principal de esta ciudad.

3.—Las tropas sitiadas se replegarán antes de este acto a sus cuarteles, y se depositarán en la sala de armas todas las existentes en la plaza mayor.

4.—El general Morazán, si lo tuviere por conveniente, incorporará a su ejército los individuos de las fuerzas capituladas que no quisieren ser licenciados, ya sean de las milicias del Estado, o de la fuerza federal que exista unida a ellas.

5.—Cuatro comisiónados del ejército sitiador, pasarán mañana a las 8 del día a la plaza, para asegurarse del cumplimiento del art. 3. y luego que se hayan recibido formalmente de todos los elementos de guerra y armas que existen en la plaza, darán aviso de ello, para la ocupación de la misma plaza.

6.—El general Morazán garantiza las vidas y propiedades de todos los individuos que existan en la plaza.

7.—Les dará pasaporte, si lo tuviere por conveniente, para que salgan a cualquier punto de la República o fuera de ella.

8.—El general Morazán , y los comisiónados a nombre del Jefe que representan, ofrecen bajo su palabra de honor, cumplirles la capitulación en la parte que les toca.

En Guatemala, á 12 de Abril de 1829.

Francisco Morazán —Manuel Arzú—Manuel Francisco Pavón.

---

[9] Hoy plaza de la Concordia.

DISPOSICIÓNES DE AYCINENA, MINISTERIO GENERAL DEL GOBIERNO DEL ESTADO DE GUATEMALA.

DEPARTAMENTO DE GOBERNACIÓN.

El Jefe del Estado se ha servido expedir el siguiente

DECRETO.
EL JEFE DEL ESTADO DE GUATEMALA,

Observando que los enemigos que han invadido el Estado, no perdonan medio alguno para difundir por todo él la división, el desorden y la más espantosa anarquía: que en tan criminal empresa son auxiliados por algunos hijos del mismo Estado, indignos del nombre guatemalteco; y que unos y otros han llevado sus planes hasta el exceso de usurpar la autoridad, en los puntos ocupados por las fuerzas invasoras:

Deseando atajar un mal, no solo ruinoso a los pueblos de Guatemala, sino a todos los de la República, opuesto a su crédito y capaz de conducirla a su total exterminio;

Y usando de las facultades que le están conferidas,

DECRETA:

1.—Las autoridades, funcionarios y empleados de cualquier orden, clase y denominación que sean, que bajo cualquier título o pretexto, nombren y establezcan, o hagan nombrar y establecer a los enemigos, o sus agentes, en cualquier punto del Estado que ellos ocupen, o que esté bajo el influjo directo o indirecto de los mismos invasores; son y se considerarán por ilegítimas, y los actos de su ejercicio no deberán ser reconocidos por los pueblos, ciudadanos ni habitantes del Estado; teniéndolos por desnudos de toda autoridad, por violentos, ilegales, nulos y de ningún valor ni efecto, como emanados de individuos ó personas que carecen de poder legal para las funciones públicas en que hubieren sido colocados.

2.—La usurpación de cualquiera de estas funciones, por cualquiera clase de personas, será vista como un acto hostil contra el

Estado, y castigada con todo el rigor de las leyes. Los que hubieren cooperado o cooperasen, bien sea por sí, prestándose a excitaciones del enemigo o de los intrusos: los que hayan sostenido o sostengan la usurpación de estos; y generalmente todos los que de cualquier modo hubiesen tomado o tomaren una parte activa en semejantes atentados; quedarán sujetos a las penas que respectivamente correspondan a sus delitos, con arreglo a las disposiciones vigentes.

3.—Las órdenes, prevenciones, o resoluciones de cualquiera clase, que en cualquiera forma dictaren dichos intrusos, sus agentes, o los jefes de la fuerza enemiga, en cualquier punto del territorio del Estado, no deberán ser obedecidas, cumplidas ni ejecutadas. La persona que contravenga a esta prohibición, será condenada a servir en trabajos públicos, desde uno hasta cuatro años, según la mayor o menor culpa que se le justifique; y si el contraventor fuese persona constituida en autoridad, eclesiástica, civil o militar, o que ejerza legítimamente otras funciones públicas, de cualquiera otra clase y orden que sean, sufrirá además de esta pena, la de privación de su empleo, destino u oficio, y pagará una multa desde ciento hasta mil pesos.

4.—Los empleos, destinos, comisiónes o encargos que confirieren los mismos intrusos, sus agentes o los jefes de la fuerza enemiga, sea en puntos ocupados por ella, y para cualquiera paraje de dentro o fuera del Estado, y sean también de la naturaleza que fueren: tampoco deberán ser admitidos, servidos ni desempeñados por ciudadano o habitante alguno del Estado. El que infringiere este artículo, será castigado con una multa desde quinientos hasta dos mil pesos, y además con la pena de trabajos públicos, desde cuatro hasta ocho años, todo según la mayor o menor importancia del empleo, destino, comisión o encargo que haya admitido y desempeñado, y la mayor o menor culpa en que por esta razón hubiere incurrido. Los que no puedan pagar la multa, serán destinados a presidio desde cuatro hasta diez años. En las mismas penas incurrirán los que siendo de otro Estado, cometan igual delito; y si fuesen extranjeros, sufrirán la pena capital.

5. —Todo el que con su persona, con hombres, armas, municiones de guerra, víveres o dinero, dé auxilios a los intrusos, a sus agentes o a las fuerzas que han invadido el Estado, será castigado de muerte,

conforme al artículo 5. de la ley de 19 de febrero de 1827. Esta pena se hará efectiva aun cuando resulte que se haya obrado por encargo de otra persona, y la misma se impondrá al que hubiese dado tal encargo.

6.—Respecto de las penas así corporales como pecuniarias, en que solo fija este decreto el máximum y el mínimum, la autoridad que deba imponerlas, hará la graduación de ellas, conforme a la mayor o menor culpa que se advierta en cada individuo, pero siempre con arreglo a lo que queda prevenido.

7.—El Gobierno se reserva la facultad de dictar las medidas especiales que convengan a la seguridad, defensa y salvación del Estado, respecto de aquellos casos que ofrezcan circunstancias extraordinarias, en los delitos de que trata el presente decreto.

8.—Imprímase, publíquese y circúlese.

Dado en Guatemala, á 16 de febrero de 1829—Mariano de Aycinena.

Por disposición del P. E.—José Francisco de Córdova.

ORDEN CIRCULAR,

El Poder Ejecutivo del Estado, considerando muy conveniente y necesario fijar algunas reglas generales que determinen la conducta que ha de observarse respecto de los enemigos, de los facciosos que con el auxilio o a influjos de la fuerza invasora, atenten contra la seguridad interior o exterior del Estado, y de los agentes de unos y otros; y deseando también que estas reglas dejen a cubierto los derechos e intereses más preciosos de los pueblos, y que aunque limitadas a los puntos más sustanciales, por lo que sobre ellos disponen, den a conocer lo que deberá hacerse respecto de los demás que no estén expresamente detallados: ha resuelto se observen las siguientes:

PREVENCIONES GENERALES.

1.

Las autoridades políticas, militares y municipales de los pueblos que se hallen amenazados de una próxima invasión de enemigos, deberán bajo su más estrecha responsabilidad, tomar todas las disposiciones convenientes para que de los confines de su recinto por donde amenace el riesgo, se retiren los ganados y toda especie de víveres, y se acerquen a los parajes más libres y seguros, para que se extraigan los elementos de guerra que allí hubiere, y para que se escaseen al enemigo los recursos de cualquiera clase, y se deje también el menor cebo posible a su codicia.

2.

Los jefes, administradores, empleados y dependientes de los ramos de hacienda en los departamentos, y los mayordomos, colectores y demás funcionarios que administran los fondos municipales de los pueblos, tomarán también en este caso las medidas más oportunas y eficaces para poner a salvo los caudales e intereses de su respectivo cargo; bien entendidos unos y otros, de que si por descuido o morosidad cayeren éstos en poder de la fuerza enemiga, de sus jefes o de sus agentes, deberán reponerlos íntegramente a su costa, sin perjuicio de los demás a que haya lugar; y que si en este asunto hubiesen procedido con dolo o de malicia, los jefes, administradores y demás funcionarios y empleados referidos, pagarán además el duplo del valor de los caudales o intereses ocupados, robados o perjudicados, sean de la hacienda o de los propios de los pueblos: serán destituidos de sus destinos, y quedarán1 sujetos a las otras penas que merezca la mayor o menor criminalidad de su conducta, con arreglo a las leyes. Estas disposiciones se harán efectivas no solo cuando la ocupación, el robo o el daño hayan sido o fueren ocasionados por los enemigos, según queda dicho, sino también cuando provengan de parte de alguna facción interior del estado; bajo cuyo concepto, en cualquiera de estos casos se guardarán respectivamente las precauciones indicadas.

3.

Las mismas se recomienda a los PP. Curas, y se previene a los jefes políticos, alcaldes y municipales de los pueblos, que se tomen respecto a las alhajas y platas de las iglesias: se procurará extraerlas con la debida oportunidad: se trasladarán a un paraje libre y seguro, dentro o fuera del propio departamento, o por lo menos se ocultará en aquel a que pertenezcan, bajo las seguridades correspondientes en cualquiera de estos casos: se pondrán en salvo igualmente los demás bienes y propiedades de la iglesia; y para todo obrarán de acuerdo entre sí las autoridades eclesiástica y civil.

4.

Los jefes de los departamentos, los de distrito, y donde no los hubiere de esta última clase, los alcaldes, o quienes hagan sus veces, designarán con la debida anticipación el lugar que les parezca más apropósito para cabecera, por si fuere invadida la del departamento ó distrito respectivo: harán que al punto designado se trasladen los intereses principales de los pueblos, y entre ellos los papeles de oficinas más importantes; y si este nuevo punto se viera después amenazado de iguales riesgos, irán estrechando su residencia por escalas proporcionadas sobre la capital o paraje que ofrezca mayor seguridad.

5.

Desde los pueblos donde se fije sucesivamente la cabecera, se entenderán con los que estuvieren libres de enemigos, en el territorio de su mando para hacerlos acudir a la defensa común: para el pago de contribuciones y para los demás objetos de necesidad o utilidad que indiquen las circunstancias o les prevenga el Gobierno, a quien darán cuenta de todo lo que ocurra.

6.

Los jueces, los alcaldes, municipales y funcionarios de los pueblos inmediatos a los ya ocupados por el enemigo, podrán y deberán tomar todas las medidas que estén a sus alcances, ya sea para escasearle víveres, ya para cortarle comunicaciones de unos puntos a otros, ya para impedir que las extienda: obrando siempre hostilmente respecto. de él, y haciéndole todo el daño posible por cuantos modos permiten las leyes de guerra.

7.

En iguales términos se conducirán si hubiere alguna facción interior en sus inmediaciones, que haya desconocido o desconozca las autoridades legítimas; que esté haciendo armas contra ellas; favoreciendo los planes del enemigo, o cometiendo otros crímenes semejantes contra la existencia del Estado o su seguridad interior ó exterior.

8.

Así respecto de las tropas enemigas, como de cualquiera facción de las indicadas, se procurará con especial cuidado, descubrir y prender a los espías que pongan en cualquier punto: hacer lo mismo con los correos que despachen: tomarles a unos y otros los papeles, armas y cualesquiera otros efectos que tengan o lleven consigo: asegurar las personas y remitirlas oportunamente, con la custodia que corresponde, a esta capital.

9.

Debe entenderse que las prevenciones 6.,3 7.s y 8.s hablan también con los pueblos y los particulares, pues todos pueden y deben obrar hostilmente respecto de los enemigos del Estado.

10.

Se celará general y eficazmente la introducción de papeles sediciosos o turbativos de la tranquilidad pública, que impresos ó manuscritos quieran circular los enemigos: se recogerán todos los que se encuentren de ésta clase: se averiguará si alguna persona se ocupa en difundirlos; y se pondrá pronto y eficaz remedio por los jueces y autoridades a quienes incumbe este cuidado. Los que reciban por correos o en otra forma dichos papeles, están obligados a presentarlos a la autoridad: pueden hacerlo sin descubrirse, remitiéndolos con sobre—escritos cerrados, y siempre en el concepto de que se les guardará secreto; y los que en vez de hacerlo así, los retengan, los trasladen, o de otro modo concurran a su circulación, incurren en las mismas penas que sus autores, haciéndose reos de los delitos que estos hubiesen cometido. Las autoridades respectivas tendrán muy presente en la materia, el decreto del Gobierno de 2 de noviembre de 1827, para aplicarlo según los casos que ocurran.

11.

Si en vez de proceder con arreglo al espíritu de cuanto queda prevenido, hubiere alguna persona que se acerque al enemigo, y le compre ganados, granos o cualquiera otra especie de géneros y efectos, quedará obligada a restituirlos al que resulte dueño legítimo de ellos, o a darle un equivalente, en caso de haberlos consumido, pagará el duplo del valor de los mismos géneros y efectos; y esta multa se aplicará por iguales partes al denunciante y al juez que conozca de la cansa. Si no hubiere habido denunciante, la parte que a éste correspondería, se consignará a beneficio de la hacienda pública.

12.

Todo el que sepa que en cualquier punto del Estado existen intereses, propiedades o derechos pertenecientes al enemigo, a cualquiera de sus agentes, o a individuos y personas que hubieren hecho o estuvieren haciendo causa y partido con ellos, podrá y deberá denunciarlo al Gobierno, a los jefes departamentales o a la autoridad a quien más fácilmente pueda dirigirse. Hecha la conveniente averiguación y resultando cierta la denuncia, en términos de que por ella llegue a percibir algún ingreso la hacienda del Estado, el denunciante tendrá la cuarta parte del valor de los bienes o intereses por vía de gratificación.

13.

Las Municipalidades, y generalmente todos y cualesquiera vecinos de los puntos confinantes a los ya ocupados, o en que esté alterado el orden, darán partes y avisos de las personas que vean o sepan que se han adherido a los enemigos, que les han facilitado o facilitan auxilios, o que le han servido o están sirviendo en cualquiera otra cosa. Estos avisos se darán tan circunstanciados como se pueda para venir en conocimiento. de los culpables, de sus familias, lugares de su residencia y demás circunstancias, a fin de tomar las debidas providencias.

14.

Todo ciudadano o habitante que dé avisos o denuncias de esta clase, o sobre cualquiera otro objeto interesante a la causa pública, puede y debe contar con que se guardará religiosamente el sigilo que exija la naturaleza del asunto; y puede y debe contar asimismo con que el Gobierno verá siempre estas acciones como pruebas de lealtad y patriotismo: que las tendrá presentes para las solicitudes y pretensiones que se ofrezcan a los interesados, y que las premiará con gratificaciones pecuniarias, si lo exigiere así la calidad de las materias.

15.

Para que todo lo dispuesto se observe, cumpla y ejecute exactamente, se comunicará a quienes corresponde; y se imprimirá desde luego a fin de que llegue a noticia de todos.

Secretaria del Gobierno: Guatemala, 16 de febrero de 1829.

Córdova.

DOCUMENTOS A QUE SE REFIERE RAOUL.

DOCUMENTO N. 1.°
INSTRUCCIÓN PARA EL COMANDANTE DE LOS FALSOS ATAQUES.

Colocará tres guardias de caballería de 12 hombres cada una sobre el frente de las fortificaciones del enemigo, desde la Barranquilla hasta el lado opuesto de Buena—Vista: cada gran—guardia colocará tres centinelas a caballo sobre este frente, como a dos cuadras de su puesto: estas avanzadas colocadas de día a distancia libre de los fuegos, se acercarán de noche a las fortificaciones, de modo que se reúnan en una de las tres avanzadas como al centro; las centinelas se retirarán en el mayor silencio cuando sea ya de noche, y en el curso de la noche se mandará muy cerca de las fortificaciones, patrullas de cuatro soldados con un cabo: cuando se acerquen al foso, uno se apartará como una cuadra de la patrulla, y dará el quien vive a los otros: estos responderán una vez: ronda mayor; la centinela llamará de fingido al cabo de guardia haciendo las demás formalidades de recibirlo, y para el buen éxito de esta operación, la hará en persona el comandante de los falsos ataques, repitiéndola en cuatro puntos por lo menos desde la Barranquilla hasta el otro lado de Buena—Vista.

Otras veces mandará dos soldados cerca de las fortificaciones en los lugares ocupados por el enemigo; después que uno haya dado el quien vive y haber respondido San Salvador, este preguntará al otro en dónde está la primera división, á que le responderá en muy alta voz, tomó el camino para la Antigua; sobre otro punto haciendo lo mismo, y preguntando por la tercera división, contestarán, marchó a San Salvador.

A las tres de la mañana un tambor tocará diana: inmediatamente una de las dos bandas que se quedarán en la garita de Mixco, tocará en este mismo punto, y la otra a dos cuadras por lo menos; cada banda tocará diana en dos lugares diferentes: después juntas la llamada, y a las cuatro de la mañana precisamente, marcha hacia las fortificaciones; cuando estén a una distancia racional de ellas, tocarán ataque, y los que estén armados harán algunos tiros: toda la caballería de los falsos ataques reunida en un punto, fingirá carga sobre Buena—Vista: después de un rato harán silencio; el comandante en alta voz gritará que el General manda que se aguarde el día, regañando mucho en nombre del General, por haber atacado importunamente; verificado todo esto, todos los individuos de los falsos ataques se reunirán, y se retirarán por Ciudad a Vieja al lugar donde esté el ejército.

Cuartel general en Aceituno, 8 de abril de 1829.

Nicolas Raoul.

DOCUMENTO N.2.

Instrucciones para el coronel Gutiérrez, jefe división de infantería.

Artículo 1. —El escuadrón Charcas, a las órdenes del teniente coronel Corzo, se agregará a su división a las diez de esta noche.

2.—Como este escuadrón vendrá de San Pedro Las Huertas por el camino recto de la chacra de Santo Domingo, será preciso que Ud. haga mantener un fogón en el lugar donde está acuartelado el batallón núm. 8, para que sirva de punto de dirección al teniente coronel Corzo, y no se extravíe en la marcha de noche.

3.—Unido el escuadrón a su división, se pondrá Ud. en marcha para la garita de Chinautla, pasando por el molino de la Merced, ó si fuere posible no dar esta vuelta, tomará un camino más corto, haciéndolo reconocer con mucha escrupulosidad, a fin de que no resulte ningún embarazo.

4.—Como las marchas de noche son llenas de dificultades, y exponen a los soldados a extraviar, que del orden perfecto de esta, pende la suerte de la República, el comandante de la segunda división tomará todas las precauciones que estén a su alcance, y entre ellas la más importante, es hacer un alto de diez minutos cada cuarto de hora.

5.—Llegado con toda su fuerza arriba de la laguna de la garita de Chinautla, hará sus disposiciones para pasar el foso del guarda a la derecha de ella, de modo que vaya a resultar al potrero de Martínez, sirviéndose como prácticos, de los tres patriotas que llegaron ayer de la capital por una vereda que atraviesa el potrero de Moreno.

6.—Ud. mandará dos cuartos de caballería en el llano que está entre la ciudad y las dos garitas con el fin de observarlas, y hará guarnecer con su infantería los fosos que separan este llano del potrero de Martínez, mientras que un batallón a las órdenes de un oficial de toda su confianza marche a ocupar el cerro del Carmen por la vereda del potrero de Moreno ya referida.

7.—Si el ataque del Carmen tiene buen éxito, Ud. marchará con toda su tropa a ocupar la plazuela de San José el viejo, mandando una compañía en el potrero de los Matamoros, a fin de destruir la avanzada que tiene allí el enemigo, y asegurar la retirada, que en caso de resultar desgraciado el ataque que va a dirigir, debe verificarse por la calle que va de la plazuela de San José a los baños del Administrador, y de allí á Aceituno por una vereda que indicará uno de los patriotas que han venido por esa dirección.

8.—Al mismo tiempo Ud. mandará una partida de caballería por la calle más exterior, cual es la de las tenerías, hasta el potrero de Eustaquio, detrás de Santo Domingo, con el fin de establecer sus comunicaciones con el ataque mayor que debe dar una división del ejército a este convento.

9.—El oficial encargado de la ocupación del Carmen, prescindirá de ella, en caso de encontrar resistencia, e irá a esperar las órdenes de Ud. detrás de la Iglesia de la Candelaria, mientras que él mande algunas partidillas en dirección al convento de la Merced, para saber si el enemigo lo ocupa.

10.—En fin, señor coronel, las instrucciones no pueden indicar sino los puntos generales que coordinan sus esfuerzos con las disposiciones del General en Jefe: a lo imprevisto, Ud. opondrá el valor de nuestra tropa y la decisión que caracteriza a Ud.; debemos ser persuadidos todos que mañana se levantará sobre Guatemala el sol de la libertad o que va a hundirse en la noche de la impostura, que la patria nos mira y que no hay medio para nosotros entre vencer o morir.

Cuartel general de Aceituno, 8 de abril de 1829.

Nicolás Raoul.

DOCUMENTO N.3.
Comandancia de la segunda división.

C. Jefe del Estado Mayor: —En virtud de las instrucciones que Ud. me dio el día 8 del presente, emprendí mi marcha a las doce de la noche con la división de mi mando, una compañía de dragadores y un piquete de alumbradores y ordenanzas, a las órdenes del teniente coronel Doroteo Corzo, con dirección al Molino de la Merced.

La maleza del camino y la oscuridad de la noche, no me permitieron llegar al guarda de Chinautla, sino después de haber amanecido, lo cual me obligó a atacar sus fortificaciones, que fueron tomadas de frente y al paso de trote por el teniente coronel graduado Felipe Peña y el oficial Calderón.

El enemigo perdió 10 hombres, 14 carabinas, algunas municiones y un prisionero: este me informó que en la garita del Golfo había doscientos hombres. Destaqué contra ellos dos compañías de fusileros a las órdenes del teniente coronel Peña, y una cuarta de caballería del escuadrón Charcas, a las del teniente Curbal, los que se posesiónaron del punto indicado sin ninguna oposición.

Estas pequeñas acciones me dieron una idea del terror e ineptitud del enemigo, al mismo tiempo que me confirmaron la constante intrepidez de los soldados y oficiales que tengo el honor de mandar. Sus deseos por llegar hasta las fortificaciones que se habían juzgado como el asilo impenetrable del despotismo: su ardor por avistar al enemigo que parecía insultarnos desde sus atrincheramientos, me inspiraron una ciega confianza de un triunfo seguro. Deseoso y convencido de él, mandé al teniente coronel Corzo, que al paso de trote avanzase con la caballería por la calle de San José, protegido por el teniente coronel Peña y dos compañías de infantería, mientras yo con el resto de ella me dirigía contra el cerro del Carmen, cuyo punto tomé sin oposición alguna. Establecí en él al teniente coronel Villaseñor con un batallón, y en seguida me dirigí para el convento e iglesia de la Merced con solo una compañía al mando del capitán Cabañas. Al llegar al primer fortín, se me hicieron algunos tiros por el enemigo, contra quien destaqué cinco cazadores con orden expresa que no hiciesen más que cinco tiros, y cargasen a la bayoneta sobre los que defendían la trinchera, que fue tomada en el momento. Al llegar al fortín que cubre la calle de la iglesia de la Merced, descubrí una partida considerable de caballería enemiga, hice que los cazadores saltasen el foso, y disparasen contra ella algunos fusilazos. Mi sorpresa fue extraordinaria cuando vi que este grupo de hombres desaparecía de mi vista sin atreverse a disparar sus pistolas que llevaban en mano, lo cual me proporcionó la ocupación del convento de la Merced y trincheras inmediatas.

Cubierta mi retaguardia por dos puntos fuertes, me dirigí a la plaza vieja, en donde me reuní con los tenientes coroneles Corzo y Peña, y desde allí mandé ocupar las de Santo Domingo y Capushinas.

Difícil sería hacer distinción de los oficiales y soldados, pues todos se portaron con tanto honor como valentía, y tengo el placer de recomendarlos a la consideración de Ud.

En este día y en los demás que ha durado el sitio de esta plaza, he tenido 9 muertos y veinticinco heridos, entre ellos tres oficiales, que son el capitán Carías, el subteniente Pineda, y el de igual clase Álvaro: la mayor parte de ellos, por su arrojo é intrepidez que me fue imposible contener.

Quiera Ud., C. Jefe, ponerlo todo en conocimiento del General en Jefe, y admitir las consideraciones de mi aprecio.

D.U.L.—Cuartel general en Guatemala, 14 de abril, 2 de su rendición, de 1829.

J. M. Gutiérrez.

DOCUMENTO N. 4.

Instrucción para el ingeniero en jefe.

Cuando el ejército esté reunido en la chacra de Santo Domingo, se pondrán a disposición del ingeniero en jefe tres compañías de cazadores, los alumbradores que quedan disponibles, con todos los indios, las herramientas, escaleras, etc., para ir a trazar un camino, para penetrar en el potrero de Rubio y en el edificio de Santo Domingo. Los alumbradores de a caballo servirán para colocarlos de trecho en trecho sobre la dirección que debe seguir el ejército, y los oficiales que llevan órdenes del General o partes de los comisiónados, y del ingeniero en jefe; estos alumbradores servirán como de miras sobre el nuevo camino. Luego que la primera pared sea cortada, dará aviso el ingeniero en jefe, a fin de que el ejército pueda aproximarse a la dificultad inmediatamente que se pueda penetrar en el potrero de Rubio; dos compañías de las tres de cazadores ya mencionados, volverán en el mayor silencio a ocupar la casa de altos del potrero de Rubio, llevando las herramientas precisas para hacer troneras y procurar se hagan fuegos abrigados y libres de los del enemigo. Todos los afanes del ingeniero en jefe, serán los de ocupar lo más ventajosamente posible los edificios del convento de Santo Domingo, que será ocupado por los batallones números 7 y 8, que forman la cuarta división a las órdenes del teniente coronel Peña, procurando colocar el morterito sobre una de las azoteas, si no fuere posible disponerlo a cubierto para lanzar piedras, y de consiguiente reunirá muchas piedras al derredor del mortero para cargarlo con ellas. Examinará el lugar en donde se pueda colocar un cañón con seguridad y ventaja. En fin, el punto importante del ingeniero en jefe, es la ocupación del convento de Santo Domingo. Cuartel general en Aceituno, 8 de abril de 1829.

Nicolás Raoul.

DOCUMENTO N.5.
Ejercito aliado—Tercera división.

C. Mayor General del Estado:

El 10 del corriente, a las 4 de la tarde, intentó el enemigo batirme en la posición que había tomado el día anterior, por la fuga vergonzosa que hizo, abandonando su segunda línea. El 5.Obatallón estaba colocado en la iglesia y convento de San Francisco, de cuya fuerza se cubrían 4 avanzadas que en las boca—calles impedían las salidas que por el flanco derecho quisiera hacer el enemigo, y el resto de la fuerza de dicho batallón estaba repartido sobre la misma iglesia, en la de Santa Clara y en una trinchera que se formó frente a la calle principal de la plaza. El 6. batallón lo coloqué en la Tercera Orden con el objeto de tener cubierta mi retaguardia.

El enemigo antes de cargar con toda su fuerza, mandó guerrillas que tiroteasen las nuestras, y habiendo observado que no teníamos caballería, se decidió a dar un ataque brusco con 400 hombres de infantería, 60 caballos y una pieza de a 4. Luego que se emprendió la acción por la calle del ataque, se observó que la parte de la fuerza enemiga, daba vuelta a cortarnos la retirada, y los que guardaban la trinchera de Pavón salieron a batirnos por el frente, de manera que el ataque lo hicieron por cuatro puntos. Los soldados que el día anterior habían peleado con tanta bizarría y bravura, no era posible que fuesen vencidos después de un triunfo tan glorioso. Así es que con el mayor denuedo fue rechazado el enemigo, habiendo perdido un número considerable de tropa, y el cañón de á 4 que aun después de tomado, fue defendido por el que estaba colocado en la trinchera de la calle de Taboada. Un piquete de caballería que pedí, al que no estuvo en el principio de la acción, llegó con oportunidad, pues él completó la derrota.

Yo recomiendo, C. Mayor General, el valor y decisión que en esta vez han manifestado todos los soldados y oficiales de mi división, como lo presenció el C. General y el sub—jefe de E. M., Benítez, que se hallaba en la trinchera de la izquierda del frente del enemigo con el 5.° batallón; y el teniente coronel Carlos Salazar, jefe de Estado Mayor de la división de mi mando, que se hallaba también en la plazuela de la Tercera Orden con el 6.c La premura del tiempo no me había permitido dar estos pormenores por escrito como me lo previene Ud. en su nota de ayer de que contesto.

Quiera Ud., C. Mayor General, recibir las consideraciones de mi aprecio y respeto.

D.U.L.—Guatemala, convento de San Francisco, abril 18 de 1829.

El comandante Indalecio D. Cordero.

Adición—Incluyo al C. Mayor General la lista de muertos y heridos que hubo en dicha acción.

DOCUMENTO N.6.
Comandancia de la brigada de caballería.

Al C. Jefe de Estado, Mayor General de los ejércitos aliados.

En cumplimiento a la orden que por nota de Ud. he recibido, fecha del día, contesto: que el diez, como a las dos de la tarde, se me mandó de orden superior el que marchase una partida a obrar sobre la izquierda en unión de la división acampada en San Francisco; inmediatamente mandé al teniente coronel Argueta con veinticinco dragones, los que entraron en combate desde su llegada; se encontraron con toda la fuerza de caballería enemiga: dio dos cargas nuestra partida, haciéndoles como veinte muertos; y cuando intentó hacer la tercera, se encontró con un cuerpo de infantería, en número como de trescientos hombres: nuestra partida no pudo hacer otra cosa que sostener el puesto a que había avanzado. Se pidió entonces de la izquierda más caballería y marché yo en unión del teniente coronel Corzo con veinte dragones más; dimos una nueva carga hasta encerrarlos en su trinchera, y perdimos de nuestra parte solamente al sargento segundo Paredes que murió valiente, y el enemigo perdió como doce hombres en esta última carga.

Es cuanto tengo que decir a Ud. en contestación a su nota, sirviéndose aceptar las protestas de mi aprecio.

D. U. L.—Abril 15 de 1829.

H. Terrelonge.

CAPÍTULO NOVENO: CIUDAD DE GUATEMALA DURANTE EL ATAQUE A LA PLAZA.

SUMARIO.

1—Lo que dice Arce—2. Lo que dice Montúfar—3. Lo que dice don José Francisco Córdova acerca de las Memorias de Jalapa. —4. Lo que prescribe el derecho de gentes—5. Saqueos de otras é—pocas—6. Represalias 7. La casa de Beltranena—8. Orden general de Raoul: fusilamientos ejecutados en virtud de ella—9. Los guatemaltecos increpados por Montúfar—10. Contradicción de las doctrinas serviles con los hechos.

Don Manuel José Arce asegura que durante los tres días de asedio permaneció tranquilo en su habitación, sin otra compañía que la de sus hijos, esposa y domésticos, a pesar de las instancias de muchos sujetos que pretendían se precaviese de algún insulto. Asegura que desde el principio hasta el fin del ataque, estuvo entre las tropas invasoras, sin recibir ningún agravio de aquellos hombres: que socorrió a muchos soldados de Morazán que no tenían que comer y que fue testigo de unos cuantos saqueos.

2—El autor de las Memorias de Jalapa se expresa así: La parte de la ciudad que estaba en poder del sitiador fue saqueada en muchas de las principales casas de aquellas que tenían fama de riqueza, ó que habían representado en la revolución: especialmente fueron saqueadas á vista de Raoul, aquellas mismas cuyos propietarios lo habían servido, o interesándose por él en su desgracia. Los guatemaltecos que tomaron las armas en favor de Morazán son los más inmorales en el ataque: su infamia es completa. Creen vengarse de los que culpan de opresores de su patria, empobreciendo esta misma patria: prueban entonces que no han tomado las armas por la libertad ni por la ley, sino para destruir toda la riqueza, destruyendo todas las fortunas.

3—Don José Francisco Córdova, conocido en Centro—América con el nombre de Cordovita, por su pequeña estatura, era servil y aristócrata; trabajó con empeño por su partido, fue ministro de Aycinena y uno de los hombres a quienes se atribuyen muchas de las medidas severas de aquel Jefe. Sin embargo, Córdova, juzgando en Méjico las Memorias de Jalapa, dijo que son inexactas en muchas de sus relaciones. Se le llamó a la lid periodística para que demostrara las inexactitudes y los rasgos de falta de imparcialidad, y él contestó: que el autor había sido su amigo y que ya no existía: que por lo mismo se abstenía de comprobar por extenso lo que había enunciado, y que al mismo autor varias veces se lo hizo ver. Las Memorias de Jalapa, pues, ni aun en concepto de los serviles son un evangelio. En los días a que el señor Montúfar hace referencia, él se hallaba preso en San Salvador, de donde se dirigió a Méjico. Su relación descansa en informes apasionados que se le dieron.

4— En la antigüedad todo era permitido al vencedor contra el vencido. En el presente siglo, las leyes de la guerra son estrictas y humanitarias. No obstante, la ocupación bélica está reconocida por todas las naciones. Los efectos muebles que se toman a un enemigo armado, pueden hacerse propiedad del apresador. A los habitantes pacíficos se permite la tranquila posesión de sus bienes. Este principio tiene excepciones, y una de ellas son las represalias.

5—Las tropas de Milla saquearon a Honduras e incendiaron una parte de la ciudad de Comayagua. Las tropas serviles que en 1822 entraron á la ciudad de San Salvador, iban hambrientas por las escaseces que en el camino habían experimentado, se esparcieron por las calles en desorden, saquearon y cometieron otros atentados, y al huir los repitieron en diversos pueblos. En 1828 las tropas serviles volvieron a llegar hasta la ciudad de San Salvador, y su conducta fue idéntica a la observada el año de 22. Las tropas de don Antonio Aycinena, después de la derrota de San Antonio y de la subsiguiente capitulación, quedaron en libertad para volver a Guatemala, y Morazán les suministró dinero y todo lo necesario. Sin embargo, saquearon los pueblos del tránsito, y cometieron un asesinato, violándose así la capitulación que se acababa de firmar, en la cual se había consignado un artículo a la seguridad de aquellos pueblos. San Salvador sufrió incendios y saqueos el año de 22 y el de 28. La lista de casas y edificios destruidos durante esta guerra en aquel Estado, por las armas serviles, se presentó la Asamblea de Guatemala. Ella da el detalle de los objetos destruidos, y de los pueblos y lugares donde la destrucción se operó. Puedo presentarla literalmente. Hela aquí:

ACULHUACA.

El cabildo.................................... 1
La escuela.................................... 1
La Aduana.................................... 1
Un tingladlo del convento.......... 1
Un rancho del id............................ 1
Casas de paja y de teja de particulares...136

141

SAN SEBASTIÁN.

La sacristía.................................. 1
Casa curial.................................. 1
El Calvario.................................. 1
Casas para escuela y otros usos............. 3
Casas de paja de particulares................ 76

82

CUSCATANCINGO.

Casa conventual................................. 1
El cabildo................................... 1
Las cárceles...................................... 1
Casas de teja y de paja de particulares.. 252

255

SAN MARTÍN.

Casas de paja de particulares................ 8

MEJICANOS.

Casas de teja.......................... 195
Id. de paja.............................. 85

280

766

AYUSTEPEQUE.

El cabildo................................. 1
La casa de escuela........................ 1
La del camposanto........................ 1
Casas de teja y de paja de particulares. 125
_____
128

NEJAPA.

El cabildo................................. 1
La caballeriza............................ 1
Parte del convento........................ 1
Otro cabildo.............................. 1
Casas de teja y de paja de particulares....281
_____
285

BARRIOS DE SAN SALVADOR.

San José. Casas de teja y de
paja incluso el cabildo 73
Concepción. Id. id...................... 8
Santa Lucía. Id. id...................... 8
_____
89
Total............. 1268

Ni el ex—presidente Arce, ni el coronel Montúfar, declama contra los autores de estos males; los había producido la nobleza de Guatemala, y, por consiguiente, ese cuadro de exterminio y devastación era una obra moral, justa y digna de alabanza. El saqueo de dos o tres casas de nobles, se había ejecutado en los momentos en que las fuerzas del Salvador y Honduras ocupaban la capital, y es un crimen que pasa de generación en generación, sin que ningún sacrificio pueda expiarlo. Tolo es lícito a los nobles contra los plebeyos, como en otras edades todo era lícito a un ejército romano contra los bárbaros; pero a los plebeyos no es lícito ni aun defender su patria y sus hogares contra las invasiones de la aristocracia. Los guatemaltecos que se unen al general Morazán son infames, aunque se liguen a él para librar a los artesanos y a todo el pueblo de Guatemala del yugo de la nobleza; y Milla que, siendo hondureño, incendia a Comayagua, no es reprensible; y Arce que no solo toma las armas. contra el Salvador, su país natal, sino que se coloca a la cabeza de un ejército para invadir al Salvador, derramar á torrentes la sangre de sus conciudadanos, y esparcir en todo aquel Estado la devastación y la muerte, es un santo que debe venerarse en los altares, como hoy se venera en la Catedral de Toledo la efigie de Torquemada.

6—Sensible es el ejercicio del derecho de represalias; pero no deja de ser un derecho. Ninguna casa fue incendiada en Guatemala. La ciudad estuvo en manos de los sitiadores y no se cuenta un solo incendio.

7.—Beltranena era el Jefe de los sitiados, porque ejercía el Poder Ejecutivo como vice—Presidente de la República. Durante el sitio su1 casa, ante la ley de las naciones, era propiedad enemiga para el ejército aliado. Raoul manifiesta en sus partes, que no se podía siempre sujetar el entusiasmo y el coraje de la tropa, ni aun cuando se trataba de movimientos militares y del régimen disciplinario. No debe extrañarse, pues, que en aquellos momentos, sabiendo el ejército que Beltranena a la sazón era un enemigo armado, algunas partidas de tropa hubieran invadido su casa.

8—El coronel Raoul dictó una orden general en que se imponía pena de muerte a los militares que cometieran algún robo. Aquel Jefe tuvo noticia de que un sargento y un soldado conducían objetos robados. A estos se les juzgó verbalmente en consejo de guerra y fueron fusilados, conforme a la orden general, en el atrio del templo de Capuchinas.

9—El doctor Molina se hallaba en San Salvador; don Antonio Rivera Cabezas estaba desterrado en la República Mejicana; el general don Agustín Guzmán, no manchó sus manos con el robo; ni los Barrundias ni Gálvez figuraron en el asedio de la plaza. Ninguno de los Jefes del partido liberal es acreedor a la severa censura del coronel Montúfar. Ellos solo querían el triunfo de una idea, a la cual consagraban su existencia. Había en Guatemala, como hay en todas partes del mundo, personas que no pertenecen a ningún partido, ni aspiran más que a hacer negocio. Para ellas la política, la literatura, las bellas artes y todo lo que pueda elevar el corazón y la mente, es una miserable jerigonza. Si alguna vez se fijan en lo que se dice en los parlamentos, o se ejecuta en los ministerios, es únicamente por la relación que esto pueda tener con sus negocios. Estas personas saben reportar provecho de todas las calamidades públicas, y algunas de ellas el año de 29 aumentaron sus capitales cambiando á ínfimos precios objetos extraídos de la casa de Beltranena.

10—Los serviles increpan á Morazán por los desarreglos de algunas partidas de sus tropas, y dan a los liberales extensas lecciones de moral. Cuando hablan así, parece que se oye la dulce voz de Jacob; pero cuando fusilan a Pierzón y a Merino, declaran fuera de la ley a muchos ciudadanos, asesinan a hombres inocentes como el marimbero, [10] o sin crímenes capitales, como Oyarzabal; cuando no dan cuartel a los vencidos, como el año de 40, y pasan por las armas a todos los que componen una Municipalidad, como en Quezaltenango, sentimos la mano áspera de Esaú. Comparando lo que dice el coronel Montúfar en las Memorias de Jalapa, con lo ejecutado por sus copartidarios, no podemos menos de exclamar: ¡LA VOZ ES DE JACOB; PERO LAS MANOS SON DE ESAÚ!

---

[10] Con este nombre era conocido un tocador de marimba, á quien mató Carrera, é hizo descuartizar el ministro Viteri, poco después obispo.

CAPÍTULO DÉCIMO: ENTRADA DE LAS FUERZAS DEL SALVADOR Y HONDURAS A LA PLAZA MAYOR DE GUATEMALA

(—Prisión del Presidente y vice—Presidente de la República, del jefe Aycinena y de los ministros de la Federación y del Estado).

SUMARIO.

1—Aycinena pide que no se cumpla el artículo 5. de la capitulación—2. Relato de la entrada a la plaza, hecho por el general Morazán —3. Prisiones 4. Arce se vuelve a unir con los serviles—5. Observaciones sobre las quejas que Arce presenta en sus Memorias.

1—El artículo 5. de la capitulación firmada el 12 de abril de 1829, dice: "Cuatro comisiónados del ejército sitiador pasarán mañana a las 8 del día a la plaza, para asegurarse del cumplimiento del artículo 3.[11] y luego que se hayan recibido formalmente todos los elementos de guerra y armas que existan en la plaza, darán aviso de ello para la ocupación de la misma plaza. Sabiendo algunos comerciantes españoles, acérrimos enemigos de los liberales, que se había capitulado, dijeron que los salvadoreños robarían cuanto encontraran dentro de las fortificaciones, y que era mejor repartir los efectos de sus tiendas a los soldados de Aycinena, y así comenzó a verificarse; lo cual produjo desórdenes, tumultos y bochinches que aprovechó Aycinena para mandar al sargento mayor Pedro González al, cuartel general de Morazán, á suplicar a este Jefe que ocupara la plaza aquella misma noche. El general Morazán , previendo dificultades no quería acceder; pero el mayor González continuó instando y haciéndole creer que iban a cometerse grandes atentados si él rehusaba lo que se le pedía. Morazán , en virtud de estos ruegos, envió con una fuerza al coronel don Gregorio Villaseñor, no para que se hiciera cargo de la plaza inmediatamente, sino para que, colocándose a las órdenes de don Mariano Aycinena, sofocara la insurrección. Villaseñor buscó á

---

[11] Este artículo dice así: "Las tropas sitiadas se retirarán a sus cuarteles, y se depositarán en la sala de armas todas las existentes en la plaza mayor."

Aycinena en el palacio arzobispal, y este Jefe no quiso ya dar ninguna orden ni intervenir. El mismo Villaseñor dio parte á Morazán, quien ordenó que Raoul fuera a ponerse a la cabeza de las fuerzas que habían entrado a la plaza. Así quedó sin efecto el artículo 5. de la capitulación redactado por Morazán, para cerciorarse de la entrega del armamento. Raoul inmediatamente que se vio dentro de las fortificaciones puso en libertad a un gran número de presos guatemaltecos, que por ser liberales, se hallaban en las cárceles. El 13 de abril a las diez de la mañana el general Morazán a la cabeza del ejército entró a la plaza mayor y se alojó en el palacio federal.

2—La plaza, dice Morazán, fue ocupada al día siguiente de la capitulación y yo me alojé en la casa del Ejecutivo. Pasados algunos minutos se me presentó el Ministro de Relaciones del Gobierno Federal, y me entregó una nota del vice—Presidente de la República, C. Mariano Beltranena, en la que me preguntaba si debería continuar en el ejercicio del P.E. Los que recuerden, que el vice—Presidente, apoyado en el ejército del Estado de Guatemala, había usurpado el mando al Presidente de la República, burlándose de los repetidos reclamos que este hizo para obtenerlo: que era uno de los más poderosos motores de la guerra que se llevó hasta la capital de la República, a nombre de la mayoría de los gobiernos de los Estados que componen la Federación, se persuadirán fácilmente de que mi contestación fue negativa.

3—El general Morazán continúa así: En el mismo día mandé reducir a prisión al Presidente y vice—Presidente de la República. A los ministros de este, de hacienda y relaciones, y al Jefe del Estado de Guatemala. Esta medida ejecutada en cumplimiento de las órdenes que había recibido de los Gobiernos de los Estados, estaba en consonancia con mi opinión, de reducir el número de los presos al menor posible; y tenía también por objeto poner en absoluta incapacidad de obrar a los principales jefes que habían llevado la guerra a los Estados. Don Miguel G. Granados indica los nombres de los presos, en esta forma: El 13 ocupó la plaza Morazán, y en el acto fueron reducidos a prisión el Jefe Aycinena y su secretario Piélago, el vice—Presidente Beltranena y su ministro Sosa. También lo fue el presidente de la República Arce, que durante los tres días que duró el ataque, se había mantenido en su casa a la vista de los sitiadores sin ser molestado.

4—Don Manuel José Arce, creía que el general Morazán lo volvería a colocar en el poder; y viendo burladas sus esperanzas, se unió segunda vez a los serviles, único apoyo que en Centro—América le quedaba. Él se queja de falta de cortesía, y emplea parte de un capítulo de sus Memorias en citar artículos reglamentarios para hacer ver que su prisión no se verificó conforme a las leyes de procedimientos.

5—La entrada a una plaza no es la introducción de embajadores a un palacio real, donde se marcan las cortesías que a cada uno corresponden, y el sitio donde deben verificarse. Un general que a la cabeza de su ejército ocupa una plaza, no es un juez de primera instancia que con su escribano y alguaciles, penetra en tiempo de paz en la habitación de un vecino, a tomar declaraciones para averiguar si debe o no ser detenido. La capitulación no había sido declarada insubsistente, ni se había infringido. El general Morazán nunca ofreció más ventajas que la garantía de vidas y propiedades, y ninguno fue fusilado, ni a nadie confiscó los bienes.

CAPÍTULO UNDÉCIMO: PRISIONES DEL 19 DE ABRIL.

SUMARIO.

1—Actitud de los serviles—2. Junta a las 4 de la tarde en el Palacio del Gobierno: prisiones—3. Lo que dicen las Memorias de Arce—4. Aflicción de las familias de los presos—5. Causas de estas prisiones, presentadas por el general Morazán —6. Traslación de los presos al convento de Belén—7. Comunicación del Gobierno de Honduras—8. Pedimento de algunos vecinos de Guatemala.

Algunos de los jefes que invadieron al Salvador no se hallaban en la plaza de Guatemala, ni estaban prisioneros; y su incesante conato era operar una reacción. Acontecimientos posteriores lo comprueban. El Secretario del Gobierno de Aycinena, en concepto de jefe de Estado mayor, permitió salir a muchos soldados de la plaza, infringiendo el artículo 4.º de la capitulación, en el cual se decía, que continuarían en sus cuarteles, para que no hubiera duda acerca de la entrega total del armamento. Muchos de los soldados que salieron en virtud de aquella orden, llevaron sus fusiles y cometieron excesos en algunos pueblos. Todo esto produjo temores de reacción. Morazán se dirigió a don Manuel Pavón, manifestándole que no se le había entregado completo el armamento, y este señor le contestó con evasivas. Algunos partes llegaron al General en jefe, de que se combinaba una conspiración, y los jefes militares creyeron que era preciso aumentar el número de los presos.

La lista de las personas que debían ser reducidas a prisión era grande. Se hallaban diseminadas por toda la ciudad, y muchas se encontraban fuera de ella. Esparcir partidas de tropa para prender a cada individuo, habría sido producir una grande alarma, sin llenar el objeto, porque muchos se habrían ocultado. El día diez y nueve se les dijo que a las cuatro de la tarde se presentaran en el Palacio del Gobierno, sin expresarles el objeto, y cuando estuvieron reunidos, el coronel Gutiérrez los condujo al edificio de la Universidad, donde quedaron detenidos.

Don Manuel José Arce y otros serviles, se propusieron, en diferentes publicaciones, consternar a los lectores, haciendo una

119

pintura patética de esta escena. Dicen que no conteniendo la orden de citación nada que indicara el motivo con que se les había llamado, muchos se presentaron de frac puntiagudo, guantes blancos y sombrero alto, y que era sensible ver a hombres vestidos de rigurosa etiqueta, dirigirse custodiados desde el Palacio del Gobierno, hasta el edificio de la Universidad. Describen las lágrimas de la mamá de uno, las súplicas del papá de otro, el llanto de la consorte de este, las bravatas de la pretendida de aquel, las enfermedades agudas que el susto produjo a determinados ancianos, entre los cuales hubo quien de congoja se muriera.

La mayor parte de los presos no eran militares, ni estaban acostumbrados a las molestias, ni al peligro. Muchos de ellos habían recibido la educación de don Pascual, personaje imaginario, cuyas costumbres don José Batres y Montúfar describe así:

Vestiase á las seis de la mañana,
Iba a misa, tomaba chocolate,
Asomábase un rato a la ventana,
Rezaba el Pueri Dominum laudate,
Sentábase á comer con buena gana,
Fumaba su cigarro por remate,
Dormía siesta, y cuando no dormía
La cabeza sin falta le dolía.

No hay duda que a hombres de esta clase, debía producir un estrago espantoso el mirarse en la Universidad de Guatemala, algunos por primera vez en su vida, y todos sin poder salir de ella. El general Morazán procedió conforme a las listas que se le presentaban; pero en seguida mandó poner en libertad a muchos, llegando sus consideraciones hasta el extremo de que el brigadier don Manuel Arzú que había invadido al Salvador, permaneciera en su casa, bajo su palabra de honor, sin que nadie lo molestara.

A pesar de que en mi opinión, dice el general Morazán, el número de los presos debía ser el menor posible, como lo había acreditado, reduciéndolo a cinco individuos de los más notables, la de los pueblos, así como la de los Gobiernos de los Estados y la del ejército, era enteramente contraria. El Gobierno del Estado del Salvador, por medio de sus comisionados; CC. José Ma Silva y Nicolas Espinoza, y el de Honduras y Nicaragua, por las exposiciones que se publicaron entonces, pedían el castigo de todos los culpables; y yo que no desconocía la justicia de estos reclamos, y debía cumplir las órdenes de los jefes que habían depositado en mí su confianza, me vi obligado a reducirlos a prisión.

Los presos no fueron conducidos a bóvedas mortíferas, como el doctor Molina, don José Mariano Vidaurre, y otros muchos, en tiempo de Carrera. Se les trasladó al convento de Belén, donde recibían a sus familias, y tenían bastante espacio, no solo para vivir con desahogo, sino para ejercitarse en juegos higiénicos, que frecuentemente los entretenían.

El Gobierno de Honduras dirigió enérgicas comunicaciones a las autoridades federales y del Estado de Guatemala, recordándoles los males pasados, y con especialidad el incendio de Comayagua, ejecutado por las fuerzas que estuvieron a las órdenes del coronel Milla. [12]En esas notas 'se pide la severidad con los vencidos, a fin de evitar nuevas maquinaciones de ellos o de sus secuaces. Estas notas fueron contestadas haciéndose ver las disposiciones que ya se habían dictado.

Muchos vecinos de Guatemala, firmaron una exposición al Gobierno, enteramente conforme a las notas hondureñas, y la fuga de Domínguez verificada entonces, que tanta sangre costó más tarde, prueba la conveniencia política con qué en estas prisiones se procedía.

---

[12] Milla tuvo la desgracia de quedar mal con ambos partidos. En Honduras todavía se le recuerda con indignación, y Arce, sin comprender el mérito del general Morazán , atribuye á faltas de Milla los triunfos del héroe de la Trinidad y Gualcho. Dice Arce que Milla fue absuelto por un consejo de guerra; pero que Morazán quedó triunfante.

CAPÍTULO DUODECIMO: RUPTURA DE LA CAPITULACIÓN.

SUMARIO.

1—Exposición de Raoul—2. Información para comprobar los hechos que él refiere—3. Declaratoria de insubsistencia de la capitulación—4. Trastorno que produjo la entrada de Villaseñor y Raoul en la noche del 12 a la plaza de Guatemala—5. Relación de Morazán sobre el mismo objeto—6. Contestación al autor de las Memorias de Jalapa—7. Fin de las Memorias del general Morazán — 8. Armas encontradas en Santo Domingo—9. Reflexiones.

Hay delitos y felonías, dice Raoul, que están fuera del alcance de la previsión más desconfiada. ¿Quién hubiera podido creer que los jefes de Guatemala prescindiesen de la suerte de la ciudad, de los intereses de sus familias, y aun de sus propias vidas para satisfacer el odio implacable que tienen a los principios liberales? Sin embargo, la capitulación era apenas firmada, cuando se distribuyeron a los soldados de Guatemala, efectos y valores pertenecientes al servicio público, que según la capitulación debían sernos entregados.

Una información se siguió militarmente para averiguar si los jefes vencidos habían cumplido o no sus compromisos, y el resultado fue adverso para estos.

Morazán con vista de ella, dictó la resolución siguiente:

En la ciudad de Guatemala, a veinte de abril de ochocientos veinte y nueve. Vista la información sumaria, mandada instruir con el objeto de averiguar la conducta que observó el Jefe de las fuerzas enemigas que se hallaban en la plaza mayor de esta capital, el día 12 del corriente, después que esta se rindió a los ejércitos aliados por la capitulación celebrada en el mismo día: deduciéndose por el mérito de lo actuado, que varios jefes y oficiales influyeron activamente, a vista de su General, para que los soldados se retirasen con sus armas a los pueblos de los Altos: considerando que las disposiciones de los testigos intachables que han declarado, son confirmadas con el hecho de no haberse entregado más que cuatrocientos treinta y un fusiles, de los mil quinientos que existían entonces en manos de los que se hallaban en la plaza, como lo acreditan los estados del día 8 de este mes, advirtiendo también que esto lo hace más indudable las actuales vejaciones que experimentan los que transitan los caminos de estas inmediaciones, en donde varias partidas de caballería e infantería, se hallan asesinando y robando: estando al mismo tiempo demostrada la ocultación de armas por haberse entregado al Jefe de Estado mayor un número considerable de ellas después de reducidos a prisión los jefes que existían en esta plaza, sin haberse podido lograr antes, a pesar del bando publicado el 13 del corriente; y observando, por último, que fueron inútiles las diferentes reconvenciones que con este objeto se hicieron a varios sujetos que tenían interés en que se cumpliese la capitulación, he tenido a bien decretar y decreto:

1.—La capitulación celebrada con los comisionados del jefe Aycinena en concepto de comandante de armas de esta plaza, es en todas sus partes nula y de ningún valor y efecto.

2.—Que en consecuencia se haga publicar y circular esta declaratoria para los efectos convenientes.

Francisco Morazán .

La entrega de los efectos de ciertas tiendas que se hizo a las tropas de Aycinena el 12 de abril, y el desorden que esto produjo, fueron el medio de que los vencidos se valieron para ocultar el armamento que reclamaba Morazán, y no pasaron los cuatro comisiónados del ejército sitiador para asegurarse del cumplimiento del artículo 3.° de la capitulación, ni este tuvo efecto.

No habiendo tenido mis reclamos para que se observase la capitulación, dice el general Morazán , ningún resultado favorable, expedí un decreto, en el que manifestaba los motivos que tenía para no cumplirla por mi parte. El señor Arce ha querido inculparme por este hecho en sus Memorias: en ellas pretende demostrar con los mismos estados que yo cito, e1 no haber habido ninguna falta de parte de los vencidos. Si en dichos dos estados aparece un número de armamento casi igual, es porque en uno se comprendieron las armas inútiles que había en el almacén, en tanto que en el otro solo figuraban los fusiles útiles que se hallaban en manos del ejército enemigo. Varias pruebas podía aducir para poner en un punto de vista más claro el hecho a que me refiero, si el tiempo, que todo lo descubre, no hubiera venido a justificar la conducta que observé en aquella vez, presentando como una prueba irrefragable el armamento que de las bóvedas de la Catedral de Guatemala, sacó Carrera a la vista de todos; el mismo que, en el año de 829 fue el objeto de mis reclamos, y la causa porque se anuló la capitulación. Mis hechos posteriores acreditan que no tuve otras miras. Por el artículo 6.° de dicha capitulación se garantiza la vida y propiedades de todos los individuos que existían dentro de la plaza. Esta era la única seguridad que se les daba. A nadie se castigó con la pena de muerte; ni se le "exigió, por mi parte, ninguna clase de contribución. La capitulación fue religiosamente cumplida, aun después de haberse derogado. La obligación cedió entonces su lugar a la generosidad, y no tuve de qué arrepentirme. Y no se diga que faltaba sangre que vengar, agravios que castigar, reparaciones que exigir. Entre otras muchas víctimas sacrificadas, los generales Pierzón y Merino fusilados, el uno sin ninguna forma judicial, y arrancado el otro de un buque extranjero para asesinarlo en la ciudad de San Miguel, pedían entonces venganza, así como los incendios y saqueos de los pueblos del Salvador y Honduras demandaban una justa reparación.

La capitulación, dice el autor de las Memorias de Jalapa, era un contrato celebrado entre Morazán y Aycinena: ambos eran partes, ninguno juez legítimo del otro. La capitulación era un tratado entre dos ejércitos beligerantes por medio de sus jefes. Era un contrato bilateral que llevaba implícita la condición resolutiva, en caso de falta de cumplimiento. Cuando dos beligerantes celebran una convención y uno falta a ella, el otro no está obligado a darle cumplimiento. Un tratado de guerra no es un contrato celebrado entre dos particulares, y cuyas diferencias debe dirimir un juez de primera instancia. Las operaciones militares son rápidas, instantáneas; las corona el arrojo y el valor. Introducir en ellas la demora y las formas del notariado, seria desnaturalizarlas. No solo las capitulaciones sino los tratados de amistad, comercio, navegación y de otras clases, se rompen por la declaratoria de una de las partes contratantes, cuando para ello se cree que hay causa y motivos fundados. La historia de los últimos cuatro siglos abunda en ejemplos de este género.

El general Morazán termina con estas palabras: Pocos días después se comenzó a difundir en la ciudad la noticia de que se intentaba.... No hay más escrito: aquí terminan las Memorias: no dice

Morazán lo que se intentaba; pero es muy sabido. Se intentaba una contra—revolución; y para ella se había ocultado cuidadosamente un armamento. Diez años después los serviles lo entregaron a su caudillo, y sirvió para derrotar a Morazán el año de 4° y para que se perpetrara una matanza escandalosa de salvadoreños a quienes no se dio cuartel.

En el número diez del Boletín Oficial, página 149, se hallan estas palabras: "En el osario del convento de Santo Domingo, se han encontrado en estos días porción de fusiles escondidos por los frailes cuando la ocupación de esta capital por el ejército de los libres. ¿Y aun se querrá sostener que sus paternidades no tomaron parte en la guerra fratricida que tanto nos afligió?

Dicen los serviles que sin la capitulación la plaza se habría defendido con honor, y en caso de que Morazán la hubiera tomado, habría sido con grandes pérdidas: que los males sufridos por ellos hubieran sido los mismos, y que se les quitó la honra de hacer una defensa hasta el último instante, destrozando gran parte de las fuerzas invasoras. Ellos olvidan que cuando don Mariano Aycinena pidió que se suspendieran las hostilidades, Morazán contestó: La posición en que me hallo, no me permite perder un momento, ni convenir en otra cosa que no sea la rendición de la plaza, ofreciendo que se garantizarán las vidas y propiedades de cuantos en ella existan. Olvidan los conservadores que el general Morazán jamás accedió a otra solicitud: que Aycinena en nota de 12 de abril le dijo: Estoy de acuerdo con las bases que Ud. fija en su primera nota, y esto quise decir en la mía última. Olvidan que el mismo Aycinena sin esperar respuesta envió a Morazán comisiónados para que entregaran la plaza sobre esas precisas bases. Olvidan que la capitulación no les dio otros derechos. No comprenden que idéntica habría sido su suerte si la plaza se hubiera tomado á viva fuerza. El general Morazán no hubiera fusilado a los serviles; pero siempre habría desterrado a los principales de ellos. El año de 1840 tomó la plaza por asalto. En ella se apoderó del armamento y parque que tenía Carrera, y su conducta se limitó a sacar de la prisión al general don Agustín Guzmán, y a poner en arresto a determinadas personas, que pareciéndole sospechosas encontró allí. A muchos trató amistosamente; y correspondieron a su generosidad volviéndolo a combatir con la pluma, con la palabra y con las armas.

CAPÍTULO DECIMOTERCIO: UNA SOLICITUD DE LA MUNICIPALIDAD DE GUATEMALA

(Para que se aumentara el número de los presos).

SUMARIO.

1—Estado de los ánimos—2. Exposición del Cuerpo municipal.

En la capital había exaltación. Muchas de las familias vejadas por Aycinena manifestaban odio contra sus antiguos opresores y deseo de venganza. La voz de que se había ocultado parte del armamento, infundió desconfianzas. Se exageraban los excesos cometidos por los soldados que con fusiles salieron de la plaza autorizados por el Secretario del Gobierno y contra el texto literal de la capitulación, y se creía que era un ataque a la justicia y a la vindicta pública que se pasearan libremente por las calles y las plazas los hombres más comprometidos del partido que acababa de sucumbir.

2—En esta situación la Municipalidad dirigió al Jefe departamental la exposición siguiente:

Al C. Jefe departamental.

En los momentos felices en que el sistema de libertad ha logrado triunfar de los fieros opresores que intentaron sobreponerse a él, no es extraño que una corporación compuesta de hombres libres, movidos de su celo patriótico, ocupe y excite a la vez la atención del Gobierno sobre algún incidente que puede ser de la mayor trascendencia, y que también se dirige al beneficio de la causa pública. Esta Municipalidad ha creído justamente hallarse en este caso al observar que muchos de los individuos que tomaron una parte muy activa en la guerra contra las instituciones libres que habían jurado; que fueron jefes de la revolución; y que emplearon todo el resto de su criminalidad para sostenerse, se hallan hoy libres como unos espectadores impunes de los horrores y estragos que derramaron sobre el pueblo centro—americano.

La voz pública los condena sin cesar, y no deja de señalarlos con admiración y sorpresa. A cada instante se perciben declamaciones nacidas, no ya del deseo universal por el escarmiento en sus personas, sino principalmente del temor que debe infundirnos su oscura conducta habituada a la intriga, a la seducción y a toda clase de empresas revolución arias. Si la seguridad del Estado y del orden han exigido que se capture a unos para iniciar sus correspondientes castigos, el derecho de igualdad reclama con imperio la propia medida respecto de los otros que se hallan en el mismo caso, y tal vez en mucho peor que algunos de los ya detenidos. Nadie ignora que uno de los principios que más corrompen y desmoralizan a un pueblo es la impunidad de los grandes delitos, y muy particularmente de aquellos que se han cometido contra las primeras autoridades y contra los poderes soberanos, atacando de firme las leyes, el Gobierno, la seguridad, la propiedad y todas las garantías del orden social. Tal ha sido sin duda la conducta de esos agentes del despotismo y de la tiranía, que derramaron la sangre inocente de los patriotas, cuyos crímenes eran el respeto a la ley, su amor a la libertad y su decidida obediencia a las autoridades legítimas. Dejar tranquilos a esos hombres que en todas las épocas han abusado de la tolerancia para sumergirnos en la miseria y en la bárbara servidumbre, sería dar un ejemplo demasiado funesto, y exponer a un pueblo pacífico como el nuestro, a que con el tiempo se repitiesen en él las escenas pasadas, poniéndose en movimiento todos los resortes de sus arterias y maquiavelismo. Llegado es ya el caso en que este vecindario por tanto tiempo oprimido y sacrificado, disfrute al fin de alguna seguridad y confianza; pero será imposible lograrlo, mientras se mantengan sus alevosos enemigos abrigados en el seno de sus propias víctimas. Una larga experiencia, lecciones tan claras como repetidas, nos han demostrado, a costa de mil sacrificios, que esos hombres han sabido sobreponerse aun en los tiempos en que la opinión general, la fuerza y el Gobierno abatía su orgullo y reprimía su audacia. Tan justos motivos no han podido menos que ocupar de preferencia la atención de esta Municipalidad, y acordar en virtud de ello, se dirija por medio de Ud. la presente exposición al Gobierno del Estado, para que tomándolo en su alta consideración, se sirva dictar las providencias más eficaces a efecto de que se proceda a recoger la multitud de agentes del gobierno revolución ario que acabó, y en su consecuencia, aplicarles por los medios legales el justo castigo a que se han hecho acreedores, y sin el cual no se conciliará jamás la paz, la seguridad y la confianza. Al dirigir a Ud. esta exposición, tenemos el honor de protestarle la sinceridad de nuestra consideración. D.U.L.— Guatemala, 14 de mayo de 1829.

José María Velasco—Manuel Abarca—Nicolás José Arévalo.— Carlos Barrientos—Pio Valido—José Antonio Sáenz—Carlos Esquivel—José María Cáceres—Mariano Samayoa—Ricardo Aguilar—Andrés Corzo, secretario.

CAPÍTULO DECIMOCUARTO: LIGERA RESEÑA DE LOS PRINCIPALES SUCESOS DE CENTRO— AMÉRICA.

(DURANTE LA GUERRA DE GUATEMALA Y EL SALVADOR).

SUMARIO.

1. —Decreto de elecciones en San Salvador—2. Elección de don Antonio José Cañas—3. Elección de don José María Cornejo—4. Conducta de Cornejo con los prisioneros de Mejicanos.—5. Fusilamiento en Nicaragua del jefe don Manuel Antonio de la Cera—6.Situacion de los pueblos de Nicaragua—7. Reelección de don Juan Mora en Costa Rica—8 Nota de don Joaquín Bernardo Calvo—9. Costa—Rica reasume la plenitud de su soberanía—10. Situación del país respecto de los partidos.

El vice—jefe del Salvador Prado, dio un decreto convocando a los pueblos del Estado a elecciones. Diversos partidos se presentaron en la arena, y el presidente Arce que estaba caído y abatido en Ta ciudad de Santa Ana, aprovechando sus antiguas relaciones en San Salvador, influía en las elecciones para obtener el triunfo de un candidato que le fuera favorable. Entonces Arce se hallaba irritado con los serviles que lo habían despojado del mando, y aspiraba a un arreglo con los salvadoreños que lo colocara otra vez al frente de Centro—América; ideas que don Manuel José acarició hasta que, reducido a prisión el 13 de abril por el general Morazán , vio desvanecidas sus ilusiones. Prado era incapaz de transigir con Arce, y el odio de este se encendía más a cada instante, contra el vice—Jefe salvadoreño. Prado ordenó que Arce saliera del territorio del Salvador y se le condujo hasta, el rio de Paz.[13]

Después de reñidos combates electorales, resultó electo Jefe, don Antonio J. Cañas, persona que en concepto de algunos, no llenaba las exigencias de la época. Sus adversarios alegaron que el decreto de convocatoria solo podía ser emitido por la Asamblea o por el Consejo

---

[13] Véase el capítulo sétimo, núm. 5 de este libro.

Moderador, y que habiendo sido dictado únicamente por Prado, había nulidad según la Constitución . Otras muchas faltas se alegaron contra la elección de Cañas, y al fin se declaró nula.

Un nuevo decreto de convocatoria se dictó conforme a la Constitución . Se hicieron elecciones según él, y resultó electo don José María Cornejo, quien tomó posesión del mando en enero de 1829.

El Jefe de San Salvador don José María Cornejo, dice el autor de las Memorias de Jalapa, pudo en ésta vez manifestarse con los prisioneros, como le dictaban sus buenos sentimientos. Desde San Salvador prodigó la subsistencia a muchos de los presos que fueron de Guatemala en una indigencia lastimosa; y, a los que estaban en el mismo San Salvador, los habilitó para hacer el viaje hasta Sonsonate, haciéndolos conducir con decoro bajo la custodia de un Jefe de moderación, que los trató con las: consideraciones correspondientes, hasta entregarlos al teniente coronel Castillo.

Marure en el capítulo XI del Bosquejo Histórico, refiere la pugna entre el jefe del Estado de Nicaragua, don Manuel Antonio de la Cerda y el vice—jefe don Juan Argüello, hasta la caída de éste, a consecuencia de una revolución que le hizo Ordoñez. Cerda era uno de los hombres más recalcitrantes que ha tenido Centro—América. Pruébalo un célebre bando que publicó el 25 de mayo de 1825. En él manda que no se escriba concepto alguno, que no esté conforme con los preceptos religiosos: que se quemen todos los libros que la iglesia prohíbe: que no se permitan los bailes, paseos y músicas a deshoras, cualquiera que sea el pretexto que los promueva: que nadie dé hospedaje a ninguna persona que no conozca bien, ni se camine por el interior del Estado sin el correspondiente pasaporte. Basta esto para comprender que Cerda era amigo íntimo de Aycinena, y que este Jefe lo sostenía a todo trance. Varias veces se mandaron recursos de Guatemala, para apoyar a Cerda, por medio de un tal Pio José Gómez y de otros agentes. Argüello denunció la liga de los hombres de 26, con el partido que representaba en Nicaragua el jefe Cerda. La caída de Argüello a consecuencia de la revolución que le hizo Ordoñez, no fue, sin embargo, favorable para los serviles, porque los jefes y oficiales que a las órdenes del mismo Argüello militaban, se unieron al general Morazán y con ellos se obtuvo el triunfo de la Trinidad. La ventajosa posición que a esos jefes daba la victoria, colocó al vice—Jefe en posición de volverse a apoderar del mando en Nicaragua, de formar consejo de guerra a Cerda y de hacerlo pasar por las armas. Fue una desgracia para aquel Estado y para Centro—América, que Argüello cuyas ideas eran indudablemente progresistas, hubiera manchado su biografía con repetidos actos de crueldad.

6—Se aspiraba a que una Asamblea nuevamente electa, pusiera fin a la guerra; pero no todos los pueblos aceptaban el decreto de convocatoria. Resistía Managua y otras poblaciónes de Segovia.

7—Mientras todo Centro—América se conmovía, Costa—Rica se hallaba en paz. Don Juan Mora que por elección popular era Jefe del Estado desde el mes de setiembre de 1824, terminó su periodo Constitución al y fue reelecto por unanimidad de sufragios de todas las electorales.

8—Una circular del ministerio general de Costa—Rica, pone de manifiesto la regularidad y el orden que en aquel Estado reinaban. Dice así literalmente:

MINISTERIO GENERAL DEL GOBIERNO DE COSTA—RICA.

Al C. Ministro general del Gobierno Supremo del Estado de Guatemala.

Cumpliéndose en el Estado el período Constitución al para la renovación de las Supremas Autoridades, y verificadas las elecciones conforme a la Ley, se instaló la Legislatura el primero del corriente, y practicado el escrutinio y regulación de votos para los otros poderes, por decreto del 2, ha declarado reelecto por unanimidad de sufragios de todas las electorales para jefe de Estado, al mismo que lo era, el C. Juan Mora, quien, como los demás electos para el Poder Conservador y Judicial, han tomado posesión de sus destinos, prestando el juramento de estilo, el domingo ocho del corriente.

Estos actos que son el fruto de la paz y del orden interior, ofrecen un testimonio solemne de la armonía y concordia de sentimientos que reina en el pueblo de Costa—Rica, no menos que de su amor y decisión por la conservación de sus instituciones.

Con tan plausible motivo, mi Gobierno se congratula de protestar de nuevo al de Ud. sus votos por la paz, por la unión y prosperidad entre todos los Estados de la República, y de ofrecer a este intento y el de restablecer el orden Constitución al en ella, su cooperación por todos los medios armoniosos y fraternales como lo ha procurado hasta ahora aunque en vano.

Al manifestarlo a Ud. de su orden para conocimiento de su Gobierno, tengo la honra de renovar á Ud. las seguridades de mi consideración y aprecio.

D. U. L.

San José, marzo 12 de 1829.

Joaquín Bernardo Calvo.

El 1. ° de abril de 1829, se ignoraba en Costa—Rica, cuál sería el desenlace de la guerra entre el Salvador y Guatemala. No había entonces un Gobierno federal legítimo. Arce estaba destituido de hecho. Beltranena sin ninguna misión legal se decía Presidente. El Estado de Honduras no le obedecía. Tampoco le obedecía el Salvador ni una gran parte de Nicaragua. Su autoridad estaba limitada al recinto de las fortificaciones de Guatemala. Allí deseaba contingentes de hombres y dinero para sostener una lucha desesperada. Costa—Rica no podía mandar estos contingentes, porque era preciso que atravesaran toda la América Central sublevada. Su envío habría sido aprovechado por los invasores de Guatemala, como los recursos que enviaba Aycinena á Mejicanos lo fueron por los salvadoreños que atacaban aquella plaza. Costa—Rica, además, había manifestado sus deseos de paz y regularidad en comunicaciones. Dar un auxilio de hombres y dinero a un Gobierno agonizante, habría sido prolongar la lucha inútilmente, y alejar el día deseado de la calma. Aquel Estado por medio de su Asamblea legítimamente constituida, dio un decreto en que reasume la plenitud de su soberanía y se declara en ejercicio de ella, sin sujeción ni responsabilidad, mientras se restablecieran las supremas autoridades federales. En enero de 1831 fue derogada esta disposición, conocida con el nombre de Ley Aprilia, y en consecuencia devueltas las rentas federales y reconocidas las autoridades de la nación.

Don Juan Mora, era, sin tener nada de rojo, esencialmente liberal. Amaba la regularidad y los principios progresistas, y jamás se desvió del texto literal de la Constitución ni de las leyes. No lo arredraba el peligro, y sus discursos eran igualmente enérgicos en un círculo de amigos, que enfrente de soldados armados que lo amenazaran. Don Diego Vijil que mandaba en Honduras, en calidad de vice—jefe, pertenecía a los liberales, y debía su posición a la derrota de Milla y al triunfo de Morazán en el Cerro de la Trinidad. Cornejo se inclinaba a los serviles. Loable es la conducta que observó con los presos en San Salvador. Ellos lo elogian con justicia; pero callan inteligencias secretas que con él tuvieron. Cornejo maquinaba contra Morazán , y sus planes, como sucesivamente se irá viendo, fueron en escala ascendente hasta el 28 de marzo de 32.

LIBRO SEGUNDO.

CONTINÚAN LOS SUCESOS ACAECIDOS DESDE LA REINSTALACIÓN DE LA ASAMBLEA Y EL CONGRESO, DISUELTOS EL AÑO DE 26, HASTA QUE SE RINDIÓ EL CASTILLO DE OMOA EL DE 832.

CAPÍTULO PRIMERO: REINSTALACIÓN DE LA ASAMBLEA DEL ESTADO DE GUATEMALA.

SUMARIO.

1—Dificultad de conservar los triunfos políticos—2. Lo que duró el poder de los liberales—3. Disposiciones dictadas por el general Morazán —4. Artículos de la Constitución del Estado—5. Lo que dicen los serviles contra la reaparición de la Asamblea—6. Lo que contestan los liberales—7. Observaciones—8. Reinstalación de la misma Asamblea.

Mas difícil es conservar un triunfo político que obtenerlo. El día de la victoria todo es placer y júbilo. El transcurso del tiempo enerva los ánimos y abre paso a las reacciones. Todos aplauden al vencedor en los primeros días de su dominación. Unos con la esperanza de dirigirlo sin que comprenda sus maquiavélicas maniobras; otros por obtener empleos y preeminencias. Los que al nuevo gobernante se acercan para guiarlo según sus fines, de él se separan inmediatamente que se ven burlados, y se colocan en las filas de la oposición. Los que sin méritos ni grandes sacrificios en favor de la causa que ha triunfado, no obtienen las anheladas preeminencias, se convierten en implacables enemigos, y solo queda un corto número de hombres leales, que como Beltrán, el bravo granadero, estén dispuestos a no abandonar a su jefe en el infortunio.

Los vencedores en 1829 pudieron, sin embargo, mantener su triunfo 10 años. Esta década es una incesante lucha con los reaccionarios. El 13 de abril de 1829 el general Morazán entró triunfante a la plaza mayor de Guatemala. El 13 de abril de 1839 ocupó la misma plaza el general Carrera.

3—Morazán desde el día del triunfo de sus armas ejerció provisionalmente todos los poderes; pero al instante convocó el Congreso y el Senado disueltos el año de 26, e hizo trasladará Guatemala las autoridades que se hallaban en la Antigua.

4—La Constitución del Estado dice:

Art. 86—La Asamblea se renovará cada año por mitad, y los mismos representantes podrán ser reelectos una vez sin intervalo alguno.

Art.87—La suerte designará en la primera legislatura los representantes qué deben salir, y en las siguientes se verificará la renovación en los de nombramiento más antiguo.

Art.88—La Asamblea se reunirá todos los años en la capital del Estado el día primero de febrero, y sus sesiones ordinarias durarán tres meses. La primera legislatura podrá prorrogarse por otros cuatro meses; las demás no podrán hacerlo sino por un mes, y con el acuerdo de las dos terceras partes de los diputados presentes.

Dicen los serviles que, según estos artículos, el año de 26 debió renovarse la mitad de los individuos de la Asamblea y del Consejo representativo, y el año de 27 la otra mitad: que el año de 28 ninguna misión legal tenían ya los diputados y consejeros de que se trata, y que, reunidos en 1829 aquellos mismos hombres, no representaban al Estado, ni eran más que una reunión de usurpadores de la autoridad pública. Don Manuel José Arce, don Manuel Montúfar y don Juan José Aycinena repitieron estos argumentos hasta la saciedad.

Los liberales contestaban que Arce puso impedimento a los diputados y consejeros para ejercer libremente las funciones a que los llamaba el pueblo: que disolvió de hecho la Asamblea y el Consejo, y persiguió a muerte a muchos diputados y consejeros: que esos atentados no solo eran delitos sino crímenes de lesa patria: que en virtud de estos crímenes convocó a elecciones ingiriéndose indebidamente en asuntos que solo correspondían al Estado de Guatemala, y que con las armas en la mano hizo triunfar a los candidatos serviles. Agregaban los liberales que la Constitución del Estado supone que en el tiempo que prefija han ejercido libremente sus funciones los diputados y consejeros, y que los días de opresión y despotismo en que no pudieron reunirse no corrieron para ellos.

Dejemos las teorías para ir a la esencia del asunto. Después del 13 de abril de 29, todo estaba a las órdenes del partido vencedor. La Municipalidad de Guatemala y otras muchas del Estado felicitaban al general Morazán. Cabildos abiertos lo colmaban de elogios. Si se hubieran hecho nuevas elecciones de diputados y consejeros, estas habrían dado un resultado eminentemente satisfactorio para el vencedor, y fatal para los serviles. Entre los diputados y consejeros del año de 26 había muchos que no satisfacían los deseos del partido dominante. Con nuevas elecciones, estos hubieran quedado eliminados, y sus sillas se habrían ocupado con los hombres más exaltados contra Aycinena, y más ofendidos por sus medidas violentas y sanguinarias. ¿Qué habrían adelantado los serviles con nuevas elecciones? Nada, absolutamente nada. Habrían perdido mucho. Sin embargo, atribuyen las disposiciones que contra ellos se dictaron, a la reaparición de las autoridades de 826.

La Asamblea disuelta aquel año se reinstaló en abril de 29. A su apertura concurrió el jefe provisional don Mariano Zenteno, por no haber regresado de su destierro don Juan Barrundia. Barrundia, a instancias del general Morazán , y en cumplimiento de un decreto de la misma Asamblea, tomó el mando del Estado el último de abril, ya Zenteno se dieron gracias expresivas por el patriotismo y abnegación con que sirvió en los días memorables de peligro y prueba.

CAPÍTULO SEGUNDO: DECRETOS DE LA ASAMBLEA Y OTRAS DISPOSICIONES RELATIVAS A LOS VENCIDOS

SUMARIO.

1.—Se condecora al general Morazán —2. Se condecora á Prado—3. Decreto de 4 de junio—4. Observaciones—5. Otro decreto de la misma fecha—6. Decreto dictado por la Asamblea del Salvador. —7. Protesta de Arce—8. Protesta de don Antonio José Irisarri, don Manuel y don Juan Montúfar—9. Jactancias de Irisarri—10. Llegada de dos comisiónados del Salvador—11. Decreto de 30 de abril—12. Renuncia de don Juan Barrundia.

El 30 de abril la Asamblea expidió un decreto en que declara al general Morazán benemérito de la patria, y lo condecora con una medalla de oro. Igualmente se ordena se haga un retrato de cuerpo entero de Morazán y se coloque en el salón de sesiónes.

Otro decreto de la misma Asamblea condecora al vice—jefe del Salvador, don Mariano Prado, por su firmeza republicana y por su valor y perseverancia durante la campaña.

En 4 de junio se emitió el decreto siguiente:

La Asamblea legislativa del Estado de Guatemala, considerando: que el mismo Estado es independiente y soberano en su gobierno interior: que el Presidente de la República, sobreponiéndose a la ley y traspasando los límites de sus atribuciones, disolvió por la fuerza las legítimas autoridades en el año de 826, y convocó a nuevas elecciones: que no obstante la nulidad de los jueces y magistrados que funcionaron en la época de la revolución, se seguirían graves inconvenientes si el cuerpo legislativo no subsanase los actos judiciales emanados de aquellos tribunales ilegítimos, ha tenido a bien decretar y decreta:

1.°—Se declaran nulas y contrarias a las leyes fundamentales de la República y del Estado, las elecciones celebradas en virtud del decreto anti—Constitución al del Presidente de la República de 31 de octubre de 826 y los siguientes de 27 y 28.

2.—En consecuencia, se declaran revolución arios y usurpadores de la soberanía del Estado, todos los que en virtud de tales elecciones

143

ejercieron los poderes legislativo, moderador, ejecutivo y judicial en los años de 27 y 28 y parte de 29.

3.—Estos funcionarios, y todos los que en la época referida coadyuvaron con actividad a sostenerlos, son reos de alta traición, y como tales, acreedores a la pena capital.

4.—Son nulas y de ningún valor las determinaciones que con el nombre de leyes, decretos, órdenes, acuerdos, providencias y reglamentos, hayan sido dictadas por estos poderes intrusos, y quedan en su vigor y fuerza las emitidas por las legítimas autoridades hasta el 13 de octubre de 826.

5.—Se han por válidos y subsistentes los actos emanados de la corte superior y jueces de 1s instancia en lo civil y criminal en todas las causas, con excepción de las que versan sobre materias políticas; pero quedan expeditos a las partes en las causas puramente civiles, los recursos de nulidad e injusticia notoria, debiendo correr el término designado por la ley desde la publicación de este decreto.

Comuníquese al Consejo representativo para su sanción. —Dado en Guatemala, á 4 de junio de 1829—Eusebio Arzate, diputado presidente—J. Gregorio Márquez, diputado secretario—Quirino Flores, diputado secretario.

Sala del Consejo representativo del Estado de Guatemala, en la corte, á 12 de junio de 1829—Al Jefe del Estado—Mariano Zenteno, vice—presidente—José M. Santacruz—M. Julián Ibarra—José Bernardo Escobar, secretario—Guatemala, junio 13 de 1829—Por tanto, ejecútese—Juan Barrundia—Por disposición del P.E.—Mariano Gálvez.

La redacción del artículo tercero dio lugar a suponer que la Asamblea se constituía en tribunal, y que dictaba leyes retroactivas. La mente de esa disposición es declarar que las personas de que se trata quedaban sujetas a las leyes preexistentes que imponían pena de muerte y que para infligir el castigo, debía preceder un juicio, lo cual queda aclarado por otro decreto de la misma fecha. Respecto de los procedimientos, bien puede una ley tener efecto retroactivo. Benthan divide las leyes en sustantivas y adjetivas. Las primeras establecen los deberes, los derechos y las obligaciones, y jamás pueden mirar hacia atrás, o tener efecto retroactivo. Las segundas hablan del orden de enjuiciar, y se aplican a hechos pasados y á juicios pendientes.

En el mismo día la Asamblea dictó un decreto de amnistía pero con extensas excepciones. Dice así:

La Asamblea legislativa del Estado de Guatemala, considerando: que la vindicta pública, la seguridad y tranquilidad del mismo Estado demandan imperiosamente el castigo de todos aquellos que en los años de 1826 hasta el presente, atentaron contra el orden público usurpando los altos poderes, y de los que con más actividad y energía, coadyuvaron a sostenerlos y fomentaron la revolución y el trastorno general, llevando por todas partes con el incendio, la guerra, asesinatos atroces y violentas exacciones, el terror y la desolación: que por otra parte es conveniente y necesario para el restablecimiento del orden y consolidación de la paz, el olvido y perdón general en favor de los demás que en alguna manera cooperaron y se complicaron en la misma revolución; ha tenido a bien decretar y decreta:

1.—Se concede una amnistía e indulto general a todos los habitantes del Estado que cooperaron a la revolución desde el año de 826 hasta el presente, ó tomaron las armas a favor de los intrusos.

2.—Quedan excluidos de esta gracia:

1.—Los que usurparon y ejercieron los poderes legislativo y moderador en los años de 827, 28 y parte de 29.

2.—Los que en la misma época usurparon el Poder Ejecutivo y sus secretarios.

3.—Los concitadores del pueblo de Quezaltenango en 13 de octubre de 826, y los que ejecutaron la muerte del vice—jefe Cirilo Flores.

4.—Los que influyeron inmediatamente en la sublevación de la fuerza de Vera paz contra los jefes político y militar, y los que de la misma manera influyeron en los asesinatos de Malacatán y los que los ejecutaron.

5.——Los que votaron pena de muerte en causas políticas, y los que han cometido asesinatos fríos.

6.—Los que funcionaron como jefes políticos, jefes militares, inspectores, auditores de guerra, individuos del consejo militar y prefectos de policía.

7.—Los españoles y demás extranjeros naturalizados no comprendidos en las excepciones anteriores, que hayan tomado armas, o manifestado con hechos espontáneos su adhesión a la causa de los usurpadores.

3. —Todos los contenidos en el artículo anterior, serán juzgados y sentenciados con arreglo a las leyes de la materia.

4.—Ningún juez podrá escusarse del conocimiento de estas causas, bajo la pena de quedar privado de su empleo inhabilitado para obtener otro, ni podrá ser recusado por el reo, sino en el caso de parentesco dentro del cuarto grado, o por enemistad contraída por asuntos particulares

5.—Los jueces deberán sustanciar y fenecer dichas causas en primera instancia dentro de veinte días, en segunda dentro de quince, y en tercera dentro de doce, perentorios é improrrogables, dándose cuenta a la Asamblea, y en su falta al Consejo, de haberse verificado así por los jueces, cada uno al espirar su término respectivo.

6.—Los reos ausentes si no comparecieren dentro del término de veinte días contados desde la publicación de este decreto, serán juzgados y sentenciados en rebeldía.

7.—El juez que entorpeciere el curso de una o más causas, no desempeñare fiel y legalmente sus funciones, o fuere sobornado para obrar en contravención al presente decreto, a más de incurrir en las penas del art. 4°, será confinado por dos años al castillo de San Felipe.

8.—Son comprendidos en la amnistía los empleados públicos que habiendo continuado en sus destinos u obtenido otro durante la revolución , los sirvieron sin haber cooperado con actos positivos al sostenimiento del gobierno intruso.

9—Son igualmente comprendidos en ella los que sin embargo de haber influido y coadyuvado a su permanencia, hayan desertado de su facción, o prestado servicios conocidos para el restablecimiento del orden y de las legítimas autoridades; pero si alguno, sin embargo de estar comprendido en la gracia del indulto, ejecutase de nuevo actos en favor de los intrusos, se tendrá por no indultado, y será juzgado por los jueces por sus hechos anteriores y posteriores.

10.—Todos los individuos que por este decreto están exceptuados del indulto y deben ser juzgados, si quisiesen renunciar esta garantía y ser de hecho expatriados, ocurrirán dentro del término de diez días de la publicación de, esta ley, al gobierno, quien lo concederá designándoles un punto de confinamiento que no sea de esta

República, ni de la mejicana, debiendo verificar su salida dentro de quince días.

11—No podrán renunciar al juicio los contenidos en las excepciones segunda, tercera, cuarta y quinta del art. 2., ni los que funcionaron como comandantes generales en la época de la revolución .

12.—Los españoles y demás extranjeros no naturalizados que hayan tomado armas o manifestado con hechos espontáneos su adhesión a la causa de los usurpadores, serán expulsados perpetuamente del territorio del Estado dentro de ocho días de la publicación de este decreto; solicitando el gobierno del congreso federal tan luego como esté reunido, haga extensiva esta providencia á fuera de la República.

13—El Gobierno dispondrá que todos los que de cualquiera manera fueren expatriados o expulsados, costeen de su cuenta los gastos de custodia y fletes de buques, dejando además en depósito en la tesorería del Estado, una tercera parte de sus bienes para amortizar la deuda contraída por el mismo Estado en la revolución .

14—Todos los comprendidos en las excepciones primera, segunda y sesta del artículo 2. y además los jefes de rentas nombrados después del 28 de octubre de 826, devolverán a la tesorería los sueldos que como funcionarios hayan percibido hasta el 13 de abril del presente año.

15—El Gobierno usará, con acuerdo del consejo, por quince días, de la facultad económica gubernativa, para hacer salir del Estado ó de un domicilio a otro por término designado, a toda clase de personas, que no hallándose excluidas de la amnistía e indulto general, se hayan distinguido en la época de la revolución en atropellamientos, allanamientos de casas, y en haber prestado auxilios espontáneos y obrado activamente en favor de la causa de los intrusos.

16—Se faculta al Gobierno para que en cualquier caso en que la permanencia de alguno o algunos de los reos sujetos a los juicios, amenace peligro a la tranquilidad y al orden público, disponga inmediatamente su salida de acuerdo con el General en Jefe, fijándoles el punto y término de su confinamiento, sin perjuicio de la pena que deba imponérseles por sentencia judicial.

17—Quedan fuera de la ley todos los que habiendo sido expatriados perpetuamente volviesen al territorio del Estado, y así mismo los que habiéndolo sido temporalmente, volviesen a él antes de espirar el término de su expatriación.

18—El Gobierno acompañará a este decreto una lista nominal de los que, con arreglo al artículo 12, deban ser expulsados del territorio del Estado.

Comuníquese al cuerpo representativo para su sanción. —Dado en Guatemala, á 4 de junio de 1829—Eusebio Arzate, diputado presidente—J. Gregorio Márquez, diputado secretario—Quirino Flores, diputado vice—secretario.

Sala del consejo representativo del Estado de Guatemala en la Corte, á 12 de junio de 1829—Al Jefe del Estado—Mariano Zenteno, vice—presidente—J. María Santa Cruz—M. Julián Ibarra—José Bernardo Escobar, secretario. —Guatemala, junio 13de 1829.—Por tanto: ejecútese—Juan Barrundia—Por disposición del P.E.— Mariano Gálvez.

6—En San Salvador mandaba Cornejo, persona muy adicta a los serviles. Sin embargo, él no pudo evitar que se dictara el decreto siguiente:

La Asamblea ordinaria del Estado del Salvador, que ha manifestado constantemente sus deseos por la organización de la República, considerando:

1.—Que muchos de los individuos que componen el actual congreso federal, son complicados en las causas que motivaron el trastorno de la nación y de la guerra desastrosa que por más de dos años afligió a los centro—americanos.

2.—Que acaso será imposible la reunión del mismo congreso para que dé la convocatoria de nuevas elecciones y deposite el Poder Ejecutivo federal, pues hasta la fecha no se ha logrado, ni aun se tiene noticia de que se haya reunido la junta preparatoria.

3.—Que la Asamblea del Estado de Guatemala ha tomado conocimiento y trata de pronunciar sobre los autores de la revolución.

4.—Que está declarada nula la capitulación, en virtud de la cual se rindió la plaza de Guatemala.

5.—Que es un deber de los Estados federados, procurar por cuantos medios estén a su alcance, el restablecimiento del orden; ha tenido a bien decretar y decreta:

1. —Nombra de su seno dos comisiónados para que manifiesten a las autoridades federales, a las del Estado de Guatemala y al general Francisco Morazán , los votos del Estado del Salvador, y representen para que sean cumplidos estos mismos votos, que son los contenidos en los artículos siguientes.

2. —El Congreso federal debe circunscribir sus tareas, a dar la convocatoria para las elecciones de los funcionarios federales, fijar el lugar de la residencia del Congreso fuera del Estado de Guatemala, y depositar el Poder Ejecutivo federal.

3. —Si el Congreso tomase conocimiento en otras materias que las contenidas en los artículos anteriores, el Consejo convocará a la Asamblea, sin dar entre tanto el Gobierno del Estado, pase a resolución alguna.

4. —Si el día 15 del próximo julio no se hubiese aun reunido el Congreso federal, el Gobierno faculta al general Morazán para que en su nombre invite a los Estados de la Unión a fin de que procedan a nuevas elecciones.

5. —Dentro este tiempo ejercerá el Poder, Ejecutivo el senador más antiguo, sin otras atribuciones que activar la reunión del congreso por medio de las nuevas elecciones.

6. —La Asamblea del Salvador no reconoce en la del Estado de Guatemala, facultad para indultar, sin anuencia de los Estados, a los facciosos trastornadores del orden público.

7. —Declarada nula la capitulación celebrada entre el general Morazán y Mariano Aycinena como comandante de la fuerza que existía en la plaza de Guatemala, los presos son verdaderos prisioneros de guerra de los Estados aliados, y por lo mismo sujetos a la jurisdicción militar de los mismos Estados.

8. —La Asamblea del Estado del Salvador excita a los otros Estados de la unión a fin de que secunden sus deseos. Con este objeto; el Gobierno comunicará a los mismos Estados el presente decreto.

9. —Los comisiónados, además de procurar que tengan cumplimiento en su caso los artículos anteriores, se arreglarán a las instrucciones que por separado se les darán.

10—Los comisiónados darán cuenta a la Asamblea, del resultado de su misión en su próxima reunión—Pase al consejo—Dado en San Salvador, á 9 de junio de 1829—Mariano Funez, diputado presidente—José María Silva, diputado secretario—Domingo Najarro, Diputado secretario—San Salvador, 10 de junio de 1829—Pase al Jefe del Estado—José A. Rodríguez, consejero presidente Isidro Reyes, secretario.—Por tanto, ejecútese—Lo tendrá entendido el secretario general, y dispondrá se imprima, publique y circule—San Salvador, 11 de junio de 1829—José María Cornejo—Al C. José Félix Quiroz.

Don Manuel José Arce dirigió al general Morazán una protesta virulenta. En ella hace cargo al vencedor de cuanto se practicaba en la República contra la opinión del ex—Presidente. Arce se jacta en sus Memorias de haber tenido valor para dirigir esa protesta a un tirano. El ex—Presidente, que no comprendía bien muchas cosas, no se fijó en que los tiranos no soportan ese lenguaje. Si Arce hubiera dirigido su protesta al general Carrera, el protestante habría sido decapitado como lo fue Corzo en los Altos, y de su cadáver se habría hecho befa, como se hizo befa del cadáver de Corzo.

Don Antonio José Irisarri, don Manuel y don Juan Montúfar hicieron una protesta ante la Asamblea y el Gobierno del Estado del Salvador, ante las Asambleas de todos los Estados de la Unión, ante el general Morazán , ante todas las Repúblicas de América y ante todos los pueblos libres del mundo. Esa protesta está redactada por Irisarri; lo que equivale a decir que su lenguaje es puro y castizo, que no tiene tacha en la dicción, que es virulentísima y que en ella dominan los sofismas y las apariencias de una acendrada moralidad. Irisarri no era militar, aunque tenía el grado de coronel y, por lo mismo, no se avergonzaba de exigir en tan solemne documento, que la toma de una plaza se hiciese según los formularios de actuaciones, y que el vencedor dominara la situación en el campo de batalla y cuando es preciso sostener el triunfo, valiéndose de las prácticas ordinarias de los escribanos receptores.

Irisarri en diferentes publicaciones se jactó de su gran valor por haber dirigido esa protesta a Morazán. No se necesita valor, sino otras cualidades para insultar a un jefe que trataba a sus enemigos como el general Morazán trató á Aycinena en San Antonio. Si esta protesta hubiera sido dirigida al general Carrera, Irisarri hubiera tenido la suerte que tuvieron Cotzum en Guatemala, Tomas: Marín y Rafael Martínez en Ostuncalco: la muerte en el cadalso.

Los señores Ldo. don José M. Silva y presbítero don Antonio Colom, llegaron a Guatemala en cumplimiento del decreto de 9 de junio emitido por la Asamblea del Salvador. Los comisiónados abrieron conferencias en la Secretaria del Gobierno del Estado, y se acordó que las negociaciones continuaran con las autoridades federales.

En 30 de abril la Asamblea dió un decreto convocando á e lecciones para su renovación.

Don Juan Barrundia hizo renuncia de la Jefatura del Estado. Se funda en razones de modestia, y en la conveniencia de la renovación de autoridades. Esa renuncia fue admitida; pero con la precisa condición de que Barrundia permanecería en el mando, hasta que los pueblos eligieran otro Jefe y se diera a éste posesión de su destino. Al efecto se convocó también a elecciones para Jefe del Estado de Guatemala.

CAPÍTULO TERCERO: INSTALACIÓN DEL CONGRESO Y NOMBRAMIENTO DE PRESIDENTE PROVISIONAL.

SUMARIO.

1—Instalación del Congreso—2. Artículos de la Constitución Federal 3. Objeciones de los serviles—4. Lo que se dijo en contestación—5. Nombramiento de Presidente provisional.

El 22 de junio se instaló el Congreso, y sus secretarios dirigieron al general Morazán la comunicación siguiente:

Al C. General en Jefe del ejército protector de la ley.

En la mañana de este día, a las doce de ella, se ha declarado legítimamente constituido e instalado el Congreso Federal de la República, con todas las formalidades prescritas por la Constitución y por el acuerdo de la penúltima junta preparatoria: los representantes nuevamente electos, han prestado el juramento de ley al incorporarse con los que quedan del año de 1826, y en conformidad a lo que el reglamento previene, se ha hecho ya el anuncio del día señalado para la apertura solemne de sesiónes.

El Congreso ha acordado que todo se comunique á Ud. para su inteligencia y fines consiguientes: que se le manifestasen al mismo tiempo los sentimientos de aprecio que le animan respecto de Ud. y de las tropas de su mando, por lo que sus esfuerzos han contribuido a tan fausto acontecimiento: y que la noticia de este se traslade sin demora, a los gobiernos de todos los Estados de la Unión.

Tenemos el honor de decirlo a Ud. en cumplimiento de lo mandado; y el de ofrecerle nuestra consideración y particular aprecio. Dios, Unión, Libertad—Guatemala, junio 20 de 1829.

M. Gálvez,
Diputado secretario.

Simón Vasconcelos,
Diputado secretario.

2—La Constitución Federal dice:

"Art. 58—El Congreso se renovará por mitad cada año, y los mismos representantes podrán ser reelegidos una vez sin intervalo alguno.

Art.59—La primera legislatura decidirá por suerte los representantes que deban renovarse en el año siguiente: en adelante la renovación se verificará saliendo los de nombramiento más antiguo.

Al Congreso han hecho los serviles las mismas objeciones que a la Asamblea del Estado de Guatemala. Dicen que debiéndose renovar por mitad todos los años, en 828 habían terminado todos los diputados su misión legal, y que reunidos en 1829, no eran más que usurpadores.

A esto se ha respondido lo mismo que se contestó tratándose de la Asamblea[14]. Si los liberales hubieran practicado elecciones en aquellos momentos, su triunfo habría sido espléndido, como lo fue siempre que para llenar vacantes se mandaba elegir algún representante o senador; y como lo fue cuando se hicieron elecciones para la renovación total de la Asamblea del Estado, la cual ratificó en todas sus partes lo practicado por la legislatura disuelta el año de 26 y reinstalada en 829.

El 25 de junio el Congreso federal nombró al señor don José Francisco Barrundia presidente interino de la República en calidad de senador más antiguo. Barrundia no conocía la ambición de mando, y el boato que rodea a los gobernantes pugnaba absolutamente con la sencillez de sus costumbres. Accedió entonces a las repetidas instancias de sus amigos, y se colocó al frente de la patria con gran aplauso de todos los liberales centroamericanos.

---

[14] Véase los números 6 y 7, capítulo 1, libro 2.

CAPÍTULO CUARTO: DECRETO DEL CONGRESO FEDERAL

(DADO EN GUATEMALA Á 22 DE AGOSTO DE 1829).

SUMARIO.

1—Exigencias del Salvador y Honduras—2. Mensaje del Senador Presidente—3. Decreto de 22 de agosto—4. Consideraciones.

Los serviles caídos proyectaban una insurrección en Honduras. Las autoridades de aquel Estado veían venir la reacción a marchas forzadas, y se dirigían a las autoridades federales y del Estado de Guatemala, pidiendo que no se dejara impunes a los hombres que tanta parte tuvieron en la infausta lucha que acababa de terminar. En San Salvador mandaba como jefe del Estado don José M. a Cornejo, quien no tenía ni las ideas liberales ni la energía de Prado; pero la Asamblea estaba animada por los principios de la revolución triunfante, como lo demuestra su decreto de 9 de junio. Por lo mismo, y a pesar de las tendencias de Cornejo, de San Salvador venían las mismas solicitudes que de Honduras.

Don José Francisco Barrundia dirigió al congreso federal un mensaje pidiendo se indultara de la pena de muerte a todos los reos políticos que debían sufrirla, en concepto de la Asamblea del Estado. El asunto pertenecía al Congreso, porque se trataba de muchos funcionarios de la Federación, y porque los delitos que se imputaban habían sido cometidos contra toda la República. El mensaje pasó a una comisión, y el célebre centroamericano don José Cecilio del Valle redactó un decreto que fue aprobado por ambas Cámaras colegisladoras. Este decreto ha sido objeto de la más viva censura de los serviles, a pesar del artículo tercero que indulta de la pena de muerte, conforme a los deseos de Barrundia, a todos los habitantes de la República que la merecieran. Para poder juzgar con exactitud este importante documento, no basta un extracto, es preciso leerlo íntegro, dice así:

"El Presidente de la República, se ha servido dirigirme el decreto siguiente:

El Presidente de la República federal del Centro—América—Por cuanto el Congreso decreta, y el Senado sancióna lo siguiente:

El Congreso federal de la República de Centro—América, restablecido especialmente para acordar las leyes represivas y preventivas que exige la seguridad y el bien de la nación; y considerando:

1.°—Que en la guerra civil que acaba ésta. de sufrir, el objeto del Gobierno federal, no fue otro que el de abolir la Constitución jurada por el mismo y proclamada por los pueblos:

2.°—Que en todo sistema político que respete sus derechos, tienen el de resistir la opresión de sus gobiernos:

3.°—Que cuando los mismos gobiernos se sobreponen a las leyes, sus actos administrativos no pueden ser reconocidos:

4.°—Que si son dignos de consideración los derechos sagrados de los pueblos, los que maquinan para sofocarlos, son dignos de castigo:

5.°—Que el que en tal concepto merecen los autores y cómplices de la guerra, es el de muerte con arreglo a las leyes que la imponen a todo el que se rebela contra el pacto fundamental, y conforme al artículo 152 de la Constitución , que reservando para los delitos atroces el uso de esta pena, la decreta respecto de los que atenten directamente contra el orden público:

6.°—Que sin embargo el Gobierno ha propuesto que se indulte de ella a todos los que debieran sufrirla: que ha hecho esta propuesta, considerándose en el caso en que la permite el artículo 118 de la ley fundamental, y que la ha apoyado en razones de conveniencia general, bastante sólidas y dignas de atención:

7.°—Que además de las que expone el Gobierno, la multitud de personas complicadas en la guerra; las circunstancias de ser puramente políticas sus causas; la indulgencia con que en otras naciones se han visto las de esta especie en casos semejantes, y a la cual no pocas veces se han debido muy saludables efectos; y las luces mismas del siglo, que han sugerido ya ideas más filosóficas y humanas en todas las materias de legislación criminal; ofrecerían hoy nuevos y poderosos motivos contra las ejecuciones capitales; que en fuerza de todo puede muy bien otorgarse el indulto de ellas; y que el Congreso por el párrafo 24, artículo 69 de la Constitución , está autorizado para concederla:

8.º—Que dispensándose esta gracia, ella, sin embargo, no puede pasar de una conmutación de pena, por ser justo que todos sufran la que corresponde y que a cada uno se le imponga en proporción a su mayor o menor culpa:

9.º—Que a esta imposición en lo general, no es menester que pro—ceda formal juicio, por cuanto se trata de hechos cuya criminalidad es bien pública y notoria; y de personas que abiertamente se rebelaron contra el pacto fundamental de la sociedad:

10.º—Que no obstante, a los que puedan tener las escusas y excepciones calificadas en este decreto, la razón, la equidad y la justicia dictan se les dé lugar a producirlas, y que en caso de que justifiquen su conducta, se les modere o remita la pena:

11.º—Que después de señalarse las que deben sufrir los autores y cómplices de la guerra, es todavía muy debido obligarles al resarcimiento de los daños que causaron, sin desatender, por otra parte, la subsistencia de aquellos individuos, ni las de sus familias:

12.º—Que para afianzar el acierto en las medidas y providencias relativas a este asunto, conviene las tome el Gobierno de acuerdo con el Senado;

Y finalmente: que dada en estos términos la resolución general del Congreso, deben quedar subsistentes, en cuanto no la contraríen así las de las autoridades particulares de los Estados, como los juicios fallados en sus tribunales:

Resuelve y decreta lo siguiente:

Artículo 1.

Se declara injusta la guerra que el Gobierno de la Federación hizo a los Estados que la componen, desde fines del año de 1826, hasta principios del de 1829; y legítimo el uso que los mismos Estados hicieron del derecho inherente a los pueblos libres, de resistencia a la opresión.

Artículo 2.

Son nulos todos los actos emanados del Gobierno federal, desde el día 6 de setiembre de 1826, hasta el 12 de abril del corriente año; y quedan sujetos a la revisión del poder legislativo, o a la del ejecutivo legítimo, según su naturaleza respectiva.

Artículo 3.

Se concede indulto general de la pena de muerte a todos los habitantes de la República que la mereciesen conforme a la ley, por haber sido autores o cómplices de la guerra civil que acaba de experimentar la nación.

Artículo 4.

Serán expatriados perpetuamente, y confinados fuera de la República, al país que designe el Gobierno, de acuerdo con el Senado:

1.°—El ex—presidente y ex—vice—presidente de la República, Manuel José Arce y Mariano de Beltranena:

2.°—Los ex—secretarios de Estado y del despacho de relaciones, Juan Francisco de Sosa, y de guerra Manuel Arzú.

3.°—Los jefes de sección que funcionaron como secretarios en los mismos ramos, Francisco María Beteta y Manuel Zea.

4.°—Los primeros y segundos jefes del ejército federal, que sirvió a disposición del Gobierno durante la revolución, Francisco Cáscaras, Manuel Montúfar y José Justo Milla, pues los demás quedan incluidos en este artículo bajo otros respectos.

5.°—El que se tituló jefe del Estado de Guatemala, Mariano de Aycinena.

6.°—Los que le sirvieron en calidad de secretarios, Agustín Prado, José Francisco de Córdova, Antonio José de Irisarri, José de Velasco, Vicente Domínguez y Vicente del Piélago.

7.°—El comandante general que fue de las armas de la Federación y del Estado, Antonio del Villar.

8.°—Todos los jefes militares, desde sargentos mayores inclusive, que no siendo originaros de América, hayan servido en el ejército de la Federación ó en el del Estado durante la guerra.

9.°Los españoles no naturalizados que hubiesen tomado armas en favor del Gobierno intruso, a menos que acrediten haber sido forzados a este servicio.

10.°—Los individuos del consejo militar creado en el Estado de Guatemala en el año de 1827, que como tales hubiesen votado pena capital en causas políticas; y los Magistrados de la Corte Superior de justicia del mismo Estado que hubieren confirmado las sentencias del consejo, en que se imponía esta pena.

Artículo 5.

Serán repatriados temporalmente, y confinados fuera de la República, al país que designe el Gobierno, de acuerdo con el Senado:

1.º—Los diputados que abandonaron sus asientos y desacreditaron al Congreso ante el Gobierno del Estado del Salvador, y que de uno u otro modo influyeron en la disolución de la representación nacional en el año de 1826:

2.º—Los Senadores que por haberse retirado en el citado año de 26 de sus respectivos asientos, ocasionaron la falta del Senado:

3.º—Los jefes militares originarios de América, desde tenientes coroneles inclusive, que hayan servido en el ejército de la Federación o del Estado, durante la guerra:

4.º—Los españoles naturalizados que hubieren igualmente servido en el ejército desde alférez inclusive, a menos que acrediten haber sido forzados al servicio:

5.º—Los españoles naturalizados que voluntariamente hayan servido como sargentos, cabos o soldados, si no habiendo sido casados con americana, no tuvieren mujer o hijos; pues en caso de haber lo uno o lo otro, no serán expatriados, a menos que el Gobierno de acuerdo con el Senado, juzgue peligrosa la residencia de alguno de ellos en el territorio de la República:

6.º—Los diputados elegidos para la Asamblea del Estado de Guatemala después del 6 de setiembre de 1826, que hubiesen servido en ella, en cualquier periodo del corrido hasta que cesó la guerra:

7.º—Los individuos elegidos desde igual fecha para el Consejo representativo del Estado, que hubiesen servido en él en cualquier periodo del que expresa el párrafo anterior:

8.º—Los jefes departamentales que hubiesen funcionado en el mismo tiempo:

9.º—Los prefectos de policía:

10.º—Los que a juicio del Gobierno, de acuerdo con el Senado, hayan hecho servicios positivos y acreditados durante la revolución , contra la justa causa de la República o los Estados.

Artículo 6.

El máximum de la expatriación, respecto de las que deben ser temporales, será de ocho años, y el mínimum de dos, según la mayor o menor culpabilidad de cada individuo, y su mayor o menor influencia en el pueblo.

Artículo 7.

Serán exceptuados de la pena de expatriación:

1.°—Los diputados y senadores que se retiraron del Congreso federal y del Senado, y que por este motivo impidieron la continuación de uno y otro cuerpo en 1826, si después de su retiro y, durante la revolución, acreditaron su adhesión al sistema Constitución al, y no recibieron de las autoridades ilegítimas, empleo, comisión ni oficio de ninguna clase; dando sobre uno y otro punto pruebas plenas a juicio del Gobierno, de acuerdo con el Senado. Pero aun en este caso, quedan en virtud del presente artículo, declarados indignos de la confianza pública, y esta pena durará hasta que dando pruebas plenas de patriotismo, ó de haber hecho posteriormente servicios importantes a la causa pública, el Congreso los rehabilite en vista de ellas:

2.°—Los diputados, senadores, magistrados o funcionarios legítimos, que comprueben plenamente a juicio del Gobierno, de acuerdo con el Senado, haber hecho en el ejercicio de sus destinos y oficios, o fuera de ellos, servicios importantes a la causa de la nación o de los Estados:

3.°—Los diputados, consejeros y demás funcionarios elegidos o nombrados ilegalmente durante la revolución, que acrediten plenamente a juicio del Gobierno, de acuerdo con el Senado, los dos puntos siguientes: 1.° Haber renunciado el cargo, destino u oficio a que se les llamaba, y que a pesar de su renuncia fueron obligados a admitirlo: 2.° No haber hecho en el servicio de su cargo, oficio o destino, acto alguno hostil o directamente contrario a la causa de la nación o de los Estados.

4.°—Todos los que presenten pruebas plenas a juicio del Gobierno, de acuerdo con el Senado, de haber prestado servicios importantes a la causa de la nación o de los Estados, cuya excepción comprende así a los funcionarios y empleados, como á simples particulares; y tendrá lugar aun cuando los primeros no hayan hecho la renuncia de que habla el párrafo 3.° y sea que hayan prestado los servicios en el ejercicio de sus destinos, o fuera de ellos.

Artículo 8.
Los comprendidos en este decreto que tengan impedimento físico, no saldrán de la República mientras dure el impedimento.

Artículo 9.
Los ancianos mayores de sesenta años, que a juicio del Gobierno, de acuerdo con el Senado, no pudieren salir de la República sin peligro de su vida, serán destinados al lugar de la misma República que parezca conveniente al Gobierno, de acuerdo también con el Senado.

Artículo 10.
Los que deban salir expatriados, dejarán apoderado que rinda las cuentas de los empleos que hayan servido.

Artículo 11.
Los funcionarios ilegítimos que según los artículos anteriores deban sufrir la expatriación, devolverán los sueldos que hubieren percibido.

Artículo 12.
Los funcionarios ilegítimos que también deban sufrir la misma pena, devolverán igualmente los que hubiesen devengado y percibido durante la revolución .

Artículo 13.
Los diputados del Congreso y los individuos del Senado, por cuya causa no pudo uno y otro cuerpo continuar sus sesiónes, devolverán también las dietas que hubieren devengado y percibido después que abandonaron sus sillas.

Artículo 14.

Los expatriados perpetua o temporalmente, son responsables a la indemnización de gastos o daños ocasionados por su causa a la nación o a los Estados; y para cubrirlos en parte, se les hará exhibir el tercio de su capital o propiedad, y se hará el entero con la cuenta y razón correspondiente.

Artículo 15.

A consecuencia de lo dispuesto en el artículo anterior, el Gobierno dictará las medidas que estime más justas y prudentes para averiguar el capital efectivo de los expatriados; y del que resulte tener cada uno de ellos, mandará exigir la tercera parte.

Artículo 16.

Esta tercera parte no se podrá compensar con sueldos ó dietas que hayan devengado los expatriados.

Artículo 17.

Tampoco será compensable con suplementos pecuniarios hechos al Gobierno ilegitimo durante la revolución: lo será solamente con los que se hayan hecho antes de ésta, entendiéndose en la parte que designa el artículo 2. ° del decreto de la Asamblea Nacional, de 16 de noviembre de 1824; y podrá ser compensada en el todo con los suplementos hechos para auxiliar a la justa causa de la nación o los Estados.

Artículo 18.

La compensación en los casos en que haya lugar según los artículos anteriores, solo podrá declararse respecto de los créditos activos personales del mismo interesado que la pidiere.

Artículo 19.

En caso de justificarse que los expatriados han ocultado bienes o supuesto créditos pasivos imaginarios, el Gobierno les hará exhibir los dos tercios de su capital.

Artículo 20.

En el mismo caso se dará, por vía de gratificación, la décima parte de las dos que debe exhibir el culpado, al denunciante que haya descubierto la ocultación de bienes, o la suposición y falsedad de Los créditos imaginarias.

Artículo 21.

El Gobierno hará también exigir el duplo del crédito imajinario:1. al que se finja acreedor del que ha de sufrir la pena pecuniaria: 2. al escribano que a sabiendas otorgue la escritura pública en que se suponga la deuda, o se atrase la verdadera fecha de su otorgamiento: 3. á los testigos que teniendo noticia cierta del fraude, firmen el documento privado en que se finja. Y estas penas serán sin perjuicio de las que por juez competente se deban imponer, con presencia de las circunstancias del caso y con arreglo a las leyes.

Artículo 22.

Pero si ocurriesen acreedores efectivos, alegando prelación á la hacienda pública, el Gobierno tendrá presente las leyes y deberá arreglarse a lo dispuesto en ellas.

Artículo 23.

Quedan inhabilitados para continuar su servicio en el ejército, los oficiales militares, desde capitanes inclusive que lo hubieren prestado al Gobierno ilegítimo; pero si durante la revolución los hubiesen hecho importantes a la causa de la nación o los Estados, serán restablecidos en las plazas o destinos que obtenían.

Artículo 24.

Aquellos que debiendo ser expatriados según este decreto, no se presentaren para su cumplimiento dentro de treinta días, contados desde su publicación en la capital de cada Estado, quedarán fuera de la ley.

Artículo 25.

Quedarán igualmente fuera de la ley, todos los que, contraviniendo a este decreto, volvieren al territorio de la República, después de haber salido de ella.

Artículo 26.

El Gobierno dispondrá que la salida del territorio de la República, de los que deban ser expatriados de ella, conforme a este decreto, se verifique a la mayor brevedad posible, y con la seguridad correspondiente: que se haga a expensas de los que pudieren costearla, y por cuenta de la hacienda pública, la de aquellos que no pudieren erogar los gastos de su expulsión. Encargará especialmente a los comandantes de los puertos, el cumplimiento del artículo 25, y celará y hará se castigue conforme a derecho, toda correspondencia sospechosa con los expatriados.

Artículo 27.

Quedan en su vigor y fuerza los decretos que acerca de esta materia hayan expedido las Asambleas de los Estados, en todo lo que no se opongan al presente.

Artículo 28.

Los que con arreglo al de la Asamblea de este Estado de 4 de junio último, hayan sido juzgados como autores y cómplices de la revolución y tengan ya fenecidos sus juicios, quedarán sujetos a las sentencias pronunciadas en ellos.

Artículo 29.

Lo quedarán a las disposiciones contenidas en este decreto, aquellos que aún no hayan sido juzgados conforme al de dicha legislatura cuyas causas no estén fenecidas, o hayan sido declaradas nulas por tribunal competente.

Artículo 30.

Los individuos respecto de quienes haya habido resolución particular de la Asamblea o del Gobierno de este Estado, quedarán sometidos a ella si no fuere contraria a alguno de los artículos del presente decreto.

Artículo 31.

Al circularlo, el Gobierno hará le acompañe una lista de todos los comprendidos en él, con expresión de sus condenas respectivas.

Artículo 32.

Oportunamente dará también cuenta o razón individual de su cumplimiento y lo mandará imprimir, publicar y circular.

Pase al Senado—Dado en Guatemala, á 22 de agosto de 1829. — Mariano Gálvez, diputado presidente—Simón Vasconcelos, diputado secretario—Francisco Flores, diputado secretario.

Sala del Senado—Guatemala, 5 de setiembre de 1829—Al Poder Ejecutivo—José Antonio Alcayaga—José Miguel Álvarez, secretario.

Por tanto, ejecútese—Palacio Nacional de Guatemala, á 7 de setiembre de 1829—José Barrundia—Al secretario de Estado y del despacho de relaciones, justicia y negocios eclesiásticos.

Lo comunico á Ud. para su inteligencia y efectos correspondientes, acompañándole competente número de ejemplares para su circulación.

Dios, Unión, Libertad—Palacio Nacional de Guatemala, á7 de setiembre de 1829.

Ibarra.

Los desterrados políticos habían salido de Guatemala el 9 de julio, y este decreto, en que se ordenaba su destierro, fue emitido el 22 de agosto. Por lo mismo ha sido censurado como retroactivo. A esto han contestado los liberales, que los presos que se embarcaron en el bergantín "General Hidalgo", se hallaban en el territorio de la República el 22 de agosto, porque hasta el 28 zarpó el buque del puerto de Acajutla: que Arce y Aycinena salieron de Guatemala la moche del 7 de setiembre, muy posterior al 22 de agosto: que la Asamblea de Guatemala había autorizado al Jefe del Estado para salvar la situación, pudiendo delegar sus facultades, y que estas habían sido trasferidas al general Morazán : que el decreto de la

Asamblea de 4 de junio de 29, había declarado a esos señores, reos de alta traición, y acreedores a la pena capital: que siendo acreedores a esa pena, el decreto de 22 de agosto les hacia un gran bien, cambiando la muerte por el destierro: que la incesante actividad de la mayor parte de ellos por volver a revolución ar la República, y sus perennes conspiraciones, prueban la conveniencia del destierro, y aun hacen creer que se procedió con lenidad.

CAPÍTULO QUINTO: DESTIERROS.

SUMARIO.

1—Proposición de don Francisco Albúrez: exposición popular—
2—Exposición dirigida por el Gobierno del Estado a la Asamblea—
3. Decreto de 9 de julio—4. Observaciones—5. Expulsión del
Arzobispo y de los frailes—6. Mensaje de Barrundia—7. Extinción
de las órdenes monásticas—8.Contestacion a los cargos que se han
hecho a los liberales con motivo de esta expulsión—9. Expulsión de
los presos—10. Lo que pasó a bordo del buque "General Hidalgo"—
11. Su llegada a Acapulco—12. Destierro de Arce y Aycinena—13.
Permanencia en Guatemala del general Arzú y otras personas.

Los temores de una reacción eran tan vehementes, que el 28 de
abril de 1829 el representante don Francisco Albúrez hizo proposición
a la Asamblea, para que dictara una ley declarando que solo los
amantes del sistema adoptado podían obtener destinos de
nombramiento del Gobierno y de elección popular, y para que se
retirara a todos los empleados que hubieran prestado servicios a la
causa que acababa de sucumbir. Esta proposición no fue espontánea;
se hizo a consecuencia de una consulta del Poder Ejecutivo, suscrita
por el doctor don Mariano Gálvez, como secretario del Gobierno. La
proposición del señor Albúrez corrió los trámites reglamentarios y
produjo el decreto de 9 de junio, cuya parte resolutiva dice así:

Art. 1.—El Gobierno en el nombramiento de empleados, atenderá
precisamente a su adhesión al sistema Constitución al.

Art. 2.—No podrán ser nombrados los desafectos, debiéndose
tener por tales, los que por medio de la imprenta ó de las armas
sostuvieron a las autoridades intrusas, como también los que
admitieron empleos, grados y distinciones militares en los años de
827, 28 y 29.

Art. 3. —El Gobierno deberá remover a los que hallándose
comprendidos en el artículo anterior continúan funcionando.

Art. 4.—Estas disposiciones se harán extensivas a los
funcionarios subalternos de la Corte Superior de Justicia, que se
hallen en las circunstancias del artículo 2.

Art.5.—Se exceptúan de estas reglas los que en tiempo de la revolución hayan desertado de la facción usurpadora, y los que en la misma época prestaron servicios a la justa causa, y fueron nombrados antes del 6 de setiembre de 1826.

Art.6.—El Gobierno cuidará de que los empleados a más de ser adictos al sistema, reúnan aptitud y moralidad.

Según la ley fundamental, ese decreto debía pasar al Consejo Representativo para su sanción. En este alto cuerpo hubo una discusión muy acalorada y el decreto volvió a la Asamblea. Entonces una exposición popular se hizo a la misma Asamblea con el fin de que insistiera en su resolución.

2—La exposición popular coincidía con rumores de un movimiento de parte del pueblo y del ejército contra los presos. Con este motivo el Gobierno dirigió á la Asamblea la exposición siguiente:

"A los CC. Diputados Secretarios de la Asamblea.

El Ejecutivo del Estado me ordena, ponga en noticia de Udes., para que se sirvan elevarlo al conocimiento de la Asamblea, dé parte de los acontecimientos desagradables de estos últimos días, acontecimientos que han puesto la capital en peligro de un trastorno y provocado la subversión general de la República.

El domingo 6 del que rige tuvo noticia el General en Jefe del ejército que se tramaba una conspiración entre varios oficiales militares; pero sin descubrir las cansas ni los efectos, ni el término a que se dirigía. El General con toda la reserva necesaria lo puso en noticia del Presidente de la República y Jefe del Estado, para obrar de acuerdo con ambos funcionarios, y ahogar en su cuna un nuevo germen de convulsiones políticas. De pronto se dispuso que dos individuos de toda confianza con el simulado carácter de conspiradores se insinuasen con los autores del plan denunciado, y lo declarasen al Gobierno para combinar en vista de él, las medidas más prudentes de seguridad pública, siendo de otro modo aventuradas y sin ningún resultado provechoso.

La ejecución de esta medida, habiendo surtido todo su efecto por el descubrimiento de las personas principales entre los conspiradores y el plan horrible que debían ejecutar el día de ayer, en que se comprendía el asesinato de los presos por causas políticas, el de los nobles y el de los españoles residentes en la ciudad, con el saqueo de las tiendas y casas de los dichos, determinó al General a proceder contra los culpables sin precipitar las medidas de seguridad, a cuyo tiempo sobrevino el incidente de haber sido descubierta una mujer ocupada en seducir a un sargento, ya a la que se tomó un papel con los nombres de varios individuos militares, que habían de ocupar los primeros empleos del ejército. Entonces, siendo peligrosa la demora, porque descubierto el crimen, sus autores podían precipitar la ejecución, el general los hizo prender en el acto, y aseguró a los reos por causas políticas, a quienes había rebajado su prisión, poniéndolo todo tanto, en noticia del Gobierno federal, como en la del Jefe del Estado.

Este, por las ramificaciones que pudo haber tenido la conspiración: por los comprometimientos inseparables en todo tumulto; y particularmente porque las ideas de saqueo de las riquezas y venganza ejercida en los reos, pueden haber fermentado en el pueblo, lisonjeando sus pasiones y resentimientos, teme que aún no esté ahogada la hidra, y que puedan resultar nuevas cabezas amenazando más trastornos. Por esta causa el General del ejército cree un deber suyo recomendar a la justificación de la Asamblea un negocio tan importante. Desando la unidad en la acción del Gobierno, y evitar la complicación de medidas y disposiciones coercitivas, ha conferido al General las facultades extraordinarias con que se halla investido; habiendo visto el celo y tino con que se ha conducido en estas circunstancias. Lo que espera sea de la aprobación del Cuerpo Legislativo,

Sírvanse Udes. admitir las seguridades de mi aprecio y consideración—D.U.L.

Guatemala, julio 9 de 1829.

Juan M. Rodríguez.

Con vista de esta disposición, se decretó lo siguiente:

"La Asamblea legislativa del Estado de Guatemala, considerando: que es de absoluta necesidad dictar las más prontas y enérgicas providencias para conservar el orden y proceder contra sus perturbadores; ha tenido a bien decretar y decreta: 1. Se faculta extraordinariamente al Gobierno por el término necesario al restablecimiento del orden, para ocurrir a todos los casos en que tenga que obrar para asegurarlo.—2. Esta facultad podrá delegarla por el tiempo que estime conveniente á persona de su confianza—Dado en Guatemala, a 9 de julio de 1829."

Es evidente que se trataba de facultar al Gobierno para que pudiera proceder al destierro de los presos, y que la persona de su confianza en quien podía delegar esas facultades era el General Morazán.

Facultado así el Gobierno, se tomaron en pequeño algunas de las providencias secretas que en grande escala adoptó el consejo de Castilla para preparar la pragmática que don Carlos III de Borbón dictó contra los jesuitas. A la medianoche del 10 al 11 de julio fueron sorprendidos, el Arzobispo en su palacio y los frailes de Santo Domingo, San Francisco y la Recolección en sus respectivos conventos. A todos se les condujo por la garita del Golfo con dirección a Gualán, y de allí a Omoa, donde se embarcaron para la Habana [15]. Los frailes de la Merced no fueron desterrados. Eran pocos y no se habían marcado abiertamente contra la causa liberal. Tampoco fueron desterrados los hospitalarios de Belén, que se dedicaban únicamente a la enseñanza y al restablecimiento de los convalecientes.

En cuanto salieron el Metropolitano y los regulares, el Senador presidente dirigió un mensaje al Congreso federal, en que manifestaba que por la necesidad del secreto no se había comunicado el proyecto de expulsión al Poder legislativo: que el Gobierno estaba dispuesto a respetar la voluntad de la representación nacional, y que el Arzobispo y los frailes que se hallaban todos en el territorio del Estado, volverían si aquel alto cuerpo así lo acordaba. El Congreso aprobó lo practicado y dio las gracias al Poder ejecutivo por su celo y actividad.

El 28 de julio de 1829 la Asamblea de Guatemala decretó la extinción de todos los establecimientos monásticos de hombres, con excepción delos belemitas: prohibió en los conventos de monjas las

---

[15] Dice el autor de las Memorias de Jalapa que á bordo de los buques que condujeron a los frailes a la Isla de Cuba, se les dio horroroso trato, porque dada uno no tenía más que la ración de un marinero. Todos sabemos que la ración de un marinero es abundante y que se procura que sea también higiénica; aunque no es fácil que esté condimentada como los suculentos manjares que se sirven a los monjes en los refectorios de sus conventos, ni como los platos con que continuamente los obsequian las monjas, las beatas y todas las hijas de confesión.

profesiones y los votos solemnes y declaró que pertenecían al Estado las temporalidades de los conventos extinguidos. En 7 de setiembre siguiente el Congreso federal no solo aprobó esta determinación, sino que declaró solemnemente que la nación no reconoce ni admite en su seno orden alguna de religiosos. Esta declaratoria, dice Marure en el párrafo 28 de las Efemérides, fue universalmente aceptada por todos los Estados.

Los frailes en Guatemala, lo mismo que en España, eran la rémora del progreso y los sostenedores del fanatismo; pero en Guatemala no fueron acuchillados, ni sus conventos incendiados como en Poblet, Barcelona, Reus, Zaragoza, Valencia, Murcia, Mataró y otros pueblos de la Península. El Gobierno se limitó a expulsarlos. Si los frailes no se dirigieron a la Habana con todas las comodidades y regalos que acostumbraban cuando iban a misiones, debe atribuirse a las circunstancias. No era posible preparar todas las comodidades que hubieran deseado doscientos ochenta y nueve monjes acostumbrados a una vida muelle y regalada[16]. "Los conventos, dice don Manuel Montúfar, debían acabar por una reforma que se esperaba naturalmente, porque el monaquismo no pertenece a este siglo, y han variado mucho las circunstancias para que le abracen los americanos por una carrera de las pocas que les eran abiertas bajo el sistema colonial." El autor de las Memorias de Jalapa olvida que su partido sostiene precisamente lo que no pertenece a este siglo. La intolerancia religiosa no pertenece a este siglo, y los serviles restaurados por Carrera la restablecieron. Los diezmos no pertenecen a este siglo, y los serviles también los restablecieron. El fuere eclesiástico no pertenece a este siglo, y también fue restablecido por ellos. Esos señores pertenecen menos á este siglo que el Papa. El concordato que celebraron con la Santa Sede suprime el fuero eclesiástico, y ellos, marchando mucho más hacia atrás que el Sumo Pontífice, al publicar

---

[16] El Arzobispo fue con todas sus comodidades. Don Juan Bautista Asturias, encargado de hacer el inventario de sus bienes, informó, con facha 31 de diciembre de 1829, que se habían gastado doscientos dieciocho pesos en una mula ensillada que sirvió al señor Casaus para salir de Guatemala: que se habían dado a este Prelado dos mil pesos en efectivo para sus gastos de viaje, y que mil ocho pesos cuatro reales se entregaron a los pajes para su conducción y para los fletes de las cargas del Arzobispo. Una persona que lleva todo esto no puede decir que carece de provisiones. San Pedro no habría necesitado tanto.

el mismo concordato, mantuvieron ese fuero como conveniente y necesario para su partido. Los establecimientos monásticos no pertenecen a este siglo, y sin embargo fueron restablecidos por los serviles en su célebre decreto de 21 de julio de 1839.

El día 9 de julio salieron bajo la custodia de Raoul la mayor parte de los presos. Arce y Aycinena quedaron en Guatemala. Aquellos fueron conducidos a Sonsonate, y embarcados en el puerto de Acajutla el 28 de agosto en el bergantín mejicano General Hidalgo, que se dirigía a Panamá. Con ellos salieron los guatemaltecos que se hallaban en San Salvador desde la rendición de Mejicanos, excepto Irisarri que obtuvo permiso para quedarse en aquella ciudad, de donde se fugó a Chile.

Al hacerse a la vela el bergantín General Hidalgo, algunos de los guatemaltecos insultaron a los salvadoreños, por todo el tiempo que estos podían oír sus voces desde las lanchas en que verificaron el embarque, y regresaban a tierra. Los llamaron pirujos, nombre que se daba a los partidarios del general Morazán. Les decían guanacos, denominación con que se distingue en Guatemala a los hijos de los otros Estados de Centro—América, y con la cual se pretende muchas veces ofender a todos los que han nacido fuera de las garitas de la capital. Los más exaltados que iban a bordo, injuriaban a los liberales gritando: pirujos, guanacos, herejes, pronto volveremos a castigarlos. Las lanchas habrían podido a todo remo dar alcance al buque, y hacer regresar a los hombres que de una manera tan poco culta se desahogaban; pero no se intentó siquiera. La idea de llegar por primera vez a Panamá, espantaba a muchos de los guatemaltecos que iban a bordo. Creían que no podrían resistir un país cálido, enfermizo y desconocido. Iban allí también algunos europeos que sostenían el rumbo que llevaba el buque. Hubo un desacuerdo entre ellos. Los primeros triunfaron y el capitán dirigió la proa a las costas de Méjico. Muchos de los desterrados jamás habían estado en las playas del mar. La mayor cantidad de agua reunida que habían visto es la que contiene la laguna de Amatitlán. El mareo los atormentaba. Los alimentos les parecían insoportables, así porque los mareados no sufren ni el olor de las viandas, como porque los platos que se servían a bordo no eran los mismos á que estaban acostumbrados desde la infancia. Se quejaban de falta de agua potable y solo encontraban buena la de las lluvias. Todo el que haya navegado con hombres de edad que por primera vez se ven a bordo, habrá podido observar lo desagradable que es para ellos el agua ferruginosa que ordinariamente se consume en los buques de vela. Se quejaban de los vientos contrarios, de las calmas, de las borrascas; y atribuían todo esto a la tiranía del general Morazán . En la línea del Pacífico que ellos seguían, muy pocas veces se ven borrascas. La imaginación de hombres que nunca habían salido de Guatemala les hacía creer que cada movimiento de las olas era una de esas tormentas que suelen experimentarse durante los equinoccios en las costas de Irlanda o al frente de las Azores. No se puede hacer cargo a Morazán por no haber puesto un vapor a las órdenes de los desterrados. Fulton había ya lanzado al agua el Clermont; pero la navegación por vapor no había llegado hasta nosotros. Nuestros viajes por las costas de Centro—América se hacían en bergantines goletas, y en esta clase de embarcaciones se iba de los puertos del Atlántico a la isla de Cuba. El Gobierno daba entonces los trasportes que únicamente se hallaban a su alcance. El Columbus fue el primer vapor que recorrió nuestras costas. Todos los centroamericanos que en las inmediaciones de éstas navegaron anteriormente, recordarán las incomodidades que en malos y pequeños buques de vela se sufrían. Esas incomodidades son objeto de broma para los hombres de mundo, y de espanto para aquellos que habiendo tenido una educación mimada, se ven por primera vez fuera del lugar donde nacieron.

El General Hidalgo llegó al puerto de Acapulco sin haber experimentado ninguna avería en el tránsito. Los desterrados refieren su arribo a ese puerto como si hubieran dado cima a una empresa semejante a la de Colon, al poner el pie en el Nuevo Mundo. En Acapulco encontraron generoso hospitalidad. El presidente, general don Vicente Guerrero, les permitió residir en cualquier punto de la República, que algunos de ellos convirtieron más tarde en teatro de sus conspiraciones contra el general Morazán y su partido.

12—Arce y Aycinena salieron de Guatemala el 7 de setiembre. En la orden que se les intimó se les prohibía asilarse en la República mejicana. Debian dirigirse a los Estados Unidos. Se embarcaron en Omoa, pasaron al establecimiento británico de Belice, y arribaron a Nueva Orleans. Allí permaneció Aycinena; pero Arce no pensaba en otra cosa que en su presidencia perdida, y en los medios de recobrarla.

Se trasladó á Méjico y se mantuvo en incesantes maquinaciones revolución arias, sin ningún resultado favorable para él ni para su partido, como adelante se verá.

13—A pesar de que el brigadier Arzú está comprendido nominalmente en el decreto de 22 de agosto, permaneció tranquilo en su casa. Tampoco salió don José Mariano Batres y Asturias, comprendido en el decreto de expulsión y hermano político de los Montúfares. A don Luis Pedro Aguirre se le permitió permanecer dos meses en la hacienda de los Llanos, con el fin de que arreglara sus negocios; y algún tiempo después disfrutaba en el seno de su familia de todas las garantías Constitución ales. Don Pedro González se quedó en el país, por súplicas de personas respetables, para mezclarse, en seguida, en una conspiración, y aparecer más tarde, en las filas de Domínguez. Otros muchos serviles comprendidos en el decreto de expulsión, no salieron de Guatemala.

CAPÍTULO SESTO: REUNIÓN DE LA ASAMBLEA.

SUMARIO.

1—Reunión de la Asamblea el 6 de agosto de 1829—2. Observaciones sobre el mensaje de Barrundia—3. Texto literal de este documento.

La nueva Legislatura se instaló el 6 de agosto. Ella aprobó todo lo que había hecho la anterior, disuelta el año de 26 y restaurada en abril de 29. Esta segunda Legislatura destruye todos los argumentos serviles, sobre nulidad de los actos de la anterior, y demuestra que las elecciones en aquellos días de triunfo, no podían perderse por los liberales. Don Juan Barrundia, en calidad de Jefe del Estado, leyó el mensaje de costumbre.

Este mensaje tendría más interés si se hubiera presentado al reaparecer la Asamblea restaurada. Pero las circunstancias no lo permitieron y los sucesos acaecidos con posterioridad a ese acto solemne, dan todavía importancia a la exposición del Jefe del Estado. En ella se hace una reseña de lo pasado. Se presenta la situación de Guatemala, antes del atentado de 1826, la decadencia que produjo la guerra, y las esperanzas que se tenían para el porvenir. Marcando este documento la época más importante de la Historia de Centro—América después de la Independencia, será visto con interés por los hombres pensadores. Dice así literalmente.

"CC. Representantes:

Yo me aplaudo al ver con vuestra reunión colmados los deseos y las esperanzas de la patria. Las circunstancias difíciles en que nos hemos encontrado por la desgraciada época anterior, demandaban imperiosamente que hombres nuevos con la actual confianza del pueblo, se encargasen de los negocios públicos, y solo se ha hecho lo que exigían los intereses urgentes del Estado, y lo que convenia a su tranquilidad y a su seguridad futura. Vuestros antecesores sumidos en inmensas dificultades han hecho gloriosos esfuerzos para restablecer el orden, y reorganizar el Estado. Llegáis vosotros con un poder reciente a hacer lucir nuevos días de tranquilidad y de gloria. Las turbaciones no tienen ya pretextos, las divisiones son sin objeto; no hay sino el Estado que quiere la libertad, las leyes, la paz y que os ha nombrado para fundarla sobre bases indestructibles. Llenad, representantes, vuestros grandes destinos, realizad las esperanzas que se tienen en vosotros, y que el pueblo os deba estos tres dones, los más preciosos que el cielo haya hecho a los hombres. La libertad sin la cual no podríamos ya vivir, las leyes que son el más firme fundamento de la libertad, y la paz que es el solo objeto y fin de la guerra. Inspirad por todas partes la confianza en vuestras disposiciones, el respeto a las leyes y la sumisión al Gobierno popular y libre que se ha establecido; y formaos el voto de mantener en todo el Estado la unión, de la cual vuestra Asamblea será en adelante el centro común, y el lazo conservador.

El Jefe se presenta con confianza a dar cuenta de su administración. No le es posible hacerlo con el detalle que deseara, porque la multitud de sus atenciones no lo ha permitido y lo hará cuando desprendido de ellas, pueda dedicarse a esto con el detenimiento que se requiere. Entre tanto, yo recomiendo a la Asamblea tenga presente que me hallo en circunstancias bien difíciles que servirán de disculpa a las faltas que se noten, y en las que seguramente ha habido buena fe y sana intención.

Dos épocas bien diversas tiene que recorrer, en las que ha mediado un espacio considerable de suspensión. La anterior hasta el 6 de setiembre de 26, y la de estos tres últimos meses.

En el tiempo que precedió a la guerra civil, la administración pública se hallaba en un estado bien lisonjero. Todos sus ramos progresaban, y basta recordar aquella época para convencerse de ello. La libertad de imprenta, establecida en toda su plenitud, difundía rápidamente las luces; el comercio hacia asombrosos progresos, y la agricultura, la industria, las artes correspondían ya a la esperanza de su mejora: se daban patentes de privilegios para nuevas fábricas: se procuraban colonizaciones útiles; estaba encargada a Londres una librería pública; se habían pedido máquinas para mejorar las de la moneda, minería, etc., y el concurso de los extranjeros manifestaba la opinión y buen concepto que el Estado de Guatemala adquiría, aun en las otras naciones. La disminución de los delitos, comprobada con documentos auténticos, acreditaba la buena administración de justicia, y la paz y tranquilidad de todo el Estado, establecidas sin violencia ni fuerza armada, aun en medio de las mutaciones necesarias para establecer el nuevo sistema, son una prueba no menos gloriosa para los pueblos del Estado, que satisfactoria para el Gobierno. Se había dado una nueva ley a la administración civil, y conforme a ella estaban nombrados ya los jefes departamentales y de distrito. Se trataba de organizar los batallones mandados.

La hacienda pública, que ha llamado siempre de preferencia la atención del Gobierno, y en la que siempre ha procurado tanto la economía de sus erogaciones, como el aumento de sus ingresos, hacia tan notorios progresos, como podrán testificarlo todos los que saben que no solo era bastante ya para cubrir sus atenciones periódicas, sino aun para comenzar a pagar sus créditos atrasados.

En medio de tan lisonjera perspectiva, el Gobierno se hallaba a cada paso comprometido por los continuos ataques y usurpaciones que el Presidente de la República hacía en los intereses y en los derechos del Estado, tendiendo siempre á usurpar las atribuciones de sus autoridades. Los comprobantes de esta verdad, y los hechos que la acreditan, están a la vista de todo el mundo, y el Gobierno temería que se le inculpase de haber dado mérito a ellos, si las órdenes mismas de la Asamblea y las ocurrencias de este funcionario con el Congreso y el Senado, no le pusiesen a cubierto de cualquiera imputación. Lejos de eso, cree haber manejado estos negocios con la delicadeza que exigían, combinando la firmeza de sus reclamaciones, con la prudencia necesaria para no agriarlos más; pero se rompió al fin el dique de la usurpación y atentando a la primera autoridad del Estado, y después a las subalternas, se dio principio a la guerra civil. Las autoridades se vieron entonces precisadas a retirarse para no experimentar la prisión, los ultrajes y vilipendios que sufrieron los que no lograron efectuarlo.

Los triunfos del ejército libertador, dieron oportunidad para que se reorganizase el Consejo en la Antigua; llamó éste al Jefe, que no pudo entonces efectuar su regreso, por hallarse a la sazón perseguido de muerte y en los confines de Ciudad—Real. Mas luego que las circunstancias lo permitieron, y que se halló de nuevo invitado por el General, volvió a reasumir el Gobierno, dimitiendo no obstante el empleo, por la persuasión en que estaba de que en circunstancias tan extraordinarias, se requerían hombres nuevos para la administración pública. De entonces acá, bien que la época haya sido corta, los acontecimientos han sido notables. La desorganización causada por la anarquía anterior, la extenuación absoluta, no solo de los fondos públicos, sino de los caudales particulares, la actitud todavía hostil y amenazante de nuestros enemigos, y la necesidad de mantener el orden, restablecer el sistema y abrir paso a la marcha Constitución al, han precisado al Gobierno a tomar medidas verdaderamente extraordinarias: podrá ser tachado en éstas por aquellos que no conocen su necesidad; la Asamblea estaba penetrada de ellas cuando le facultó tan extraordinariamente; pero estas facultades de que solo ha usado ocho días, y para las medidas generales que demandaba la seguridad pública, se lisonjea el Gobierno que hayan sido de la aprobación de la Asamblea y del Consejo, como también la mayoría de los pueblos. Caiga la maldición de éstos sobre mí, si no se han tomado solo con el objeto de hacerles bien.

Nos hemos visto en el caso de cortar una conspiración atroz, y con el triple objeto de impedir otra nueva, de asegurar la tranquilidad y de castigar a los delincuentes, se ha expulsado del territorio a los principales agentes de la tiranía, a los europeos que habían contribuido a sostenerla, y a las órdenes religiosas que tantas pruebas han dado de su imposibilidad en conciliarse con nuestro sistema y de su decisión por contrariarlo.

Afortunadamente el Gobierno ha obrado en todo de acuerdo con el general Morazán, tanto por conformidad de principios, como por la deferencia que le es debida al libertador de Centro—América. El Estado de Guatemala no le será menos agradecido, por el restablecimiento del orden y reposición de sus autoridades, que por haberle desembarazado de los obstáculos que se oponían a su régimen y a su engrandecimiento; y el Gobierno recomienda a la Asamblea este nuevo título que tiene, para una expresa manifestación de gratitud.

La escasez de los fondos públicos, y la falta absoluta de recursos para suministrarlos legalmente, cuando gravitan sobre el Estado no solo las cargas que le son peculiares, sino también las de la Federación, ha obligado alguna vez al Gobierno a providencias violentas pero necesarias, que aunque muy ajenas de sus principios y de sus deseos, eran indispensables para evitar mayores males. No obstante esto, es preciso advertir que no ha exigido otro préstamo forzoso que el de 40 pesos, constantes por una lista impresa, y aunque se decretó la consolidación de capitales, los muy pocos ingresos de este ramo acreditan cuanta consideración se ha tenido a los que debían oblarlos: así es que a pesar de las crecidas erogaciones de estos meses, el Gobierno ha respetado las propiedades lo más que le ha sido posible.

Se trata de plantear los batallones de milicias, necesarios para mantener el orden, y dar respetabilidad al Gobierno. La falta de .armamento, es la causa de que aún no se hayan organizado. Entre tanto ha dispuesto, de acuerdo con el General, que vayan a los principales departamentos, piquetes considerables para impedir cualquiera sublevación, y mantener en ellos el orden.

La salud pública, ha sido de la preferente atención del Gobierno, y ocurriendo la desgracia de propagarse rápidamente la peste de viruelas, en muchos pueblos del Estado, ha dictado cuantas providencias estaban a su alcance para detener sus progresos, enviando por todas partes vacunadores y facultativos surtidos de los medicamentos convenientes, sin ahorrar fondo alguno, aun em las mayores estrecheces, por parecerle que este era el primordial y más sagrado objeto á que pudieran aplicarse.

En la confusión y trastorno á que nos condujo la guerra anterior, y en la multitud de ocurrencias graves y urgentes de estos últimos días, no se ha podido dar la atención que era de desearse a otros ramos, minuciosos y pequeños de la administración pública, que seguramente serán mejorados o reformados por el celo de los nuevos funcionarios, que en la calma y en la meditación, podrán tratarlos más determinadamente, cuya oportunidad no han tenido los que concluyen.

En lo general, el Estado se halla reorganizado completamente sus autoridades, aun las más subalternas, funcionan sin obstáculo, y con arreglo a las leyes: la paz y el orden reinan en todos sus puntos: los enemigos han sucumbido sin esperanza; se han entablado relaciones amistosas con los demás Estados; la confianza se restablece, y es en tan oportuna coyuntura que vosotros os encarguéis de su administración, y que desarrollareis sin duda alguna todo el germen de su felicidad y engrandecimiento. Redoblad vuestro celo y vuestros esfuerzos: grandes cosas se promete el pueblo de vosotros, y yo estoy seguro que no engañareis sus esperanzas: sois los guardas de los derechos del Estado, y ahora más que nunca, necesitáis de energía para sostenerlos; más el premio es grande, y la empresa digna de vosotros. La gloria de haber hecho bien a los hombres, es el más justo título a la inmortalidad; las bendiciones de éstos, son más gratas que los laureles de la victoria. Quiera el cielo oír los votos que le hago por vuestro acierto."

CAPÍTULO SÉTIMO: SEGUNDA RENUNCIA DEL JEFE DEL ESTADO DON JUAN BARRUNDIA.

SUMARIO.

1—Segunda renuncia de don Juan Barrundia—2. Su texto literal 3. Dictamen de una comisión—4. Resolución de la Asamblea—5. Carácter de esta resolución.

Llamado don José Francisco Barrundia a la Presidencia de la República, en calidad de senador más antiguo, su hermano don Juan renunció por segunda vez la jefatura del Estado de Guatemala. Esta renuncia razonada y enérgica, en nada se parece a las que suelen presentar algunos jefes, para que se les inste a continuar en el mando, y se les otorguen más extensas facultades. Ella además presenta las dificultades que pudieran surgir entre el Estado de Guatemala y la Federación. Conviene, pues, no dejarla sepultada en un archivo. Dice así:

"Asamblea Legislativa del Estado—El Congreso federal, por un decreto, ha llamado a un hermano mío a ejercer el Poder ejecutivo de la Federación, entre tanto se nombra el que debe obtenerlo en propiedad. No es de mi resorte la conveniencia o inconveniencia de esta medida; pero si lo es, el manifestaros, que por este incidente, me hallo imposibilitado de continuar ejerciendo la Jefatura. Salta a los ojos la incompatibilidad que hay en que dos hermanos ejerzan al mismo tiempo el Ejecutivo federal y del Estado, residiendo ambos en una misma ciudad y habitando en una misma casa; y si nuestras leyes no lo han prohibido expresamente, es, sin duda, porque no estando aun bien desarrolladas nuestras instituciones, no se han previsto todas las combinaciones que son posibles. El honor mismo de la nación demanda que no nos tachen nuestros enemigos de entregar su régimen á una sola familia; y la conveniencia pública exige imperiosamente que se eviten las justas censuras, mucho más cuando la competencia de ambas autoridades es necesaria y útil para mantener el equilibrio entre ellas y circunscribirlas a sus límites respectivos. El Gobierno del Estado tiene muchas reclamaciones que hacer al de la Federación: la Asamblea no ignora muchas de ellas; y es bien sensible la alternativa de chocar con un hermano, o contemporizar con él sobre asuntos públicos. La nación no debe estar expuesta á este último caso. Cualesquiera que sean los puntos de vista bajo que se considere este negocio, son otros tantos argumentos contra la reunión de poderes en una sola familia. Es evidente que un mismo individuo, no puede desempeñar simultáneamente la Presidencia de la República y la Jefatura del Estado; y no hay obstáculo que se presentara en aquel caso, que no tenga lugar en el presente. El Congreso, por un artículo de la Constitución , se ha visto forzado a elegir, entre los senadores, uno que ejerza el Poder ejecutivo federal. Ha tenido por conveniente elegir á un hermano mío toca a la Asamblea levantar los obstáculos de esta elección, admitiendo mi renuncia. Esta medida es fácil, porque falta muy poco tiempo para que tome posesión el Jefe nuevamente electo, y por—que hay un gran número de patriotas que llenarán dignamente el intervalo. Sobreabundan las razones que pudiera dar en apoyo de lo dicho, y que no hago ostensibles, porque no se ocultan a la sabia penetración de la Asamblea. Reproduzco si, las que he expuesto en mi renuncia anterior, y deseo se tengan presentes para que la Asamblea, tomando todo en consideración, se sirva admitir del momento la dimisión que hago. Creo haber contraído un pequeño mérito, sirviendo en circunstancias delicadas, y no deseo otro premio que el de que se me exonere de continuar en el Gobierno. Lo pide así el decoro de lo Asamblea y del Gobierno mismo. Lo exige la conveniencia pública, la razón, la justicia; y no dudo que la Asamblea atenderá mi súplica decretando de conformidad con ella.

Juan Barrundia".

La renuncia pasó a una comisión compuesta de los representante Rivera, Zúñiga y Álvarez, quienes dictaminaron que no había ilegalidad en la permanencia, en el gobierno, de don Juan Barrundia: que no debía ser admitida su renuncia, y que el señor Barrundia debía continuar en el ejercicio del Poder ejecutivo del Estado hasta que tomara posesión el sucesor que aparecería muy pronto, porque la Asamblea había convocado a elecciones desde el 16 de mayo.

4El Cuerpo legislativo aprobó el dictamen, quedando, por consiguiente, resuelto que Barrundia permanecería en el poder hasta la posesión del sucesor.

Desde el 9 de mayo fue admitida la renuncia de don Juan Barrundia; pero se le obligaba a permanecer en el poder hasta que estuviera electo el nuevo Jefe. La segunda renuncia tendía a la separación inmediatamente del mando. La negativa de la Asamblea se contrae ahora a este concepto, y vuelve a obligar á Barrundia á que permanezca en la Jefatura hasta que se hiciera el escrutinio, que debía verificarse después de un mes.

CAPÍTULO OCTAVO: SEGUNDA ELECCIÓN DE JEFE Y VICE—JEFE DEL ESTADO DE GUATEMALA.

SUMARIO.

1—Apertura de los pliegos—2. Resultado del escrutinio—3. Decreto que declara popularmente electo al doctor Molina—4. Dudas acerca de la elección del vice—Jefe—5. Escrutinio para la elección de vice—Jefe—6. Decreto que declara electo a don Antonio Rivera Cabezas—6. Posesión de los nombrados.

El 19 de agosto de 1829 la Asamblea de Guatemala abrió los pliegos que contenían las elecciones, y se hizo el escrutinio. En él se expresan las juntas departamentales, el número de sufragios y los ciudadanos que los obtuvieron. He aquí:

Estado que manifiesta el escrutinio de votos populares, practicado por la Asamblea, en la sesión de 19 de agosto de 1829, para la elección del primer Jefe del Estado, expresando las juntas departamentales, el número de sufragios y los ciudad nos que los obtuvieron.

	Electores	Por el C. Pedro Molina	Por el C. Antonio Rivera
La de Chiquimula	21	21	
La de Totonicapán	27	23	
La de Sololá	17	16	
La de Verapaz	20		20
La de Zacatepéquez	21	9	18
La de Quezaltenango	21	21	00
La de Guatemala	30	9	21
	162	103	59

Por la demostración que antecede, se ve que concurrieron a todas las juntas departamentales 162 electores: que sufragaron para primer Jefe por el doctor C. Pedro Molina, 103; y por el licenciado C.

Antonio Rivera Cabezas, 59—Secretaria de la Asamblea Legislativa del Estado de Guatemala, 20 de agosto de 1829.

López.   Larrave.

Al día siguiente la Asamblea emitió el decreto que se ve á continuación:

"Considerando: que conforme a lo que dispone el art. 7. del decreto de convocatoria de 16 de mayo último, era llegada la época en que debía procederse a la apertura de los pliegos, que contienen los sufragios de los electores en los siete departamentos, para primero y segundo Jefe del Estado; hallándose ya reunidos y señalado el día; verificado esto, previos los requisitos que ordena la Constitución en sus artículos 133 y 134; resultando una mayoría absoluta de sufragios por todas las juntas departamentales, y atendidas las calidades del individuo que los reunió, ha tenido a bien decretar y decreta: 1.° Se ha por Jefe Constitución al y popularmente electo en el Estado de Guatemala, al ciudadano doctor Pedro Molina.—2. El tiempo de su duración es el que la ley determina—3. Antes de entrar en el ejercicio de sus funciones, prestará ante la Asamblea el juramento de ley, el día 23 del corriente.

Al hacerse el escrutinio correspondiente a la elección del vicejefe, se encontró una dificultad. Los pliegos remitidos por la junta electoral de Sololá, no expresaban individualmente cual fue el voto de cada elector. Solo decían que el C. Antonio Rivera había resultado electo vice—Jefe. Por otro documento de la misma junta se sabía que concurrieron 16 electores. Deducíase de aquí, que por lo menos 9 habían votado por Rivera Cabezas; pero se dudaba si los 7 restantes votarían por el mismo ciudadano o por otro. En el primer caso Rivera tenía elección popular, y en el segundo debía votar la Asamblea entre los que hubieran tenido mayor número de sufragios. Hecha la averiguación correspondiente, se encontró que los 16 sufragios de Sololá se hallaban en favor del C. Antonio Rivera Cabezas. El escrutinio dio el siguiente resultado:

"ESTADO que manifiesta el escrutinio de los votos populares, practicado por la Asamblea en la sesión de 22 de agosto de 1829, para la elección del segundo Jefe del Estado, expresándose las juntas departamentales, el número de sufragios, y los ciudadanos que los obtuvieron.

	Electores	Por el C. Antoni Rivera	Por el C. Pedro Molina	Por el C. Antonio Corzo	Por el C. Manuel J. de la Cerda
La de Chiquimula	21	21			
La de Totonicapán	27	27			
La de Sololá	16	16			
La de Verapaz	20		4	16	
La de Sacatepéquez	21			7	20
La de Quezaltenango	21	21			
La de Guatemala	30			30	
	162	85	4	53	20

Ciento sesenta y dos fueron los sufragios de todos los departamentos: por 85 salió electo el segundo Jefe del Estado, el licenciado ciudadano Antonio Rivera Cabezas; teniendo 4 el doctor ciudadano Pedro Molina, 53 el ciudadano Antonio Corzo, y 20 el ciudadano Manuel J. de la Cerda.

Secretaría de la Asamblea Legislativa del Estado; Guatemala,22de agosto de 1829.

López.   Larrave".

6—En consecuencia, la Asamblea expidió el decreto que signe:

"El Jefe del Estado se ha servido dirigirme el siguiente

DECRETO.

Por cuanto la Asamblea turo á bien decretar lo que sigue:

La Asamblea Legislativa del Estado de Guatemala,

CONSIDERANDO:

Que conforme a lo que dispone el artículo 7. del decreto de convocatoria de 16 de mayo último, era llegada la época en que debía procederse a la apertura de los pliegos que contenían los sufragios de los electores de distrito en los 7 departamentos, para 1. y 2. Jefe del

Estado. Hallándose ya reunidos, y señalado el día en que debían abrirse, verificado esto previos los requisitos que ordena la Constitución en sus artículos 133 y 134, y resultando una mayoría absoluta de sufragios para segundo Jefe en favor del C. Antonio Rivera, y atendiendo a que este individuo reúne todas las calidades necesarias, ha tenido a bien decretar y decreta:

1.—Se ha por segundo Jefe Constitución al y popularmente electo en el Estado de Guatemala, al ciudadano Antonio Rivera Cabezas.

2.—El tiempo de su duración es el que la ley determina.

3.—Antes de entrar al ejercicio de sus funciones, prestará ante la Asamblea el juramento de ley, el día 23 del corriente.

Comuníquese al Poder Ejecutivo para su cumplimiento, y que lo haga imprimir, publicar y circular. —Dado en Guatemala, a veinte y dos de agosto de mil ochocientos veinte y nueve—José Manuel de la Cerda, diputado presidente—José Venancio López, diputado secretario.—José Antonio de Larrave, diputado secretario.

Por tanto: ejecútese. Guatemala, agosto 22 de 1829—Juan Barrundia—.

El ceremonial para la toma de posesión, fue el que entonces se usaba: emanación todavía de las leyes y costumbres coloniales, a saber: juramento ante el Presidente de la Asamblea, te Deum en la Catedral, con asistencia del cabildo eclesiástico y de todos los párrocos existentes en la ciudad; repiques de campanas y salvas de artillería. La costumbre de que los actos religiosos se mezclaran con los políticos y vice—versa, era tan fuerte, que el Congreso Federal restaurado en 829, por orden de 1. de setiembre del mismo año, dispuso que en toda la República fuera solemnemente celebrada la inauguración del pontificado de Pio VIII, que subrogó a León XII.

CAPÍTULO NOVENO: ESPAÑA INTENTA RECONQUISTAR LA AMÉRICA.

SUMARIO.

1—Reflexiones acerca de la actitud de España—2. Parte de la aristocracia americana fomenta las tendencias españolas—3. Tendencias de algunos serviles de Centro—América—4. Tendencias de algunos mejicanos en el mismo sentido—5. Nota de don Mariano Mantilla—6. Nota del general Morazán —7. Expedición del general Barradas—8. Proclama de Barrundia—9. Decreto del Congreso federal—10. Rendición de los españoles.

España en 1829 no había perdido la esperanza de reconquistar las Repúblicas que antes fueron sus colonias. El deseo de volver a dominar una gran parte del Nuevo Mundo existe todavía en algunos españoles. Si no siempre lo ponen de manifiesto, es porque muy bien se comprende la imposibilidad de realizar tan vasta empresa.

Una parte de la vieja aristocracia americana fomentaba en España las ideas de reconquista. Muchos condes y marqueses del mundo de Colon suplican con frecuencia al gabinete de Madrid que revalide sus títulos perdidos. Ellos presentan a su patria en aquella corte como país ingobernable, y hacen protestas incesantes de adhesión a los reyes de Castilla. El autor de estas líneas ha visto en el Ministerio de Estado de España a un noble americano manifestar más realismo que los Borbones, y pedir con ahínco al ministro don Fernando de Calderón y Collantes la renovación de su título nobiliario.

Los nobles que contribuyeron a la independencia de Guatemala, porque las cortes de Cádiz habían herido sus privilegios, y porque consideraban a España contaminada con las ideas de la revolución de Francia, querían una monarquía en el Nuevo Mundo, y habían gastado gran parte de sus fuerzas en la anexión al imperio de Iturbide. Destruido aquel imperio por el pronunciamiento de Casa—Mata, no les quedaba más recurso que crear una República aristocrática, como Génova o Venecia. A ese fin se encaminó el golpe de estado de 1826 en Guatemala, y la invasión de Honduras. Un soldado audaz del pueblo de Tegucigalpa desbarató esos planes en la Trinidad, Gualcho, San Antonio, San Miguelito, Las Charcas y Guatemala, y no quedaba a los nobles más recurso que volver los ojos a Fernando VII. Ellos por medio de diferentes agentes y especialmente del arzobispo fray Ramon, que se hallaba en la Habana, manifestaron al Capitán general de la Isla de Cuba, que las divisiones centroamericanas, los desórdenes y desastres que se veían en nuestro suelo, facilitaban la reconquista; y que todos los hombres de bien, de orden y de juicio la anhelaban: que la parte indígena quería al rey, y que solo lo combatirían los hombres aspirantes a destinos, los que no podían vivir sino del tesoro público y los que medran en revolución es ganando a río revuelto. Este lenguaje, grato para los españoles, halagaba sus aspiraciones.

No solo algunos guatemaltecos han manifestado esas tendencias. También en Méjico se vieron muy marcadas el año de 29 y en tiempos anteriores. Mejicanos de la nobleza acaudillados por el padre Arenas promovieron una revolución el año de 27, con el fin de restablecer la religión en toda su pureza, y nombrar una regencia compuesta de eclesiásticos, para que gobernara el país a nombre del Rey de España. Estaban complicados los generales Negrete y Echaverri. El padre Arenas murió fusilado. Echaverri y Negrete fueron desterrados, y se dio una ley expulsando a todos los españoles del territorio mejicano.

El ciudadano Mariano Mantilla, de los libertadores de Venezuela, general de división de los ejércitos de Colombia y jefe superior civil y militar del distrito de Magdalena, dirigió una nota datada en Cartagena, a 8 de enero de 1829, al Jefe del Estado de Nicaragua. En ella le dice que por los Estados Unidos había recibido noticias fidedignas de que los españoles, siguiendo los proyectos de reconquista, preparaban en la Habana una expedición de tres o cuatro mil hombres, que se introducirían por Omoa hasta Guatemala, con el doble objeto de dominar los diferentes Estados de Centro—América, y de proceder contra Méjico. Mantilla aseguraba que aquella fuerza saldría el mismo mes de enero; y que se contaba con las divisiones centroamericanas para obtener un resultado feliz. Esta nota se recibió en Guatemala con mucho retraso por conducto de los Secretarios de la Asamblea del Salvador. El Jefe del Estado dio cuenta al comandante general del ejército aliado don Francisco Morazán , quien contestó por medio de una nota, cuya importancia obliga a presentarla íntegra. Dice así:

"He recibido la copia que Ud. se ha servido acompañar a su estimable nota del 12 del presente. Ella comprende la noticia que se ha dado al vice—Jefe del Estado de Nicaragua por la autoridad militar del distrito de Magdalena en la República de Colombia, sobre prepararse una división española en la Habana con el objeto de invadir la de Centro—América por el puerto de Omoa. Comprende igualmente la nota de la Asamblea en que manifiesta su buena disposición para preparar todos los auxilios necesarios. El mismo vice—Jefe de Nicaragua me remitió hace días igual copia, y desde entonces dicté las providencias que me parecieron convenientes para asegurar los puertos del Norte, y poner en estado de defensa sus plazas, dando orden al mismo tiempo para que se arreglen las milicias de Gracias, Santa Bárbara, Usula, Yoro, Olancho y Sulaco, y que auxilien a los comandantes de Omoa y Trujillo. En virtud de estas providencias, han salido ya para Omoa 100 hombres de Gracias y 100 de Usula.

"Tenga Ud. la bondad de ponerlo así en conocimiento de este digno Jefe y manifestar al Cuerpo Legislativo, que aprecio en el grado que debo, su buena disposición para proporcionar los recursos del Estado de Guatemala contra la invasión a la patria; y lo satisfactorio que me son sus sentimientos en un negocio de tanta importancia".

El movimiento anunciado por el general Mantilla coincidió con la invasión a Méjico del general Barradas. Creyendo los españoles que los mejicanos intentaban volver a su dominio, enviaron a las órdenes del brigadier don Isidoro Barradas, una expedición para operar la reconquista de Méjico. La expedición fue reforzada en la Isla de Cuba. El ejército invasor ascendía a 5,000 hombres, incluyéndose las tripulaciones de los buques. El 27 de julio, 13 buques de guerra a las órdenes del almirante Laborde, anclaron en Cabo Rojo, 20 leguas al Sur de Tampico. Barradas traía misioneros de la orden de San Francisco, cuyos sermones le inspiraban más esperanzas que la artillería española. Nótese que siempre aparecen los frailes trabajando contra la independencia, contra la libertad, contra la república, y en liga íntima con la aristocracia, y no se quejen de ser desterrados. Trescientos hombres emboscados con una pieza de artillería detuvieron la vanguardia del ejército español; pero aquel corto destacamento tuvo que ceder al número y los invasores ocupa—ron Tampico.

8—El Senador Presidente de la República de Centro—América dirigió a los jefes de los Estados la proclama siguiente:

EL GOBIERNO GENERAL A LOS ESTADOS DE CENTRO—AMÉRICA.

Todo el pueblo americano es independiente: todas las provincias que antes fueron esclavas, se elevaron a naciones soberanas. El régimen despótico se cambió en instituciones republicanas. La libertad cubrió bajo sus alas al más vasto continente. La regeneración fue simultánea y asombrosa; y una luz inmensa, una revolución feliz al mundo, y elevó la especie humana. Jamás se viera un conjunto de pueblos libres ni más numerosos ni más idénticamente regidos por los principios eternos de la igualdad y la justicia. Este espectáculo, este triunfo grandioso de la filosofía y de los derechos, digno de la divinidad creadora, éste desarrollo feliz de las instituciones y del orden social que marcha con resultados inmensos a la perfección del hombre, intenta ahora destruirlo un gobierno decrépito y degradado, sostenido por el error y por los vicios más depresivos.

Después de los inmensos sacrificios hechos a la independencia y a la libertad; después de arrancar de su asiento a los tiranos, de romper su arraigada dominación y su régimen de fanatismo, de ignorancia, de corrupción y servidumbre; después de teñir mil veces los campos con la sangre de los patriotas, de combatir por los principios republicanos, y de triunfar siempre, no solo sobre los adversarios de la independencia, sino sobre los enemigos de las libertades públicas; después de haber humillado por todas partes el orgullo aristocrático, y roto las cadenas domésticas a una con el gran pueblo mejicano; después de haber desvanecido con energía el prestigio monástico, y dominado la discordia civil, afianzado la ley y vuelto su dignidad al pueblo soberano; sufriríamos que la planta vil del soldado español profanase el suelo clásico de la libertad? ¿Aleccionados por la adversidad, y endurecidos por la guerra contra tiranos de toda especie, oyendo aun los ecos ruidosos del campo de batalla, y fresco aun el ramo de encina en la sien de los vencedores, pudiéramos soportar el yugo de un rey imbécil? ¿Permitiríamos en nuestro suelo el azote homicida y devastador de la dominación española, de ese pueblo esclavo, para execración y deshonra del ser humano? ¡Oh no! Yo veo la indignación patriótica inflamar los semblantes y centellar en las miradas de los libres. Yo leo el triunfo y la gloria escritos en el corazón republicano. Si en las discordias domésticas la opinión vacilaba entre los ciudadanos; en la ira nacional contra la España, uno es el acento terrible, una es la voz de execración y muerte. ¡Infeliz del ser imperfecto y degradado que sostuviese un sentimiento contrario a la sagrada causa de la América!

¡Compatriotas! Es llegado el momento de volar a las líneas defensoras de la patria. Vosotros que habéis luchado por los libres, que habéis hecho sacrificios, sufrido persecuciones; que habéis gobernado y dirigido a los pueblos contra la anarquía aristocrática, no es a tales ciudadanos a quienes necesita el Gobierno dirigir la voz imperiosa de alarma y de defensa. Aun vierten sangre vuestras heridas por la libertad; vosotros sentís lo que ella vale. Mas el ciudadano tranquilo a quien por acaso no ha tocado la tormenta revolución aria, el que por error siguió la suerte del poder usurpador, oiga ahora la voz de sus hijos, de su esposa, de su familia y de su hogar, amenazados de un diluvio de males, de la esclavitud, la miseria y la muerte, que seguirían por todas partes al ejército español. Su ciego furor frenético bebería la sangre de vuestros hijos, y vengaría con rabia insaciable los años de la libertad que arrancamos a su tiranía.

Ved ya pisando el territorio mejicano esa horda detestable que anuncia paz, y arroja por sorpresa la muerte sobre un pueblo heroico, que sacrifica con muy inferior número y lo detiene con escarmiento en su marcha sacrílega. Todo el continente americano está ya sobre las armas, y la espada de los libres vuela a teñirse en los antiguos opresores. El triunfo es siempre del patriota: vosotros lo sabéis, jamás venció la causa de la tiranía: la victoria ha seguido siempre los movimientos y ha coronado los esfuerzos de los sostenedores de la libertad. Independencia española, independencia absoluta, República federal, República restaurada de la aristocracia, esta es la escala de nuestras épocas, de nuestros progresos y del triunfo constante de la justicia. ¿Quién puede olvidarlo? ¿Cómo retrogradar ahora a la primera época de nuestra abyección y nulidad? Esto sería el portento más horrible, el fenómeno más extraordinario contra el orden de la misma naturaleza. El español que intenta subyugarnos, delira en su decrepitud. Su triunfo no pudiera sino ser muy efímero, aun con fuerzas superiores a las de América. Pero entre tanto, ¡qué espantosa suerte no sería la de las poblaciónes que cayesen bajo su horrendo yugo!. ¡Que degradación y vergüenza, si por una combinación militar su armada impotente contra Méjico se dirigiese a nuestras costas, y lograse internarse por descuido culpable! Republicanos: jefes encargados de la libertad de cada Estado: el Gobierno federal está cierto de que no sufriréis ni la idea sola de semejante desventura. El Ejecutivo espera de vosotros la cooperación más ardiente, y que nuestros milicia no se alzarán en masa al clamor sagrado de la patria. Aun sin el inminente riesgo dé una agresión contra nosotros, la América toda, la ilustre Europa, la filosofía, la libertad, el clamor de los derechos del pueblo y la civilización y la prosperidad de la especie humana, exigen hoy de nosotros todo género de sacrificios. Sostened a una patria a quien la ley restaurada ha encargado del gobierno, que ha padecido con vosotros, por excitar desde los principios el espíritu de la independencia: sostened la fuerza federal destinada a mantener ilesa la República, y volad con los demás pueblos de América en pos del laurel de los libres. Nosotros no teñimos la espada y triunfamos sin resistencia del orgullo español. Mostremos al mundo, si somos invadidos, que tenemos valor y sabemos apreciar el don inmortal del 15 de setiembre, y que somos dignos hermanos de Méjico y Colombia. Que en tal caso el árbol de la libertad reverdecido y regado en lo interior por la sangre de nuestros patriotas, acabe de florecer sobre las reliquias de los antiguos opresores—Setiembre 3 de 829.

José Barrundia".

A continuación el Congreso dictó medidas enérgicas y activas, entre las cuales se halla el decreto siguiente.

"El Congreso federal de la República de Centro América, teniendo presente lo que exigen los derechos e intereses de esta República y los de las demás de América, por la situación en que hoy se hallan respecto de la monarquía española;

DECLARA Y DECRETA:

1.

A ningún súbdito del Gobierno español, de cualquiera clase, edad, y condición que sea, se permitirá entrar con motivo ni pretexto alguno al territorio de esta República, ni desembarcar en sus puertos.

2.

Para la exacta observancia y cumplimiento del artículo anterior, el Supremo Gobierno dictará las providencias más activas, eficaces y oportunas, a cuyo efecto se le autoriza competentemente.

3.

Respecto de los hijos de la Península o de cualquiera de las posesiones del Gobierno español, que hallándose radicados en esta República, hubieren salido temporalmente de su territorio con el correspondiente pasaporte; y en cuanto a la forma en que ha de solicitarlo y obtenerlo todo el que en lo sucesivo intente salir de la República a negocios propios con ánimo de volver a ella, para que pueda entrar de nuevo a su territorio, siendo de las personas que quedan referidas: el S. P. E. podrá adoptar o no las disposiciones que se hayan observado hasta el día, según estime más conveniente a la seguridad y al interés general de la nación, o tomar las que exijan estos importantes objetos.

4.

Todos los puertos de la República habilitados para el comercio exterior en sus costas del norte y del sur, se cierran al pabellón español, y a los frutos y producciones del suelo y de la industria de España, sus colonias y dependencias.

5.

En consecuencia, quedan absolutamente excluidos de nuestro comercio, sin que puedan en manera alguna introducirse en la República las producciones naturales y manufacturas de España, sus colonias y dependencias, aun cuando por medios legítimos hubiesen pasado a ser propiedad de un neutral.

6.

Se prohíbe la exportación de frutos naturales y manufacturas de Centro—América, con destino a cualquier puerto sujeto al gobierno español.

7.

Los contraventores a este decreto, y los administradores y oficiales de las aduanas nacionales, que de alguna manera permitieren o disimularen su infracción, quedan sujetos a las penas que establecen las leyes.

Pase al Senado—Dado en Guatemala, á 3 de octubre de 1829—Mariano Gálvez, diputado vice—presidente——Francisco Benavente, diputado secretario—Esteban Lorenzana, diputado secretario—Al Senado.

Sala del Senado, Guatemala, 17 de noviembre de 1829—Al Poder Ejecutivo—Mariano Zenteno, presidente—Miguel Álvarez, secretario.

Por tanto: ejecútese—Palacio nacional de Guatemala, noviembre 20 de 1829—José Barrundia."

10—Al saberse en Méjico el desembarco de los invasores, los mejicanos acudieron a las armas. Era presidente don Vicente Guerrero, quien reunió el Congreso, y pidió facultades extraordinarias. El general don Antonio López de Santa Ana se hallaba en su hacienda de "Manga de Clavo", y sin esperar los decretos legislativos ni las proclamas del Presidente, corrió a Veracruz, levantó la población, y con 800 hombres se embarcó hacia la provincia invadida. Puso sitio á Tampico; pero tuvo que retirarse ante fuerzas superiores. Fue auxiliado después por el general Mier y Terán. La insalubridad del clima diezmó a los españoles, y Barradas tuvo que rendirse.

CAPÍTULO DÉCIMO: DECRETO DE 23 DE NOVIEMBRE.

SUMARIO.

1—Posición de Centro—América respecto A España—2. Decreto de 23 de noviembre—3. Consecuencias de esta ley.

Centro—América se hallaba entonces en guerra con España, según los principios del Derecho Internacional. La Independencia era un hecho que los españoles condenaban; era un acontecimiento que ellos maldecían. El trascurso de ocho años no lo había sancionado en concepto de la Corte de Madrid. España se indignaba con las naciones que reconocían nuestra Independencia. La causa de Méjico era la de Centro—América, porque en idénticas circunstancias nos hallábamos. Méjico tenía una nobleza y un clero que, como los israelitas en el desierto, deseaban volver al dominio de Faraón. Centro—América tenía lo mismo. Se hallaba un Arzobispo en la Habana, quien fomentando las aspiraciones peninsulares, pretendía volver a la época del coloniaje. No solo el Gobierno de Fernando VII, sino el regente Espartero nos llamó súbditos sublevados. En Guatemala había españoles, entre los cuales se hallaban muchos que aspiraban a ensanchar el territorio de su patria, y a que se fomentaran las tendencias de reconquista. Las tertulias de los nobles casi solo se ocupaban en favor de la monarquía española, y en exhalar suspiros por su muy amado Fernando. Vista esta situación, la Asamblea de Guatemala dictó el decreto siguiente.

"La Asamblea Legislativa del Estado de Guatemala, considerando: que en el mismo Estado hay bienes de todas clases, pertenecientes a vasallos de la monarquía española: que saliendo de aquí las rentas y productos de esos bienes, van a engrosar los fondos con que aquel monarca emprende tentativas de reconquista: que aunque desgraciadas como lo han sido hasta ahora esas empresas, ellas obligan siempre á erogaciones extraordinarias; ha tenido a bien decretar y decreta:

Se autoriza al Gobierno para que ocupe todas las propiedades que existan en el Estado, y pertenezcan a cualesquiera súbditos de la monarquía española.

Esta ocupación será con calidad de volver el importe de los bienes ocupados, luego que la España reconozca la Independencia de la República centro—americana.

Entre tanto, el Gobierno hará uso del producto de estos bienes para ocurrir a los gastos públicos, y a la seguridad del Estado.

Al efecto podrá enajenarlos por venta o admitir préstamos voluntarios, pignorando dichos bienes en seguridad del prestamista, a quien serán entregados, para que se cubra con sus frutos, o con el producto de su venta, luego que ésta se verifique.

Interín se establece la intendencia, podrá el Gobierno nombrar un comisionado que haga todas las averiguaciones necesarias, a efecto de descubrir los bienes que pertenezcan a vasallos españoles.

El comisionado queda autorizado por esta ley, para recibir declaraciones, reconocer testamentos, libros de caja y cualesquiera otros documentos por donde pueda descubrirse la existencia de alguna propiedad española.

El que por medio de declaraciones falsas o de otro modo contribuya a embarazar el descubrimiento de alguna propiedad española, será castigado como defraudador de las rentas públicas.

Desde la fecha en que se publique este decreto, serán nulas todas las enajenaciones privadas que se hagan de bienes pertenecientes a súbditos de la monarquía española.

Quedan comprendidos en este decreto los bienes de los españoles que en Honduras hayan tomado las armas contra la autoridad Legislativa de aquel Estado, e igualmente los de aquellos españoles que en cualquiera parte hayan obrado contra la Independencia de la América del Centro.

Comuníquese al Consejo representativo para su sanción. —Dado en Guatemala, a veintitrés de noviembre de mil ochocientos veintinueve—José Venancio López, diputado presidente—J. Bernardo Escobar, diputado secretario—Manuel Arellano, diputado secretario.

Sala del Consejo representativo del Estado de Guatemala en la Corte, a veinticinco de noviembre de mil ochocientos veintinueve— Al Jefe del Estado—Antonio Rivera, presidente—Eugenio Mariscal—Manuel J. García—Eugenio Zelaya, secretario interino.

Por tanto: ejecútese—Guatemala, 26 de noviembre de 1829—
Pedro Molina".

Dado este decreto, se ocuparon algunas propiedades de los españoles y fueron vendidas; pero el lapso de poco tiempo, las favorables noticias venidas de Méjico, y la creencia de que una nueva intentona castellana no amenazaba al país, hicieron derogar la ley. Según la derogatoria, los bienes ya vendidos quedaban legítimamente enajenados, y sus dueños deberían ser indemnizados cuando la España reconociera la Independencia de la República centro—americana, conforme al texto literal del decreto de 23 de noviembre.[17]

---

[17] Un español llamado José Victoria Retes, testó dejando el usufructo de cuatro casas u una hija, y la propiedad a obras pías que se creía debían fundarse en España. La señora Retes casó con un señor Bustamante, español también, y ambos emigraron a España antes de la Independencia de Centro—América. Todas estas circunstancias hicieron que se ocuparan las enunciadas casas y fueran vendidas con calidad de volver su valor cuando España reconociera la Independencia de Centro—América. La Retes hizo varios reclamos, desde la Habana y nada favorable pudo obtener; pero al subir los serviles al poder, ella se presentó en Guatemala, y buscó un abogado de los más adictos al servilismo, y de los que tenían más deseo de ultrajar a los liberales: el doctor don Andrés Andreu, quien pretendió entablar la acción reivindicatoria. Los serviles lo dominaban todo: los liberales estaban caídos, abatidos, ultrajados y siempre amenazados a muerte. Los serviles exigían u Carrera, el completo exterminio de los liberales. Se dice que Carrera, en horas de disgusto en que reñía u Pavón, a Aycinena y a Batres, llegó a decirles: "Ustedes no están contentos cuando no me ven matando". Los serviles vieron en la causa de la Retes un medio de lanzar toda clase de injurias contra sus adversarios. Los alegatos de Andreu, se imprimían. El citaba al público para que oyera sus informes en derecho, en los cuales dominaba la violencia y la pasión. Los poseedores de las casas también tenían personas que contestaran al doctor Andreu, con riesgo de la libertad y la vida. La polémica fue ruidosa. El resultado no podía menos de corresponder a los deseos de la parte actora, que contaba en su apoyo, con la activa cooperación del Gobierno, y con el poder de todo un partido dominante y ávido de ejercer humillaciones sobre los que triunfaron en 1829. La Retes recobró sus casas; pero más tarde, después de su muerte y caídos los serviles, las leyes de consolidación cayeron sobre ellas, y volvieron a ser vendidas por el Gobierno.

CAPÍTULO UNDÉCIMO: REVOLUCIÓN SERVIL EN HONDURAS. EL GENERAL MORAZÁN MARCHA A SOFOCARLA.

SUMARIO.

1—Lista de los individuos expatriados de Honduras—2. Maquinaciones de los serviles—3. Decreto de la Asamblea de Honduras—4. Movimiento de Opoteca—5. Actitud de Terrelonge— 6. Suspensión del decreto de 10 de Noviembre—7. Vijil pide auxilio al Jefe del Estado de Guatemala—8. Resolución de la Asamblea de Guatemala—9. Desacuerdo entre el Senador Presidente y el Jefe del Estado de Guatemala—10. El Senador Presidente se dirige á la Asamblea objetando la conducta del Jefe del Estado—11. Nota del Ministerio federal de guerra y marina a la Asamblea de Guatemala— 12. Efectos de la comunicación anterior—13. Morazán en Honduras—14. El coronel Domínguez—15. Conclusión de la guerra de Olancho—16. Victoria sobre los rebeldes de Opoteca—17. Los serviles no dejan de conspirar.

La Asamblea de Honduras dio un decreto de expulsión, de acuerdo con la ley que dictó el Congreso federal. Aquel Gobierno envió á Guatemala una lista de los expulsados y de los que debían serlo. Dice así literalmente.

"Lista de los individuos que han sido expatriados de este Estado de Honduras, como comprendidos en la ley de la Asamblea extraordinaria de 10 de julio último, que se halla en consonancia con la del Congreso federal de 22 de agosto.

Pedro Arriaga, expatriado por el puerto de Omoa fuera del territorio de la República, como principal agente y director del tirano Milla, y que influyó en el incendio de Comayagua su patria.[18]

---

[18] Con razón Arriaga se manifestó en Guatemala hostil al partido liberal: con razón fue uno de los más activos cooperadores de Pavón, de Aycinena y don Luis Batres: con razón hizo tenaz guerra a los jóvenes que manifestaban ideas liberales, y procuró siempre anonadarlos.

Ciriaco Velásquez y el presbítero Antonio Rivas, no se han podido aprehender. Estos dos han reincidido en la facción de Opoteca, a la que dan actualmente animosidad.

Español Juan B. Casaña y Juan José Vidaurreta, están mandados sacar fuera del Estado.

Juan Lindo y Joaquín Lindo, están en el Estado de Guatemala.

Gerónimo Zelaya, emigró al Norte, según noticias.

Gregorio García, no se ha aprehendido.

Dionisio Gutiérrez y Domingo Lagos, están en el Estado del Salvador.

Francisco Marcilla, emigró y no se sabe su paradero.

Presb. José M. a del Campo, en el Estado de Nicaragua.

Id. Manuel Álvarez, en el del Salvador.

Juan Antonio Inestrosa, se fugó de Trujillo y se halla en la facción de Olancho.

Extranjero José Valerini, idem.

León Vásquez, en Trujillo.

Extranjero José Ferrari, salió de Omoa fuera de la República.

Presb. Joaquín Mora, en el Estado del Salvador.

El ex—provisor Nicolas Irías, emigró y no se sabe su paradero.

Bartolomé Romero, en el Estado del Salvador.

Estos fueron agentes del intruso Milla, y contribuyeron eficazmente en la revolución de este Estado v de la República, ya desempeñando destinos y comisiones, ya seduciendo a los pueblos incautos, y ya persiguiendo a los ciudadanos pacíficos y defensores del sistema.

Ministerio general del Gobierno Supremo del Estado de Honduras. Tegucigalpa, octubre 24 de 1829.

Moncada".

Algunos desterrados de Honduras y de otros Estados de Centro—América, se dirigieron a Belice con el fin de agitar desde allí a determinados pueblos. [19] Papeles públicos y emisarios de los serviles,

---

[19] Los serviles no descansan un momento en sus trabajos reaccionarios. El año de 25, tomó posesión el primer Presidente Constitución al de Centro—América;y el año de 26 lo convirtieron en instrumento de la aristocracia e hicieron estallar la revolución . Ellos no permiten que las instituciones progresistas se afiancen. Si al

pusieron en movimiento el departamento de Olancho.[20] El vice—jefe Vijil hizo esfuerzos para reducir al orden pacíficamente a los olanchanos y no obtuvo ningún resultado favorable. El pretexto de ellos era resistir una módica contribución, establecida por la Asamblea el 28 de abril; y la realidad anhelada era operar una reacción.

La Asamblea de aquel Estado dictó un decreto que demuestra los benévolos sentimientos que la animaban y la injusticia de la insurrección. Dice así:

"La Asamblea Legislativa del Estado de Honduras, reunida extraordinariamente con el objeto de tomar medidas capaces de terminar la guerra que el departamento de Olancho hace al Gobierno Supremo del Estado: considerando que retirándose la fuerza pacificadora, que con este título existe en el pueblo de Juticalpa al mando del coronel ciudadano José Antonio Márquez, a otro punto fronterizo, puede desde allí sostener más fácilmente la respetabilidad del Gobierno, y poner a cubierto de las invasiones de los declarados enemigos, a los demás pueblos del Estado: que dejando en libertad al departamento de Olancho para que nombre sus representantes a la Asamblea del Estado y al Congreso federal, se convencerán de las ningunas miras que hay de hostilizar a sus habitantes; y que no se tienen otras, que las de su organización y felicidad: y por último, que no teniendo en su territorio una fuerza que temer, puedan tranquilamente meditar sobre sus intereses y conocer sus equivocaciones y errores; ha tenido a bien decretar y

DECRETA:

1.—Se indulta a todos los vecinos de Olancho que han tomado parte en la revolución y hecho la guerra al Gobierno.

---

sucumbir los serviles, se eleven un Jefe liberal á quien ellos no temen, conspiran públicamente contra él. Si el Jefe es hombre que les inspira miedo, se humillan, lo halagan, para no comprometerse, ni sufrir un digno castigo, y conspiran sorda y ocultamente, empleando precauciones dignas de Maquiavelo; pero sin dejar jamás de conspirar.

[20] Donde hubo una sublevación que triunfó sobre las tropas de Gracias mandadas por el teniente coronel Ramon Bográn.

La fuerza que está a las órdenes del comandante Márquez saldrá inmediatamente del territorio de Olancho, para que con toda libertad elijan a sus representantes que deben ocupar sus asientos en esta Asamblea y en el Congreso federal.

El coronel Márquez reclamará los prisioneros que hayan hecho las tropas enemigas, y volverá en canje los que él haya hecho de dichas fuerzas.

El Jefe intendente continuará gobernando el departamento, sin exigir contribuciones ni otros servicios, durante dos años.

Tengan o no efecto estos tratados, la fuerza pacificadora de Olancho, se retirará a los puntos que designe el Gobierno, hasta que pasado algún tiempo, haya desaparecido todo espíritu de venganza.

El comandante Márquez cumplirá religiosamente con los artículos anteriores, aun en el caso que haya adquirido nuevos triunfos contra los enemigos de Olancho, después de la derrota del comandante Bográn.

Pase al Gobierno para su ejecución. —Dado en Tegucigalpa, á 7de noviembre de 1822—Santos Bardales, diputado presidente—José Domingo Reyes, diputado secretario—José María Cacho, diputado secretario.

Por tanto. Ejecútese. Lo tendrá entendido el Secretario de Estado y del despacho general, y dispondrá lo necesario a su cumplimiento. —Dado en Tegucigalpa, á 10 de noviembre de 1829—Diego Vijil."

Las sanas intenciones que animaban a los diputados y al vice— jefe Vijil, no eran bastantes para contener a hombres que aspiraban al régimen colonial y a la teocracia. El presbítero Antonio Rivas[21] con treinta hombres tenía en inquietud al vecindario de Opoteca, y a los comerciantes procedentes de Omoa, que por aquellas inmediaciones traficaban. El vice—jefe Vijil envió a Opoteca con setenta hombres al comandante de armas de Comayagua. Este Jefe, no muy experto ni precavido, tuvo la sencillez de dejarse engañar por el padre Rivas. El

---

[21] Si esta es la conducta del clero; si los ministros del culto católico, de una manera tan clara y escandalosa se desvían del evangelio, atribuyan á su conducta, y no á impiedad de los liberales las medidas enérgicas que contra ellos se dictan.

sacerdote Rivas invitó a un paseo al expresado Comandante y a dos de sus oficiales, y los condujo a un cerro donde estaba fortificado. En esa altura no les dijo como un personaje histórico: "os daré todo lo que veis si postrándoos me adoraréis". Rivas, como todos los clérigos que hacen revolución es, era hombre más práctico. El los redujo a prisión. Estando presos aquellos hombres, el clérigo Rivas aseguró al Comandante de armas de Comayagua que sería fusilado si no firmaba una orden para que sus soldados le entregaran las armas. El comandante era tan inepto como pillo el clérigo. Firmó la orden, y las armas fueron entregadas el 14 de noviembre de 1829.

El teniente coronel Terrelonge, al frente de una fuerza federal que había sido enviada con motivo de las noticias de la reconquista española, tomó posesión de Trujillo, é intimó á los facciosos de Olancho que rindieran las armas, amenazándolos con que en caso de negativa, marcharía sobre ellos con mil hombres.

Los sucesos de Opoteca y la actitud de Terrelonge, obligaron a Vijil a suspender la ejecución del decreto de 10 de noviembre. La Asamblea no estaba reunida, y el vice—Jefe de acuerdo con el voto del Consejo y en virtud de facultades extraordinarias de que se hallaba investido, tuvo a bien contrariar la disposición de la Legislatura, y hacer a Terrelonge las indicaciones necesarias para que procediera militarmente contra la facción.

El vice—Jefe de Honduras pidió al Jefe del Estado de Guatemala, que una fuerza de Chiquimula, al mando de un oficial de confianza, pasara a Gracias con el objeto de sostener el orden en aquel departamento.

La Asamblea, a consecuencia de un mensaje del doctor Molina, mandó el 24 de noviembre, que quinientos hombres a las órdenes del Jefe del Estado, marcharan a sofocar la insurrección de Honduras.

El doctor Molina había escrito varios artículos, que si no llevaban su firma, se comprendía que eran de su pluma. En ellos se manifestaba que la República no podía ser regida por la Constitución de 1824: que era indispensable una reforma; y que no debíamos imitar a los Estados—Unidos, sino a los Cantones suizos. La época no era buena para hablar todavía de reformas. Algunas plumas serviles sostenían que las Constitución es centroamericanas federal y de los Estados, no marcaban líneas divisorias entre las diversas autoridades, sino que exhibían extensas superficies que eran el campo de batalla de los diferentes partidos. Los artículos del doctor Molina en esas circunstancias, parecían una coincidencia con los serviles é infundieron desconfianzas. La amistad que, desde antes de la Independencia, existía entre Barrundia y Molina, se debilitó, y el fraccionamiento, agudo puñal con que más de una vez se han suicidado los liberales, se presentó amenazante. Barrundia y Molina no pudieron coincidir respecto del auxilio a Honduras.[22]

El doctor Molina pretendía que los quinientos hombres que iban a marchar a Honduras, fueran a sus órdenes. Barrundia no podía admitir esta condición, porque el manado de una fuerza que militara fuera del Estado, correspondía al Gobierno federal; y por medio del Ministro de guerra y marina, dirigió á la Asamblea una comunicación que, aunque no pulida en su forma, presenta los sucesos con exactitud; dice así:

"A los CC. DD. SS. de la A. L. del Estado de Guatemala.

El Senador presidente de la República, tiene el más vivo sentimiento de dirigirse á la Asamblea, para manifestarle que no puede tener efecto la orden, que en vista de las circunstancias del Gobierno de Honduras sobre la posición crítica en que se hallaba con motivo del progreso que había tomado la facción anárquica de Olancho, se sirvió expedir el 24 del próximo pasado, para que se le auxiliase con la fuerza de 500 hombres y los demás recursos oportunos y posibles.

En el momento que se informó el Gobierno de haberse emitido la referida orden, concibió esperanzas de ver sofocada la facción de Olancho y tranquilo el Estado de Honduras, y al efecto lo comunicó así a dicho Gobierno, y dictó sus providencias bajo la base de que marcharía la fuerza indicada, suspendiendo otras, hasta que se le comunicase oficialmente.

---

[22] El desacuerdo lo aumentaba una iniciativa que Molina había dirigido a la Asamblea, para que se previniera a los diputados guatemaltecos en el Congreso federal, que estaban en el deber de hacer resistencia a que permanecieran en Guatemala las autoridades federales. En esos precisos instantes, el doctor Molina inició una controversia con el Gobierno de la República, sobre si pertenecían u la Federación o al Estado 94 fusiles que Morazán necesitaba para pacificar a Honduras.

Para facilitar más el auxilio y allanar los embarazos que pudieran presentarse para su pronto envío, mandó el Senador presidente al oficial nombrado para marchar con la fuerza, á que hablase con el Jefe del Estado y se pusiese de acuerdo. Mas cuando esperaba con ansia un buen resultado, ve con un profundo dolor desvanecidas desgraciadamente todas sus esperanzas, por la oposición que hace el Jefe á que dicho auxilio vaya sujeto al Ejecutivo federal, y bajo las órdenes del oficial que nombre. Así lo atado a éste, y aun cuando se prestara á que marchase como deseaba el Senador presidente, halla además obstáculos para que se realizara, por no tener ley a que arreglarse para hacer la recluta:

Con este hecho se ofende el decoro del Gobierno Supremo, por ser una negativa que demuestra un género de desconfianza, lo que le es sensible manifestar a la Asamblea. El Ejecutivo federal es el responsable de la tranquilidad de la República y el encargado de conservar la Independencia, y viéndose alterada y amenazada en Olancho, lo hizo presente al Congreso, y este alto cuerpo decretó la expedición que ha marchado a las órdenes del general Morazán, bajo las inmediatas del Gobierno federal. Solicitar ahora el Jefe del Estado que el auxilio acordado por la Asamblea, vaya sujeto a las suyas, es invertir el orden y no obrar en consonancia con lo que dispone la Constitución . Esta está muy expresiva en el artículo 182, atribución 3. a, que solo concede a los Gobiernos de los Estados el poder usar de la fuerza para mantener el orden en lo interior de su territorio.

Además, resultaría de esto, contradicción en las operaciones militares, y seria expuesto el ejército s no hay un centro de donde partan las disposiciones; y siendo responsable, como llevo es puesto el Gobierno federal, no puede prescindir de que la expedición obre bajo sus órdenes.

El Gobierno federal llama la atención de la Asamblea sobre este incidente, que tiene tanta trascendencia en la marcha del sistema, y principalmente en ocasión que la división de setenta y tantos hombres que defendían, ha tenido un nuevo revés y hechos prisioneros el Comandante y oficiales, según comunicaciones que oficiales se han recibido en este Ministerio, por las cuales a la fecha acaso estarán ocupadas Comayagua y Tegucigalpa por los facciosos.

También llaman la atención de la Asamblea, los esfuerzos y sacrificios que ha hecho el Estado de Honduras por la libertad de la República y muy especialmente por el de Guatemala, que gemía bajo el despotismo y tiranía de un Gobierno intruso. Reducido casi a la impotencia por los males que le causaron las tropas enemigas, que lo incendiaron, prefirieron más antes su ruina, que ver a sus hermanos los guatemaltecos oprimidos por el despotismo.

Todas estas consideraciones y las circunstancias más apuradas en que se halla el Estado de Honduras, reclaman imperiosamente la prontitud del auxilio decretado, y me ha ordenado el Senador presidente, las manifieste a la Asamblea para que resuelva en su vista lo que crea conveniente, en inteligencia, que no podrá inculpársele al ejército federal omisión o descuido en los males que sufre el Estado de Honduras, y que son trascendentales a la República, pues no ha omitido providencia que haya estado en sus facultades para sofocar la facción de Olancho, que cada día se hace más poderosa y respetable; y dificultándose por los motivos expuestos la reunión del auxilio de 500 hombres del Estado, el Ejecutivo federal los levantará en otra parte, y espera que para hacerlo, se le faciliten lo más pronto posible los auxilios pecuniarios que ha acordado la Asamblea en su orden referida, que serán abonados por cuenta de cupo y es lo único que podrá tener efecto.

Por disposición del Senador presidente de la República, tengo el honor de decirlo a UU. para que se sirvan dar cuenta a la Asamblea, aceptando las seguridades de mi consideración y aprecio.

D. U. L.

Palacio Nacional de Guatemala, diciembre 3 de 1829.

Nicolas Espinosa."

Esta nota produjo gran sensación. La orden de 24 de noviembre fue derogada por la misma Asamblea, y en su lugar se acordó que se auxiliara al Gobierno federal con la suma que debió emplearse en el alistamiento y equipo de los quinientos hombres.

Morazán , jefe del Estado de Honduras y general en jefe de las fuerzas centro—americanas, había marchado con una división sobre los departamentos de Olancho y Opoteca, y los auxilios del Estado de Guatemala le fueron enviados.

El coronel Domínguez que promovió la insurrección de Jalpatagua, que asesinó a Merino, que sucumbió en Gualcho, y se fugó de Guatemala cuando se hicieron las prisiones del 19 de abril, era uno de los promotores principales de la revolución de Honduras.

Morazán se hallaba en su apogeo. Nada se le dificultaba. Su nombre y su reputación le abrían paso por todas partes. El año de 1830 se inauguró con un nuevo triunfo de sus armas. Los olanchanos se rindieron en el paraje llamado Las vueltas del Ocote, y se ajustó una convención el 21 de enero, por la cual se comprometieron estos a reconocer y prestar obediencia al Gobierno de Honduras.

El 19 de febrero, el general Morazán derrotó completamente a los rebeldes de Opoteca. Cuarenta y uno fueron sentenciados a prestar sus servicios militares por 5 años en el castillo de San Felipe. El padre Rivas fue también destinado al mismo punto, por igual tiempo. Al salir dijo qué era una víctima inocente y un mártir de la religión, y pidió para los liberales todas las maldiciones que se hallan consignadas en el salmo 108.

El coronel Vicente Domínguez y Fermín Pavón, no escarmentados, promovieron en mayo de 1830, otra insurrección en los pueblos de Jano y Laguat. Se envió al capitán Concepción Cardona contra ellos. Fue capturado Pavón y otros que lo acompañaban, y se les quitaron 14 fusiles. Domínguez en unión de otros, huyó a las montañas, dejando su equipaje y cuanto llevaba. El conductor de esta noticia, y delos partes correspondientes, informó al Jefe de Honduras de que los olanchanos permanecían firmes en su adhesión al Gobierno, y que aseguraban que ellos mismos se encargarían de perseguir a los revolución arios.

CAPÍTULO DUODECIMO: PACIFICACION DE NICARAGUA.

SUMARIO.

1—Proyecto de Morazán respecto de Nicaragua—2. Instalación de la Asamblea de aquel Estado—3. Elección de Herrera—4. Don Juan Espinosa ejerce el Poder ejecutivo—5. Decreto de la Asamblea—6. Nota del Gobierno—7. Posesión de don Dionisio Herrera—8. Comunicación manifestando que el Estado se había pacificado.

El general Morazán se proponía marchar a Nicaragua después de haber pacificado a Honduras, si las medidas políticas no alcanzaban para establecer la regularidad en aquel Estado. De acuerdo con Barrundia, envió a don Dionisio Herrera al teatro de las controversias nicaragüenses, quien desempeñó su comisión con el mayor celo y actividad.

El 1. de noviembre de 1829 se instaló la Asamblea que tanto se deseaba. La nota en que se comunicó a los gobiernos de Centro—América este fausto acontecimiento, dice así: "El día de hoy ha sido para Nicaragua el más feliz, después de tres años aciagos que vistieron de luto a sus habitantes. A las diez de la mañana se declaró legítimamente instalada la Asamblea, entre los regocijos y aplausos de este honrado vecindario."

El 3 de noviembre se dirigió a los gobiernos centroamericanos la nota siguiente: "Habiendo tenido el placer de comunicar a Ud. con fecha 1.° del corriente, la feliz instalación de la Asamblea, verificada en el mismo día, me cabe ahora la satisfacción de acompañarle copia legalizada del decreto que con fecha de ayer se ha servido emitir, declarando jefe del Estado, Constitución al y popularmente electo, al benemérito ciudadano Dionisio Herrera.

Don Dionisio Herrera en esos momentos se había ausentado, y ejerció el Poder ejecutivo, en calidad de consejero, don Juan Espinosa.

Sin embargo de la instalación de la Asamblea y de haber sido electo jefe del Estadlo el señor Herrera, la insurrección de Managua continuó. El Cuerpo legislativo dio un decretó previniendo á los insurrectos que dentro de 15 días se sometieran al orden. Este decreto presenta con exactitud la situación del país, y debe figurar en la historia. Dice así:

"La A. L. de Nicaragua, en consideración a que no han bastado las diferentes excitaciones de generosidad con que se ha invitado a las autoridades de la villa de Managua: que estas aún se obstinan en el desconocimiento de las supremas autoridades legítimamente constituidas. Considerando: que esta obstinación, no solo degrada ya el alto respeto de la soberanía del Estado, sino que autoriza en cierto modo su desobedecimiento; y que por último, es indispensable que todo pueblo, toda autoridad y todo individuo se sujeten á las autoridades supremas del Estado: de conformidad con los deseos del Supremo Gobierno nacional, ha tenido a bien decretar y

DECRETA:

Art. 1.—Las autoridades, funcionarios y habitantes de la villa de Managua, deberán reconocer á las autoridades supremas del Estado legítimamente constituidas en esta villa. Este reconocimiento deberán verificarlo en el término de quince días, que se les concede como último y perentorio.

Art. 2.—Prestando este reconocimiento dentro del término prefijado, se entenderán vigentes y reiterados los ofrecimientos y garantías que el Gobierno les hizo por medio de las instrucciones de su comisionado, en la parte que no contrarie el presente decreto.

Art.3.—Toda autoridad, todo funcionario y toda otra persona que en ese término reconociesen a las autoridades supremas y se presentase al Gobierno o a alguna de sus autoridades inmediatas, serán garantizados, y no se les podrá ultrajar por ningún motivo, sea cual fuere, o haya sido su1 conducta anterior.

Art. 4.—Pasado este término de quince días, el Gobierno no podrá garantir a ninguno de aquellos individuos: el hecho solo de permanecer en un lugar disidente, los caracterizará de rebeldes, y como a tales se les juzgará. Los empleados se reputarán como cesantes en el caso de que no reconozcan a las autoridades.

Art.5.—Este decreto circulará en todo el Estado: se comunicará al Gobierno federal y al de los demás Estados—Pase al C. R. para su sanción.

Dado en la villa de Rivas de Nicaragua, á 18 de enero de 1830.

José María Estrada, diputado presidente—Sixto José Cisneros, diputado secretario—Francisco Antonio Leiva, diputado secretario—Sala del C. R. en Nicaragua, enero 19 de 1830—Al Jefe del Estado—Tomás Balladares, vice—presidente—Gilberto Gallar, secretario—Por tanto: ejecútese—Villa de Nicaragua, enero 21 de 1830—

Juan Espinosa".

6—El 5 de abril de 1830 aún no se había rendido Managua. Se esperaba que la posesión del jefe Herrera influyera en la paz. Una nota del Gobierno nicaragüense describe la situación con más exactitud que pudiera hacerlo cualquier historiador. Dice así:

"C. Ministro general del Gobierno del Estado de Guatemala.

Se entristece mi Gobierno al comunicar a Ud. las nuevas desventuras que amenazan al infeliz Nicaragua: Managua con su tenaz disidencia quiere amargar los primeros días de nuestra paz. Ud. conoce, C. Ministro, por las comunicaciones que han sido dirigidas de este Ministerio, la política dulce y afable que el Gobierno ha empleado para hacer entrar a Managua al goce de bienes inmensos.

La historia de las revolución es de otros países, ha dado a mi Gobierno las convenientes lecciones para manejarse en una época tan ardua: envió a las autoridades de Managua comisiónados competentemente autorizados para afianzar la paz de un modo estable, alejando el más remoto temor: nada se consiguió, y de la repetición de iguales generosos actos, el fruto ha sido el mismo.

Cuatro vecinos de aquella villa, o mejor diré una pequeña facción teocrática, imbuida en locos proyectos, ha despreciado a la faz de los pueblos, los convites dulces de la unión y paz. ¿Y qué recursos quedan a mi Gobierno que se mira en tal situación, y cuando su lenidad se convierte en descrédito suyo para con los demás pueblos del Estado?

Mi Gobierno que ha procurado evitar el recurso funesto de las armas para dar fin a negocio de tanta dificultad, reiteró súplica al jefe electo, C. Dionisio Herrera, para que acelerando su marcha a este Estado, le diese un feliz término. Efectivamente, la presencia sola del señor Herrera, sería la aurora que hiciese amanecer en Nicaragua los días de su paz y ventura; pero aun este medio ha sido infructuoso, porque dicho señor ha demorado mucho su tan suplicada marcha.

Por último, C. Ministro, se acordó por el Cuerpo Legislativo circunvalar a Managua militarmente para que por el temor y total falta de víveres, se logre su rendición; y mi Gobierno se mira en el estrecho caso de dar cumplimiento a la orden soberana.

Quiera el cielo que sin los funestos efectos de la guerra se logre que la expresada villa se preste al justo reconocimiento que se le ha exigido.

Mi Gobierno me ha ordenado ponga en noticia del suyo la indicada medida, y yo al ejecutarlo tengo la complacencia de ofrecer a ese digno Jefe y á Ud. mi más respetuosa consideración y aprecio.

D.U. L.—Granada, abril 5 de 1830.

Agustín Vijil."

El 12 de mayo tomó posesión de la Jefatura del Estado el Comisiónado del Supremo Gobierno federal, electo popularmente primer Jefe, y la calma se restableció inmediatamente.

Una circular del Gobierno nicaragüense dice así:

"Tengo el honor de comunicar a Ud. de orden de mi Gobierno, que por un efecto de las últimas providencias dictadas con respecto a Managua, se halla aquella villa sumamente tranquila bajo la obediencia de los Poderes supremos del Estado, y sin necesidad de haber recurrido al muy funesto medio de la fuerza. Por esto no llegaron a tener efecto las medidas que se habían tomado para sojuzgarla militarmente, y todo es debido a las providencias dictadas por el actual Jefe supremo y pacificador. De cuya orden tengo el honor de decirlo a Ud., asegurándole mi amistad y aprecio.

D. U. L.—Granada, junio 13 de 1830.

Agustín Vijil".

CAPÍTULO DECIMOTERCIO: SUSPENSIÓN DEL JEFE DEL ESTADO, DOCTOR DON PEDRO MOLINA.

SUMARIO.

1—Decreto de 9 de Marzo—2. Sensación que en los Estados produjo—3. Juicio sobre el doctor Molina—4. Juicio acerca de los partidos—5. Cargos que se hicieron al doctor Molina—6. Secuela del proceso—7. Sentencia que absuelve al doctor Molina de todos los cargos.

La Asamblea de Guatemala en 9 de marzo de 1830, dio un decreto declarando que había lugar a formación de causa contra el jefe del Estado, doctor don Pedro Molina, y previniendo se encargara del Poder ejecutivo el vice—jefe don Antonio Rivera Cabezas.

Todos los gobiernos centro—americanos contestaron a la nota en que se les comunicaba ese decreto, con extrañeza, y algunos de ellos con asombro. Era la primera vez desde la Independencia, que un Jefe de Estado descendía de su puesto por un decreto de haber lugar a formación de causa. Molina obedeció sin réplica y sometió su porvenir al juicio de los tribunales. La importancia de Molina exige que se dé á conocer.

El doctor Molina brilló por su inteligencia desde los primeros años de su vida. Estudió gramática latina en el Seminario Conciliar de Guatemala. Examinado y aprobado según las leyes de aquella época, entró a la Universidad á estudiar filosofía bajo la dirección del doctor Goicoechea. Su talento y dedicación a las ciencias le permitieron obtener por suficiencia el grado de bachiller. Después pasó á las clases de medicina y cirugía, donde también se hizo notable por su inteligencia. Sostuvo tres actos públicos en anatomía, fisiología y toda la medicina, defendiendo a Boerhaave y sus comentadores. Pronunció un discurso, en el acto de cirugía, que es una disertación completa en honor de esta Facultad, y después hizo todas las demostraciones quirúrgicas que se le pidieron. Molina, antes de concluir su carrera, sirvió como catedrático sustituto las clases de medicina y cirugía. Fue consiliario, y prestó cuantos servicios la Universidad exigió de él. Tales antecedentes lo condujeron a un lúcido recibimiento y al título de licenciado en medicina, que se le otorgó el 1. de setiembre del año de 1800. Ese título facultaba al licenciado don Pedro Molina, para ejercer la medicina y cirugía, no solo en la extensión de la Capitanía General de Guatemala, sino en todas las ciudades, villas y lugares de los reinos y señoríos del Rey de España. El año de 1803, Molina fue nombrado cirujano del regimiento que se llamaba el Fijo. Con gran brillantez obtuvo en seguida don Pedro Molina el grado de doctor, y en 1820 hizo oposición a la cátedra de Prima de medicina, que obtuvo después de un lucidísimo examen. El doctor Molina gozaba de una gran reputación, no solo como médico y cirujano, sino como publicista y literato.

Desde el año de 11, hizo conocer sus ideas en favor de la Independencia. No fue uno de los patriotas que el año de 13 concurrían á las juntas de Belén; pero a esas juntas iban amigos de Molina, a quienes él inspiraba y dirigía. No todos los concurrentes a ellas fueron descubiertos, y el doctor Molina hizo esfuerzos para que no lo fueran. Molina redactó el célebre periódico intitulado "Genio de la Libertad", que tanto contribuyó a esparcir la luz y preparar la Independencia. La noticia de que Ciudad Real se había hecho independiente, intimidó á Gainza, y el doctor Molina fue uno de los patriotas que más se esforzaron en aprovechar ese temor para que la emancipación de Centro—América se proclamara al día siguiente. Molina combatía la anexión a Méjico, y uno de sus hermanos políticos fue asesinado por los anexionistas.

El doctor Molina contribuyó a que se diera el decreto de convocatoria a elecciones para la Asamblea nacional constituyente, y se esforzó en que tuviera efecto la instalación de aquel ilustre cuerpo, contra las intenciones del partido servil, que de todos modos procuraba dificultarla. Molina fue uno de los primeros triunviros que gobernaron á Centro—América. Él se distinguió por su talento y extensos conocimientos como Ministro de la República en Colombia, y en la gran Dieta americana de Panamá. A su regreso, Arce había dado el golpe de estado, y Molina, no creyendo conveniente llegar a Guatemala, se detuvo en San Salvador, donde trabajó con actividad en favor de los principios liberales: conducta que le valió el ser puesto fuera de la ley por Aycinena, en el célebre decreto de 28 de marzo de 1827. Después del triunfo de Morazán , Molina fue ministro del senador presidente Barrundia, y redactó la exposición al Congreso sobre la guerra que acababa de terminar, y sus consecuencias. Molina fue nombrado ministro plenipotenciario cerca de varias cortes de Europa, y se negó a admitir, exponiendo circunstancias peculiares de familia. Con estos antecedentes el doctor don Pedro Molina fue electo jefe del Estado de Guatemala. Sensible es, sin embargo, que no haya podido sostener la unidad del partido liberal. Molina tenía talento para todo; menos para conservar la unidad. Mas de una vez dividió al partido liberal, y esas divisiones fueron fatales para el mismo doctor Molina, para su familia, para el Estado de Guatemala, y para toda la República de Centro—América. Abrir cuestión con el Senador Presidente por unos miserables fusiles que Morazán necesitaba para vencer a los enemigos de la República, es indisculpable. Lo es también pretender lanzar de Guatemala al Gobierno federal en los momentos en que Centro—América estaba amenazada. La idea de que el Jefe del Estado mandara fuera de su mismo Estado, usurpando al Presidente de la República, una atribución que le era propia y exclusiva, no sé cómo pudiera sostenerse ni aun obtener un paliativo. La Constitución de 1824 tiene grandes defectos, que sus autores muy bien conocían; pero en aquellos días el triunfo de abril se hallaba amenazado; una triple tempestad servil se divisaba sobre los horizontes del Salvador, Honduras y Soconusco, y era tan peligroso como impolítico presentar cuestiones que dividieran los ánimos.

El señor doctor Molina tenía gran talento y un inmenso saber; pero le faltaban dotes de mando. Era una potencia en la oposición y no podía sostenerse en el gobierno. El año de 23 don Tomas O—Horan, hombre oscuro en la historia, subrogó al doctor Molina en el triunvirato, y el año de 30 Molina fue separado del Poder ejecutivo. Los grandes literatos no son los mejores gobernantes: prácticamente lo hicieron ver al mundo Lamartine y Castelar.

El partido servil forma una liga masónica; más que masónica: los masones cuestionan entre sí, se dividen y combaten; y los serviles siempre están compactos; ellos se disimulan sus faltas, cubren recíprocamente sus defectos; fingen que han olvidado los hechos más culpables de sus correligionarios; se protegen en la adversidad y hasta se suscriben a periódicos que no les agradan, sin más fin que proporcionar fondos a un conservador que carece de ellos. Esta unión ha dado el triunfo muchas veces al partido servil, y lo ha mantenido largos años en el poder. La unión de los serviles no debe considerarse solo como una cívica virtud. Emana de la naturaleza de su partido, que descansa en la obediencia. Un jefe servil emite un pensamiento, y todos sus copartidarios lo repiten y lo siguen. Se mueven todos a su voz, como los soldados al toque de caja, como los jesuitas a la orden de su general. Los liberales tienen más alta idea de la individualidad humana. Cada uno quiere ser árbitro de sus ideas, de sus aspiraciones, de su conciencia. Esta elevación de pensamientos los desune muchas veces, los conduce a grandes choques, que los serviles fomentan y atizan mediante un sistema maquiavélico; y cuando el partido liberal se ha despedazado, se presenta en el campo del combate el partido servil unido, compacto y bien disciplinado. El partido liberal ha tenido otro defecto, que procede de su organización, de su índole, de su esencia. Aspira a todas las libertades públicas, y en el poder las sostiene sin interrupción en favor de los mismos serviles. Los derechos, las garantías, que para no incurrir en contradicciones, sostienen los liberales en medio de sus más grandes conflictos, los vencen, y entonces sus adversarios no les dan cuartel, los conducen al destierro, a los calabozos y al cadalso, y agobian de infortunios a sus familias[23].

Los cargos que se hicieron al doctor Molina fueron los siguientes: no haber dado cumplimiento a la orden de la Asamblea Legislativa de 20 de febrero, para que hiciese salir dentro de 24 horas a tres religiosos que en contravención á las leyes anteriores, se habían introducido en el territorio del Estado: haber mandado pagar al teniente coronel Pedro Esteban Molina los sueldos que devengó en los meses de octubre y noviembre del año próximo anterior, íntegramente y eximiéndolo del prorrateo ordenado en 20 de noviembre último: haber levantado un cuerpo de milicia y gastado en su equipo varias cantidades sin autorización de la Asamblea: haber

---

[23] Adelantándome, por una de nota, para completar el pensamiento, al año hubo acontecimientos se narran, diré que en 1871 los serviles hacían bufa del triunfo obtenido por los liberales, suponiendo que los vencedores, con sus divisiones y extensas garantías, se suicidarían antes de cien días; pero la experiencia ha hecho seguir diferente ruta. Ella ha obligado al Jefe de hoy a ejercer actos de severidad, que no se hallan en la biografía de don José Francisco Barrundia.

vendido fuera de almoneda y con rebaja de la cuarta parte de su legítimo valor el resto de las alhajas de temporalidades, sin excluir las que debían reservarse por su preciosa estructura: haber invertido varias sumas en compostura y adorno de la casa que destinó la Asamblea para habitación del mismo Jefe: haber dispuesto que del tesoro público se pagaran portes de correo pertenecientes a su correspondencia privada: haber nombrado funcionarios sin previa terna: haber dado empleo a una señora; y últimamente haber mandado abonar 100 pesos a buena cuenta de sueldos devengados antes de la ocupación de esta plaza. La Asamblea procedía dentro de la órbita de la ley fundamental.. El artículo 94, fracción 21, la faculta para declarar cuándo ha lugar a formación de causa contra los diputados, individuos del Consejo, Jefe y segundo Jefe del Estado, Secretario o secretarios del Poder ejecutivo, e individuos de la Corte superior de justicia. Esta declaratoria no necesitaba sanción; estaba expresamente exceptuada por el artículo 111 de la misma Constitución que dice así: "No están sujetas a la sanción del Consejo las resoluciones de la Asamblea, relativas: primero, a la policía, gobierno y arreglo interior del Cuerpo Legislativo, lugar y prórroga de sus sesiones: segundo, a la calificación de elección y renuncia de los elegidos: tercero a los miembros ausentes de la misma Asamblea: cuarto, a la declaratoria de haber lugar a formación de causa contra algún funcionario.

"El Poder ejecutivo estaba obligado a dar cumplimiento a las disposiciones sancionadas por el Consejo y a las que no necesitaban de sanción. El artículo 112 dice: "Luego que el Poder ejecutivo reciba alguna resolución sancionada por el Consejo, o de las que están exceptuadas de la sanción, ordenará su cumplimiento bajo la más estrecha responsabilidad". El doctor Molina no tenía más recurso que someterse a juicio como lo hizo. Es preciso ahora considerar la conducta de la Asamblea. Los cargos en que descansa el decreto de formación de causa no merecen el ser considerados por un Cuerpo Legislativo. Todos son insignificantes, y algunos fútiles y hasta ridículos. Bien se comprende que la Asamblea no se proponía que al doctor Molina se impusiera una pena por las causas en que la acusación descansa, sino separarlo del Poder ejecutivo, porque ya no se confiaba en sus tendencias políticas, y se le creía peligroso en el gobierno. Aquellos diputados tenían todavía poca experiencia. El doctor Molina era una potencia en la oposición, y en ella se le iba a colocar. Los cargos que se le hacían eran su misma vindicación. La sociedad no, podía prevenirse contra él. Se le veía como una víctima injustamente sacrificada y excitaba simpatías por todas partes. El golpe que en 9 de marzo de 1830 se dio al doctor Molina es verdaderamente desmoralizador, y debe haber producido una impresión fatal en el ánimo de la juventud centro—americana. Los jóvenes que entraban a la carrera política, no podían menos de conocer la biografía del doctor Molina, porque no se puede abrir la historia de Centro—América sin encontrar el nombre de Molina. Esos jóvenes naturalmente harían las siguientes reflexiones: "Si al doctor Molina, que ha consagrado su vida a la Independencia, a la libertad y a la República, sufriendo con frente serena ultrajes y persecuciones, hasta el extremo de ser puesto fuera de la ley, su mismo partido le da un golpe rudo, por haber mandado pagar unos sueldos y portes de correo, y arreglado su casa, porque el Jefe del Estado no puedes vivir en una pocilga, ¿cómo seremos nosotros tratados por los liberales?" Los diputados en vez de dar el decreto de 9 de marzo, debieron rodear al doctor Molina, respetando sus ilustres—antecedentes, é inclinarle a que prescindiendo de pequeñas cuestiones con Barrundia y Morazán tuviera presente que la unión hace la fuerza. No consta que estos medios se hayan empleado sin éxito; y por consiguiente, no hay fundamento para disculpar el decreto de 9 de marzo. El dejó una escisión profunda, que se marca en todos los momentos de la historia, y que sirvió de pedestal a los serviles para ejercer 30 años la tiranía.

La Corte superior de justicia siguió el proceso con toda la publicidad que correspondía a la naturaleza de la causa. La prensa estaba dividida. Los partidarios de la Asamblea lanzaban diatribas contra el Jefe que se había sujetado a juicio. El doctor Molina y su partido contestaban y hacían recriminaciones. La Corte de justicia se componía de hombres distinguidos por sus conocimientos y por su probidad. En ella figuraba uno de los jurisconsultos que más honor hacen a la América Central: el señor licenciado don José Venancio López. El tribunal siguió el proceso con todo el rigor de las leyes. Pero había interés en demorar la causa y hasta el 27 de octubre no pudo fallarse.

El tribunal de justicia no consideraba si convenia o no en política, que Molina siguiera mandando. Ese alto cuerpo solo tenía delante de los ojos las leyes y las pruebas; y observando únicamente los principios de lo justo y de lo injusto, absolvió de todos los cargos al doctor Molina. La sentencia se halla al fin de este capítulo como documento justificativo,

Sentencia de la Corte superior de Justicia.

Resultando: 1. Que cuando el Jefe nombró para la Administración de las rentas del distrito de Escuintla a la viuda de Toso, lo hizo sin conocimiento de que dicho destino no se limitaba a la simple venta por menor de géneros estancados, lo cual no es prohibido a las mujeres, y que habiéndosele representado y manifestado que la Administración de Escuintla comprendía ramos incompatibles con la debilidad del sexo femenino, desistió de llevar adelante el nombramiento, indicando a la Intendencia que para dicho destino podía ser nombrado el ciudadano Mariano Vega, según aparece del informe dado por la misma Intendencia, de manera que no llegó a tener efecto la provisión mandada hacer en la viuda de Toso; pues del expediente relativo a este negociado (y que aparece fenecido con el pedimento fiscal que repugnaba dicha provisión), no consta que el Jefe dictase ulteriores providencias para sostenerla:

2Que la orden de la Asamblea constituyente, número 397, autoriza al Jefe del Estado para que en los casos de urgencia pueda nombrar sin propuesta del Consejo: que en virtud de esta facultad, y en atención a que la epidemia desoladora de viruelas, que afligía á esta ciudad y pueblos inmediatos, demandaba con urgencia el que se proveyese la Jefatura departamental, pudo decretar legalmente el nombramiento que en aquellos días se hizo en el ciudadano Mariano Vidaurre: que el mismo motivo de urgencia y la citada orden de la Asamblea constituyente hizo legal la provisión sin terna de la Comandancia general de armas hecha en aquellos mismos días, si se atiende a las circunstancias en que entonces se hallaba el Estado, reciente un cambio político, encendida la guerra en Olancho y habiendo temores fundados de que pudiese trascender a este Estado: que de los autos resulta haber mandado oportunamente que se pidiesen al Consejo representativo las propuestas para una y otra plaza, y que en estas tuvieron el primer lugar los mismos sujetos que ya estaban nombrados provisionalmente, lo cual aleja todo motivo de sospecha en el uso que se hizo de dicha facultad:

3. Que los tres religiosos a que se refiere la orden número 20de la Asamblea Legislativa de 20 de febrero del presente año, tocaron en los puertos, y se internaron en este territorio sin conocimiento y permiso del Jefe: que aunque lo tuvieron para dirigirse por el mismo territorio al Estado de Chiapas, este fue concedido por el Supremo Gobierno de la Federación: que no hay documento alguno que compruebe que el Jefe resistió o suspendió el cumplimiento de la referida orden, pues la especie producida por el Secretario general del despacho ante el cuerpo Legislativo, de haber dado permiso a uno de los tres religiosos, sin referirse a ningún acuerdo, orden o providencia del Jefe, negando este haberla dado, no es bastante para comprobar la falta de cumplimiento, o infracción de la repetida orden; antes bien, de los propios documentos remitidos por la Asamblea, resulta que acordó su ejecución; no obstante haber representado al Cuerpo Legislativo para inclinarlo a que concediese una amnistía en favor de aquellos religiosos:

Que aunque es cierta la orden para que se pagasen íntegramente al ciudadano Pedro Esteban Molina los sueldos correspondientes a los meses de octubre y noviembre, no puede decirse que por ello se infringió la ley de prorrateo, pues este no tuvo efecto sino hasta el mes de diciembre, según aparece del reconocimiento hecho en los libros de la tesorería, dónde consta están pagados íntegramente del sueldo correspondiente a dichos meses mucha parte de los funcionarios públicos, los cuales como el mismo Molina fueron satisfechos conforme lo permitían los ingresos de la tesorería:

Que el pago mandado hacer al mismo teniente coronel ciudadano Pedro Esteban Molina por razón de terceras partes del sueldo devengado antes de la ocupación de la plaza, no fue una especialidad en favor de dicho sujeto, sino una consecuencia de la posesión en que estaban los acreedores al pago de dichas terceras partes, en virtud de convenio de que testifican el General en Jefe del ejército aliado y el Ministro de Hacienda de la Federación, y que reconocieron el jefe ciudadano Juan Barrundia, el Consejo representativo, y otras

222

autoridades del Estado, según aparece de los documentos que se han traído a la vista:

Que el Jefe estaba autorizado por el decreto de 16 de junio del año próximo anterior para levantar cuerpos de milicia: que el levantado, bajo el nombre de conservadores de la paz, fue muy inferior a lo que pudo haberse hecho en virtud del citado decreto: que aun ese estaba implícitamente aprobado por la Legislatura del mismo año de 29, pues se le comprendió en el presupuesto de gastos presentado por el Gobierno; y que siendo legítima la existencia de esta fuerza, deben serlo también los gastos hechos en su equipo y vestuario:

Que la orden dada por el Jefe para el pago de portes de correo pertenecientes a su correspondencia privada, no se dictó expresamente para que dichos portes se cubriesen por el tesoro público, sino por cuenta de sueldos devengados, y correspondientes al mismo Jefe:

Que el gasto hecho en la compostura y adorno de la casa que destinó la Asamblea para habitación del Jefe, fue necesario, pues según atestigua el ciudadano Manuel Antonio Arroyo, se hallaba sumamente deteriorada por haber servido largo tiempo de cuartel; y asignándola el Cuerpo Legislativo para morada de la persona que ejerciese el Poder ejecutivo, era de suponerse, y debía por el mismo hecho, entenderse que le facultaba para gastar lo que fuese necesario para ponerla en disposición de servir y con la limpieza correspondiente al decoro de su autoridad:

Que no aparece prueba ninguna de que el Jefe acusado hubiese dispuesto la venta de las alhajas que debieran reservarse en cumplimiento del decreto de 20 de julio de 1829, siendo de notarse al mismo tiempo, que la designación de las que no debieron venderse por su preciosa estructura, debió ser hecha por el Jefe que existía cuando ingresaron los bienes de temporalidades a la tesorería general, en cuyo tiempo se vendió la mayor y mejor parte de las alhajas, pues según consta de los libros de la tesorería, cuando el ciudadano doctor Molina se encargó del Poder ejecutivo no existía del total de las alhajas, que ascendió a más de 17000 pesos, sino un rezago de piezas pequeñas de corto valor, y algunas habían sido cortadas de otras mayores, que importaban poco más de 1200 pesos: que tampoco se ha presentado prueba alguna de que dicho Jefe hubiese mandado vender, sin las ritualidades de ley, alhajas ni otros bienes pertenecientes a la hacienda pública; y por último, que si en la orden de 11 de noviembre último dispuso que se rebajase la cuarta parte del valor que se les había dado a las que existían en la tesorería, ésta providencia no puede estimarse ilegal, pues la costumbre calificada por todos los escritores de jurisprudencia civil autoriza para hacer bajas moderadas aun en los bienes de iglesia, fisco y menores; estimándose tal la de una cuarta parte, como lo enseña el doctor Amaya en su tratado de jure fiscali, lo cual está conforme con la doctrina de Escalona en su Gazofilacio Peruano, y se conforma con la ley 1., título 25, libro 8. de Indias, que, hablando de bienes pertenecientes a la hacienda pública, dispone que no habiendo postor por el avalúo, se dé cuenta a las audiencias, encargando a éstas únicamente que cuiden de que las ventas se hagan en el mejor postor:

En consideración a todo lo expuesto, y a no resultar que el jefe del Estado, ciudadano doctor Pedro Molina hubiese infringido las leyes a que se refieren los cargos: á que ha desvanecido la mayor parte de ellos; quedando los otros satisfechos con los documentos que obran en la causa, con los que presentó el Jefe en el término de prueba, y los que posteriormente fueron pedidos por este Tribunal con el objeto de esclarecer en un todo la verdad de los hechos: teniendo presente que en el caso de no resultar probados los cargos que se hagan contra cualquiera persona á quien se haya seguido causa, como en efecto no resultan contra el Jefe del Estado, en vista de las satisfacciones que ha dado y probado, debe pronunciarse sentencia absolutoria, según lo disponen las leyes 1. y 2. s del título 14, partida 3. con sus concordantes: teniendo por último en consideración lo pedido por el Ministerio Fiscal;

A nombre del Estado de Guatemala se absuelve al jefe ciudadano doctor Pedro Molina, de los cargos en que la Asamblea Legislativa fundó la declaratoria de responsabilidad, y por lo que se le ha instruido la presente causa. Y respecto a la indicación que en nota de treinta de julio último hizo a este Tribunal el Consejo representativo, para que se hiciesen cargos al Jefe por las expresiones que contiene el impreso publicado por el mismo Jefe, con fecha cuatro del precitado mes: no estando este punto comprendido entre los hechos por la Asamblea, de conformidad con lo que respecto de este negocio pidió el Ministerio Fiscal; se declara: que la Corte no está en el caso de proceder contra el Jefe por este nuevo cargo. Diríjase a la Asamblea Legislativa copia certificada de esta sentencia, y hágase saber a quienes corresponde.

Francisco Javier Valenzuela—J. Antonio de Larrave—J. Venancio López—José Moreno—Francisco Quiroz—Juan José Flores—José Gándara. —Mariano Mejía—Simón T. Espinosa.

CAPÍTULO DECIMOCUARTO: EL DOCTOR MOLINA ABSUELTO SOLICITA SE LE REPONGA EN EL MANDO Y NO LO OBTIENE.

SUMARIO.

1—Efectos que debió producir la sentencia—2. Negativa del Cuerpo Legislativo—3. Exposición del doctor Molina al Congreso Federal 4. El Congreso pide informe—5. La Asamblea lo evacúa—6. Confirmación de las creencias del doctor Molina a—cerca de que la idea dominante era arrebatarle la autoridad —7. Nuevo golpe de la Asamblea contra Molina.

Aunque los cargos hubieran sido graves, aunque hubieran sido justos, una autoridad legítima, la única competente para absolver ó condenar al procesado, había dictado sentencia en su favor. Destruidos los cargos por esa sentencia, el doctor Molina debió inmediatamente volver al ejercicio de la Jefatura del Estado. Y así pidió a la Asamblea.

Este alto cuerpo, con el motivo ostensible de ocupaciones, de incompetencia de la hora, y de clausura de la sesión, dejó el asunto sin resolver.

Molina dirigió entonces una exposición al Congreso federal. En ella hace relación histórica del proceso, de los motivos que en su concepto lo originaron y del fallo de la Corte de justicia. Dice que estando libre de esa acusación, debe volver a regir el Estado: que él fue electo popularmente, y que la Asamblea, sofocando los votos del pueblo, lo privaba de un poder que este le confirió. Añade que no desea el gobierno, sino que el pueblo vea que puede volver a regir sus destinos, y que no es indigno de la confianza con que le honró. Manifiesta que procediendo inconstitucionalmente la Asamblea de Guatemala, no le queda más recurso que acudir a la autoridad que representa a la Nación entera.

El Congreso oyó la lectura de esta exposición, y después de haberse pronunciado algunos discursos, se ordenó que se pidiera informe a la Asamblea.

Este alto cuerpo tenía deseo de ganar tiempo. La orden del Congreso le sirvió para dar al asunto los trámites más dilatados de su reglamento interior. Dijo que no tuvo con oportunidad noticia oficial de que la sentencia absolutoria estaba ejecutoriada: que cuando esta noticia le llegó, ocupaciones perentorias le impedían proceder instantáneamente; combate las apreciaciones de Molina sobre que no había más fin que separarlo del mando, y se esfuerza en demostrar al Congreso, que ella es independiente, absolutamente independiente, cuando se trata de la declaratoria de haber lugar a formación de causa contra alguno de los altos funcionarios de11 Estado, y que ni el Presidente de la República, ni el Congreso, ni el Senado, ni ambas cámaras reunidas podían intervenir en el asunto. La virulencia de este informe demuestra que habiéndose perdido la calma, se hollaba la justicia.

Mientras que el Congreso veía el informe, la Asamblea de Guatemala levantaba nuevos cargos contra Molina. Una ley federal disponía que el sistema de correos estuviera sujeto a las autoridades de la Nación. Por los cánones, los párrocos debían ser destituidos, según las leyes de la iglesia. Molina había decretado el establecimiento de postas en el Estado, y había ordenado también que los párrocos remitieran los estados generales de matrimonios, nacidos y muertos, conminándolos, en caso de omisión, con que serían privados de sus beneficios. Estas disposiciones bastaron, en concepto de la Asamblea, para fundar una segunda declaratoria de responsabilidad contra el doctor Molina.

Los diputados comprendían que estos cargos eran fútiles, y que la Corte absolvería al Jefe nuevamente procesado. Pero durante el proceso, que podía prolongarse por las dilaciones legales, Molina quedaba separado del mando; y para separarlo definitivamente se proyectó declarar que su período Constitución al no era de cuatro años, y que solo estaba llamado a gobernar por el tiempo que faltaba a don Juan Barrundia. Durante la causa, aunque se verificaran elecciones, estas no podían favorecer a Molina, porque hallándose bajo el peso de una acusación, por absurda y ridícula que fuera, el doctor Molina no era elegible.

CAPÍTULO DECIMOQUINTO: DECRETO QUE MANDA PROCEDER ÁNUEVAS ELECCIONES.

SUMARIO.

1—Solicitud de renovación de las autoridades del Estado—2. Dictamen de la comisión—3. Decreto de la Asamblea.

En la Asamblea se propuso la renovación de autoridades. Esta solicitud pasó a la comisión de legislación, compuesta de los representantes Solano, Dardon y Vasconcelos, la cual emitió un dictamen, que extractado pierde su importancia. Es preciso que se vea íntegro, para poder juzgar con exactitud, acerca del acierto o de los errores de la comisión. Ese dictamen es la base, es el fundamento de una nueva sucesión de jefes, y, por consiguiente, de los bienes y los males que estos hayan producido a Guatemala y a toda la República. Tan importante documento no debe permanecer sepultado en el archivo de la Asamblea. Ese dictamen, además, será combatido en esta Reseña Histórica, y los lectores no podrían formar juicio exacto del asunto, sin tener a la vista el texto literal. Dice así:

"Asamblea Legislativa.

El término Constitución al en que deben cerrarse las sesiones se aproxima ya, y es indispensable que el Congreso Legislativo, antes de disolverse, emita el decreto para la renovación Constitución al de las autoridades. Para esto, la comisión de legislación que ha examinado la materia, pasa a proponeros lo que ha creído conveniente.

El primer Jefe del Estado de Guatemala, comenzó a ejercer sus funciones el 12 de octubre de 824 y por un efecto de las circunstancias de 826, el Gobierno pasó a manos del vice—Jefe, en las que permaneció hasta el 13 de octubre del mismo año, en que el pueblo de Quezaltenango dio muerte atroz al referido vice—jefe, ciudadano Cirilo Flores. De manera que solo habían corrido dos años de los cuatro que la ley designa de duración al primero y segundo Jefe, cuando el Gobierno fue disuelto.

Los triunfos del ejército aliado, restablecieron al pueblo de Guatemala, su Gobierno legítimo, y el Consejo reunido en la Antigua, designó para que lo ejerciera a uno de sus individuos. Este plausible suceso, tuvo lugar el 11 de febrero de 829, y desde aquí debe contarse la segunda época de la existencia legal del Gobierno. Así es que hasta hoy han corrido del período Constitución al, tres años dos meses y algunos días, y debe cerrarse aquel en febrero de 831.

La Asamblea Legislativa en el año pasado de 829, admitió la renuncia que hizo el ciudadano Juan Barrundia de la Jefatura del Estado, y mandó proceder a nuevas elecciones populares, extendiéndolas a la de vice—Jefe por haber muerto el que lo era. Resultaron electos primer jefe, el ciudadano Pedro Molina y segundo, el ciudadano Antonio Rivera, quienes comenzaron a fungir en 23 del último agosto. La duración de estos funcionarios en sus destinos, no debe ser otra que la que designa la ley; y la Constitución en el artículo 138 y 139, quiere que cuando se nombre nuevo Jefe, ya sea por el Cuerpo Legislativo o por elección popular, dure este en su destino solo el tiempo que faltaba al que se ha subrogado. Dos son los casos que figuran los dos artículos citados. El primero es cuando al Jefe que va a subrogarse faltare más de un año para concluir su período Constitución al; y el 2.o cuando faltaren más de dos años. Dispone la ley en el primer caso, que la Asamblea elija para ejercer el Poder Ejecutivo entre los designados por las juntas departamentales para el nombramiento de Jefe del Estado, y no habiendo entre los designados para primer Jefe, nombrará entre los designados para segundo, y en falta de unos y otros, se elegirá un consejero.

En el segundo establece que las juntas de departamento, sufraguen de nuevo para subrogar la falta y que el electo no dure en sus funciones sino el tiempo que faltaba para la renovación ordinaria. De aquí se deduce que faltando al ciudadano Juan Barrundia menos de dos años, la Asamblea debió proceder con arreglo al artículo 138. Pero no pudo ser esto, porque solo se encontró hábil una sola persona entre los designados para segundo Jefe, no habiendo ninguno entre los designados para primero, por estar todos complicados en la revolución. El cuerpo Legislativo no tenía elección, por solo haber un sujeto expedito, y no pudo nombrar entre los consejeros a quienes había admitido la renuncia por justas y graves cansas. Así es que el cuerpo Legislativo se vio en la necesidad de expedir convocatoria para elecciones de primero y segundo Jefe. De todo se infiere que los nuevos nombrados por el pueblo, ciudadanos Pedro Molina y Antonio Rivera Cabezas, no deben fungir por más tiempo que el que faltaba a los que han subrogado. De otra manera habría un trastorno en las épocas Constitución ales, resultando de esto que los nombrados durarían más o menos de los cuatro años que ha querido la ley fundamental. No sucede esto mandándose practicar elecciones para primero y segundo Jefe, porque los cuatro años que debió permanecer en el Gobierno el ciudadano Juan Barrundia y de vice—Jefe el ciudadano Cirilo Flores, terminan a principios de febrero de 831, época en que la Legislatura debe hallarse en sesiones ordinarias.

Según la nota del C. R. del día de ayer, los departamentos de Sacatepéquez, Sololá, Chiquimula y Verapaz, deben cada uno proceder a nombrar un Consejero propietario y un suplente.

La comisión ha examinado los antecedentes sobre la renovación que debe hacerse de los representantes de este alto cuerpo, de los magistrados de la Corte superior, y por resultado de todo puede presentarse el siguiente proyecto de decreto:

Artículo 1. —Se procederá a las elecciones de los representantes y consejeros, primero y segundo Jefe, y magistrados de la Corte superior de Justicia, que deben renovarse con arreglo a las disposiciones de la materia, conforme a la adjunta tabla y en los días que señala la Constitución .

Artículo 2. —El departamento de Guatemala y Escuintla elegirá a un diputado propietario y dos suplentes. Igual número el de Sacatepéquez y Chimaltenango. El de Totonicapán nombrará dos diputados propietarios y dos suplentes. Los departamentos de Quezaltenango, Verapaz, Sololá y Chiquimula sufragarán cada uno por un diputado propietario y un suplente.

Artículo 3. —Las juntas electorales de los departamentos de Sacatepéquez, Sololá, Chiquimula y Verapaz, procederán cada una a nombrar un Consejero propietario y un suplente.

Artículo 4.—Todas las del Estado procederán a sufragar para primero y segundo Jefe, y para cuatro magistrados propietarios de la Corte suprema de justicia y tres suplentes..

Artículo 5.—La Legislatura de 831 procederá en la renovación del primero y segundo Jefe y magistrados de la Corte superior de justicia con arreglo a lo dispuesto en el artículo 4. del decreto de la Asamblea constituyente de 25 de octubre de 825.

Esto parece a la comisión; pero el Cuerpo Legislativo resolverá lo conveniente.

Jocotenango, abril 21 de 1830.

Solano—Dardon—Vasconcelos."

Conformándose el Cuerpo Legislativo con ese dictamen, emitió el decreto que sigue:

"La Asamblea Legislativa del Estado de Guatemala, teniendo presente:

1.—Lo dispuesto en los artículos 86, 87, 115 y 199 de la Constitución del Estado:

2.—Que el artículo 138 y 139 de la misma, establecen que en falta del primero y segundo Jefe, antes de la época Constitucional los designados para subrogarles no duren en sus funciones sino el tiempo que faltaba a los subrogados para la renovación ordinaria:

3.—Que la de los ciudadanos Juan Barrundia y Cirilo Flores por un efecto de las circunstancias, debía verificarse hasta en las próximas elecciones, y los nuevos nombrados comenzar a fingir en el año de 1831;

Y 4. —Que en tal concepto las funciones del primero y segundo Jefe, ciudadanos Pedro Molina y Antonio Rivera, deben terminar en el mismo año, ha tenido a bien decretar y decreta:

Artículo 1.—Se procederá a las elecciones de los representantes, consejeros, primero y segundo Jefe, y magistrados de la Corte superior de justicia, que deben renovarse con arreglo a las disposiciones de la materia y a la adjunta tabla y en los días que señala la Constitución .

Artículo 2. —El departamento de Guatemala y Escuintla elegirá un diputado propietario y dos suplentes. Igual número el de Sacatepéquez y Chimaltenango. El de Totonicapán nombrará dos diputados propietarios y dos suplentes. Los departamentos de

Quezaltenango, Verapaz, Sololá y Chiquimula, sufragarán cada uno por un diputado propietario y un suplente.

Artículo 3. —Las juntas electorales de los departamentos de Sacatepéquez, Sololá, Chiquimula y Verapaz, procederán cada una á nombrar un Consejero propietario y un suplente.

Artículo 4.—Todas las del Estado procederán á sufragar para primero y segundo Jefe y para cuatro magistrados propietarios de la Corte superior de justicia y tres suplentes.

Artículo 5.—La Legislatura de 1831 procederá en la renovación del primero y segundo Jefe y magistrados de la Corte superior de justicia con arreglo a lo dispuesto en el artículo 4.del decreto de la Asamblea constituyente de 25 de octubre de 825.—Comuníquese — D.U.L.—Jocotenango, mayo 5 de 1830."

CAPÍTULO DECIMOSESTO: TEMBLORES.

SUMARIO.

1—Razón de estar dictado en Jocotenango el decreto de 5 de mayo y el dictamen de la comisión que le precede—2. Días de temblores—3. Situación de la capital—4.Creencias generales—5.Interpretacion que dio el clero a los temblores—6. Reflexiones—7. Papeles publicados en aquellos días—8. Respuestas del clero—9. Conclusión de los temblores.

Debe llamar la atención el que se haya dictado en Jocotenango el decreto de 5 de mayo, y el dictamen precedente de la comisión. Jocotenango es un pequeño pueblo de indígenas situado al Norte de la ciudad de Guatemala, y carece absolutamente de elementos para que en él estuvieran las primeras autoridades del Estado. Sin embargo, en aquellos días pudo llamarse capital con motivo de los terremotos.

Desde fines de marzo de 1830, comenzaron a sentirse temblores de tierra. Las poblaciones de Amatitlán, Petapa y otras se arruinaron. El 23 de abril a las 9 de la noche se experimentó un terremoto que arruinó muchas casas y los principales edificios públicos, especialmente las iglesias de Santa Teresa, San Francisco, la Recolección y Santa Catarina. Las autoridades del Estado determinaron trasladarse a Jocotenango, y en la plaza de ese pueblo se fabricaron ranchos y ramadas para el despacho de los altos funcionarios.

Durante ese tiempo los habitantes de la ciudad de Guatemala no se atrevían a dormir dentro de sus propias casas. Las personas que carecían de recursos pernoctaban en las calles y en las plazas. Las que tenían alguna fortuna, se dirigían a sus fincas de campo o fabricaban ranchos en sus patios. Estos se hicieron de moda. No había tal vez una sola casa que careciera de alguno. Muchos eran de madera y de muy buen gusto, y se conservaron largo tiempo.

Los habitantes de la capital creyeron que debía esperarse una ruina semejante a la que sufrió la Antigua Guatemala en el siglo pasado. Se reflexionaba acerca de que el país es una cordillera de volcanes. Se designaban los más conocidos, y cada uno atribuía a diferente cerro de los que arrojan, fuego, los temblores que se experimentaban. En aquellos días no se hablaba más que de conmociones subterráneas y de cataclismos.

5—Los temblores sirvieron al clero para combatir a los liberales. La madre Teresa dijo: "que eran un castigo visible del cielo por la expulsión del Arzobispo, y que el único medio de hacer cesar la ira de Dios, era el regreso de Su Señoría Ilustrísima y la penitencia". Las palabras de la monja circularon por toda la parte fanática del país, como si hubieran sido comunicadas por telégrafo. Muchos retrógrados lloraban por las futuras ruinas de Guatemala, como Jeremías prediciendo la destrucción de Jerusalén; y no faltaban filósofos que, estudiando solo la naturaleza, se imaginaron que ya exclamaban con Volney: "Salve, ruinas solitarias, sepulcros sacrosantos, muros silenciosos! ¡A vosotros invoco, a vosotros dirijo mis plegarias!!!".

En tiempo de ignorancia, la aparición de los cometas, los eclipses, el rayo, los terremotos, la agitación de los mares y las borrascas, han sido atribuidos por el clero a la cólera de Dios; que se enfada, que se irrita, que tiene ira y castiga por estos medios a muchas personas. Nada importa que los pueblos vean que el rayo, descarga eléctrica entre una nube tempestuosa y el suelo, lo mismo destruye la imagen de la Virgen del Pilar que se hallaba en el templo de las Capuchinas, y las estatuas de los apóstoles que adornan la iglesia de Santo Domingo, que las torres de los protestantes y los edificios de los masones. Nada importa que ni las palmas benditas, ni las letanías de los santos, ni el trisagio celebrado contra el poder infernal, libren de las tempestades tanto como los pararrayos de Franklin. Nada importa que los jesuitas, colmados de todas las gracias teológicas, salven menos de las llamas el templo de la Compañía de Jesús en Santiago de Chile, que los bomberos luteranos los teatros de Nueva York. Nada importa que la erupción de los volcanes y los terremotos procedentes de causas que los geólogos señalan, lo mismo sepulten las estatuas de Venus y de Diana en el Herculano y en Pompeya, que las de San Juan y de la Virgen en Caracas y en Lisboa. Nada importa que el movimiento de los mares, proveniente de la agitación de la atmósfera, de las corrientes causadas por las diferencias que reinan en las diversas latitudes, por la rotación de la tierra y por la atracción del sol y de la luna, trate peor los bajeles de los cruzados que van a defender el sepulcro de Cristo, colmados de bendiciones pontificias, que las naves de Mazzini, que combaten el poder temporal del Papa. Nada importa que los vientos destruyan la armada invencible de Felipe II, que se propone hacer triunfar al catolicismo en la Gran Bretaña, y dejen salvos los buques en que se embarca Garibaldi, llevando esta inscripción: Abajo el cura que reina en Roma. Nada importa todo esto, porque si la luz de la civilización no brilla en los pueblos, creerán que el rayo y el trueno, la agitación de la tierra y de los mares, son elementos que manejan los jesuitas, los obispos y las monjas, para herir a sus adversarios, como creyeron que el cólera asiático era efecto de veneno que los liberales arrojaban a las fuentes y a los ríos; y como creen que todos los años comienza a llover en mayo, porque se canta en las calles las letanías.

Algunos papeles públicos combatían ciertas creencias populares, ya con el raciocinio, ya con el ridículo y el sarcasmo. Se decía que un templo es la casa de Dios, y que no puede concebirse que el mismo Dios destruyera sus propias casas para castigar a los liberales: que las habitaciones bien construidas, aunque pertenecieran a pirujos[24], sufrían poco o quedaban ilesas, y que las viejas y mal hechas, se desplomaban, aunque fueran propiedades de las familias de las monjas y de sus confesores. Se agregaba que si los temblores eran un castigo para los liberales, no se podía comprender por qué ese castigo había caído de preferencia sobre el templo de Santa Teresa, construido a esfuerzos del arzobispo Casaus, y donde todos los días oraba la célebre monja, carmelita; mientras que se hallaban ilesas las casas de los jefes del partido liberal.

A todo esto contestaban los clérigos que no se pueden escudriñar los altos juicios de Dios, y los fanáticos quedaban plenamente satisfechos con esta contestación.

Los frailes no volvieron por entonces; el Arzobispo no regresó; los temblores dejaron de sentirse; Guatemala no quedó arruinada, y los modernos Jeremías, vieron sin cumplimiento sus predicciones.

---

[24] Nombre que se daba u los partidarios de Morazán .

CAPÍTULO DECIMOSETIMO: SEGUNDA SENTENCIA ABSOLUTORIA DEL DOCTOR MOLINA.

SUMARIO.

1—Observaciones—2. Pedimento fiscal—3. Pedimento del doctor Molina—4. Sentencia de la Corte superior de Justicia—5. Reflexiones—6. Decretos de elección de Molina y de Rivera: notas subsiguientes—7. Análisis legal sobre el período del Jefe del Estado—8. Hechos que demuestran dificultades para que en una misma ciudad residieran el Presidente de la República y el Jefe del Estado.

La causa se demoró hasta julio de 831. Entre tanto se hicieron elecciones de Jefe, vice—Jefe, representantes, consejeros, diputados al Congreso y al Senado, y el doctor Molina no pudo presentarse como candidato en ningún concepto. Una acusación pesaba sobre él. Sus derechos de ciudadano estaban suspensos, y debía resolverse a permanecer en la más absoluta nulidad.

El Fiscal tan convencido estaba de que no había motivo para proceder contra Molina, que pidió su absolución.

Molina con vista del pedimento fiscal, presentó a la Corte un escrito en que se queja de la Asamblea, en que dice se ha procedido con ilegalidad e injusticia. Molina no tiene en sus escritos el fuego de Barrundia; pero es incisivo cuando ataca, y los cargos que a la Asamblea hace ante la Corte de justicia, son terribles. Su posición lo disculpa. Se había dado el fatal ejemplo de hacer declarar culpable a un funcionario, únicamente porque a un determinado número de hombres no convenia que se hallara al frente del Estado[25]. Los dos últimos cargos que se hacen al doctor Molina, son verdaderos títulos de merecimiento ante la historia. Se deseaba despojarlo, y después de haberse buscado y rebuscado faltas, solo se encontraron dos: ¡haber establecido un correo, y haber ordenado a los curas que enviaran las partidas de nacimientos y defunciones!!!

---

[25] Acaso el doctor Molina, atribuyendo en esto alguna parte á Gálvez, entró con placer en, la oposición que más tarde estremeció al Estado.

Si los cargos eran fútiles; si el Fiscal lo comprendía, y si en tal concepto había pedido la absolución del procesado, la sentencia debía ser absolutoria, y lo fue. Hela aquí:

"Corte superior de Justicia de Guatemala, catorce de julio de mil ochocientos treinta y uno.

Vista la causa instruida al ciudadano doctor Pedro Molina como Jefe que fue de este Estado, en virtud de la segunda declaración de responsabilidad que hizo el Cuerpo Legislativo por haber infringido el decreto de la Asamblea Nacional de veinticuatro de abril de ochocientos veinticuatro: y los Cánones, en la orden de diez y nueve de noviembre de ochocientos veintinueve, que mandó circular a los jefes departamentales para que los párrocos remitiesen los estados generales de muertos, nacidos y matrimonios celebrados, conminándoles con la privación de sus beneficios por la omisión en esta materia; y teniendo en consideración: 1. que el acordar el establecimiento de postas en el Estado, no prueba un ánimo de contrariar el decreto de la Asamblea Nacional que arregla el ramo de postas, y correos, sino una laudable inclinación por el mejor servicio público, ni menos que tuviese efecto sin previa aprobación del Cuerpo Legislativo: 2. Que 1, simple conminación de una pena grave para obligar a los funcionarios al cumplimiento de sus deberes, no es declaran los incursos en ella, y por consiguiente, que la intimación hecha a los párrocos para que formasen los padrones y estados susodichos, no ha tocado en manera alguna la jurisdicción eclesiástica: visto lo alegado por la parte: a nombre del Estado de Guatemala, y de conformidad con lo pedido por el Ministerio Fiscal, se absuelve al ciudadano doctor Pedro Molina de los cargos en que se fundó la declaratoria de haber lugar a formación de causa: hágase saber, y oportunamente comuníquese al Cuerpo Legislativo.

Valenzuela—Moreno—López—Diéguez—Quiroz—Mejía—Simón T. Espinosa."

Los liberales estaban divididos. Se había dado sensible herida a un ciudadano que, desde su juventud, pertenecía al partido del progreso, y que gozaba de gran nombradía en toda la América Central. Los reaccionarios estaban de plácemes. En la división de los liberales veían los serviles la base de sus futuros triunfos. La conducta de la Asamblea contra el doctor Molina, dio motivo á extensas publicaciones serviles para denostar a los liberales. Los conservadores decían que no se combatía por la Constitución ni por las leyes, sino por los intereses individuales.

Los decretos en que Molina y Rivera Cabezas fueron llamados a sus respectivos puestos, no fijan número de años. [26]Dicen únicamente que deben funcionar por el término legal. Las notas en que se les comunicaron los nombramientos, hablan clara y terminantemente de cuatro años, y en este concepto contestaron los nombrados.

No bastaba borrar de los hechos legales el período que gobernó Aycinena. Fue preciso declarar que este tiempo no corrió para don Juan Barrundia. Dada esa base, debe averiguarse cuanto tiempo corrió a Barrundia, y cuánto tiempo le faltaba el día en que su renuncia fue admitida por la Asamblea de Guatemala, y se convocó a elecciones de Jefe, en virtud de esa renuncia. Barrundia comenzó a ejercer sus funciones el doce de octubre de 1824.Debió terminar su periodo el once de octubre de 1828. Su prisión, en concepto de la Asamblea, no interrumpió el período, porque había un vice—Jefe, y este funcionó hasta el trece de octubre de 1826,día en que fue asesinado. Así es que habían corrido dos años a Barrundia. El once de febrero de 1829, comenzó a funcionar en la Antigua don Mariano Zenteno, y desde este día siguió corriendo el período de Barrundia. La renuncia de este Jefe fue admitida en nueve de mayo de 1829. Ya entonces le faltaba menos de dos años. Ahora debe averiguarse lo que por la Constitución el Estado de Guatemala correspondía hacer cuando no habiendo vice—Jefe, renunciaba el Jefe a quien faltara menos de dos años. El artículo 137 dice: La duración del Jefe y segundo Jefe será de cuatro años, pudiendo ser reelegidos una vez sin intervalo". El artículo 138 es como sigue: En falta de ambos Jefes, sucederá temporalmente hasta la reunión próxima dé la Asamblea, el presidente que fuere del Consejo representativo. Pero si el impedimento o falta no fueren temporales, y faltare más de un año para la renovación periódica, será convocada la Asamblea extraordinariamente, y nombrará un ciudadano que ejerza el Poder ejecutivo, eligiéndolo entre los designados por las juntas departamentales para el nombramiento del Jefe que debe subrogarse; y no habiendo entre los designados para

---

[26] Véanse los números 3 y 6, capítulo 8, libro segundo.

primer Jefe, se nombrará entre los designados para segundo, y en falta de unos y otros, se elegirá un consejero." El caso estaba comprendido en el texto literal de este artículo. El impedimento no era temporal, y faltaba á Barrundia más de un año. Se debió nombrar un ciudadano que ejerciera el Poder ejecutivo, eligiéndolo entre los designados por las juntas departamentales, para el nombramiento del Jefe que debiera subrogarse o entre los designados para segundo Jefe. En falta de unos y otros, debió la Asamblea elegir un consejero. La comisión asegura que no había ni designados ni consejeros. Si en realidad fue así, no podía nombrarse un Jefe suplente. Era preciso convocar a los pueblos para la elección de un Jefe por el término de cuatro años. Las elecciones populares son dilatadas y costosas, y, por lo mismo, la Constitución no admitía que se convocara a los pueblos para que eligieran un funcionario cuyo período había de terminar antes de dos años (art. 139). Según la misma Constitución no hay Jefes suplentes elegidos por el pueblo. Los suplentes los elegía la Asamblea, según el texto del artículo 138. Debe tenerse presente que faltando menos de dos años de un período cuando se manda hacer elecciones, el período durante ellas, se disminuye mucho, y resulta que se ha molestado al pueblo para llenar un vacío de corto tiempo, y esto es lo que no admite ni la letra ni el espíritu de la Constitución del Estado. Si al pueblo se molestaba para que eligiera un Jefe cuya duración era cortísima, debió habérsele dicho en el decreto de convocatoria, y no se le dijo. Los electores creyeron que se les llamaba a votar por ciudadanos que debían regir el Estado por cuatro años, y en este concepto procedieron. Los decretos en que se declaró electo al Jefe y al vice— Jefe, no dicen que solo iban a llenar los días que faltaran á Barrundia, y en las notas respectivas se les habló precisamente de cuatro años. La toma de posesión fue solemne, y como correspondía al recibimiento de funcionarios que por un término ordinario iban a regir el Estado. Hasta el año siguiente no se pensó de otro modo. Dedúcese de aquí, que el período de Molina y de Rivera Cabezas no había terminado cuando fueron separados del mando. Sin embargo, la facultad de interpretar las leyes, pertenecía a la Asamblea (art. 94 de la Constitución) y ella ejerció entonces. ese augusto poder. La única autoridad competente para rechazar como inconstitucional a un decreto, era el Consejo, (art. 122) y esta corporación sancionó el decreto de Jocotenango. En este concepto, debe considerarse legítimo todo lo practicado en virtud de él.

El Presidente de la República y el Jefe del Estado de Guatemala difícilmente podían coexistir en una misma ciudad. Se molestaban hasta por asuntos fútiles, de ceremonia y de etiqueta, como lo expresa Marure en el primer volumen del Bosquejo Histórico. Arce fue el primer Presidente de Centro—América, y don Juan Barrundia el primer Jefe del Estado. Ambos funcionarios se mantuvieron en choque hasta que Arce, rompiendo la Constitución y las leyes, redujo a prisión a Barrundia. Aycinena fue electo según la voluntad de Arce, y sin embargo cuestionaban frecuentemente, y el desacuerdo llegó hasta el extremo de que el mismo Aycinena arrebatara el mando a don Manuel José Arce, para ponerlo en manos del vice—presidente Beltranena. Beltranena mantuvo buenas relaciones con el jefe don Mariano Aycinena, no solo porque los ligaban vínculos de amistad y de familia, sino porque en aquellos días Beltranena, de Jefe de la República solo tenía el nombre. Don José Francisco Barrundia y el doctor Molina eran amigos íntimos. Ambos habían nacido y educándose en Guatemala; y no podía dividirlos el espíritu de localismo. No obstante, siendo Barrundia presidente y Molina jefe del Estado, estuvieron en desacuerdo, hasta el extremo de que Molina pidiera a la Asamblea que se excitara a los diputados de Guatemala al Congreso federal, para que promovieran en aquel alto cuerpo que salieran de la capital las autoridades federales. Mas tarde el doctor Gálvez, por medios diplomáticos, contribuyó a que la Federación se trasladara a San Salvador. Es una de las faltas de la Constitución de 24, no haber designado un distrito federal. Una ciudad como Washington en los Estados—Unidos, habría librado a los centro—americanos de muchas dificultades.

CAPÍTULO DECIMOCTAVO: ADMINISTRACIÓN DE DON ANTONIO RIVERA CABEZAS.

SUMARIO.

Don Antonio Rivera Cabezas ejerció el Poder ejecutivo del Estado de Guatemala desde que el doctor Molina quedó suspenso por haberse declarado en marzo de 1830, que había lugar a formación de causa contra él. La importancia del proceso, las agitaciones que produjo, y la serie de disposiciones que se dictaron en virtud y a consecuencia de él, no han permitido interrumpir el hilo de los acontecimientos. Terminada la narración de estos acontecimientos, es preciso volver a marzo de 830, para presentar la administración de don Antonio Rivera Cabezas, ciudadano que conviene sea conocido.

Don Antonio Rivera Cabezas, en tiempo del Gobierno español, hizo por todos los trámites legales la carrera de abogado y obtuvo el título de licenciado. Dedicóse también a la milicia, comenzando desde cadete, según la costumbre de aquel tiempo. Fue individuo de la diputación provincial instalada en Guatemala por las leyes españolas de 1812. El 15 de setiembre de 821, Rivera concurrió al Palacio del Gobierno a votar por nuestra emancipación y firmó el acta de Independencia. Fue en seguida electo diputado al Congreso mejicano. A su vuelta fue también diputado a la Asamblea nacional constituyente, donde combatió las tendencias anti—populares de la aristocracia. Rivera Cabezas fue uno de los primeros triunviros que gobernaron la República centro—americana. Como diputado, es uno de los signatarios de la Constitución del año de 1824, y como triunviro, tuvo la honra de firmar el cúmplase del acta de 1. de julio de 1823, que declara á Centro—América, nación independiente de

245

Méjico y España. Don Antonio Rivera Cabezas tenía un genio festivo, y extraordinario talento para la crítica; el estilo satírico—burlesco era su fuerte, y lo usó con maestría. Sus diálogos entre "don Melitón y don Epifanio," que comenzaron a publicarse el año de 1825, tuvieron una popularidad sin igual. Rivera Cabezas conocía perfectamente a las familias; estaba informado de su civilización, de su lenguaje, de sus costumbres, y con el gracejo y el ridículo, combatía todo lo que no era conforme a sus ideas. Los nobles, el Arzobispo y los frailes figuraban con frecuencia en esos diálogos, desempeñando siempre un papel muy poco satisfactorio. Los mismos zaheridos se reían de las jocosidades de Rivera, y aquel periódico circulaba por todas partes. Don Antonio Rivera Cabezas, con sus sátiras, hizo más daño a los serviles que don José del Valle con sus graves y eruditos discursos en el Congreso. Los serviles, después de su triunfo, recogieron todos los ejemplares de don Melitón. Sin embargo, no falta uno u otro, salvado de la inquisitorial pesquisa. Rivera adquirió con esa publicación mucho crédito entre los liberales, y se hizo el blanco del odio más encarnizado de los serviles. Rivera tiene el primer lugar, puede decirse, el puesto de honor, en el decreto de 28 de marzo de 1827, en que declara Aycinena fuera de la ley a muchos ciudadanos. Rivera Cabezas iba a ser fusilado como Pierzon: el empeño de algunos amigos le salvó la vida, y la muerte se sustituyó con el destierro.

El autor de las Memorias de Jalapa, dice: que Aycinena perdió su crédito con este acto de lenidad, aserción que escandaliza al autor del Bosquejo Histórico y de las Efemérides. Después del triunfo del general Morazán , Rivera regresó a su patria, sirvió en diferentes puestos a la causa liberal y fue electo vice—Jefe del Estado de Guatemala. Rivera Cabezas, al dejar el mando, fue nombrado Intendente del Gobierno federal, y con este motivo, se trasladó A San Salvador. Los diálogos entre don Anselmito Quiroz y don Miguel Eguizábal, que Rivera comenzó a publicar el año de 1832, prueban que conservó siempre su carácter satírico—burlesco, que lo hizo célebre desde joven. En esos diálogos supone Rivera que don Anselmito, al morir, encontró en los Campos Eliseos A Eguizábal, y que le refería punto por punto todo lo que había pasado en Guatemala. La relación, es tan chistosa, como punzante. En estos diálogos no es ya solo el partido servil el blanco de Rivera; los liberales se habían dividido, y al doctor Gálvez se dirige una gran parte de los ataques. Para mantener el interés, supone Rivera que las personas que sucesivamente iban muriendo, llevaban a los Campos Elíseos nuevas noticias, y aumentaban la tertulia. No hay persona conocida de las que ya no existían, que no tome parte en la conversación, o no sea citada por los interlocutores. Muchos de los que habían muerto en Opinión de santos, aparecen penando y se cuenta el motivo de sus desgracias, que regularmente eran hechos que Rivera perfectamente conocía. El cambio político de 1839 hizo perder a don Antonio Rivera Cabezas una gran parte de sus intereses, y lo puso en manos de sus acérrimos enemigos. Tuvo necesidad de salir del país; pero circunstancias de familia le obligaron a regresar algunos años después. Las facultades intelectuales de Rivera declinaron visiblemente con los años. Su pluma no era últimamente la pluma que redactó el don Melitón. Los serviles no temían ya á Rivera; pero el odio de aquellos jamás disminuyó; ese odio hizo que don Antonio Rivera Cabezas, en su avanzada edad, experimentara ultrajes y vejaciones, que acibarando los últimos días de su vida, aceleraron su muerte.

Durante la administración del ciudadano que se ha bosquejado, los pueblos del Estado de Guatemala estuvieron tranquilos. No hubo más disturbio que un choque entre los vecinos de Ilotenango[27], en el departamento de Sololá, y los de Chiquimula en el de Totonicapán. Este choque dio por resultado algunos heridos. El incidente no procedía de asuntos políticos, sino de cuestiones sobre tierras. Rivera Cabezas las arregló y se restableció la calma.

Las escuelas, que eran rarísimas bajo el régimen colonial, y que se habían multiplicado en los primeros años de la República, fueron destruidas por la revolución , y restablecidas con mejoras progresistas en el período de que se trata. Se creó una escuela de enseñanza mutua en la capital. Se ordenó la creación de otra desigual clase en Quezaltenango; y en el departamento de Chiquimula hubo veintidós, según el régimen común. Se dictaron providencias para que en la misma proporción se aumentaran las escuelas en toda la República. No se tenía idea de las normales, según el régimen moderno, y se pretendía suplirlas por el sistema de Lancaster.

---

[27] Hoy pueblo del Quiché.

En los colegios, tridentino y de infantes, se introdujeron reformas progresistas. En ellos no se enseñó ya solamente la manera de administrar los sacramentos. Se estudiaba gramática castellana, francesa e inglesa, geografía, aritmética y filosofía.

La Universidad, llamada entonces de San Carlos, tuvo cátedras de filosofía, teología, cánones, leyes y medicina. Un decreto emitido el 5 de diciembre de 29 la trasladaba al edificio del extinguido convento de Santo Domingo; pero el Ejecutivo encontró obstáculos para dar cumplimiento a esta disposición. No había fondo es para pagar a los profesores, y estos gratuitamente servían las cátedras.

La Academia de derecho teórico—práctico, existía también, aunque sin fondos. Su presidente la regentaba gratis, careciendo de una biblioteca, y aun de los libros más usuales. Entonces disminuyó el deseo que antes animaba a la juventud de obtener títulos de abogado. Rivera Cabezas veía este cambio como un mal que procuró combatir.

Sería un mal, procediendo esa carencia de amor a la carrera del foro, de negligencia por las ciencias y las letras; pero no debía considerarse como un mal si la disminución de los cursantes de derecho era proveniente de la creencia de que la multitud de abogados hace improductiva la carrera, y deja sin atención otras materias del saber humano, que tanto contribuyen al desarrollo de los intereses materiales, y al progreso de los pueblos.

Rivera Cabezas manifestó a la Asamblea con claridad y elocuencia, que no era posible regir el Estado con leyes dictadas por Gobiernos monárquicos, aristocráticos y despóticos, y al mismo tiempo por las leyes patrias que, sin incluir las que dictó la Asamblea llamada intrusa, formaban un todo de mil trescientas cincuenta y nueve leyes. Los esfuerzos que se hicieron entonces para que se dictaran códigos, fueron inútiles. Esta reforma importantísima estaba reservada para la administración del general don Justo Rufino Barrios.

1La administración de justicia era lenta, difícil y embrollada. La autoridad de la ley había sido subrogada por la autoridad de los jueces. Rivera Cabezas conferenciaba con don Venancio López para remediar este mal y dictaba al efecto cuantos acuerdos eran compatibles con las escasas facultades de que se hallaba investido.

La Legislatura estableció una dirección de caminos departamentales para mejorar las vías de comunicación, y muy pronto se palparon los benéficos resultados de esta medida.

Rivera Cabezas se empeñó, aunque sin todos los datos que al efecto se necesitaban, en conocer la deuda pública, y resultó que el Estado adeudaba 566,785 pesos un real; siendo 144,412 de capitales á rédito; 249,928 pesos cinco reales, de préstamos forzosos durante el Gobierno intruso; 51,757, de préstamos voluntarios en tiempo del Gobierne legítimo; y de 210,943 pesos dos reales, correspondientes al Gobierno intruso por depósitos, como también de 9,000igualmente de depósitos correspondientes al Gobierno restaurado.

Las contribuciones directas producían 62,000 pesos. En su recaudación se presentaban grandes obstáculos, hasta el extremo de poderse asegurar que todos los pueblos les oponían vigorosa resistencia.

La fuerza pública del Estado constaba de 200 hombres, conforme lo había dispuesto la Asamblea en sus últimas sesiones. Estos hombres estaban repartidos de la manera siguiente: en Guatemala 143 infantes y 51 de caballería; en Sacatepéquez 5 infantes; en Quezaltenango 9 y en Chiquimula 5. Se advierte un exceso de 13individuos, porque el Gobierno, de acuerdo con el Consejo, determinó que la banda no fuera incluida en el número de los doscientos hombres que la Asamblea había fijado.

Se hizo una contrata de 1500 fusiles, 500 carabinas, 200 pares de pistolas, 200 sables, 1000 bayonetas y 25000 piedras de chispa. Para verificarla se anunció en la Gaceta Oficial lo que se intentaba comprar, y se invitaba a los comerciantes para que en un término fijo enviasen sus propuestas a la Secretaria del Gobierno. Transcurrido éste, se admitió la propuesta más favorable. Por cuenta del con trato se dieron siete mil pesos, y no teniendo el Gobierno medios de completar el pago, convocó al Consejo para que proporcionara recursos.

Rivera Cabezas mandó que los Jefes políticos enviaran padrones de sus respectivos departamentos para que se pudiera formar uno general. No se sabía el número de habitantes del Estado. Se pensaba que la población había disminuido con motivo de la guerra y de la peste de viruelas.

Segun informe del Intendente general de Hacienda, ciudadano Mariano Gálvez, las rentas del Estado ascendían á doscientos treinta y cinco mil quinientos pesos, calculándose así los rendimientos:

Alcabala	$50000
Aguardiente	40000
Chicha.	12000
Papel sellado	5000
Tierras baldías	3000
Diezmos	6000
Temporalidades, sin contar con ventas	15000
Asientos y multas.	500
Cuartas y novenos eclesiásticas.	2000
De la mitra	2000
Contribución directa	100000

El presupuesto general de gastos de la administración pública del Estado en el año de 1831, era el siguiente:

Lista civil.

17 Diputados al Congreso federal á mil doscientos pesos	$20400
2 Senadores á dos mil pesos	4000
17 Diputados a la Asamblea por cuatro meses a cien pesos mensuales	6800
5 id....de la comisión permanente por ocho mese	4000
	$35200

Estos en el año corriente serán seis
De la Secretaria dela Asamblea

Un Oficial mayor seiscientos pesos	$600
Un archivero con cuatro cientos id	400
Un escribiente con trescientos	300
Un portero con doscientos cincuenta	250
Un sirviente con noventa y dos	92
	$1642

Supremo Gobierno.

El Jefe del Estado con tres mil	$3000
El Scrio. general con mil ochocientos	1800
2 jefes de sección á novecientos	1800
2 escribientes 1. á cuatrocientos	800
2 id. 2. á trescientos	600
Un archivero con cuatrocientos	400
Un portero con doscientos cuar	240
Dos sirvientes con noventa y seis	192
	$8832

Consejo representativo.

El vice—Jefe con dos mil	$2000
Siete Consejeros á mil cuatrocientes	9800
Un secretario con novecientos	900
Un escribiente archivero cuatrocientos	400
Un portero con ciento veinte	120
Un sirviente con setenta y dos	72
Un escribiente á doscientos cuarenta	240
Total	$71006

Esta suma y el resto del presupuesto, ascendían a 349237; de manera que había un déficit[28]. La nómina de los bienes raíces vendidos, es la siguiente:

1831.

Agosto 8—Hacienda de San José, perteneciente al convento de Santo Domingo, sita en este departamento, y rematada en don Juan de Dios Mayorga, con todos sus semovientes y muebles, en $ 5.226.

Setiembre 26—Hacienda de Cerro—Redondo, perteneciente al mismo convento, rematada en doña Serapia Rivas, reconociendo acenso 8 8.000 de las tierras e ingenio y pagando $ 4.416, valor de semovientes, muebles y fábrica.

Diciembre 31—Los Ojitos de la Antigua Guatemala, pertenecientes al convento de la Merced, poseídos hoy por don

---

[28] ¡Cuanto han aumentado las rentas públicas! Hoy (1878) los ingresos por alcabala marítima, aguardiente, papel sellado, timbre, tabaco, contribución territorial, caña, harina y ganado, ascienden á tres millones quinientos mil pesos anuales.

Baltasar Rodil, con 375 y & cuerdas do a 40 varas de terreno, y rematados en el presbítero doctor don Pedro Ruiz de Bustamante, en $7.000.

1832.

Enero 2—Labor de la Chacra de Santo Domingo, conocida por lo "De Batres," que hoy posee don Ernesto Klée, constante, en 2 de noviembre de 1776, de 300 varas de Sur a Norte y 400 de Oriente a Poniente, y de 5 caballerías más en 9 de noviembre de 1778, vendida con muebles, edificios y semovientes a don José Antonio Batres, en $7.500.

Enero 14—Casa conocida por de "La Rueta," del convento de la Merced, sita en la calle de Santa Teresa, vendida a don Venancio Castellanos, padre del actual don Ildefonso, en $ 1.400, pagada por don M. José Jáuregui.

Enero 16—Huerta de San Francisco de esta capital, con inclusión de la iglesia provisional de la Tercera Orden, poseída hoy por D. Luis Asturias, don Manuel Morales y don Javier Vassaux, y rematada en don Basilio Porras, en $ 8.709 3 1/2 reales.

Febrero 11—Potrero de Provincia en la Antigua Guatemala, perteneciente al convento de la Merced, rematado en don Nicolas Larrave, en $ 4.010, y pujado por el presbítero doctor don Pedro Ruiz de Bustamante y don Venancio Castellanos.

Febrero 15—Chacra de Santo Domingo, en la Antigua, rematada en don Leocadio Asturias, en § 20.000, pujada por don José M. Muñoz, don Salvador Moreno, don Fermín Arévalo, don Dionisio Paniagua, don Basilio Porras, don Manuel J. Jáuregui y don Félix Solano.

Febrero 18—Casa de Camposeco, en la Antigua, perteneciente al convento de la Merced, rematada en don José M. Salazar, en $1.900, y pujada por don Nicolas Larrave y la señora Cruz Monroy.

Febrero 21—Casa de don Ignacio Gamero, rematada en don Manuel Oliver, en $ 10.000, y pujada por don Vicente Medina, licenciado don Manuel Noriega y don Francisco X. Valenzuela, don Félix Solano, don Fermín Arévalo, don Basilio Porras y don Pedro Flores.

Marzo 21—Casa del padre Granados, en la calle del Incienso, perteneciente al convento de la Merced, rematada en don Bernardo Escobar, y pujada por don José M. Lémus, don Juan Antonio Martinez y don Vicente Medina.

Mayo 24—Casas y huerta de la Merced, en la Antigua, rematadas en don Manuel Salazar Tobilla, y pujadas por don Salvador Moreno, presbítero don Antonio Colom, don Juan Gorris, don Manuel Acuña, presbítero doctor don Pedro Ruiz de Bustamante y don Fermín Arévalo.

Junio 16—Casa del padre Casado, perteneciente al convento de la Merced, rematada en el licenciado don J. Antonio Larrave, en $5.020, y pujada por los licenciados don Manuel Noriega y don Márcos Dardon y don Manuel Acuña.

Setiembre 29—Potrero de Borges, en la Antigua, rematado en D. Doroteo Vasconcelos, por deuda a la Tercera Orden de San Francisco, en $ 2.005, y pujado por don José M. Pavón, don Manuel Acuña, don Francisco Aguirre y don Manuel Arrivillaga: está situado entre Pavón y San Ignacio, con 300 varas de Sur a Norte, 170de Oriente a Poniente y en el punto opuesto al callejón de San Lucas, 45 varas de Oriente a Poniente.

Noviembre 2—Casa y sitios de Borges, en la Antigua, por deuda á la Tercera Orden de San Francisco, sitos en la calle de Santa Lucia, rematados en don Pedro Flores, en $ 3.300 y pujados por el presbítero don Calisto Arévalo y don Rafael Figueroa.

Noviembre 17—Plazuela de la Merced de esta ciudad, rematada en el licenciado don Felipe Arana, en 8 865 y 2 reales.

Diciembre 17—Potrero de Santo Domingo, junto al de Rubio, en esta ciudad, rematado en don Luis Batres, en $10.500, y pujado por D. José M. Berdugo. Consta de 100.360 varas cuadradas.

Diciembre 27—Labor de la Merced, en San Marcos, rematada en el licenciado don Francisco Albúréz, quien la posee hoy, en $6.100, pagando $3.000 en efectivo y el resto en vales, y pujada por don Fernando Márquez.

1833.

Febrero 11—Casa de Santo Domingo, en Cobán, rematada en el presbítero don Esteban Lorenzana, en $ 255.

Febrero 25—Mesón de la Merced, en esta ciudad, poseído hoy por el licenciado don Vicente Zebadúa y don José M. Samayoa, y rematado en don Mariano Samayoa, en $ 8.780.

Marzo 15—Tierras de Cacabal y Tululché, pertenecientes al convento de Santo Domingo, con 182 caballerías, casas y semovientes, rematado todo en don Lucas Pérez, por $ 409 4 reales, y lindante con tierras de Tecpan Guatemala, hacienda de Choacorral, tierras de Chichicastenango y la Azacualpa.

Abril 20—Casa de don Pedro Arroyave, en esta ciudad, frente a Santa Catarina, por deudas de obras pías, y rematada en don Alejandro Marure, por$ 800.

Mayo 1.—Molino de la Merced, en las inmediaciones de esta ciudad, poseído hoy por el brigadier don Luis Beteta, rematado en el licenciado don Manuel Noriega, con sus bienes muebles, semovientes y fábrica, en $ 9.470, y pujado por don Joaquín Castilla y don Alejandro Marure.

Julio 24—Sitio de Santo Domingo, frente a la plaza de la iglesia, poseído hoy por don Custodio González, rematado en don Manuel Acuña, en la suma de $ 4.720.

Setiembre 5—Casa de José Castilla, sita en el callejón de los judíos, rematada por deuda de diezmos, en don Alejandro Marure, en $1.264 4rs.

Octubre 5—Sitio número 4, del convento de la Merced, rematado en don Juan José Constanza, por $ 1.397 6rs.

Noviembre 11—Tierras de Chicoyo, pertenecientes al convento de Santo Domingo, sitas en las inmediaciones de Cobán, rematadas en el presbítero don Esteban Lorenzana, compuestas de 4 caballerías, en $86 71/2 reales, y lindante con baldíos y tierras de Clemente Cal, Manuel Cú, José Prado y ejidos de Cobán.

1834.

Febrero 4—Hacienda de Cachil, en las inmediaciones de Salamá, rematada en don Plácido Flores, en 8 899 51/4rs.

Febrero 20—Sitio de Paulino de León, calle del cuartel de caballería, rematado en don Ignacio Córdova, por deuda a San Benito de San Francisco, en $ 207.

Febrero 28—Hacienda de San José Buena—Vista, en Jutiapa, por deuda a San Francisco, en $666 4 reales, y rematada en don José Nájera.

Abril 29—Huerta de San Francisco y terreno anexo, en la Antigua, rematados en don Juan Luna, por 8 2.900.

Junio 27—Casa de Mónica Mendoza, por deuda de San Benito de San Francisco, rematada en don Francisco Carrillo, por $ 600.

Setiembre 6—Casa que dejó Juan de la Mota, para obras pías, en la calle de Santa Teresa, rematada en don José M. Salazar, en $551.

Noviembre 18—Hacienda de Palencia, perteneciente al convento de Santo Domingo, con 964 caballerías, rematada con sus semovientes, muebles y edificios, en don Juan Nepomuceno y don Leocadio Asturias, por $ 28.075, linda con tierras de San Isidoro, de Roberto del Cid, de Cabrera, "El Chato," San Juan, Agua Caliente y San José, y fue pujada por don J. Mariano Vidaurre, don José M. Urruela a y don Juan José Guerra.

Diciembre 9—Sitio número 5 de la Merced, rematado en don Alejandro Marure, en $ 1.323 7 rs.

1835.

Marzo 5—Casa del maestro José María Gálvez, por deuda a San Benito de San Francisco, rematada en Manuela de los Reyes y Quiñones y Apolonia Pérez, en $ 230.

Marzo 27.—Hacienda é ingenio de San Gerónimo, con sus cultivos, muebles, semovientes y edificios, rematados en don Basilio Porras, Marcial Bennet y Carlos Meany: tiene 473 caballerías, y linda con ejidos de Salamá, haciendas de Choacux, Llano Grande y Ramones, y baldíos, todo en $ 253.528 41 rs.

Abril 15—Convento—viejo, sitio y fábrica nueva de la azucarera de Santo Domingo, rematados en $ 18.256, en don Marcial Bennet y don Carlos Meany.

Mayo 12—Hacienda de Ixpanguazate, en Escuintla, de don Manuel Antonio Batres, por $ 4.000 de capellanías del padre don Diego Batres, y deuda al tesoro público, compuesta de 693 caballerías, rematadas en Klée, Skinner y Ca, por $ 3.706 51/2 rs.

Junio 30—Casa de Roma, en la Antigua, rematada en el presbítero don Ignacio Iturrios, por las fundaciones de don Basilio Roma.

Julio 2—Tierras de Pacayita, en Amatitlán, pertenecientes al convento de Santo Domingo, con seis caballerías, ochenta cuerdas, rematadas en don Juan Gorris, por 8 1.012 4 reales, y lindantes con 9 caballerías llamadas "Los Pinos," de la cofradía del Rosario de Palín: al Norte, con el Rincón de Anís: al Oriente, con la Compañía de Pantirique.

Setiembre 22—Ingenio de la Compañía, perteneciente a Santo Domingo, con 15 caballerías y 43 cuerdas, divididas en 10 lotes, rematado en Ciriaco Ramírez, Fermín Arévalo y otros sujetos de Palín, en $ 3.160: lindante con tierras de la cofradía del Rosario de Palín, Hacienda y Rincón de Anís, ejidos del mismo Palín, Labor— vieja de Santa María y Pantirique.

Diciembre 13—Hacienda de San Andrés, perteneciente al convento de la Merced, rematada ad corpus en Longino Estrada, en $400, que medida, se ha dividido en 10 haciendas: lindantes con Siquinalá, La Magdalena, Sabana—grande, La Asunción, Pueblo— nuevo y El Peñón.

Diciembre 16—Casa de Baltasar Argueta, perteneciente al convento de la Merced, rematada en el presbítero don Teodoro Colveto, en $ 812.

1836.

Febrero 10—Edificios, convento y potrero de la Recolección, con 89.694 varas cuadradas, adjudicados a don Manuel Domínguez, en S4.000.

Junio 1. —Casa de doña Ignacia López, en Quezaltenango, perteneciente al convento de la Merced, por la capellanía de doña Margarita Arcos y Pampa, rematada en don Doroteo Corzo, en $2.250.

Julio 11—Potrero de Chalchigüiltepeque, de don Manuel Zepeda, rematado en don Juan Barrundia, en $ 905, por $ 500 y réditos de obras pías.

Diciembre 12—Hacienda de San Nicolás, en Verapaz, con 207 y 4caballerías, rematada con muebles, semovientes y edificios, en 86.278, en don Manuel Noriega.

1837

Enero 21—Sitio número 3, de la Merced, rematado en don Juan José Constanza, en $ 1.106 21/2 rs.

Setiembre 27—Colegio de niñas, casa del capellán y sitios, rematados en Knlée, Skinner y Cª, en $5.473 3 rs.

Se ve que algunos eclesiásticos fueron compradores. El presbítero doctor don Pedro Ruiz de Bustamante, no solo estaba investido del carácter sacerdotal y era canonista, sino también era amigo íntimo del arzobispo Casaus y había sido su Vicario. Doña Serapia Rivas era pariente del obispo Rodríguez de Rivas y de muchos nobles guatemaltecos. Aparecen también entre los compradores, don José Antonio Batres, don José M. Urruela, hijo de una de las familias más piadosas de esta ciudad, don Venancio Castellanos, suegro de doña Manuela Matute, don Luis Batres, jefe principal del partido servil de Guatemala, y oráculo de muchas familias nobles.[29] Se hallan entre los mismos, otros muchos nobles y plebeyos, de todos los credos políticos, como expresa la nómina preinserta.

---

[29] Entonces, ¿por qué los serviles condenan severamente a las personas que compraron bienes del mismo origen, después de la revolución de 871? Si los actuales compradores han de ir al infierno, debe suponerse que están allá los que compraron fincas de los conventos u consecuencia de los sucesos de 829. Una parte de los bienes ahora vendidos, produce interés al clero: la cantidad que se paga al año por intereses de bienes consolidados, asciende a treinta y seis mil setecientos veinticuatro pesos, ochenta centavos. Ninguna finca vendida entonces, producía utilidad a la iglesia. Infiérase de aquí que debieron inquietar más las conciencias aquellas enajenaciones, que éstas. Se dirá que por el artículo 20 del Concordato, se comprometió el Papa á no molestar a los adquirientes ni a los sucesores de estos; pero el Concordato es reciente. En tal concepto, y según la doctrina que hoy predican los serviles, no debieron salvarse los que murieron después de haber comprado aquellos bienes y antes de la absolución papal. Para el Papa seria sin duda más difícil sanear las ventas que ninguna utilidad producen al clero, que sanear las que producen a éste un interés confortante. La inconsecuencia servil se palpa por todas partes; familias que aquí declaman contra la enajenación de los bienes mencionados, han hecho negociaciones en otro país, con bienes de igual clase, sin que ningún remordimiento inquietara sus conciencias. Por último, diremos que los bienes rematados entonces, se adjudicaron por precios ínfimos; y los vendidos ahora han tenido la debida estimación, que contribuye al aumento de los intereses del clero.

CAPÍTULO DECIMONONO: ACUSACIÓN PRESENTADA CONTRA EL VICE—JEFE DEL ESTADO DON ANTONIO RIVERA CABEZAS.

SUMARIO.

1.—Causas que motivaron la acusación—2. Nombres de los acusadores—3. Motivos en que se fundaban—4. La Asamblea se reunió extraordinariamente—5. Defensa de don Antonio Rivera Cabezas—6. Dictamen de la Comisión—7. Decreto de 3 de noviembre de 1830—8. Renuncia del vice—Jefe—9. El vice—Jefe pide licencia para separarse temporalmente—10. Negativa de la Asamblea—11. Rivera Cabezas permanece en el poder—12. Editorial del Boletín.

Un decreto emitido el 23 de febrero de 1829, dice: que todo capital impuesto o depositado, entrará a la tesorería. El 6 de mayo de 29, el Jefe del Estado don Juan Barrundia, en virtud de facultades extraordinarias, decretó que todos los depósitos e intereses litigiosos entre cualesquiera personas o corporaciones, fueran puestos en la tesorería del Estado. En virtud de estas disposiciones, Rivera Cabezas mandó que entraran al tesoro las alhajas y algunos efectos correspondientes a la testamentaria de los señores San Juan y Avilés.

A consecuencia de las mismas disposiciones hizo ocupar una labor llamada Aceituno, que se halla en las inmediaciones de la capital. También mandó a uno delos alcaldes de Zacapa que procediera ejecutivamente contra los bienes del ciudadano Mariano Aparicio, si no entregaba cuatro mil pesos que, según las disposiciones citadas, debían entrar al tesoro. Igualmente ordenó que entraran a la tesorería 3000 pesos que don Manuel Siliesar, quien se hallaba en la mayor miseria, litigaba con los herederos de don Mariano Arrivillaga. Así mismo dispuso quienes entraran en la tesorería los bienes del finado Tomas Arrazola, entre los cuales estaban una labor conocida con el nombre de Guachipilín, y varias casas sitas en la Antigua Guatemala, por haberse denunciado todo como cosas litigiosas.

Los señores don Mariano Moreno, don Pedro José Cerón y don José Rivas, creyendo ilegales todos esos actos, presentaron una acusación contra don Antonio Rivera Cabezas.

Estos señores decían que las leyes en que Rivera se fundaba, fueron una medida interina, mientras el Cuerpo Legislativo establecía las contribuciones con que debía hacerse frente a los gastos extraordinarios, que entonces pesaban sobre el Estado. Se fundaban en que cuando se reunió la Asamblea y acordó los medios de cubrir los gastos del presupuesto, debieron quedar destituidas de toda fuerza y vigor las disposiciones que autorizaban las medidas enunciadas.

La Asamblea estaba en receso, y la acusación se presentó al Consejo representativo, con el fin de que la convocara extraordinariamente. El vice—Jefe dirigió una nota por el Ministerio respectivo al mismo Consejo, con el fin de que convocara a la Asamblea sin pérdida de tiempo, y así se hizo.

Reunida la Legislatura, el vice—Jefe presentó sus descargos. Estos se hallan en el número 34 del Boletín, correspondiente al 22de agosto de 1830, que puede verse íntegro al fin de este capítulo.

Una comisión compuesta de los representantes Dardon, Vasconcelos y Flores, abrió dictamen, cuya parte resolutiva dice: que el vice—Jefe del Estado procedió con facultades al mandar se ocuparan las alhajas y efectos correspondientes a la testamentaria de Avilés y de San Juan, labor de Aceituno, los 4.000 pesos que existían en poder de don Mariano Aparicio, los bienes de la testamentaria del finado Tomas Arroyave y el capital que litigaba Siliesar con los herederos de don Mariano Arrivillaga. En consecuencia, la comisión concluyó diciendo que el vice—Jefe no era responsable por esos ac— tos de su administración.

La Asamblea escuchó el dictamen atentamente, y después de algunos discursos y[de todos los trámites de reglamento, dictó el decreto de 3 de noviembre de 1830, en que se declara que el vice— jefe don Antonio Rivera Cabezas, había procedido conforme a las leyes preexistentes, y que por tanto estaba libre de toda responsabilidad.

8—Rivera Cabezas había triunfado; pero las publicaciones que contra él se hicieron, la virulencia de los acusadores, los sufrimientos que experimentó durante el debate, y la perspectiva de nuevos ataques bajo el imperio de una Constitución que tanto limitaba las facultades del Poder ejecutivo, le obligaron a presentar su renuncia. Esta fue redactada por el presbítero don Antonio Colom, ministro entonces. En ella se hace ver que la salud del vice—Jefe estaba quebrantada y se presentan de relieve los gravámenes del Gobierno y los encantos de la vida privada. La renuncia no fue admitida.

Entonces el padre Colom pidió con instancia a la Asamblea, a nombre del vice—Jefe, licencia para que este alto funcionario pudiera separarse temporalmente del mando.

El Cuerpo Legislativo, después de graves dificultades por las repetidas instancias, encontró un medio de resolver. Declaró que la Asamblea había sido convocada extraordinariamente para decidir acerca de la acusación contra Rivera: que el asunto estaba resuelto, y que sus funciones habían terminado.

Rivera, obligado por esta negativa, permaneció en el mando.

EDITORIAL DEL "BOLETÍN"

"Es un deber en el hombre público, dar razón de sus operaciones a la sociedad a que pertenece, y este deber se hace más estrecho cuando se intenta divulgar que el funcionario ha abusado del poder que le concedieran los asociados. Corre impresa una exposición que acusa al actual Poder Ejecutivo de infractor de artículos Constitucion ales, y pide al Consejo convoque extraordinariamente la Asamblea, a fin de que le declare la responsabilidad. Esto obliga al Gobierno a sincerar su conducta vulnerada en la dicha exposición.

El funcionario verdaderamente republicano, que estudia y medita la ley hasta en sus más pequeños ápices para marchar por la senda que le hubiese trazado, siente un placer efectivo si advierte que su conducta es observada, y mucho más si la examina la autoridad que debe pronunciar acerca de ella. Esto le proporcionará un fallo terminante y honroso que no obtendría, si no se le hubiese sindicado. Los que exponen contra el segundo Jefe del Estado, que actualmente ejerce el Poder Ejecutivo, le proporcionan esta satisfacción que con ansia desea, y para cuyo logro ha unido sus votos a los de sus acusadores, excitando al Cuerpo moderador a fin de que, atendiendo a la acusación, se sirva convocar extraordinariamente al Cuerpo

Legislativo. Ínterin llega momento tan deseado, para inteligencia de todos y justa satisfacción de los que puedan creerse agraviados por las providencias denunciadas en dicha exposición, examinemos las infracciones de que se hace mérito.

Todas ellas dependen de la solución de este problema: ¿El Ejecutivo del Estado se hallará autorizado para hacer ingresar en el tesoro público los bienes litigiosos y los depositados?

El artículo 1. del decreto de 23 de febrero de 1829, dice: "Todo capital impuesto o depositado, será forzosamente enterado en tesorería".

El decreto de 6 de mayo del mismo año, emitido por el Jefe supremo, en virtud de Lis facultades extraordinarias con que se hallaba investido, en su primer artículo se expresa así: "Todos los depósitos e intereses litigiosos entre cualesquiera personas o corporaciones, serán puestos en la tesorería del Estado." Los acusadores añaden: "pero esta fue una medida interina, mientras el Cuerpo Legislativo establecía las contribuciones, con cuyo producto pudiera hacerse frente a las erogaciones extraordinarias, que pesaban entonces sobre el Estado: con estas mismas palabras lo dice el decreto. "Hemos leído una y muchas veces el mencionado decreto de 6 de mayo, con la mayor atención, desde la palabra el Jefe con que comienza, hasta el Mariano Gálvez con que finaliza, y no hemos encontrado esas mismas palabras citadas en la exposición que se contesta, y que limitan esta facultad del Gobierno hasta la reunión de la Legislatura. Nosotros invitamos a los cuatro firmantes, y a cualquiera otra persona que pueda haber tenido parte en la acusación, para que nos manifieste esas palabras que no hemos encontrado en el decreto y que solo están escritas en su acusación. Si no hay, pues, limitación de tiempo en el decreto ya dicho, debe estar y está en todo su vigor y fuerza; si no es que sea expresamente derogado, y no lo ha sido hasta la fecha.

La orden, núm. 246, del Cuerpo Legislativo, dada en 30 de junio del año pasado, dice en su artículo 1. se diga al Gobierno mande por sí suspender los efectos del decreto de 23 de febrero último, que dispone con generalidad la población de todo capital". Esta orden seguramente ha derogado el decreto de 23 de febrero de que hace mérito, y que dispone con generalidad la población de todo capital;

pero de ninguna manera el de 6 de mayo que solo previene ingresar en el Estado los bienes depositados y los litigiosos. Tan lejos estuvo el Cuerpo Legislativo de derogar el decreto de 6 de mayo, que expresamente añadió: "quedando expeditas sus facultades para exigirlas de los depósitos, los litigiosos, las de aquellos cuyas fundaciones u objetos á que hayan sido destinadas, aun no se hayan realizado."

La orden de que se habla, dice en su fin: "estas disposiciones rijan hasta la reunión del Cuerpo Legislativo." En esto apoyan los acusadores los grandes cargos que hacen al Gobierno; pero estas palabras prueban tanto como las otras que dijimos estar solo en su papel. El período señalado para que rigiese la orden, ¿será el tiempo material de la instalación de la Asamblea, o el de su pronunciamiento sobre el particular? Este segundo es ciertamente, porque la reunión puramente material del Cuerpo Legislativo no aliviaba al Estado en sus cuantiosas erogaciones. ¿Y qué pronunciamiento Legislativo hay que despoje al S. G. de la facultad de hacer ingresar en la tesorería los bienes litigiosos y depositados? Ninguno. Los dos decretos de 30 de noviembre último, citados en la acusación, no hablan de los bienes depositados y litigiosos. El primero solo trata de las contribuciones indeterminadas é introducidas bajo el nombre de empréstitos forzosos. Véase su parte narrativa. El segundo comprende únicamente la población de capitales puestos a censo en que hay mutuamente y mutuario, que no se encuentran en los bienes litigiosos, ni en los depositados, y por lo mismo ni uno ni otro deroga el decreto de 6 de mayo.

No se diga que la distinción hecha en el primer decreto de 30 de noviembre último, de no ser lo mismo quitar al Gobierno el poder de exigir empréstitos, que despojarlo de la facultad de hacer ingresar los bienes litigiosos y depositados, es caprichosa é imaginaría. La Asamblea y Consejo representativo lo entendieron de la misma manera, y por esto, en el mismo día 30 de dicho noviembre, expidió aquella un decreto, mandando que la hacienda pública del Estado no se hiciese cargo de depósitos que no existiesen en dinero o en alhajas preciosas, a cuyo decreto negó la sanción el Cuerpo moderador. Si el Poder Legislativo entendió que con sus dos decretos citados quedaba sin vigor el de 6 de mayo, ¿a qué expedir otro derogándolo solo en

263

parte? Si igual inteligencia tuvo el Consejo, ¿por qué le niega la sanción fundándose en que deja al Gobierno sin los arbitrios y recursos que necesita para cubrir parte de los gastos públicos? De todo se infiere con evidencia que ni una ni otra Cámara creyó estar derogado dicho decreto; y que aún está investido el Gobierno de la facultad de ocupar los bienes de que habla.

Ya se ha dicho que este decreto no está limitado a tiempo alguno, y que la orden número 246 dice: "Estas disposiciones rijan por ahora, hasta la reunión de la próxima Legislatura." Supongamos por un momento, que habla de la reunión material del Cuerpo Legislativo, y en este supuesto discurramos.

Los acusadores se expresan en estos términos: "estas facultades extraordinarias fueron concedidas al Gobierno, con condición de que habían de regir por ahora (son las palabras de la misma ley) hasta la reunión de la próxima Legislatura." Quisiéramos que no se nos hubiese puesto en la necesidad de decir a los firmantes, que se han equivocado. Lo decimos, porque no podemos persuadirnos que maliciosamente formaron un conjunto de expresiones suyas, y de palabras de la ley. He aquí el artículo tercero literalmente copiado: "Que estas disposiciones rijan por ahora, hasta la reunión de la próxima Legislatura." Estas disposiciones, a saber las de la misma orden.

Pues las disposiciones de la misma orden no dan facultades al Gobierno, antes le limitan las que tuviera por el decreto de 23 de febrero, y si estas disposiciones caducaron por la reunión de la Asamblea, son quitadas las limitaciones que hizo, y recobra su vigor el decreto que en parte había derogado, porque no es posible que dada una ley no rija, ni la ley ni su derogación. ¡Cuidado con estos ciudadanos acusadores! porque el artículo 6. se expresa en estos términos: "aquellas personas que ocultaren, o no manifestaren a la tesorería sus depósitos o reconocimientos, dentro de ocho días, deberán pagar precisamente en dinero contado, y además tendrán que exhibir un cinco por ciento, que será aplicado al que hiciere la denuncia.

Mas para que se vea cuán lejos está de responsabilidad el Ejecutivo del Estado en las providencias de que le acusan, figuremos que están derogados los decretos de 23 de junio y 6 de mayo y la orden

264

número 246—¿Querrán más los acusadores? Pues sepan que ni aun en este caso hay responsabilidad en el Gobierno; la Constitución del Estado creó un cuerpo moderador, entre cuyas atribuciones se halla la de aconsejar al P. E., dejando a este en libertad de conformarse o no con su parecer. Si no se conforma, él es responsable sin disputa; pero si se adhiere al dictamen del Cuerpo que la ley le dio para aconsejarse, sería un delirio exigirle la responsabilidad. Alguna diferencia debe haber en uno y en otro caso, y aunque la Constitución del Estado calla sobre el particular, la de la República, de lo cual son una emanación las de los Estados, porque en estos no se hace más que repetir en pequeño la organización que aquella hizo en grande, terminantemente dice en el art. 114, que cesa la responsabilidad del P. E. cuando se conforma con el dictamen del cuerpo moderador. Y he aquí la parte resolutiva de este alto Cuerpo en su dictamen de 6 de junio del presente año: "Art. 1. Que mande proceder el Gobierno a la venta de las alhajas que corresponden a Avilés, y estaban en calidad de depósito en poder de los ciudadanos Pavón.—2. Que dentro de tres días prevenga que el escribano saque testimonio del testamento íntegro, y lo pase al Consejo, para resolver con respecto a las alhajas pertenecientes a San Juan."

Es, pues, totalmente infundada la acusación contra el Ejecutivo, porque ha obrado con arreglo a las leyes no derogadas, y porque lo ha hecho de conformidad con el Consejo representativo.

Vamos ahora a examinar separadamente cada uno de los cargos, para satisfacer las reflexiones particulares con que son acompañados. En el 1. sobre la ocupación de alhajas depositadas en el ciudadano Vicente Pavón, pertenecientes a las testamentarías de San Juan y Avilés, no se hace ninguna. En el número 2. sobre la ocupación de la labor llamada Aceituno, se asegura que por ser el mismo vice—Jefe quien litiga dicha labor, puede tener lugar la reflexión, de que no pudiendo aparecer en juicio con mejor derecho que los otros litigantes, ha adoptado el medio de agregarle a la hacienda pública, para perjudicarlos. Convenimos en que esta reflexión puede muy bien tener lugar en almas corrompidas y acostumbradas a pensar siempre del peor modo posible; pero los hombres de sana intención que juzgan con rectitud, y que no atribuyen criminalidad a otro sino cuando les consta, dirán: que no siendo ninguna conveniencia para los litigantes, que aquello que disputan, ingrese a la hacienda pública, porque después de vencer en juicio, aun les resta practicar gestiones con el Estado; y habiendo el vice—Jefe, que litiga lo de Aceituno, hecho ingresarlo, ha dado un testimonio de que es igual como la ley de que es ejecutor. Para que se vea cuan despreciable e injusta es la primera reflexión, y cuan acertada sería la segunda, conviene que sepan UU.,CC. acusadores, que el Consejo representativo pidió por conducto del Gobierno, informe a la Corte superior de justicia, sobre si estaba litigiosa la mencionada labor de Aceituno. No ha de haber sido para solo tener el gusto de saberlo. Fue, sin duda, para recordar al Gobierno el cumplimiento de las disposiciones sobre bienes litigiosos; v la delicadeza de la persona que ejerce el P. E. exigía que fuese mucho más puntual en el cumplimiento de la ley contra intereses que cree pertenecerle. Considerando (estas palabras contienen el acuerdo del Poder ejecutivo) que la delicadeza del Gobierno está interesada en prevenir los deseos del Consejo representativo que acaba de pedir informe a la Corte superior de justicia sobre aquel particular, sin duda para excitar al propio Gobierno a fin de que ocupe aquellos bienes como litigiosos.... acordó que la Intendencia dé las órdenes correspondientes para ocupar la labor llamada de Aceituno.

En el tercer cargo se da a entender que el Ejecutivo procedió con ligereza en acordar exigirle un depósito al C. Mariano Aparicio, porque se asegura no haberse tenido a la vista documento alguno que acreditase la existencia de tal depósito. Este cargo es desvanecido con sus mismas últimas palabras, en que confiesan los acusadores la denuncia de uno que suponen enemigo de Aparicio, y el examen de algunos testigos. No titubearemos en asegurar que la ligereza está de parte de los acusadores, que acaso no tuvieron presente el expediente de la materia. En él aparecen cinco testigos que deponen la certeza de un depósito confiado a don José Antonio Somoza: que del poder de éste pasó al de su viuda C. Casilda Aguirre, y por su nuevo enlace matrimonial al del C. Mariano Aparicio.

Para satisfacer al último cargo, copiaremos la comunicación de la tesorería al C. Arrivillaga. "Al C. Francisco Arrivillaga. Hoy me dice el Intendente general de hacienda, lo que copio. El Secretario general del despacho, en nota fechada el 24 del corriente, me comunica que el Supremo Gobierno ha dispuesto introduzcan en esa tesorería los herederos de don Mariano Arrivillaga la parte que corresponda del capital de dos o tres mil pesos, que dejó el finado don Tomas Leiva, siendo el último usufructuario de sus réditos el C. Manuel Siliesar, y debiendo pasar después de su muerte por mitad al extinguido convento de san Francisco y al Beaterio de Belén". Siliesar, en virtud de decreto de las Cortes españolas, debe entrar en posesión de la mitad del capital, quedando la otra para sus inmediatos sucesores, que lo son san Francisco y Beaterio de Belén, y por la disposición desocupación de temporalidades de las ya no existentes religiones, el Estado y dicho Beaterio. Tiene, pues, indisputablemente derecho el tesoro público, a una parte del capital que reconocen los CC. Arrivillaga y se ha obrado con legalidad al mandar enterar la parte que corresponda.

Los acusadores concluyen manifestando al público los motivos que los impulsaron a hacer su acusación. La opinión de esta naciente República: la marcha majestuosa que debe llevar: la exacta observancia de la ley jurada: el creerse (sino hubieran reclamado) menguados y poco celosos de la conservación de sus derechos y de los demás ciudadanos: he aquí las causas que nos aseguran los mismos acusadores que los impelieron a la acusación. Desearíamos se hubiesen desnudado de esta hipocresía política, y no nos quisiesen vender una adhesión a nuestras instituciones que no les será fácil probar, y se hubieran contentado con decir únicamente que usaban del derecho que a todos los habitantes del Estado da su Constitución en el art. 28. Los presentados contra el vicejefe son interesados en la acusación, por lo cual nos inclinamos a creer que esta es la verdadera y única causa que la ha motivado. Al ciudadano Pedro Cerón se le ha hecho entregar la labor llamada de Aceituno: el ciudadano Moreno sabe que parte del precio no satisfecho aun de la hacienda San Agustín que actualmente posee, pertenece a temporalidades, y que hay litigio sobre el potrero de Corona, de que también está en posesión: el español José Rivas es hermano político y paniaguado de Cerón, quien le ha mantenido a sus hijos, y al ciudadano José Mariano Aparicio se le ha prevenido la entrega del depósito de que hemos hablado. Dígannos, pues, que los deseos de atacar la delicadeza del Gobierno, para que no continúe providenciando contra los intereses de los acusadores, es el móvil de su proceder, y dejen de decantarnos adhesión al sistema: el que, mereció la confianza del intruso Jefe, quien le comisionó para que abriese en la estafeta del correo las cartas y fuese su calificador inquisitorial, y el que hacía introducir espías en el ejército protector de la ley: el que se justificó tan servilmente ante Aycinena, y el partido enemigo de la Constitución con su papel publicado después de la derrota de Arrazola, y sirvió destino concejil en aquella época, cuando lo ha renunciado electo por los libres; el que por su origen no es creíble esté contento con nuestras instituciones."

CAPÍTULO VIGÉSIMO: EL ARZOBISPO Y EL CABILDO.

SUMARIO.

El Arzobispo fray Ramon, desde la Habana hostilizaba al Gobierno, pretendiendo sublevar al pueblo de Centro—América por medio de cartas, de pastorales y de agentes. Cierto presbítero guatemalteco, era uno de los más activos colaboradores de Casaus. El ciudadano Calisto García Goyena, lo averiguó y se presentó a la Asamblea denunciando el hecho y pidiendo su castigo. El expediente pasó a los tribunales, y se puso en claro que ese presbítero conspiraba en unión de muchas personas, y que eran sus colaboradores los curas de San Agustín Acasaguastlán y de Zacapa; y que esos clérigos insistían en los milagros de la madre Teresa: que ya había otra monja que también suspendía las leyes de la naturaleza en beneficio de la causa de los justos. Se enviaban al Arzobispo muchas cartas y se recibían instrucciones de él para toda la maniobra política. Para mayor confusión de esos clérigos, el Poder ejecutivo envió a los tribunales ejemplares de la carta de Pio VII, que declara ilusa a la madre Teresa y reprende al Arzobispo. Esa carta forma parte del proceso.

Con vista de tales conspiraciones, se expidió el decreto que dice así: "El vice—Jefe del Estado de Guatemala—Por cuanto la

Asamblea Legislativa tuvo a bien decretar, y el Consejo representativo ha sancionado lo que sigue—La Asamblea Legislativa del Estado de Guatemala, considerando: que el arzobispo fray Ramon Casaus, relegado a la isla de Cuba, como uno de los principales autores de la última revolución , ha tenido en su destierro un comportamiento inesperado y reprensible, que no da esperanzas de mejora: que ha rendido cuenta al Rey de España, como si fuese un súbdito suyo, de la conducta política que guardó en esta nación después de haber jurado nuestra Independencia: que ha solicitado del mismo Rey le promueva a un Arzobispado de España: que Fernando VII le aprobó, con consulta uniforme de su Consejo de las Indias, sus hechos y conducta política: que le asignó tres mil pesos de renta, ordenándole que permanezca en la Habana hasta tanto pueda restituirse a Guatemala: que fray Ramon, fiel observante de estos mandatos, intenta gobernarnos desde el punto de su relegación, dirigiendo desde allí escritos subversivos, para inquietar las conciencias y encender entre nosotros una guerra religiosa, que nos desuna y debilite: que toda la conducta anterior del Arzobispo ha sido perversa, oponiéndose a la proclamación de Independencia, que después juró contento; oponiéndose a todo sistema liberal de Gobierno, al cual después se sometía, tomando una parte activa para subyugar este Estado a la dominación del emperador Iturbide, de quien solicitó y obtuvo algunas distinciones de honor, según todo consta de los documentos respectivos que se han tenido a la vista; ha tenido a bien decretar y decreta:

Art.1. —Se declara traidor a la patria al arzobispo de Guatemala, fray Ramon Casaus.

Art. 2.—Se declara que el mismo Arzobispo ha perdido los derechos de ciudadano, conforme a lo dispuesto en el párrafo 1, art.20 de la Constitución federal.

Art.3. —En consecuencia queda extrañado perpetuamente del territorio del Estado, y su silla vacante.

Art. 4. —Mientras se provee canónicamente el Arzobispado, sus rentas entrarán a la tesorería. Los bienes particulares de fray Ramon, serán ocupados con arreglo a lo dispuesto en el decreto de 23 de noviembre último.

Art. 5. —El Cabildo eclesiástico nombrará Vicario y Gobernador general del Arzobispado, arreglándose a lo dispuesto en el derecho canónico; pero el que así fuere nombrado, no entrará a ejercer su cargo sin aprobación previa del Gobierno.

Art. 6. —Es prohibida de hoy en adelante toda comunicación con el expresado fray Ramon Casaus, a quien se considerará enemigo público.

Art. 7. —El Gobierno cuidará de informar a Su Santidad sobre todo lo ocurrido, activando las disposiciones prevenidas en el decreto de 5 de diciembre del año próximo pasado.

Art.8. —El mismo Gobierno hará imprimir y publicar los documentos principales que demarcan la conducta hostil del Arzobispo, a quien le intimará el presente decreto.

Comuníquese al Consejo representativo para su sanción.

Dado en Guatemala, a trece de junio de mil ochocientos treinta.

José Bernardo Escobar, diputado presidente—Félix Solano, diputado secretario—Manuel Arellano, diputado secretario—Sala del Consejo representativo del Estado de Guatemala, en la corte, á veintiséis de junio de mil ochocientos treinta—Al Jefe del Estado—José Gregorio Márquez, presidente—Francisco Javier Flores—Ricardo Aguilar—Dionisio María Dumas, secretario interino—Por tanto: ejecútese—Guatemala, junio veintinueve de mil ochocientos treinta—Antonio Rivera Cabezas."

El decreto preinserto fue comunicado al Cabildo metropolitano para que diera cumplimiento al art. 5, nombrando Vicario capitular.

El Cabildo se componía entonces de seis personas, a saber: el doctor Antonio García Redondo, dean; el maestre—escuela, doctor Bernardo Martínez; el penitenciario, Dr. Antonio Larrazábal; el magistral, doctor Antonio Croquer; el tesorero, doctor José Valdés; y el canónigo doctor don José María de Castilla. El dean García Redondo y el magistral Croquer se hallaban ausentes, y solo quedaban cuatro capitulares.

Fray Ramon al salir de Guatemala, nombró tres individuos para que ejercieran, según el orden de sus nombramientos, la Vicaría general. Fueron los doctores José Antonio Alcayaga, Pedro Ruiz de Bustamante y Diego Batres. Casaus ratificó estos nombramientos en la Habana, y comenzó a funcionar como. vicario Alcayaga.

Este eclesiástico se puso en desacuerdo con el Arzobispo, y tuvo necesidad de renunciar. Se cree que el Arzobispo le mandó que renunciara, y aún hay quien piense que fue despojado.

Entró a funcionar como vicario el doctor Bustamante, quien inspiraba desconfianza al Gobierno, por estar íntimamente unido por vínculos de amistad y de partido con los hombres que sucumbieron en 1829.

Por lo mismo renunció, y la Vicaría recayó en el doctor don Diego Batres. En esta situación se hallaban los asuntos eclesiásticos, cuando el Cabildo metropolitano tomó en consideración el decreto de 13 de junio de 1830.

Sabido es que, por los Cánones de la iglesia, en sede vacante, la jurisdicción del Obispo recae en el Cabildo, y que este no la ejerce por sí, sino que nombra un Vicario capitular. Pero decían los canonistas, que fray Ramon no había muerto: que un decreto del Poder Legislativo no podía disolver lo que ellos llaman vínculo entre el Obispo y su iglesia: que no estando roto ese vínculo, no había sede vacante, y que en sede plena no puede nombrarse Vicario capitular.

Sin embargo, los señores Martínez y Larrazábal opinaron de distinto modo. Martínez dijo: que los casos más comunes en que espira la jurisdicción del Obispo, son la muerte, la traslación, la renuncia, la permuta y la deposición; pero que hay otros muchos que presentan los canonistas; y citando a Barbosa, á Murillo, al cardenal de Luca y a otros muchos autores, dijo: que uno de estos casos era la deportación, la muerte civil, la inhabilidad del Obispo, y que en éste se hallaba fray Ramon Casaus. El señor Larrazábal presentó su opinión en estos términos: "es mi voto que se está en el caso de que, o continúe en el gobierno eclesiástico la persona que actualmente lo ejerce, o el Cabildo elija otra con las circunstancias y en la manera que dispone el capítulo 16 del Santo Concilio de Trento, sesión 24 de Reformatione".

Valdés dijo: que siendo constante en derecho canónico, que extrañado del país el Obispo por la jurisdicción política, debe gobernar la diócesis su Vicario, el Cabildo no estaba en el caso de nombrar Vicario capitular, puesto que los Vicarios nombrados por el Arzobispo, y reconocidos por el Gobierno del Estado, existían sin habérseles presentado tacha que impidiera su jurisdicción.

El canónigo Castilla dijo lo mismo, en los términos siguientes: El Cabildo no está en el caso de nombrar Gobernador del Arzobispado, porque el Prelado metropolitano a su salida de esta corte, nombró Vicarios a instancias del Gobierno, y los invistió, no solo de las facultades ordinarias, sino también de las extraordinarias: que si dicho Prelado se hubiera negado a nombrar Vicarios, o su salida hubiera sido tan apresurada, que no le hubiera permitido hacerlo, entonces el Cabildo estaría autorizado por derecho para elegir uno que ejerciera la jurisdicción eclesiástica".

El Cabildo se hallaba dividido. Martínez y Larrazábal opinaban de un modo: Valdés y Castilla opinaban de otro. Para salvar la dificultad nombraron tercero en discordia al presbítero don Lázaro José de Silva, que era bachiller en derecho canónico. Se le pasaron por el Secretario los dictámenes de los cuatro capitulares, y cuando avisó que estaba impuesto de ellos, concurrió al Cabildo, se le recibió el juramento de estilo, y acto continuo votó, adhiriéndose a la opinión de los capitulares Martínez y Larrazábal.

En consecuencia se procedió por los mismos cuatro capitulares a la elección de Vicario por votos secretos, y después de varios escrutinios resultó electo el doctor en cánones y abogado, don Pedro Ruiz de Bustamante. Se dio aviso al Gobierno, y el vice—jefe Rivera Cabezas, contestó, que en virtud de las facultades que le concedía el artículo 5. del decreto de 13 de junio, no aprobaba la elección.

La hizo nuevamente el Cabildo en la misma forma que la anterior, y recayó en el doctor teólogo, don Diego Batres. Se dio cuenta al Gobierno, y el nombramiento fue aceptado. El padre Batres era a la sazón Vicario nombrado por el Arzobispo. La elección del Cabildo no cambiaba la persona; pero mudaba el origen de la jurisdicción. Ya esta no procedía del Arzobispo; procedía del Capítulo como en sede vacante.

Esta resolución trascendental indignó a Casaus, quien desde la Habana expidió cartas y pastorales, declarando nulo cuanto el padre Batres hiciera como vicario capitular. Las dispensas, según Casaus, eran nulas, nulos los matrimonios, nulos todos los actos de jurisdicción eclesiástica. El que conozca a los pueblos latinoamericanos, comprenderá el efecto que esta situación produjo. Las ancianas y los niños se creían ya condenados. Los filósofos se reían, y los indígenas no comprendían una palabra de lo que estaba pasando.

Fray Ramon, a solicitud de varios timoratos, nombró Vicarios que no daban la cara, y que ocultamente despachaban en tode lo relativo a jurisdicción eclesiástica. El padre Batres lo supo, y entró en pugna con ellos. Un panfleto impreso en San Salvador, intitulado El monstruo de dos cabezas, vino a agitar más los ánimos. En él se censura con citas de los cánones y de los padres de la iglesia, la conducta del Cabildo eclesiástico.

El canónigo Martínez era tan instruido, que bien merecía la reputación de sabio. En cánones y en teología no tenía rival; pero no gozaba de concepto como hombre sincero. Se creía que toda su ciencia la ponía al servicio de sus caprichos. Muchos serviles lo detestaban, aunque fue inquisidor, cualidad recomendable para ellos, porque siguió un proceso contra el arzobispo fray Ramon por sus conocidas supercherías en el convento de Santa Teresa. El señor Larrazábal gozaba de una reputación superior a su mérito. No era profundo en ciencias, como el señor Martínez, ni tenía la cultura del señor Castilla. Sa carácter era dominante y sus maneras bruscas. Se le creyó liberal, porque en las cortes de España, auxiliado por algunos políticos y literatos que al Poder Legislativo no pertenecían, hizo oposición a las tendencias absolutistas de Fernando VII. La creencia de que el canónigo Larrazábal era liberal, se hallaba tan extendida, que el año de 23 fue nombrado por la Asamblea nacional Constituyente, individuo del primer Poder ejecutivo federal, y si Larrazábal no gobernó á Centro—América en ese concepto, fue por haber renunciado alegando incompatibilidad entre el sacerdocio y el poder civil. Indudablemente hace honor al señor Larrazábal el haber visto esa incompatibilidad que los Sumos Pontífices no ven; pero él sirvió de firme al partido servil, y murió siendo una de sus columnas. El único acto de liberalismo que se le vio después de la renuncia del año de 23, fue el voto en el Cabildo, que hizo vicario al padre Batres; pero si por ese voto debiéramos declarar liberal al señor Larrazábal, era preciso hacer la misma declaratoria en favor del señor Martínez, y es imposible que sea liberal un inquisidor. El canónigo Valdés no era una lumbrera literaria ni científica; pero se le creía probo. El señor Castilla era un hombre culto, sin afectación; sus maneras finas le abrían las puertas de todos los círculos sociales; su conversación era amena y sus discursos poéticos; al pie del patíbulo y a la cabecera de los moribundos, el señor Castilla pretendía tranquilizar a los creyentes, separando todo el horror de la agonía por medio de una elocuencia poética, digna de Chateaubriand, y a los libres pensadores con doctrinas filosóficas que obligan a despreciar la muerte. Camprodon en su drama intitulado "Espinas de una flor", presenta a una mujer que espirando, oye la campana de la agonía, y en voz balbuciente dice á un sacerdote llamado el padre José:

"Padre, ¿qué quiere decir el toque de esa campana?"

La contestación en verso contiene algunos de los muchos y variados pensamientos con que el señor Castilla auxiliaba a los moribundos que en la inmortalidad del alma creían. El padre José responde:

> "Es, hermana, un signo externo
> Con que el creyente ha marcado
> El toque de un desterrado,
> Que llama al hogar paterno.
> Es la voz de la oración
> Con que a los fieles se avisa,
> Que hay un alma que divisa
> Las palmeras de Sion".

El señor Castilla, sin embargo de estas relevantes cualidades, recordó en el Cabildo que era el clérigo, y que su prelado era fray Ramon Casaus; votó en favor de los intereses del Arzobispo, y este voto sirvió de mucho a los serviles.

Los individuos que iban a ordenarse a la Habana, no contaban con Batres, y a su regreso, este no les permitía celebrar. Algunos para salvar dificultades, contaban con don Diego; pero al saberlo el Arzobispo, no los ordenaba. Muchos clérigos predicaban en favor de Batres, y con éstos las mujeres más exaltadas no querían confesarse, ni aun les oían la misa. Al presentarse en el presbiterio uno de estos eclesiásticos, muchas beatas hacían gala de salirse de la iglesia, despreciándolos públicamente[30]

---

[30]Esta situación permaneció hasta el año de 36. A ella puso término el Sumo Pontífice Gregorio XVI, quien dictó el decreto que sigue:

DECRETO

De Guatemala, en la América Septentrional—De sanación y confirmación del vicario capitular.

Hace pocos días representaron a nuestro Smo. Padre Gregorio por la divi.na Providencia Papa XVI, algunos individuos del Cabildo de la Iglesia Metropolitana de Guatemala, cómo, habiendo sido el actual Arzobispo de la misma Iglesia separado de su grey por las turbulencias políticas, y hallándose en la Habana; juzgó dicho Cabildo, atendidas las circunstancias y principalmente la distancia de los lugares, deber proceder a la elección de Vicario capitular; y que esta recayó en el doctor Diego Batres, designado en tercer lugar entre los que había nombrado el Arzobispo, cuando iba a apartarse de Guatemala, para que en su ausencia hiciesen sus veces. Pero como se suscitó duda sobre la legitimidad de la misma elección, acordaron consultar a la silla apostólica, así para que les dejase tranquila su conciencia, como para que oportunamente les prescribiese lo que debería hacerse en este asunto. Por tanto, después de un maduro examen de todo, su Santidad, a quien di cuenta yo el infrascrito Secretario de la Sagrada Congregación destinada a los negocios consistoriales, acogiendo benignamente esta súplica, y sanando previamente, en cuanto sea necesario, lo que el mismo Diego Batres haya practicado como vicario capitular de la referida Iglesia Metropolitana, le ha confirmado con la autoridad apostólica en este cargo, con las facultades que por derecho o costumbres competen a los Vicarios capitulares; concediendo además al Cabildo la potestad de subrogarle otro, cuantas veces aconteciere que falte, sin que obste en contrario cosa alguna. Y mandó que sobre esto se extendiese el presente decreto, y se insertase en las actas de la misma Sagrada congregación. Dadlo en Roma, el día 24 de febrero del año del Señor de 1836.

Lugar del sello.

Luis Tregia, Arzobispo de Calcedonia, Secretario de la misma Sagrada Congregación.

Este decreto vino con una carta dirigida al Cabildo eclesiástico. Esa carta dice así:

CARTA A ESTE CABILDO ECLESIASTICO.
Gregorio Papa XVI,

Amados hijos: salud y bendición apostólica—En estos días nos han llegado al fin vuestras letras datadas a 8 de julio del año próximo, en que por segunda vez, amados hijos, disteis cuenta a esta Silla Apostólica de los sucesos ocurridos en orden al gobierno de esa Iglesia, después que el venerable fray Ramon, vuestro arzobispo, fue expelido del territorio de Guatemala; y rendidamente nos suplicasteis que ordenemos lo que en estas circunstancias nos parezca conveniente, y os mostremos el camino que podáis seguir con segura conciencia. Nuestro corazón, a la verdad, se había ya penetrado de un gran dolor por aquella tristísima desgracia, de que hace tiempo estábamos informados por otros muchos avisos; pero nunca habían llegado a nuestras manos vuestras primeras letras, y vanamente hemos esperado hasta ahora alguna otra ocasión oportuna de acudir con nuestra autoridad apostólica al socorro de esa grey, destituida de la presencia de su pastor. Ahora en ese vuestro anhelo de repetir la exposición, habemos reconocido vuestra constante obediencia á Nos y esta Silla de San Pedro; y por tanto os correspondemos, amados hijos, con muchas alabanzas y una peculiar demostración de nuestro amor paternal. Y por lo que respecta al asunto de vuestras letras, es adjunta a esta carta un decreto firmado del Secretario de nuestra Congregación Consistorial, por el cual entenderéis como habemos Nos secundado vuestro deseo y vuestras preces. Entre tanto no cesamos de rogar a nuestro Grande y Buen Dios por los méritos de su hijo Jesucristo, que con su diestra proteja esa Iglesia, y la defienda con su santo brazo. Y por presagio de este divino auxilio, a vosotros amados hijos, y a los demás fieles, clérigos y legos de la misma Iglesia, que nos son carísimos en Cristo, damos amorosamente la bendición apostólica. Dado en San Pedro, en Roma, el día 5 de marzo del año de 1836, 6. de nuestro Pontificado.—Gregorio Papa XVI.

Como catedrático de retórica en la Academia de estudios, yo el presbítero—bachiller en cánones, José Mariano Herrarte, certifico: que por encargo del Cabildo de esta Santa Iglesia Metropolitana, he revisado la traducción del decreto y carta de su Santidad que anteceden, su fecha de 24 de febrero y 5de marzo últimos; y la he hallado exacta. Guatemala, octubre 19 de 1836—José Marín Herrarte.

Son copias fielmente sacadas de sus originales, que quedan en el archivo de mi cargo; y las hice sacar por acuerdo del Venerable Cabildo de esta Santa Iglesia Metropolitana.—Guatemala, octubre 19 de 1836.—José Francisco Gavarrete, secretario del Cabildo."

El Cabildo dirigió al clero la manifestación siguiente:

"Venerable clero de este arzobispado: el Cabildo de esta Santa Iglesia Metropolitana, con motivo del extrañamiento del padre arzobispo doctor y maestro fray Ramon Casaus y Torres, eligió, como todos saben, para el cargo de vicario capitular, gobernador del arzobispado, al doctor Diego José Batres, quien lo desempeña desde el día 5 de agosto de 1830, y continúa en su ejercicio. Este cuerpo dio cuenta en primera oportunidad, como era debido, a la Santa Sede Apostólica, para arreglarse enteramente a su suprema resolución. Mas a pesar de que fue triplicada la consulta, de cuya dirección se encargó al Dean, ya finado, doctor García Redondo, quien la envió por conducto seguro, como consta al Cabildo; no llegó a manos de Su Santidad. Recelándolo así algunos de los que suscriben, la repitieron por su parte, y ha sido con éxito feliz; pues, aun antes de que haya podido llegar a Roma la que últimamente se despachó, reproduciendo, ampliando y documentando la primera; ha recibido el Cabildo el día 15 del corriente, con la debida veneración y gratitud, el decreto de 24 de febrero último, en que Ntro. Smo. padre Gregorio XVI se ha dignado confirmar al expresado Vicario en este cargo, acompañado de una carta de Su Santidad, fecha 5 de marzo, en que brillan los sentimientos de su celo apostólico y de su amor paternal hacia esta iglesia; y remitido todo por el eminentísimo señor Secretario de la congregación de negocios consistoriales y eclesiásticos. En su vista el Cabildo ocurrió inmediatamente al Gobierno del Estado, para poder hacer su publicación, y la verifica con su anuencia, para que se observe como es justo este decreto pontificio, cuya traducción y la de la carta se han hecho

En San Salvador mandaba Cornejo, quien se hallaba de acuerdo con Arce y con Domínguez, según adelante se verá. Cornejo estaba interesado en promover dificultades a los liberales. Él pudo obtener que algunos de los candidatos ministeriales triunfaran en las urnas electorales y dominar en la Asamblea, aunque con exigua mayoría. Cornejo pretendía que el Estado que tantas pruebas dio en favor de la libertad y la República desde el año de 11, y que tantas glorias obtuvo en los campos de batalla, marchitara sus laureles poniéndose al frente de la reacción, y formando en las filas de la aristocracia. Cornejo era para los serviles de Guatemala el Moisés que debía conducirlos a Canaán; pero el nuevo Levita se hallaba al frente de un pueblo libre; las casas de los ciudadanos que le combatían, estaban rociadas con la sangre de ilustres víctimas, y la espada exterminadora no llegó a herirlas.

Cornejo obtuvo que su escasa mayoría emitiera en la Asamblea un decreto que desconoce la legitimidad del gobierno eclesiástico que ejercía el doctor Delgado, no en calidad de obispo, sino de vicario, desde el tiempo de Casaus, y se envió terna al arzobispo fray Ramon para que nombrara un vicario salvadoreño.

El Congreso federal cortó las relaciones entre Cornejo y Casaus, dictando una disposición que eleva a ley federal el decreto de la Asamblea de Guatemala que se halla en el número 2 de este capítulo.

En abril de 31, volvieron a Guatemala el dean don Antonio García Redondo y el magistral don Antonio Croquer. Se impusieron detenidamente en la materia cuestionada, y declararon sólidos los

---

exactamente, y van unidas al texto latino, a fin de que llegue a noticia de todos los fieles, como lo merece y exige la importancia de su contenido.
Sala Capitular de Guatemala, 20 de octubre de 1836.
Bernardo Martínez—Antonio Larrazábal—José M.C. de Castilla—Antonio Croquer—De acuerdo del venerable cabildo: José Francisco Gavarrete, secretario". Si el año de 30 hubiera dictado la Curia romana el decreto preinserto, la monja de Santa Teresa y sus colaboradores habrían tenido que callar. Pero la resolución no vino hasta el año de 36 y hubo bastante tiempo para que se explotará lo que ellos llamaban cisma. Sin embargo, ningún resultado favorable les produjo la agitación de los ánimos que pretendían sostener. El asunto de día en día alarmaba menos las conciencias meticulosas, y cuando el Papa decidió, casi nadie pensaba ya en esa cuestión eclesiástica.

fundamentos en que descansó la elección de vicario, como también legítima la autoridad que ejercía el doctor don Diego Batres. Estando todos de acuerdo, contestaron al impreso que se intitulaba Monstruo de dos cabezas," por medio de un folleto fechado el 31 de agosto de 1831 y suscrito por los señores Antonio García Redondo, Antonio Larrazábal, Antonio Croquer, José Valdés y José M. c de Castilla. Este folleto tuvo una grande influencia. Los fanáticos vieron al Cabildo unido, y abandonaron gran parte de sus pretensiones, porque la unión hace la fuerza. Muchos de ellos se deslumbraban con la inmensa cantidad de textos que los canónigos aducían en su apoyo. El folleto del Cabildo está escrito en un estilo sencillo y correcto: su lenguaje no es duro ni punzante; se contrae a dilucidar las cuestiones sin ofender a personas ni a partidos. Todo esto le daba una gran superioridad sobre los papeles de oposición, entre los cuales se hallaban unos folletos en estilo insoportable, publicados por un padre Muñoz, acérrimo ultramontano que figuraba en primera línea en las filas de Casaus.

2A don Diego Batres sucedió como vicario capitular, el canónigo don Antonio Larrazábal.

CAPÍTULO VIGESIMOPRIMO: ELECCIÓN DE PRESIDENTE DE LA REPÚBLICA.

(INSTALACIÓN DEL CONGRESO Y DE LA CORTE SUPREMA DE JUSTICIA).

SUMARIO.

1—Se instala el Congreso—2. Se instala la Corte suprema de justicia—3. Personas que tuvieron votos para la Presidencia—4. Barrundia—5. Morazán —6. Valle—7. Escrutinio—8. Se designa día para la posesión del Presidente—9. Entrada del general Morazán a Guatemala—10. Morazán toma posesión—11. Felicitaciones—12. Discurso de Morazán —13. Proposición de Gorris y Solano—14. Felicitación de la Asamblea á Barrundia—15. Contestación de Barrundia—16. Isla de Roatán—17. Elección de vice—Presidente.

Las supremas autoridades federales debían renovarse, y se procedió A elecciones en toda la República. El 27 de marzo de 1830 se declaró instalado el Congreso. Para solemnizar el acto se hicieron las ceremonias de costumbre.

Se instaló también la Corte suprema de justicia, compuesta de los ciudadanos Nicolas Espinosa, José Antonio Larrave, Manuel José de la Cerda y Jacobo Rosa.

Estaba hecha la elección de Presidente. Tuvieron votos el general Morazán , don José Francisco Barrundia, don José del Valle, don Antonio Rivera Cabezas y don Pedro Molina, sin embargo de que una acusación pesaba todavía sobre éste.

Barrundia no ambicionaba el mando ni trabajaba para sí. Es uno de los pocos hombres de la historia que han rehusado siempre con sinceridad los primeros puestos de su patria. Él quería que la elección recayera en Morazán . Barrundia, sin embargo, tuvo votos.

Morazán se presentaba con los laureles de la victoria. Era ya no solo el héroe de la Trinidad, de Gualcho, de San Antonio, de San Miguelito y de las Charcas, sino de Olancho y Opoteca y el pacificador de Nicaragua. Su aureola en la pequeñez de nuestro suelo era la que rodeaba en grande escala á Bonaparte al volver de Egipto. Sin embargo, hubo quien le hiciera competencia en las elecciones.

El licenciado don José del Valle, era, según la opinión general, el hombre más instruido que tenía la República. "El Amigo de la Patria" y otras publicaciones suyas, hacían creer que en la literatura y en las ciencias no tenía competidores en toda la extensión de Centro—América. Valle hizo siempre oposición a la aristocracia, conducta que le valió el que frecuentemente se execre su memoria, y aun se pretenda disminuir sus glorias literarias. En la junta de 15 de setiembre de 1821, habló contra el pronunciamiento instantáneo de Independencia, porque deseaba se hiciera homenaje a la soberanía del pueblo, oyéndose el voto de las provincias. Valle, sin embargo, no era incapaz, como Barrundia, de transigir con los gobiernos que no tuvieran por base la democracia y la república. Transigió con el Imperio mejicano y fue diputado al Congreso de Méjico, donde brilló por su elocuencia y por la variedad y extensión de sus conocimientos, y fue Ministro del Emperador. Iturbide lo redujo a prisión cuando disolvió el Congreso. Después del pronunciamiento de Echavarri y Bravo, se restauró la Legislatura, y Valle sostuvo que las provincias de Guatemala eran libres para pronunciarse en el sentido que más les conviniera. Había sido individuo del primer Poder ejecutivo federal, y el único poderoso competidor de Arce en la primera elección de Presidente. Tuvo más votos que Arce, fue electo Presidente, y el Congreso le defraudó la elección; pero en 1830 el brillo de una espada eclipsaba la ciencia y la profundidad de cálculos del gran prensador centro—americano.

En junio se hizo el escrutinio. Los votos populares estaban divididos entre Morazán y Valle. Morazán tenía mayor número; pero para averiguar si había o no elección popular, era preciso que se declarara si sería la base el número de sufragios que la República tenía derecho a emitir o el de los sufragios emitidos y tomados en cuenta al tiempo del escrutinio. En el primer caso no había elección popular, y el Congreso debía decidir entre Morazán y Valle. En el segundo caso estaba electo popularmente el general Morazán . La misma cuestión se presentó el año de 25, entre Arce y Valle. Si se tomaban por base los sufragios que se debían emitir, no había elección popular. Si la base eran los sufragios emitidos, Valle estaba electo popularmente. Entonces el Congreso, para excluir a Valle, declaró que la base eran los sufragios que debían emitirse, y procediendo a decidir entre los candidatos, fue electo Arce. Valle escribió luminosos folletos, demostrando que la base debían sor los sufragios emitidos y que se le había usurpado la Presidencia de la República. El año de 30, conforme al texto literal de los folletos de Valle, se tomó por base el número de los sufragios emitidos, y se declaró electo popularmente al general Morazán . Valle no reclamó. Para hacerlo, habría tenido necesidad de combatir sus doctrinas y sus protestas del año de 25. El Congreso federal se componía casi en su totalidad de partidarios de Morazán . Si se declara que la base debían ser los sufragios que debieron emitirse, el Congreso habría procedido a decidir entre Morazán y Valle, y en aquellos momentos la elección no podía ser dudosa. Bastaba para la ambición de Valle haber podido competir desde su bufete de abogado con Morazán , en días en que Centro—América, políticamente hablando, casi no hacía más que tributar elogios al vencedor de Gualcho.

Morazán debía tomar posesión el 15 de setiembre. Pero aquel día iba a emplearse en la pomposa celebración de la Independencia, y se acordó que Barrundia le entregara el mando en medio de regocijos públicos, el 16.

Morazán había permanecido en el Salvador y Honduras, después de su salida a combatir en Olancho y Opoteca. Se le llamó a Guatemala e hizo su entrada triunfal en la tarde del 14 de setiembre. Todas las esperanzas se fundaban en él. Se creía que quien había salido de una oficina oscura de Tegucigalpa para ir de triunfo en triunfo, hasta la Presidencia de Centro—América, no podía ser nunca abandonado por la victoria.

El 16 de setiembre fue uno de los días más faustos de la Historia de Centro—América. Reunidas en el edificio del Congreso todas las autoridades federales y del Estado, el senador presidente don José Francisco Barrundia, con su sencillez republicana, que jamás se alteró bajo el dosel, se presentó ante el Congreso y entregó allí el mando supremo de la República al ciudadano electo por los pueblos.

Todos los Estados felicitaron al general Morazán por su elección, y a don José Francisco Barrundia por el acierto con que ejerció el Poder Ejecutivo. La Asamblea de Guatemala dirigió a Morazán por medio de uno de los oradores más distinguidos de aquel cuerpo, don Alejandro Marure, el discurso siguiente: "Ciudadano Presidente: la

Asamblea Legislativa de este Estado felicita a Ud. por su elevación a la silla del poder supremo nacional. Siente el más vivo placer al contemplar al hijo de la victoria, sosteniendo con la autoridad legítima y Constitución al, los derechos y la libertad de un pueblo que reconquistó Ud. con triunfos singulares. Este Estado es reconocido á tanto beneficio: su Representación hoy nos honra confiándonos la comisión de hacerlo así presente ante Ud., y también de manifestarle la espontánea voluntad que tiene de hacer en adelante los mismos servicios que actualmente ha prestado al Supremo Gobierno, de mantenerse firme y continuamente unida a él y de probar en todo tiempo su amor decidido por la ley. Nosotros a la vez ofrecemos a Ud. nuestro respetuoso afecto hacia la persona de Ud."

El general Morazán contestó literalmente lo que sigue: "El sistema federativo solo puede sostenerse por la íntima y estrecha unión de los Estados entre sí y con el Gobierno nacional: por lo mismo me es muy grata la actual demostración de la Legislatura de este Estado, con la cual deseo vivamente mantener la mayor armonía, sin perdonar para ello medio ni sacrificio alguno."

El 29 de setiembre hicieron proposición los representantes Gorris y Solano, para que a nombre de la Asamblea se dieran expresivas gracias a Barrundia por el tino y buen desempeño que acreditó en el tiempo que estuvo encargado de la Presidencia de la República.

La felicitación se hizo en estos términos. "Al ciudadano senador José Francisco Barrundia. Usted ha cesado en ejercer la primera magistratura de la República, dejando en el ánimo del patriota los profundos recuerdos que inspiran siempre eminentes servicios. Los de Ud. en el mando supremo son reconocidos con placer por la Asamblea Legislativa de Guatemala. Ella reconoce que la nación toda debe a la sabiduría, tino y prudencia de la administración de Ud., la paz inalterable de que ha disfrutado en el período de catorce meses; y a nombre de los pueblos que representa, bendice la mano que con tanta delicadeza supo cicatrizar la herida profunda que le hiciera la revolución . Ciudadano Senador: nos hacemos el honor de decirlo a Ud. por orden del Cuerpo Legislativo, suplicándole al mismo tiempo quiera Ud. aceptar las seguridades de nuestro respeto y consideración".

Barrundia contestó así: "La Asamblea me llena de excesivo honor haciendo una expresión tan alta de mis pequeños servicios en el Gobierno de la República. El distinguido concepto que me ha merecido en el Cuerpo Legislativo una simple rectitud de intención, es bastante para calmar toda la serie de amarguras consiguientes al Gobierno, no obstante la tranquilidad de una conciencia limpia. Desearía haber hecho a la nación los relevantes servicios que me dictaba el amor a la patria y que merecieran la importancia que por una predilección en extremo favorable a mi persona, se han dado a mi administración pública. Ella no ha sido más que el resultado de una combinación feliz de sucesos y de circunstancias. Sírvanse Uds., ciudadanos secretarios, manifestar a la Asamblea mi eterno reconocimiento por un testimonio que conservaré siempre como el documento más respetable y honorífico que puede ambicionar un hijo de Guatemala: y ofreciendo al mismo tiempo todo mi esfuerzo para el sostén de sus derechos en el Senado, donde continúo sirviendo únicamente por el deber, que siempre me será grato, de completar su representación y de prestar todos los oficios que dependan de mi capacidad. Con tales sentimientos yo protesto á Uds. una singular gratitud y la consideración más distinguida."

Una de las medidas que honran á Barrundia es haber salvado la isla de Roatán. Los ingleses la ocuparon. Salió la pequeña guarnición que allí había, y se enarboló la bandera de la Gran Bretaña. Barrundia dio a este acontecimiento toda la importancia que merece la integridad del territorio, e hizo con energía, cultura y dignidad, reclamaciones al Gobierno de S. M. B. El gabinete de Saint James, creyendo justos estos reclamos, devolvió la isla á Centro—América, cuando el general Morazán estaba ya al frente de la República.

Don Mariano Prado, distinguido salvadoreño, que tantos servicios prestó como vice—Jefe del Salvador durante la campaña terminada en abril de 829, fue electo vice—Presidente de la República.

CAPÍTULO VIGESIMOSEGUNDO: ELECCIÓN DE LAS AUTORIDADES DEL ESTADO.

SUMARIO.

1—Cumplimiento del decreto de Jocotenango—2. Elección de Barrundia y de Márquez—3. Se llenan las plazas vacantes de la Corte—4. Renuncia de Barrundia. —5. No —6. Segunda renuncia de Barrundia—7. Segunda negativa de la Asamblea—8. Tercera renuncia de Barrundia—9. Admisión de ella—10. Disgusto de los liberales—11. Barrundia cede sus sueldos—12. Liquidación de estos—13. Ellos no eran una deuda muerta—14. Otra cesión de sueldos—15. Posesión de Márquez—16. Discurso de Marure—17. Decreto de convocatoria—18. El padre Colom continúa en el Ministerio—19. Cárceles—20. Un proyecto de colegio—21. Observaciones—22. Parroquias—23. Ley de crédito—24. Escuela Normal—25. Autorización extraordinaria—26. Comisiones de instrucción pública—27. Rectorado de la Universidad—28. Policía de seguridad. —29. Salubridad 30. Víveres—31. Clase de cirugía—32. Cátedra de matemáticas —33. Noticias extranjeras—34. Solicitud de los tejedores—35. Entra al mando el consejero don Francisco Javier Flores.

En cumplimiento del decreto de Jocotenango, se procedió a elecciones de autoridades del Estado, y terminadas éstas conforme lo prescribía la Constitución , se hizo el escrutinio.

Don José Francisco Barrundia resultó electo popularmente, jefe del Estado y don Gregorio Márquez, vice—jefe.

No hubo elección popular para llenar las plazas vacantes de la Corte de justicia, y la Asamblea la verificó en las personas que a continuación se expresa: magistrados propietarios, Fermín Arévalo, Nicolas Espinosa, José Domingo Diéguez, Bernardo Escobar. Suplentes: Miguel Barrundia, José M. x Urruela, Juan José Flores.

La Asamblea dirigió una comunicación expresiva á Barrundia y á Márquez, llamándolos al ejercicio del Poder ejecutivo. Barrundia se escusó diciendo que daba las gracias a la Legislatura por las honoríficas manifestaciones que se le hacían y a los pueblos del

Estado por los sufragios con que lo habían honrado, y funda su negativa en que los pueblos lo habían electo también y con anterioridad senador; en que había aceptado este elevado puesto y no debía abandonarlo por la Jefatura del Estado, y que esta Jefatura exigía un trabajo ímprobo, incompatible con el estado de su salud.

La Asamblea no admitió esta renuncia, y llamó segunda vez al Jefe electo, excitando su patriotismo.

Barrundia reiteró su renuncia. El texto de su nota demuestra la sinceridad con que procedía. Dice así: "Veo que el Cuerpo Legislativo del Estado no debiera manifestarme dos veces su voluntad sin que yo al instante la cumpliese, que sus deseos son preceptos, y que un hombre no merece ocupar largo tiempo la atención augusta de los legisladores. Mas séame dado en la crítica situación en que me hallo, hacer humildes observaciones en favor de mi renuncia, y pedir a los representantes que no se desatienda. Es verdad que el pueblo soberano me ha nombrado para el Poder ejecutivo; pero él mismo me eligió senador, él mismo me ordenó antes no faltar a mi deber, no salir del Senado sin que trascurriera el período de la ley, o en virtud de una renuncia admitida por el Congreso o por mi imposibilidad física o por acusación criminal. El mismo soberano, por la Constitución y las leyes que son el órgano menos equívoco de su voluntad, me concede en este caso el derecho de no admitir; y si el soberano entendiera que yo padecía en mi salud y que tenía motivos insuperables de honor y delicadeza, viendo que yo faltaba a las leyes, él mismo se dignaría admitir mis excusas. El Cuerpo Legislativo, ansioso sin duda de hacer efectiva la voluntad del pueblo, emplea para empeñarme los términos más honoríficos, y me da una importancia que no tengo, y una distinción que me abruma. Muchos patriotas de mérito podrán llenar el destino que yo no tengo fuerzas físicas ni morales para desempeñar dignamente, y seria en mí la presunción más fatua creer que el grande Estado de Guatemala, tan sobresaliente en ciudadanos de luces y patriotismo, depende de mi corto y limitado esfuerzo. Cuando estuve en el Gobierno federal, mil circunstancias felices, y el apoyo de los primeros restauradores, me hicieron sostener por algún tiempo la magistratura nacional y vencer grandes obstáculos. Mas ahora, decaída mi salud, rodeado de disgustos, precisado a interrumpir a cada paso las altas atenciones que me fatigarían, no me creo suficiente para llenarlas, ni puedo atreverme a llegar al alto pero difícil honor de sostener por cuatro años el Gobierno. ¿Qué bienes puede producir al pueblo la administración de un hombre violentado y lleno de disgustos? Las grandes empresas, los servicios importantes, los produce el genio , y el genio es siempre libre, siempre voluntario. Yo repito á los dignos representantes, que estaré siempre dispuesto a servir al Estado en cualquier empleo en que me considere útil; más mi corazón, mi delicadeza, mi deber actual me incapacitan: todo me aleja de este alto destino."

La Asamblea inmediatamente dictó el acuerdo siguiente: Puesta en conocimiento del Cuerpo Legislativo la nota de esta fecha (8 de febrero de 31), en que el ciudadano José Francisco Barrundia, reitera su renuncia del empleo de primer Jefe del Estado, ha tenido a bien no admitirla."

Este acuerdo se envió al Jefe electo, por medio de una comisión especial encargada de inclinarlo a que aceptara. Pero nada bastó. Barrundia era inquebrantable en sus propósitos y estaba resuelto a no ser Jefe del Estado de Guatemala. Una tercera nota, desarrollando los conceptos de la anterior, dirigió a la Asamblea.

El Cuerpo Legislativo del Estado de Guatemala no podía ejercer violencia sobre el primer Senador de la República de Centro—América, y tuvo necesidad de admitir la renuncia.

Los liberales creían que estando Morazán al frente de la Federación y Barrundia a la cabeza del Estado de Guatemala, su partido se afianzaría sólidamente. Las incesantes luchas entre el Presidente y el Jefe del Estado, minaban el sistema federal. Morazán y Barrundia estaban de acuerdo. Ellos comprendían muy bien la importancia de la unidad de acción, y habrían agotado los sacrificios para que jamás hubiera un choque.

Don José Francisco Barrundia hizo entonces una demostración de generosidad. Cedió sus sueldos en favor de la instrucción pública de Guatemala. Al darse cuenta a la Asamblea de esta donación, hubo expresivos discursos en honor del donante. Se hizo presente que Barrundia carecía de bienes de fortuna, y que su único capital tal vez era lo que cedía, y que no era justo admitir aquel sacrificio; pero más tarde el Gobierno del Estado se encontró en dificultades pecuniarias y no tuvo inconveniente en acudir a los sueldos de Barrundia.

Para cobrarlos, se tuvieron presentes las correspondientes liquidaciones; y el resultado de éstas fue que en un año y ochenta y dos días corridos desde el 26 de junio de 1829 en que Barrundia tomó posesión de la Presidencia de la República, hasta el 15 de setiembre de 1830, víspera de que el general Morazán subiera al Poder, Barrundia había devengado, al respecto de 5000 pesos anuales,6123 pesos, dos y un cuartillo reales, cantidad que se le adeudaba íntegra, por no haber recibido suma alguna en todo el tiempo de su mando. Hecha igualmente la liquidación de lo que se le adeudaba como Diputado a la Asamblea nacional constituyente, y como Senador en los años de 824, 25 y 26, resultó la cantidad de 1011 pesos, cuatro y tres cuartillos. Estas dos sumas formaban 7134 pesos, y reales, cantidad considerable para un hombre que no tenía más patrimonio que una elevada inteligencia y cívicas virtudes.

Los sueldos que Barrundia cedía, no eran una deuda muerta. El Congreso federal los había mandado pagar de preferencia; se pagaron y fueron invertidos en las necesidades del Estado de Guatemala.

Barrundia cedió también en favor del Estado, la mitad de los sueldos que en lo de adelante devengó como Senador.

El vice—jefe, ciudadano Gregorio Márquez, tomó posesión, y entró a ejercer las funciones de primer Jefe. Su discurso inaugural, se contrae á manifestaciones de modestia, a presentar como arduas y muy superiores a sus fuerzas, las obligaciones de su nuevo empleo.

Don Alejandro Marure fue comisionado para dirigir la palabra al vice—Jefe. El discurso se limitó a las formas de costumbre, y a recomendar al nuevo funcionario, que nunca se acercarán al solio del Ejecutivo, las pasiones degradantes que envilecen al republicano: que la ley fuera siempre el norte de todas las operaciones gubernativas, y que ni la intriga ni la vil ambición robaran al mérito y a la virtud los puestos públicos.

Faltando el primer Jefe, la Asamblea dio un decreto en abril de 31, que manda se proceda a nuevas elecciones por las mismas juntas que habían sufragado últimamente. Estas debían reunirse el último domingo de junio, y los pliegos ser remitidos a la Secretaria de la Asamblea, de manera que estuvieran en ella el día último de agosto para hacerse el escrutinio.

Márquez conservó en el Ministerio general, al presbítero Antonio Colom, ciudadano de feliz talento.

Las cárceles estaban mal servidas. En la de Chiquimula murió, por falta de alimento, Paulino Alonso, a quien se procesaba por complicidad en un infanticidio. Al darse cuenta de este hecho a la Asamblea, se tomaron disposiciones para que en lo sucesivo no se matara de hambre a los presos. Una de estas fue la orden de 29 de abril de 31, que destina a la mantención de los presos de aquel departamento, el producto del impuesto de medio peso por cada res que se consumiera en aquellos pueblos.

Se trató de establecer un colegio llamado de "Guatemala, en esta ciudad. Se deseaba instalarlo en el extinguido convento de recoletos; pero la comisión de Hacienda, creyó el gasto superior a las fuerzas del Estado. El presupuesto, sin embargo, solo comprendía cuatro mil pesos para preparaciones del edificio y doce mil pesos anuales. En vez del nuevo colegio, se acordó aumentar diez becas en el Tridentino.

El mal no consiste solo en la falta de jóvenes que se ilustren, sino en la clase de enseñanza que se diera a la juventud. Este es el fuerte de los jesuitas y de los serviles. Ellos no solo limitan la enseñanza a un número reducido de personas, sino que dan a éstas la instrucción que a sus intereses conviene. Ciertos colegios pueden llamarse fábricas de reaccionarios. De nada debía servir para la causa de la libertad, el aumentar las becas en un colegio establecido por el concilio de Trento, para hacer clérigos. En vez de enseñarse a esos jóvenes lo que conviene a una sociedad del siglo XIX, se les llevaba a la catedral, cubiertos con una hopalanda y un bonete en la cabeza, a cantar salmos, á acolitar micas, a ir em las procesiones y a tomar parte en todas las festividades eclesiásticas, que, como se sabe bien, eran en Guatemala continuas y repetidas.

Por, orden Legislativa de 6 de diciembre de 29, se mandaron erigir en parroquias las iglesias de Santo Domingo, San Francisco y la Merced, asignándose un sueldo fijo a los párrocos que las administraran, el cual debía deducirse de los réditos de los capitales piadosos de los referidos conventos. Quedaban entonces en esta capital seis parroquias. Los curas se presentaron al Gobierno, manifestando que carecían de fondos para subsistir, y se dio en 10 de marzo de 31, un decreto que mandaba que el erario del Estado, subvencionará a los párrocos de la capital, con mil ochocientos pesos anuales.

Una comisión compuesta de los señores Vasconcelos, Marure y Gálvez, presentó a la Asamblea el 2 de abril de 1831, un extenso proyecto de ley de crédito, que fue aceptado.

La Asamblea decretó el gasto de una Escuela normal de maestros, bajo la dirección de la Sociedad Económica, y acordó los gastos de la enseñanza departamental.

Se proyectaba un plan de estudios, y mientras tenía efecto, la Asamblea autorizó al Gobierno para el arreglo momentáneo de escuelas y estudios.

En virtud de autorización Legislativa, se acordó nombrar tres comisiones para que cada una de ellas presentara un proyecto de enseñanza pública. La primera, compuesta de los ciudadanos doctores José Antonio Alcayaga, Pedro Molina y Mariano Gálvez, para proponer las reformas y reorganización de la Universidad; la segunda, de los ciudadanos doctor José M. Castilla, Manuel Valero y Juan Manuel Rodríguez, para el mejoramiento de ambos colegios, y la tercera, de los ciudadanos Venancio López y Marcos Dardon, para que formara los estatutos de un colegio de niñas.

Murió el rector de la Universidad, ciudadano Francisco Casado, y el vice—Jefe nombró para que lo subrogara, al ciudadano doctor Pedro Ruiz de Bustamante.

El Secretario de la Municipalidad de Escuintla, fue asesinado por algunos malhechores, y el vice—Jefe por medidas puramente gubernativas, dio vigor al ramo de policía de seguridad.

Una epidemia de calenturas se desarrolló en Totonicapán, y el vice—Jefe ordenó al Protomedicato, que dictara medidas veloces, así para que no carecieran de auxilio los enfermos, como para que se indagara el origen del mal y se le buscara remedio.

Una grande escasez de granos afligía al país, proveniente no solo de carencia de éstos, sino especialmente de negociaciones de los capitalistas, y el vice—Jefe dictó un decreto cuya parte resolutiva, dice: "Los jefes departamentales y las municipalidades harán indagaciones escrupulosas para averiguarlas personas que tienen grandes acopios de granos y no los venden. Los cuerpos municipales darán cuenta á las jefaturas departamentales de las averiguaciones que hagan, y. las jefaturas al Supremo Gobierno. Con vista de estos datos, el Ejecutivo dictará las providencias más activas, según las leyes, contra los monopolistas, para inutilizar sus ambiciosas miras. La Municipalidad de esta Corte, podrá echar mano de sus fondos para mandar comprar víveres y expenderlos á costo y costos. Para que los jefes departamentales y las municipalidades cumplan con lo prevenido en este decreto, y los monopolistas no puedan alegar ignorancia, se imprimirá, circulará y fijará en los lugares públicos de todas las poblaciones".

En el Hospital general de Guatemala, se instaló una clase de cirugía. A este acto concurrieron la autoridad política, la junta de gobierno de aquella casa, y un gran número de ciudadanos particulares. El catedrático licenciado Buenaventura Lambur, pronunció un bello discurso acerca de la utilidad de la cirugía.

También se abrió una cátedra de matemáticas en el extinguido convento de Santo Domingo. Una concurrencia numerosa atraída por la noticia de que Valle iba a tomar la palabra, solemnizó el acto. Valle pronunció un discurso que está a la altura de la reputación del orador.

Se recibió la noticia de que el cardenal Mauro Capellari, había sido electo Papa y subido al Solio pontificio con el nombre de Gregorio XVI. Se creyó que el nuevo Pontífice inauguraba reformas liberales, esperanzas que pronto desaparecieron. Sin embargo, Gregorio XVI no trató mal a los liberales de Centro—América, si se le ha de juzgar por el decreto y la carta al Cabildo metropolitano que privaron á Casaus de la jurisdicción eclesiástica.

Los tejedores de esta capital, sensibles a la decadencia progresiva de su industria, desde que se decretó la libertad de comercio, pidieron restricciones a esta libertad, haciendo ver que el año de 20 había en la capital seiscientos treinta y siete telares, y que a la fecha de la solicitud, solo se encontraban setenta y tres. Valle dictó un luminoso informe que lleva la fecha del 18 de junio de 1831. En él demuestra que gravar las mercaderías extranjeras que entran a Centro—América, seria gravar a los centro—americanos que las consumen: imponer una nueva contribución a los pobres que se visten de ellas: disminuir los productos nacionales con que se compran, y menguar la riqueza pública.

35—Don Gregorio Márquez se mantuvo en el ejercicio del Poder ejecutivo del Estado, hasta los primeros días del mes de agosto de 1831. Entonces se hallaba gravemente enfermo y depositó el mando en el consejero don Francisco Javier Flores.

CAPÍTULO VIGESIMOTERCIO: RELACIONES INTERNACIONALES.

SUMARIO.

El 12 de febrero de 1831, arribó al puerto de Trujillo, en el Estado de Honduras, la fragata de guerra francesa "Diana." Su comandante, Duhant Cilly, anunció al Gobierno federal, que había recibido instrucciones del rey Luis Felipe, para manifestar que sería reconocida en Francia la Independencia de la República centroamericana. El mismo Comandante, a nombre de su Gobierno, invitaba al Presidente para que enviara a Paris un Agente diplomático. Él agregaba que tenía instrucciones para conducir a Francia a bordo de la "Diana," al Ministro centro—americano, con todas las consideraciones y respetos correspondientes a su elevado carácter.

No era el primer diplomático que acreditara la República. El año de 24 lo había sido el doctor don Pedro Molina, cerca del Gobierno de Colombia[31], el ciudadano Antonio José Cañas, cerca del Gobierno

---

[31] En esta misión el doctor Molina trabajó con actividad e inteligencia. El distinguido americano P. Gual, era Ministro de Estado en Colombia. Gual deseaba reconocer por actos explícitos la Independencia de Centro—América; pero al mismo tiempo quería poseer todos los datos acerca de la situación del país que el reconocimiento demandaba, y en nota datada en Bogotá, á 25 de diciembre de 1824, hizo a Molina diez y siete preguntas. Algunas de ellas son referentes a Méjico, otras

de los Estados—Unidos de América, y el ciudadano Juan de Dios Mayorga, cerca del Gobierno mejicano. El año de 25 fue enviado a Londres don Marcial Zebadúa. El año de 26 estaban acreditados en la gran Dieta de Panamá, el mismo doctor Molina y el canónigo doctor Antonio Larrazábal. Ese mismo año se expidieron credenciales al ciudadano José M. Barrio, cerca del Gobierno de Méjico, y al ciudadano Pedro González, cerca del Gobierno de los Estados—Unidos.

El Senado, acogiendo benévolamente la solicitud del Comandante de la "Diana," propuso al Presidente una terna para el nombramiento de Ministro Plenipotenciario, y al frente de ella se hallaba el nombre del ciudadano doctor Mariano Gálvez. Trató se entontes de que el Ministro centro—americano, también se dirigiera a Holanda, con el fin de promover la apertura del canal interoceánico, por el istmo de Nicaragua. Gálvez no había viajado, y entonces se le presentaba la bella oportunidad de figurar en Europa, abriéndose paso en los más elevados círculos, no solo por su talento, sino por su instrucción y su cultura.

---

a España y otras al interior de la República centro—americana. El doctor Molina era uno de los hombres que con más profundidad conocían los puntos que se le tocaban, y sus contestaciones no se hicieron esperar. Ellas dieron por resultado el reconocimiento de la República centro—americana y el tratado entre Centro—América y Colombia, que se firmó en Bogotá a 15 de marzo de 1825. Este tratado es importante para Centro—América y para Colombia, porque se ha considerado como la base y fundamento de toda decisión sobre límites. La Colombia que celebró el tratado, no existe. Fue fraccionada en tres secciones: Nueva Granada, Venezuela y el Ecuador. Nueva Granada es la sección sur—americana, limítrofe de Centro—América, a quien corresponden los deberes y los derechos que antes tenía Colombia respecto a límites con la América Central. Nueva Granada cambió después su título. Su Constitución decreta la en Rio—Negro, la llama Estados Unidos de Colombia. En este concepto se habla todavía de nuestros límites con Colombia. Si la antigua República de Colombia se fraccionó en tres partes, la antigua República de Centro—América se dividió en cinco partes: Costa—Rica, Nicaragua, Honduras, San Salvador y Guatemala. Costa—Rica, limítrofe a Colombia, heredó los derechos y deberes de Centro—América, respecto a límites, y todavía no se han resuelto definitivamente las cuestiones que del lado del Sur se han promovido. Guatemala, limítrofe por el Norte con Nueva España, hoy Estados Unidos Mejicanos, heredó los deberes y los derechos que Centro—América tenía respecto a límites con Méjico, y hoy existen cuestiones pendientes acerca de ellos.
Al fin de este capítulo se encontrarán, como documento justificativo, los artículos más importantes del tratado entre Centro—América y Colombia.

Cuando se hizo la Independencia, se creyó en Europa y en los Estados Unidos, que Centro—América progresaría como la patria de Washington, y bajo esta impresión se hallaban los representantes de la gran Dieta americana el año de 26. Los acontecimientos que concluyeron en 29, no habían destruido tan grata idea. Se pensaba que la guerra terminada en abril, era solo un episodio, de nuestra historia, y que restablecida la paz, seguiría el progreso. Ha sido preciso una serie de acontecimientos para demostrar en ambos mundos, que los elementos que constituyen nuestra pequeñez, son una situación normal, y que no alcanzan los grandes esfuerzos de algunos hombres que de cuando en cuando, rodeados de obstáculos, se presentan en la escena pública, para marchar rápidamente hacia adelante.

Gálvez pertenecía a la Asamblea del Estado de Guatemala, y no podía ser nombrado Ministro Plenipotenciario sin renunciar el cargo de Diputado. El Gobierno federal pidió a la Asamblea la separación de Gálvez; y este distinguido representante del pueblo guatemalteco, sin renunciar, manifestó al Cuerpo Legislativo que podía deliberar acerca del asunto, de la manera que lo estimara más conveniente.

Una comisión compuesta de los representantes Solano y Vasconcelos, dictaminó que no podía resolverse el asunto mientras el doctor Gálvez no presentara formal renuncia. Gálvez dijo entonces, que renunciaba el cargo de Diputado, si el Cuerpo Legislativo juzgaba que debía ir a Europa, y si el Presidente de la República insistía en enviarlo. La misma comisión determinó en seguida, que debía admitirse la renuncia; pero la Asamblea no aprobó el dictamen.

Morazán creyó que la renuncia no era admitida, porque Gálvez no la presentaba en términos claros, terminantes y absolutos, e indicó al mismo Gálvez que renunciara sin ninguna condición ni reserva.

Se habla con detenimiento de este incidente, porque él puede dar una luz histórica acerca de la situación. ¿Por qué se empeñaba tanto el general Morazán en que Gálvez fuera a Europa? ¿Por qué hacía resistencia, aunque disimuladamente, el doctor Gálvez? La República no estaba tan escasa de hombres que no pudiera encontrarse otro capaz de representarla dignamente en el Viejo Mundo. La edad de Gálvez era aparente para que nuevos horizontes extendieran sus conocimientos, y le dieran una importancia que no podía adquirir sin salir de Centro—América. Él no era uno de esos hombres pusilánimes a quienes arredran las incomodidades del camino y los riesgos del mar. Es de creerse que algún pensamiento político lo dominaba y sostenía su inmovilidad, y no se ve otro que la muy halagüeña perspectiva de la Jefatura del Estado de Guatemala.

Gálvez dirigió a la Asamblea la exposición siguiente: "Ciudadanos representantes: Los negocios que conciernen a mi nombramiento de Enviado a Francia, han ocupado parte del tiempo de vuestras deliberaciones en estos últimos días, y tengo ahora el sentimiento de reproducir de nuevo la cuestión, causando tal vez el fastidio o desagrado vuestro. El ciudadano Presidente de la República me ha dirigido la comunicación adjunta: no puedo desconocer la fuerza de sus razonamientos, ni dejar de prestarme a sus insinuaciones expresas, y hago el sacrificio de mi amor propio y de mi delicadeza misma, volviendo a vuestra deliberación el punto de mi renuncia. Me es al propio tiempo sobremanera sensible, ser la causa de momentos desagradables a la Asamblea; pero ella que me favorece, no dudo sabrá dispensarme por los motivos de compromiso que le doy, cuando todos mis votos son y serán de dárselos de complacencia y mostrarme reconocido al generoso favor que debo a los dignos representantes del pueblo de Guatemala, por el cual siempre les mostraré mi gratitud sincera. —Dios, Unión, Libertad.—Guatemala, mayo 9 de 1831—M. Gálvez".

La misma comisión de la Asamblea, presentó otro dictamen muy honorífico para Gálvez, que termina en favor de la admisión de la renuncia; pero el Cuerpo Legislativo lo desechó segunda vez, porque en realidad no había tal renuncia, sino una evasiva. Se ve pues, que existía ya un cálculo firme de mantener a Gálvez en el territorio del Estado. Acaso el general Morazán , sin dejar de conocer las grandes cualidades del doctor Gálvez, comprendía que si se le colocaba al frente del Estado de Guatemala, nuevas divisiones del partido liberal aniquilarían la República; lo que prueba una previsión admirable.

Centro—América debió entonces estar muy bien representada en el extranjero, así para alimentar las felices esperanzas que acerca de ella se tenía, como para obtener un resultado favorable en las negociaciones sobre el canal interoceánico. Una segunda terna se pidió al Senado. Este la envió, colocando al frente a don José del Valle. Morazán nombró a Valle, quien no aceptó la misión.

La fragata "Diana" debía zarpar el último de abril o a principios de mayo, conduciendo al Ministro de Centro—América, y ninguno de los ciudadanos en quienes más se confiaba, quería abandonar el hogar doméstico. Valle recomendó a don Próspero Herrera quien a la sazon se hallaba en Europa.

Don Marcial Zebadúa estaba en Londres. Su posición era elevada, porque hibia sido Ministro del Gobierno federal é individuo del primer tribunal de la República. Su misión tenía por fin, celebrar un tratado de reconocimiento, amistad, comercio y navegación, entre Centro—América y la Gran Bretaña. Entonces se daba mucha importancia a ese género de tratados, porque se creía que afianzaban la Independencia nacional. Zebadúa fue recibido por S.M. B. en calidad de Ministro Plenipotenciario, y la Independencia quedó plenamente reconocida, pues nadie ignora que no puede recibirse a un Ministro Plenipotenciario, sin que por el mismo hecho quede reconocida la soberanía de la nación que lo envía. La Dieta de Panamá, hizo creer que nuevos principios iban a regir estos países, y se mandaron a don Marcial Zebadúa, instrucciones para que no terminara ningún tratado hasta nueva orden. Sobrevino la revolución del año de 26, y toda la campaña, y Zebadúa quedó en Inglaterra sin concluir ninguna negociación política. Después de los sucesos de abril de 29, el Gobierno ingles pidió a nuestro Ministro en Londres, credenciales firmadas por Barrundia, y no habiéndolas presentado, no pudo iniciar ningún arreglo diplomático[32]. Después de la restauración

---

[32] Pendientes estaban muchos arreglos con motivo del empréstito de la casa de Barclay. Herring Richardson y compañía de Londres (véase el capítulo tercero, libro segundo del Bosquejo Histórico). Zebadúa a su regreso publicó un folleto, en el cual se encuentran estas palabras: "Quebraron los agentes de la República, encargados del empréstito, y mi diligencia logró que en vez de millones que ahora gravitarían sobre el honor de la nación, la deuda extranjera quedase limitada a una suma reducida. Disuelta la compañía de estos individuos inesperadamente, fue preciso que otra casa so encargase de la agencia de la Nación en Londres, y la muy respetable de los señores Reid Irving so encargó de ella, y ha hecho servicios u nuestro país. En el mismo folleto, se encuentran estas palabras: En el tratado que yo tenía sobre la carpeta del Ministro inglés, esperando los poderes de mi Gobierno, cuando se me obligó a venirme trayéndome el archivo de la Legación, se había introducido un artículo por el cual se deberían conservar a los súbditos ingleses, las concesiones que les estaban hechas por el tratado de 1783, y convención de 1786, según los cuales solamente se les permitía el uso del terreno, y se fijaban los límites

de 829, el Senado no presentó en terna, a don Marcial Zebadúa, sin embargo de que estaba en Europa, y ni Barrundia ni Morazán , habrían podido nombrarlo Ministro sin la iniciativa de aquel alto cuerpo. El Senado creyó entonces conveniente suspender las negociaciones en Londres, y se acordó el regreso de Zebadúa, quien al dar cuenta de su misión, presentó comunicaciones honoríficas de Mr. Canning y de Lord Palmerston.

Don Próspero era hermano de don Dionisio Herrera, jefe a la sazón de Nicaragua y pariente de Valle.

La carta credencial de gabinete, los poderes e instrucciones que debían servir a Herrera en Paris, se pusieron en manos del teniente coronel Isidoro Saget, quien se embarcó en la fragata "Diana" el último de abril de 1830. El Rei de los franceses ponía a disposición del Gobierno de Centro—América, un buque de guerra para conducir a un Ministro, y se mandó a un portapliegos de origen francés, que si bien conocía el país, no podía estudiarse en su persona el carácter, la índole, la inteligencia y el grado de civilización de los centro—americanos.

Don Próspero Herrera pertenecía al partido liberal; pero no estaba versado en los negocios de gabinete. El Gobierno federal, en escaseces pecuniarias con motivo de la pasada revolución , no siempre mandó fondos al Ministro que tenía acreditado cerca del Rei de los franceses, y Herrera llegó a carecer no solo de lo indispensable para sostener con honra la bandera de su patria, sino hasta de lo más necesario para la vida. En medio de tantas angustias, celebró un tratado de amistad y comercio que no fue ratificado en Centro—América.

El Senado propuso para la Legación a Holanda, a los ciudadanos José Sacasa, Doroteo Vasconcelos y Mariano Ramirez. La situación de Holanda no era la misma el 2 de marzo de 1829, día en que el general Juan Verwer se presentó en Guatemala como Ministro

---

que el establecimiento debía circunscribirse. Por este medio, la Inglaterra quedaba sujeta en virtud de un convenio expreso con Centro—América, a guardarle las estipulaciones del tratado y convención referidos, y se dejaba abierta la puerta para ulteriores negociaciones respecto del mismo establecimiento. El Gobierno ingles estaba conforme en este punto peculiar a sus intereses con este país, y nada más se exigía de mí en ningún concepto."

Plenipotenciario de los Países Bajos, que el último de abril de 1831. Los Países Bajos habían sufrido una conmoción, la Bélgica era ya independiente y la Holanda no estaba en actitud de prestar su atención a la grande empresa del canal. Sacasa fue nombrado Ministro, e inmediatamente propuso al Gobierno un proyecto de colonización, que fue acogido favorablemente; pero la misión no llegó a realizarse.[33]

La recepción de Ministros Plenipotenciarios, era entonces un acontecimiento raro que llamaba mucho la atención pública. Centro—América solo había recibido dos: el general don Antonio Morales, ministro plenipotenciario de Colombia y el general don Juan Verwer, ministro plenipotenciario de los Países Bajos. Se anunciaba la llegada de don Manuel Diez Bonilla, ministro plenipotenciario de Méjico. Se sabía que el objeto principal de la misión, era procurar un tratado de límites entre las dos Repúblicas, para que cesara la interinidad de los preliminares del año de 25, suscritos por don Juan de Dios Mayorga, ministro plenipotenciario de Centro—América, cerca del Presidente de la República mejicana. Hoy la recepción de un Ministro en cualquiera de las cinco secciones centro—americanas, es un acontecimiento que solo en circunstancias extraordinarias tiene alguna significación. Todos los encargados del ceremonial, saben lo que han de hacer y lo que han de decir, y a nadie preocupa el asunto. Entonces los negocios internacionales se veían de otro modo, y la llegada de un plenipotenciario, daba mucho que decir y en qué pensar. La misión de Bonilla ni aun ahora habría carecido de interés, porque se esperaba con ansia un arreglo definitivo sobre límites.

El8 de octubre de 831, presentó Bonilla al Presidente de la República, general Morazán , sus credenciales, y en el discurso de costumbre, como era natural, nada dijo sobre límites. Se concretó a manifestar deseos de que haya paz, amistad y unión entre las dos Repúblicas. El general Morazán contestó en los mismos términos, y

---

[33] El Congreso, por decreto de 1. de octubre de 1830, había declarado indispensable para la prosperidad de Centro—América, la apertura del canal interoceánico, por el istmo de Nicaragua. Aquel alto cuerpo, estableció bases tan liberales y favorables a todas las naciones del mundo, que no exigía para la América Central más ventajas que las indispensables para realizar tan vasta empresa.

el público quedó a oscuras acerca de las tendencias relativas a límites que abrigaba el Ministro mejicano.

Si solo tres Ministros Plenipotenciarios había recibido Centro—América hasta entonces, se encontraban en su territorio Cónsules de los Estados—Unidos, de la Gran Bretaña, de los Países Bajos y de Chile.

ESTRACTO DE LA CONVENCION DE UNIÓN Y CONFEDERACIÓN PERPÉTUA,
Entre las Provincias Unidas del Centro de América Y la República de Colombia,
FIRMADA EN BOGOTÁ, A 15 DE MARZO DE 1825, POR LOS RESPECTIVOS PLENIPOTENCIARIOS DR. D. PEDRO MOLINA Y D. PEDRO GUAL.

"Artículo 5. —Ambas partes contratantes se garantizan mutuamente la integridad de sus territorios respectivos, contra las tentativas é incursiones de los vasallos del Rei de España y sus adherentes, en el mismo pie en que se hallaban naturalmente, antes de la presente guerra de independencia.

Art.7.—Las Provincias Unidas de Centro—América y la República de Colombia, se obligan y comprometen formalmente a respetar sus límites, como están al presente, reservándose hacer amistosamente, por medio de una convención especial, la demarcación de una línea divisoria de uno y otro Estado, tan pronto como lo permitan las circunstancias, o luego que una de las partes manifieste a la otra estar dispuesta a entrar en esta negociación.

Art.8.—Para facilitar el progreso y terminación feliz de la negociación de límites, de que se ha hablado en el artículo anterior, cada una de las partes contratantes estará en libertad de nombrar comisionados que recorran todos los puntos y lugares de las fronteras y levanten en ellos cartas, según lo crean conveniente y necesario para establecer la línea divisoria, sin que las autoridades locales puedan causarles la menor molestia, sino antes bien, prestarles toda protección y auxilio para el buen desempeño de su encargo, con tal que previamente manifiesten el pasaporte del Gobierno respectivo, autorizándolos al efecto.

Art. 9.—Ambas partes contratantes, deseando entretanto, proveer de remedio a los males que podrían ocasionar a una y otra las colonizaciones de aventureros desautorizados, en aquella parte de la costa de Mosquitos, comprendida desde el Cabo Gracias a Dios inclusive, hacia el rio Chagres, se comprometen y obligan a emplear sus fuerzas marítimas y terrestres contra cualesquiera individuo o individuos que intenten formar establecimientos en las expresadas costas, sin haber obtenido antes el permiso del Gobierno a quien corresponden en dominio y propiedad.

Art.17.°—Luego que se haya conseguido este grande e importante objeto (la unión de todos los Estados de América), se reunirá una Asamblea general de los Estados americanos, compuesta de sus plenipotenciarios, con el encargo de cimentar de un modo más sólido y estable, las relaciones íntimas que deben existir entre todos y cada uno de ellos, y que les sirva de consejo en los grandes conflictos, de punto de contacto en los peligros comunes, de fiel intérprete de sus tratados públicos, cuando ocurran dificultades, y de juez árbitro y conciliador en sus disputas y diferencias".

CAPÍTULO VIGESIMOCUARTO: LEYES IMPORTANTES DEL CONGRESO.

SUMARIO.

1—Patronato—2. Observaciones—3. Independencia entre la Iglesia y el Estado—4. Ley de Hacienda—5. Ley sobre Ministros diplomáticos y Cónsul— 6. Decreto sobre tabaco—7. Otro sobre pasaportes.

El 11 de julio de 31, declaró el Congreso que el patronato eclesiástico corresponde a la Nación, y que debe ser ejercido por el primer Magistrado de la República. Prohibió la publicación de bulas, rescriptos y cualesquiera letras pontificias, como también las que emanaran de los prelados eclesiásticos, sin que previamente obtuvieran el pase del Poder ejecutivo nacional.

Se sabe que en la primitiva iglesia, a los obispos elegía el pueblo; que más tarde esta elección pasó al clero, después a los cabildos de las iglesias catedrales y a los emperadores; por último se creyó que esta facultad correspondía esencialmente al papa, y que si algunos reyes tenían la facultad de presentarle personas para que ejercieran el episcopado, era únicamente por gracia y merced de la Santa Sede. Los reyes de España tenían esta facultad, y el Congreso federal declaró que en el territorio de Centro—América, correspondía a la Nación.

El incesante roce de los asuntos eclesiásticos con los civiles, produce continuas cuestiones. Los Estados—Unidos, que han sabido resolver admirablemente todos los grandes problemas económicos, políticos y sociales, se han librado de este mal. La población de Centro—América, imbuida en las doctrinas que se le inculcaron durante tres siglos, no ha podido en este punto, imitar a los norte—americanos. El Jefe de una Nación, no debería mezclarse en que un grupo o muchos grupos de sus conciudadanos, denominen a un hombre obispo, arzobispo, patriarca o cardenal. Esto debería ser asunto exclusivo de los particulares, y de la situación de sus recursos para el sostenimiento de las dignidades eclesiásticas. Se dice, sin embargo, que las condiciones de los Estados—Unidos, son enteramente diferentes de las condiciones de la América del Centro. La gran mayoría de los Estados—Unidos es protestante. Los altos funcionarios son protestantes, y si no las leyes, las costumbres excluyen a los católicos romanos, de los altos puestos. Nada importa, pues, que el número de católicos que constituyen la minoría norte—americana, sean guiados por eclesiásticos, que nada tienen que esperar del Gobierno americano. El pueblo de Centro—América fue educado bajo otro régimen, y la influencia clerical puede afectar a una gran parte de él. Es preciso que el patronato y las regalías, ejercidos por el Gobierno, moderen el ultramontanismo. Sin embargo, Colombia se halla en las mismas condiciones que nosotros, y con gran valentía consignó la independencia de la Iglesia y el Estado en la Constitución de Rio—Negro. Es verdad que por esa independencia ha habido obispos colombianos del orden de los jesuitas y de la clase del clero más oscurantista. Este resultado ha hecho creer a muchos liberales, que se debe volver a lo pasado; mientras que otros sostienen que el mal enunciado es menor que los grandes bienes que ha producido la abolición de la iglesia oficial. Ese ensayo debe verse con atención por todas las repúblicas hispano—americanas, porque él probablemente marcará la senda que en lo de adelante deba seguirse.

No solo el patronato ocupó al Congreso. Emitió aquel alto cuerpo un decreto que variando el plan de hacienda establecido en 1825, le dio diferente forma. Este decreto da la dirección en el ramo de hacienda, al Supremo Poder ejecutivo de la República. Establece una intendencia general, y detalla sus facultades: un asesor, un fiscal, un consejo de hacienda, una contaduría mayor. Designa los puertos y fronteras. Dice que son puertos habilitados para el comercio de la República, en las costas del Pacífico: Puntarenas, San Juan del Sur, Realejo, La Unión, el Triunfo, la Libertad, Acajutla, Istapa y Ocós. En las costas del Atlántico: Matina, San Juan, Trujillo,

La Barra de Ulúa, Omoa, San Felipe y Teleman. Manda que en el Peten y demás puntos fronterizos de nuestro territorio, con la República de Méjico, establezca el Gobierno las receptorías necesarias: que en ellas se cobren los derechos de importación, y que en las mismas se cobren los derechos de extracción de frutos que, según: el arancel, estén sujetos a ese pago. Dispone que haya en esta capital una Aduana, compuesta de un administrador, un contador, un tesorero y un alcaide vista; una casa de administración con dos oficiales. Dispone que haya aduanas marítimas en Omoa, San Juan y

Matina, en la Unión y en Puntarenas. Considera las aduanas como tesorerías de hacienda, y reglamenta su administración y régimen. Establece receptorías hacia el Atlántico, en el lugar llamado los Encuentros, al cual dispuso se traslade la que había en Guatemala; en Ulúa, bien fuera en la embocadura del rio al mar, o bien en lo interior de aquella comarca, y en Teleman. Hacia el Pacífico, en San Juan, entonces se llamaba la Concordia, en el Realejo, en el Triunfo, en la Libertad, en Acajutla, en Istapa, llamado la Independencia y en Ocós. Esceptúa á los empleados del ramo de hacienda, del servicio de las armas y de todo oficio o carga concejil. Dice que en las causas civiles o criminales que se les instruya, relativas a su oficio, si fueren comprendidas en el artículo 103 de la Constitución , no podrían ser juzgados sino por los tribunales, y en la forma que prescribe la ley fundamental, y que si fueren de las no comprendidas en aquel artículo, deberían ser juzgados por el Intendente en primera instancia, y en las ulteriores, por la Corte suprema de justicia. Establece severas penas para los empleados de Hacienda que cometan faltas en el ejercicio de sus funciones, y detalla el orden de procedimientos. Esta ley ha sido la norma de otras disposiciones dictadas después, y que han regido en diversos Estados con posterioridad a la ruptura del pacto federal.

Se promulgó también la ley que reglamenta el modo de proceder contra los ministros diplomáticos y cónsules de la República en el exterior.

Publicó se igualmente un decreto que manda continúe perteneciendo a la Federación, la renta de tabaco, y reglamenta el sistema y administración de este ramo; y otro que declara libres la elaboración y comercio del salitre y pólvora.

CAPÍTULO VIGESIMOQUINTO: ELECCIÓN DEL JEFE DEL ESTADO Y SU INGRESO AL MANDO.

SUMARIO.

1—Elección de Gálvez—2. Su renuncia—3. Resolución negativa—4—Otra renuncia—5. Diferencias entre Gálvez y Barrundia—6. Dictamen de la comisión—7. Posesión del doctor Gálvez.

El decreto de convocatoria, dictado con motivo de la renuncia del ciudadano José Francisco Barrundia, se hizo efectivo. Pero ninguno de los candidatos tuvo el número de votos exigidos por la ley fundamental para que hubiera elección popular. La Asamblea, en cumplimiento del artículo 135 de la Constitución, procedió a elegir el 24 de agosto de 1831, entre los que habían tenido mayor número de sufragios, y fue electo el ciudadano doctor Mariano Gálvez.

Se comunicó al doctor don Mariano Gálvez tan honroso nombramiento, y en contestación envió una renuncia a la Asamblea. Esta se funda en que las circunstancias exigían un hombre extraordinario: y en que el nombrado se veía en la necesidad de abandonar sus pequeños negocios.

Una comisión se hizo cargo de la renuncia. El dictamen es una completa laudatoria al Jefe electo, y su parte resolutiva dice que no debe ser admitida, y que Gálvez se halla en la necesidad de inmolarse en las aras de la patria. El dictamen, como era de esperarse, fue aprobado, y la resolución se comunicó al doctor Gálvez.

Gálvez, no satisfecho todavía con estas manifestaciones, presentó otra renuncia, en la cual se desarrollan las causales en que la anterior descansa.

La biografía de Gálvez no está inmaculada a los ojos de muchos liberales. El perteneció al bando imperial y estuvo ligado con la aristocracia[34]. Barrundia fue demócrata desde la infancia. Jamás se ligó a la nobleza, aunque pertenecía esencialmente a ella por su origen. Siempre la vio con el más alto desprecio, y sostuvo la

---

[34] Véase el capítulo 5, libro 2 del "Bosquejo Histórico"

república y la más pura democracia. Sus mismos enemigos le hacen la justicia de creer que la sinceridad y la buena fe, guiaron incesantemente todos los actos de su vida pública. Ambos eran patriotas; pero para Gálvez, la patria era el Estado de Guatemala, y para Barrundia, la patria era toda la República de Centro—América.

La comisión volvió a dictaminar en sentido negativo, y el dictamen fue aprobado. Se le envió a Gálvez con una nota expresiva el 27 de agosto, y se designó el día siguiente para darle posesión.

El 28 a las diez de la mañana, una comisión de la Asamblea, fue a la casa que habitaba Gálvez, para conducirlo al edificio del Cuerpo Legislativo: otra comisión lo recibió en la puerta del palacio del Estado, y el primer Secretario en la baranda del salón de sesiones. A este acto concurrieron el Consejo representativo y los individuos que componían el Poder judicial. Las galerías estaban ocupadas por las corporaciones y funcionarios civiles y militares, y por un numeroso concurso. El nuevo Jefe, de rodillas ante una imagen de Cristo, y extendida su diestra sobre el Evangelio, juró guardar y hacer guardar la Constitución general de la República y la particular del Estado de Guatemala, y desempeñar fiel y legalmente el destino que se le confiaba. Concluido este acto, el Jefe ocupó la silla que le estaba designada, a la derecha del Presidente de la Asamblea, quien le dirigió el discurso de costumbre. Gálvez contestó dando las gracias por su elección y pidiendo a los diputados que cooperarán con sus luces a la marcha progresiva del Estado. Terminados los discursos, el acompañamiento condujo al Jefe al salón del despacho de Gobierno, en donde el ciudadano Francisco Javier Flores, que ejercía el Poder ejecutivo, entregó a Gálvez el símbolo de la autoridad.

CAPÍTULO VIGESIMOSESTO: COSTA—RICA.

SUMARIO.

Esta "Reseña, como expresa el capítulo 1.° del libro primero, toma por punto de partida, los acontecimientos que se hallan al fin del capítulo décimotercio, libro tercero del "Bosquejo Histórico". En este concepto, se ha referido en el capítulo décimocuarto, libro primero, lo más notable que acaeció en Costa—Rica, desde que termina la narración de Marure, hasta marzo de 29. Preséntase ahora, con la rapidez de una reseña, lo acaecido desde marzo de 29, hasta el año de 32, fecha en que termina el libro segundo de la presente obra. Muy poco es lo que don Felipe Molina dice de Costa—Rica en sus apuntamientos históricos, respecto a este tiempo. Es preciso acudir a otras fuentes para llenar en parte el vacío.

Don Juan Mora continuó mandando, hasta terminar su segundo período Constitucional. Costa—Rica había ya hecho progresos notables. Para comprenderlo, se presentará lo que dice Juarros y Lo que dice Barrundia. La diferencia entre estos dos cuadros, es el progreso de Costa—Rica, hasta la conclusión de la jefatura de don Juan Mora[35].

He aquí un extracto de Juarros:

"El nombre de Costa—Rica, que desde sus principios se ha dado a esta provincia, nos hace juzgar que en los tiempos retirados fue muy opulenta; ya fuese por sus minas, que se asegura las hay de oro, plata y cobre; ya por su comercio, que estuvo en estado floreciente en

---

[35] Don Juan Mora, fue el primer jefe Constitución al que hubo en Costa—Rica. Subió al Poder en setiembre de 1824. Terminó su primer periodo; fue reelecto y siguió gobernando hasta abril de 1833, en que lo subrogó don Rafael Gallegos. No debe confundirse o don Juan Mora con don Juan Rafael Mora, quien gobernó a Costa—Rica en calidad do Presidente de la República costarricense desde enero de 1850, hasta agosto de 59.

tiempo que venían los galeones a Portobelo. Pero sea de esto lo que fuere, es cierto que en el día se halla en estado muy deplorable; pues su población se ha disminuido en extremo, su comercio se ha arruinado y sus minas no se trabajan. Y lo que es más, una provincia por muchos títulos digna de memoria, se halla tan olvidada en el día, que ni los autores de estos reinos, ni los extranjeros dan noticias de ella: de suerte que para poder dar algunos apuntes de su historia, nos ha sido preciso valernos de un informe que por los años de 1744, hizo don José de Mier y Ceballos al ingeniero don Luis Diez Navarro, que pasó a Costa—Rica con el título de Visitador general de los presidios y plazas de este reino. El referido Ceballos, vecino de la ciudad de Cartago, asienta en la introducción a su informe, que habiendo servido repetidas ocasiones el oficio de Teniente de Gobernador, tuvo proporción de registrar los archivos de Cabildo de dicha ciudad de Cartago y que en ellos vio las escrituras, reales cédulas, provisiones y despachos, de donde ha sacado las noticias que comunica.

"Asegura nuestro Ceballos, que encontró en el archivo de Cartago, escrituras, cuyas fechas son del año de 1522, lo que nos persuade que las ciudades de Costa—Rica son las más antiguas de este reino: igualmente nos convence, que esta provincia fue también la primera del reino de Guatemala que se conquistó; porque si el año de 1522, en que se hicieron las primeras entradas por Gil González Dávila en Nicoya y Nicaragua, ya Costa—Rica tenía ciudad capital con Escribano, es claro que ésta fue la primera que dominaron los españoles. Se dice que sus conquistadores fueron Juan Solano y Álvaro de Acuña; y que habiendo pasado a esta provincia Jorge de Alvarado, hermano de don Pedro, conquistó los pueblos de Turrialba y Suerre, por lo que se le concedió para sí, su hijo y su nieto la encomienda de Turrialba. Consta de cédula que se conserva en el archivo, que el primer gobernador y capitán general de Costa—Rica, fue Diego de Astieda Chirinos, a quien hizo S. M. esta merced por el tiempo de su vida y la de uno de sus hijos; y se le señaló por término de su jurisdicción, por el mar del Norte desde la boca del rio San Juan, hasta el Escudo de Veraguas: por el mar del Sur, desde el rio del Salto o de Nicoya hasta el rio de Boruca.

"La capital de esta provincia, es la ciudad de Santiago de Cartago: concedióle el rey Felipe II, por cédula de 18 de agosto de 1565, escudo de armas, en cuya parte superior se ve un león de oro en campo azul, y en la inferior un castillo de oro en campo de gules: por orla tiene una faja de plata con seis águilas y este mote fide et pace.

"Fuera de la capital, tenía esta provincia la ciudad del Espíritu Santo de Esparza: ésta estuvo primero, situada en una cordillera que se divisa desde el puerto de la Caldera: pasados algunos años, se trasladó al sitio donde se halla al presente, así por gozar las comodidades que la inmediación á dicho puerto le proporciona, como por poder tener haciendas de campo. En efecto, prosperó en este lugar la referida ciudad, con el comercio que estableció por el puerto de la Caldera con la ciudad de Panamá y reinos del Perú, de suerte que en pocos años se hallaba en estado muy floreciente: tenía competente vecindario y ayuntamiento, cuyo alcalde de primer voto era Teniente del Gobernador.

"Hallábase la provincia de Costa—Rica, bastantemente poblada, sus tierras bien cultivadas, sus campos llenos de ganados vacuno, caballar y mular, con lo que mantenía un comercio opulento por el puerto de Matina, con las ciudades de Cartagena y Portobelo, y por el de la Caldera con Panamá y otros puertos de la mar del Sur. Envidiosas las naciones extranjeras de su prosperidad, por los años de 1666 hicieron un desembarco en el puerto de Moin o de Matina, de mil y doscientos hombres, que inmediatamente se encaminaron para Cartago. Luego que en dicha ciudad se tuvo noticia del desembarco de los piratas franceses e ingleses, el Gobernador dio orden al Sargento Mayor juntase todas las armas y gente que pudiese y marchase para el pueblo de Turrialba, distante diez leguas de Cartago, paraje por donde precisamente habían de pasar los enemigos. Habiendo llegado a dicho pueblo el Sargento Mayor con su gente, se subió a un montecillo que domina el expresado lugar, mandó recargar las armas y habiendo asentado su real los enemigos en el referido pueblo de Turrialba, al amanecer del día siguiente, antes que los contrarios rompiesen el nombre para marchar, tocaron los nuestros las cajas con grande estrépito y dispararon las armas: con lo que aterrorizado el enemigo, huyó aceleradamente y se acogió a sus embarcaciones.

"Pocos años después, los piratas de la mar del Sur, se apoderaron por dos ocasiones de la ciudad de Esparza, la robaron, saquearon y quemaron, quedando tan arruinada, que sus habitadores la abandonaron y se retiraron unos a Nicaragua y otros a sus haciendas de campo. También por el mar del Norte intentaron introducirse en esta provincia otros piratas, como Morgan, Lorencillo, y de continuo entraban los indios moscos por el puerto de Matina, y se robaban el cacao, los esclavos y sirvientes; hasta que informado S.M. de semejantes hostilidades que padecían los vecinos de Costa—Rica, puso en dicha provincia una compañía de 100 soldados, con sus oficiales, para que la defendiesen de estos insultos. Véase la descripción geográfica de esta provincia en el tomo 1., tratado 1., capítulo 3".

Esta descripción extractada, dice así:

"La quinta provincia, y la más al Levante de todo el Reino, es la de Costa—Rica, nombre que, al presente, solo por ironía se le puede dar; pues es la más miserable y despoblada de este distrito. Extiéndese desde el rio del Salto, que la divide de Nicaragua, hasta el partido de Chiriquí, jurisdicción de Veraguas, 160 leguas de O. á E. y 60 N. S. de uno a otro mar. Sus términos por el mar del Norte son desde la boca del rio de San Juan, hasta el Escudo de Veraguas; y por el del Sur, desde el rio de Alvarado, raya divisoria de la provincia de Nicaragua, hasta el rio de Boruca, término del reino de Tierra Firme. Su temperamento, por lo común, es caliente, aunque tiene lugares templados: se da en ella el cacao, de que hay muchas haciendas, el tabaco y los demás frutos de dicho clima, y en las serranías se coje trigo y frutos de tierra fría; pero todo en corta cantidad, por falta de operarios. Hay minas de oro, plata y cobre.

"Tiene esta región en el mar Pacífico el puerto de la Caldera ó de Esparza; y en el Océano el de Matina o barra del Carpintero, formada por los ríos de Barbilla y de Chirripo, que se juntan cuatro leguas arriba del mar. Fuera de los expresados ríos, desembocan también en el mismo mar el río Jiménez, el de la Reventazón, el río Moin y otros bastantemente caudalosos, para que puedan subir por ellos piraguas ocho a diez leguas, tierra adentro; y en el mar del Sur desaguan el rio de Alvarado, el rio Grande, el de Boruca y otros menos considerables.

"Comprende el Gobierno de Costa—Rica, una ciudad, tres villas y diez pueblos, en que habitan cosa de 30000 almas; corto número de lugares y de moradores, para tan grande espacio de tierra. En tiempos pasados estaba mucho más poblada esta provincia y tenia, a más del Gobernador, cuatro Corregidores, que residían en los pueblos de Quepo, Chirripo, Ujarraz y los cuatro pueblos inmediatos a Cartago: el territorio del primero se extendía hacia la costa del mar del Sur: el del segundo, hacia—el mar del Norte; y los otros dos estaban situados en el medio. Pero ha más de un siglo que se extinguieron estos Corregimientos, y de muchos de sus pueblos no hay más que la memoria. Así mismo era bastantemente opulento su comercio con Panamá, Portobelo y Cartagena, que igualmente se ha acabado.

"Resta por conquistar en esta comarca, la provincia de la Talamanca, en cuya reducción entienden al presente los religiosos del Colegio de Propaganda Fide de Guatemala. Es gobernada la provincia de Costa—Rica, en lo espiritual, por el señor obispo de León, y en lo político, por su Gobernador.

"Cartago, ciudad capital de Costa—Rica y sede de su Gobernador. Está situada en el centro de la provincia, 80 leguas de la raya de Nicaragua, y otras tantas de la de Tierra Firme: a 30 leguas del puerto de Esparza, en el mar del Sur, y a igual distancia de el de Matina, en el del Norte. Es de temperamento benigno, rodeándola amenos valles, que fertilizan innumerables ríos, en que se dan frutos así de Europa como de América. En cédula de 18 de agosto de 1565, le concedió S. M. privilegio de escudo de armas. Tiene muy lucido Ayuntamiento y competente vecindario; éste consta de 8337individuos. Hállase la ciudad de Cartago en 9° 10' de latitud boreal y en 295 de longitud, 400 leguas al E. S. E. de Guatemala.

"La Villa Nueva de San José, es la mayor población de esta provincia, después de la capital; tiene 8316 vecinos: está plantada en un valle poco distante de Cartago.

"Villa Vieja, lugar bastante populoso, cuenta 6657 habitantes: es cabecera de curato y tiene por anexa a la que sigue.

"Villa Hermosa: su vecindario se compone de 3890 personas.

"El Espíritu Santo de Esparza, ciudad desolada, estaba inmediata al puerto de la Caldera, tenía Ayuntamiento, competente vecindario, iglesia parroquial, convento de franciscanos, con título de san Lorenzo. Habiéndola saqueado un pirata francés, el año de1670, se esparcieron sus moradores en la tierra adentro, y quedó despoblada hasta el día de hoy.

"Bagaces, villa cercana a la ciudad de Esparza, tuvo la suerte que ésta, habiendo sido saqueada el mismo año.

"Ujarraz, pueblo en otro tiempo considerable, pero en el día muy desdichado.

"San Fernando, fuerte que se construyó el año de 1743, para impedir la entrada a los enemigos, por el puerto de Matina, era de la figura de un hornabeque, hecho de estacas y trozos gruesos de madera; estaba a medio cuarto de legua de la playa, a orilla del rio de Matina, que por este paraje tiene más de 100 varas de ancho; al principio se le señalaron 100 plazas de guarnición, después se redujeron a 50 y últimamente se juzgó más conveniente abandonarlo. Hállase a 9° 30'de latitud septentrional y á 294° 50' de longitud".

Los límites de Costa—Rica que marca Juarros, los alteró la anexión del Guanacaste, verificada en 1824, y aceptada por el Congreso federal, en los términos que expresa el decreto de 9 de diciembre de 1825; y los fijó más tarde el tratado Cañas Jerez. Aun no se han fijado límites con la República de Colombia, que no quiere aceptar los que trazó Felipe II, marcados en el mapa de don Felipe Molina[36].

Juarros dice que solo por ironía podía darse a Costa—Rica el nombre que tiene. Véase ahora lo que dice Barrundia, en el número 11 del Centro—Americano. "En Costa—Rica se han satisfecho los libramientos dados por la Federación. Su prosperidad es asombrosa. Antes no había en Puntarenas más que dos barracas habitadas por cuatro o cinco pobres hombres; hoy día su población pasa de ochocientos habitantes; hay fondas y cuanto se necesita para la vida. En este momento, seis buques están fondeados en el puerto. Los costarricenses han entablado especulaciones comerciales directamente con Europa y Norte—América, de donde han hecho venir máquinas para moler sus ricos minerales y su caña de azúcar, para despepitar su café y prensar la zarza. Por todas partes se levantan nuevas casas; muchos extranjeros se han establecido en el país; la población de San José ha aumentado considerablemente; ella tiene hoy cuatro imprentas en actividad".

---

[36] En el tomo segundo se expondrá lo que comprendo se puede decir en favor de Centro—América, respecto á sus límites por el Sur.

Este cuadro presentado por Barrundia, coincide con la terminación del segundo período Constitución al de don Juan Mora. De manera que Costa—Rica, comenzó su escala ascendente de progreso, desde los primeros días de la República centro—americana. Sin embargo, no había entonces reglamento de hacienda, de puertos, ni de correos, ni Universidad; ni la parte que a Costa—Rica tocaba en la deuda Británica estaba pagada; ni existían códigos patrios, ni se había hecho la carretera que de Cartago conduce a Puntarenas, ni existían otras muchas mejoras debidas a otros hombres y a otros tiempos, de que oportunamente se hablará. La población de Costa—Rica ni aun en el tiempo a que se refiere Juarros, podía contener solo treinta mil habitantes. El movimiento que había entonces, supone una población mucho mayor. Don Felipe Molina, refiriéndose a una época que se aproxima a la conclusión del segundo período Constitución al del jefe don Juan Mora, calcula a Costa—Rica doscientos mil habitantes. Se han hecho muchos censos para averiguar con exactitud la población; pero todos han sido imperfectos y no han dado el resultado apetecido. Las leyes militares dan al ejército de operaciones, un número de soldados que, según cálculos matemáticos, demuestran que aquella población excede de trescientos mil habitantes.

Antes de terminar el período Constitución al de don Juan Mora, se introdujeron algunos clérigos en la Asamblea del Estado. Estos eclesiásticos creyeron oportuno reproducir el decreto que don Mariano Aycinena y don Antonio José de Irisarri, emitieron en Guatemala el 6 de diciembre de 1828, mandando quemar los libros prohibidos por la autoridad eclesiástica; y se expidió el decreto de 31 de mayo de 1831, por el cual los libros prohibidos por el clero, debían quemarse, y los infractores de la ley, ser perseguidos por la autoridad civil.

Costa—Rica no había sido dominada por los obispos, por el clero secular, ni por los monjes; y carecía, por tanto, de ese germen de fanatismo, que ha dificultado el progreso en otras secciones de la América latina. El decreto de mayo, en vez de producir los autos de fe que los jesuitas han ejecutado en el último tercio del siglo XIX, en los atrios de muchos templos centroamericanos, dio por resultado una grande introducción de libros prohibidos. Muchos jóvenes y hombres pensadores, tomaron la lista de obras que se les prohibían, para hacer pedidos de ellas a Europa y a los Estados—Unidos. El jefe don Juan Mora, vio el decreto de mayo con el desdén que merecía, y el Congreso federal, en 10 de agosto de 1832, lo declaró nulo y atentatorio a las garantías individuales.

Costa—Rica, como todas las secciones centroamericanas, comprendía que la Constitución de 24, necesitaba reformas, y el 19 de diciembre de 1832, propuso la convocatoria de una Asamblea nacional constituyente, compuesta de cinco representantes por cada uno de los Estados de la Federación. Los disturbios en que se hallaba el resto de Centro—América, no permitieron que a esta iniciativa se prestara la debida atención, y el proyecto no tuvo efecto.

CAPÍTULO VIGÉSIMO SÉTIMO: INSTRUCCIÓN PUBLICA.

SUMARIO.

1—Decreto de bases—2. Materias que contiene este decreto—3. Decreto en que se manda instalar la Academia—4. Acta del antiguo claustro de la Universidad, incorporándose a la Academia bajo el nuevo plan—5. Acta del colegio de abogados—6. Decreto en que se nombra la dirección de estudios—7. Instalación de la Academia—8. Estudios que debían hacerse en la Academia—9. División de la instrucción pública—10. Estímulos.

Gálvez comprendió la necesidad absoluta de hacer una reforma completa en el sistema de enseñanza, y tuvo hábiles cooperadores, entre los cuales figuraban el doctor don Pedro Molina y el doctor don Leonardo Pérez, a quien Guatemala debe mucho en la parte de progreso intelectual. La Asamblea había dictado un decreto el 15 de abril de 1831, facultando al Gobierno para reformar el sistema de enseñanza, y el Jefe del Estado hizo un uso espléndido de esta autorización. El dictó a 1. de marzo de 1832, duodécimo de la Independencia y décimo del acta de separación de Méjico, un decreto que ocupa cincuenta y ocho páginas del "Boletín Oficial".

El decreto se divide en catorce títulos, que tratan de los principios fundamentales que deben regir en la enseñanza; de los términos en que por entonces se haría la aplicación de ellos; de la instrucción pública en general y del carácter que debe distinguirla; de la división de la instrucción primaria; de los establecimientos en que había distribuirse; de la organización de estos establecimientos; de los fondos y rentas con que habían de ser dotados; de los edificios que se les había de destinar y oficinas que habría en ellos; de los libros, máquinas e instrumentos; de los métodos; de los maestros, profesores y demás ministros de la instrucción; de los cursantes; de los ejercicios de instrucción, así diarios, como periódicos; de los adelantamientos literarios y sus estímulos; servicios y méritos literarios y sus premios; grados literarios y su importancia. Y por fin, contiene un apéndice de disposiciones especiales.

Por decreto de 22 de agosto de 832, mandó el doctor Gálvez que se reuniera la dirección de estudios que creaba el decreto de bases, el 15 de setiembre, en conmemoración de la Independencia: que la instalación se hiciera en el extinguido convento de san Francisco: que se citará al rector de la Universidad de san Carlos, al decano del Colegio de abogados y al Protomedicato, para que todos los doctores, licenciados y profesores, formaran la Academia y dejaran de existir los antiguos establecimientos á que pertenecían.

El Claustro de doctores, celebró la siguiente acta de incorporación á la Academia. "En Guatemala, á 13 de setiembre de 1832; de llamamiento del vice—rector de la Universidad de san Carlos, doctor, ciudadano José Serapio Sánchez, por ausencia del rector, doctor Pedro Bustamante, se reunieron en Claustro pleno, los ciudadanos doctores que abajo se expresan, a efecto de dar el debido cumplimiento a los decretos del Supremo Gobierno del Estado, de 1. de marzo y 22 de agosto últimos, de bases para el arreglo general de la instrucción pública, instalación de la Academia de, estudios e incorporación en ella, de esta Universidad: en su consecuencia acordaron darlo y prestarlo de la mejor voluntad; y que se manifieste al supremo Gobierno, lo plausibles y satisfactorias que le han sido sus providencias sobre enseñanza pública, esperando que con su decidida protección, logrará este nuevo establecimiento, todo el lustre y adelanto á que es precisamente llamado; y que el mismo ciudadano vice—Rector, mande citar a los individuos para las asistencias del día 16 del corriente, en la forma acostumbrada. Con lo que se concluyó este acto, que firman ante mí, de que doy fe—José M. Gavarrete, secretario—Doctor Sánchez—Doctor García Redondo—Doctor Larrazábal—Doctor Méndez—Doctor Oliver—Doctor Solís—Doctor Cróquer—Doctor Batres—Doctor Cañas —Doctor Vaca—Doctor Valenzuela—Doctor Molina—Dr. Flores."

El Colegio de abogados, celebró el acta siguiente: "En la Nueva Guatemala, a 13 de setiembre de 1832, se reunieron en junta general, con arreglo a los estatutos del Colegio de abogados de esta Corte, y á virtud de citación formal precedente, los ciudadanos, decano del propio colegio, licenciado J. Antonio Larrave, e individuos doctor José Mariano Méndez, licenciado Antonio Isidro Palomo, licenciado Marcial Zebadúa, licenciado José M. Cróquer, licenciado José

Domingo Estrada, licenciado Manuel Noriega, en haz del fiscal licenciado Felipe Prado, para congratularse por la próxima instalación de la Academia de estudios generales, á que ha dado impulso el patriotismo y laudable actividad de nuestro actual jefe del Estado, doctor ciudadano Mariano Gálvez, de acuerdo con el Cuerpo Legislativo. Y principalmente para dar cumplimiento al decreto de su erección, abolición de antiguas corporaciones literarias, y reunión de todos sus individuos en el gran Liceo del nuevo plan; y desde luego aclamaron, con previa audiencia del Fiscal: Que se cumpla el decreto. Que se den gracias al Gobierno por la reparación ventajosa de todos los cuerpos literarios, bajo el sistema de unidad sobre que levanta el nuevo plan. Que el Tesorero y Recaudador del colegio, entreguen por inventario al de la Academia, sus enseres, bienes, derechos activos y pasivos, y papeles, con arreglo puntual al decreto de erección de dicha Academia. Que el doctor, ciudadano José Mariano Méndez sea facultado para entender en el pago de lo que se adeuda al ciudadano Decano y al Nuncio, previa liquidación de esta última deuda. Que se dé al propio Nuncio un atestado de sus buenos oficios en el servicio activo y puntualísimo que le impuso el deber de su nombramiento, desde que se erigió esta corporación, y hasta el día de disolverse, para ocupar sus individuos los nuevos asientos que les prepara la ley.— José Antonio Larrave —José Mariano Méndez—Antonio Isidro Palomo—Marcial Zebadúa —José M. Cróquer—José Domingo Estrada—Manuel Noriega—Felipe Prado—Francisco J. Urrutia, secretario".

En 1º de setiembre fueron nombrados individuos de la dirección de estudios, los señores presbítero doctor Pedro Ruiz de Bustamante, licenciado Nicolas Espinosa, doctor Alejandro Díaz Cabeza de Vaca, doctor Pedro Molina, licenciado Marcial Zebadúa, Juan Barrundia y Miguel Rivera Maestre. Se nombró además, para que a la dirección auxiliaran con sus luces, al doctor don Leonardo Pérez y al licenciado don José Mariano González. Fueron nombrados contador, el licenciado don Felipe Prado; tesorero, el presbítero bachiller D. José Ma González; bibliotecario, el licenciado don José Mariano González y secretario, el licenciado don José M.c3Gavarrete. Gálvez se reservó el nombramiento de catedráticos.

Para no interrumpir la festividad del 15 de setiembre, la Academia se instaló con gran pompa el 16. Don José Mariano González, persona minuciosísima en sus relaciones, hace una narración detallada de este acto solemne. En ella se ve que Gálvez pronunció un discurso oral, que fue aplaudido con entusiasmo y contestado por el doctor Bustamante: que Molina leyó un discurso científico y profundo, que puede verse en las columnas del "Boletín Oficial": que se recitaron composiciones poéticas y que la juventud, llena de entusiasmo entonces, y, todavía no abatida por tristes y misérrimos desengaños, veía abrirse delante de sus ojos, nuevos y suntuosos horizontes.

Un decreto que contiene ciento treinta y seis artículos, emitido el 15 de setiembre de 1832, señala lo que debe aprenderse en la Academia, y reglamenta la enseñanza.

La ley de bases dividía la instrucción pública en tres secciones. La primera comprendía lectura, escritura, reglas elementales de aritmética, elementos de religión y de moral, y el catecismo político, reducido a una breve explicación de los derechos y obligaciones civiles. Esta primaria instrucción, debía ampliarse más tarde con los principios del idioma nacional, el complemento de la aritmética, los elementos sucintos de geometría, nociones de geografía y de historia y principios de dibujo. La segunda enseñanza, comprendía gramática castellana, lengua latina, geografía y cronología, historia, retórica y bellas letras, aritmética, álgebra y geometría, matemáticas puras superiores, lógica y metafísica, física, moral y derecho natural, derecho público y Constitución al, economía política y estadística. Los estudios de segunda enseñanza, estaba dispuesto que se ampliaran según las circunstancias lo fueran permitiendo. El artículo 22 de la ley de bases, dice:

La tercera instrucción, ya que no puede ser la de todas las profesiones útiles, será por ahora la de las ms indispensables, contándose por tales la del sacerdote, la del médico y la del jurisconsulto. Habrá en consecuencia, para teología tres cátedras, una de instituciones dogmático—morales, una de escritura y una de fundamentos de religión, a la que se reunirá provisionalmente el estudio de concilios, común á teólogos y canonistas. Para medicina otras tres: una de anatomía, una de medicina y una de cirugía. E igual número para jurisprudencia una de instituciones canónicas, una de instituciones civiles y una de práctica forense".

Las nuevas leyes de enseñanza, estimulaban a la juventud. No era el tiempo, sino la aplicación y el talento, lo que hacía terminar los estudios. Los jóvenes estaban rodeados de estímulos, el amor a las ciencias y a las letras, se despertaba por todas partes.

CAPITULO VIGESIMO OCTAVO: IMPRESIÓN QUE A LOS SERVILES PRODUJERON LAS LEYES DE ENSEÑANZA.

SUMARIO.

Lo que la aristocracia veía en estas leyes—2. Sistema aristocrático—3. Medios de sostener la dominación de pocas familias sobre el resto de la sociedad—4. Lo que han hecho los serviles para sostener la ignorancia del pueblo—5. Liga del clero con la aristocracia—6. Enseñanza clerical.

La aristocracia, el año de 32, no perdía la esperanza de sobreponerse y dominar: la gran conspiración servil, que luego veremos, lo prueba; y las leyes de instrucción pública, dictadas por Gálvez, las veían los pretendidos nobles, como un golpe que se les dirigía al corazón.

La aristocracia es el gobierno de pocos privilegiados, ante los cuales, el pueblo es nada. Es peor que nada, porque la nada no sufre; es una colección de seres sumisos que obedecen sin réplica, que jamás pueden salir de la ínfima clase en que se hallan, ni menos elevarse hasta el nivel de las personas que, revestidas de privilegios y títulos de hidalguía, por su nacimiento, se complacen en sojuzgarlos.

Causa admiración ver los pueblos enteros, sometidos a tres o cuatro familias, que creen nacieron para mandar. ¿Cómo se verifica este fenómeno? ¿Cómo una inmensa mayoría que en una hora puede sobreponerse a la minoría, no se sobrepone a esta, y por tiempo indefinido arrastra como un buey el carro de su señor? La contestación es muy fácil. La ignorancia de los pueblos, es el gran móvil de ese sistema. Sosténgase la ignorancia de las grandes mayorías, y se sostendrá el poder de la nobleza.

El partido servil comprende muy bien todo esto, y sus procedimientos han estado siempre en perfecta armonía con sus convicciones. No ilustraba al pueblo: fomentaba su ignorancia, y si aparecían algunas escuelas, esas escuelas se limitaban a una mala lectura, peor escritura, a dos o tres reglas de aritmética y al catecismo de Ripalda, bajo la dirección de los párrocos.

El clero en la Edad Media lo era todo, absolutamente todo. Sus consejos eran la ley y su voluntad decidía acerca de la guerra, de la paz y de la suerte de las naciones. El renacimiento de las luces, la reforma religiosa, la revolución de Francia, y el progreso de las ciencias, redujeron en muchas naciones el inmenso poder eclesiástico, al simple ejercicio del sacerdocio. Una gran parte de los clérigos, aspiran al poder que disfrutaban en la Edad Media; y no podemos retrogradar hasta allá sin que las tinieblas cubran otra vez la tierra. He aquí la razón por qué una parte del clero se opone a la difusión de las luces, y se liga íntimamente con la aristocracia, igualmente interesada en que las luces no se difundan.[37]

---

[37] Dados estos antecedentes, fácilmente se comprenderá todo lo que al partido aristocrático hizo sufrir el sistema de enseñanza creado por Gálvez, y la razón que tuvieron los llamados nobles para abolir ese sistema, y volver a las leyes tenebrosas de don Carlos II de España, inmediatamente que triunfaron con Carrera. El año de 40 fue restablecida la Universidad de san Carlos, según el sistema de don Carlos el Hechizado, y se varió completamente el régimen de enseñanza en sus tres ramos; pero entonces los llamados nobles no habían llegado al refinamiento teocrático de los jesuitas. La ley de 16 de setiembre de 1852, dictada por don Manuel Francisco Pavón, de acuerdo con los jesuitas, es un monumento histórico. He aquí parte de sus considerandos: "Teniendo presente que el fundamento de toda buena y sólida enseñanza, consiste en el aprendizaje de la doctrina.... oído el parecer del muy reverendo Prelado metropolitano, por ser una materia tan enlazada con la religión...". La parte resolutiva, corresponde a tales premisas. El artículo segundo dispone que estén abiertas las escuelas bajo la inspección inmediata del padre cura. Las materias de instrucción primaria, que las leyes de Gálvez fijan, quedan reducidas por el artículo 13 del decreto servil de 852, a la cartilla, el cartón cristiano, la moral y la urbanidad por Escoiquiz, el catecismo por el padre Ripalda, escritura y las cuatro primeras reglas de la aritmética. Ese mismo artículo contiene un párrafo que es preciso se consigne integro. Dice así: "Los sábados se consagrarán exclusivamente al estudio y explicación de la doctrina, y por la tarde habrá, además, salve cantada. "Según las leyes de Gálvez, debía enseñarse en las escuelas, un catecismo político que explicaba el régimen constitucional. Los nobles hacían lo mismo, variando solo el texto. La Constitución de éstos debía ser los mandamientos, según Ripalda, y la salve regina (Noticia biográfica de don Manuel F. Pavón. Se halla en los números 58 u 62, tomo 70 de la Gaceta de Guatemala). Al mandar que se cantará la salve, no hacían más que ordenar el canto de su propia Constitución excediendo así en entusiasmo político a todas las naciones del mundo; pues no hay noticia de que en las escuelas de otros países, se haga cantar la ley fundamental. El artículo 15 del decreto servil de instrucción pública, debe presentarse íntegro. He aquí: "Como es una obligación en los directores de la juventud cristiana, acostumbrarla a practicar los actos religiosos con la mayor frecuencia, todas las escuelas de niños y niñas, se pondrán bajo el patrocinio de un santo, cuya efigie se

colocará en la testera de la escuela. Todos los días, al entrar cada niño en la escuela, se arrodillará ante el altar e invocará al santo patrono, permaneciendo en esta postura por espacio de algunos minutos. Se celebrará su festividad todos los años, y con su estandarte, asistirán todos los niños en hileras a misa todos los domingos y fiestas solemnes. Además, los que tengan los requisitos necesarios, a juicio del padre cura, confesarán y comulgarán con la posible frecuencia".

Los premios serviles debían estar de acuerdo con el sistema adoptado por el servilismo. Era preciso desalentar a los niños para que ni leer supieran; y el mejor método de producir desaliento, es darles molestias en vez de premios. Los premios que los serviles otorgaban a los alumnos, eran conducir los á los párrocos para que los convirtieran en acólitos o en cantores; por fortuna no se llegó hasta el extremo de que a esos cantores se hicieran los cruentos preparativos de los cantores de la capilla Sixtina. Para evitar que se reduzcan á duda estos asertos, se inserta integro el artículo 29 de la ley citada. He aquí: "Los moños que manifiesten capacidad, aplicación aprovechamiento, y tengan buen porte, podrán ser empleados por el párroco, EN EL SERVICIO DE LA IGLESIA, EN CLASE DE ACÓLITOS O CANTORES. Con tal objeto, después de las horas de escuela, PASARÁN A RECIBIR LAS LECCIONES CONVENIENTES, estando en todo sujetos al padre cura".

Pavón no hacía en esto más que marchar de acuerdo con sus propias convicciones, y con los intereses de su familia. Según dice don José Milla y Vidaurre, (*) Pavón era noble, nobilísimo. Para que la familia, pues, de Pavón y algunas pocas más, pudieran dominar a los artesanos y a todas las clases de la sociedad, y hacer pasar su imperio de generación en generación sobre estas clases y todos los demás individuos de la sociedad, que esos nobles llaman plebeyos o pecheros, era preciso mantener la ignorancia y a este fin conducía directamente la ley citada. Pavón en los primeros años de su vida, pasó por frívolo. El mismo lo aseguraba. Milla dice: "preciso es hacer notar que ese concepto lo conservó el señor Pavón, hasta el fin de sus días, para con aquellos que, no juzgando regularmente sino por la superficie de los hombres, se dejan engañar por cierta aparente frivolidad, que algunas veces (aunque pocas) no hace sino encubrir la profundidad del genio".

Tratándose de un hombre que tanto se esforzó en apagar las luces, y que hirió tanto los principios republicanos y las instituciones americanas, como en los siguientes libros veremos, es preciso averiguar lo que era. Su biografía se presentará más tarde; ahora se habla de él ligeramente.

Milla tiene, y con razón, una alta idea del doctor García Goyena, hijo de Centro—América; y Goyena calificó a Pavón de la manera más desfavorable en la célebre fábula intitulada "El Pavo Real, el Guarda y el Loro". Pavón se presentó a un examen público, con toda la pompa que entonces rodeaba a la pretendida aristocracia de Guatemala, y no contestó una palabra con acierto, aunque por circunstancias que a la vista saltan, fue aprobado de manera discrepante.

Un hijo del pueblo, que no iba en carruaje, ni estaba vestido de gala, se examinaba al mismo tiempo, y brilló por sus luces y su talento. Goyena que todo lo observaba, tuvo la ocurrencia de es escribir la siguiente fabulita:

"Un soberbio pavo real,
De pluma tersa y dorada,
Con brillantez adornada
Se paseaba en un corral.
El petulante animal,

Con aire de señorío
Miraba el rico atavío
De su pluma; pero mudo,
Aun con su elogio no pudo
Decir: "este pico es mío".
Mientras tanto tomó asiento
Allí cerca un pobre guarda,
De estos de la pluma parda,
Que no tienen lucimiento:
Pero con melifluo acento
Abre la dulce garganta,
Y de tal manera canta,
Con voz delicada y suave,
Que aun el Pavón que no sabe
Admiró dulzura tanta
Necio entonces y orgulloso
Al mismo tanto que rico,
Quiere imitarlo, abre el pico,
Y da un graznido espantoso
Mi loro que es malicioso
Con una falsa risilla
Dijo: "¡Bravo! ¡qué bien brilla
Con el resplandor del oro;
Mas no tiene lo canoro
De esa discreta avecilla".
Dime, Musa, si has sabido
Los misterios de los hados:
¿Por qué están enemistados
Lo rico con lo entendido?
Bajo un humilde vestido
Vive el sabio en menosprecio,
Mientras el soberbio necio
Lleno de oro y arrogancia

En medio de la ignorancia
Merece el común aprecio".

No pretendo sostener como cierto, cuanto dice Goyena. Lo he citado para que se vea que no todos los hombres de inteligencia, participan del entusiasmo que por el señor Pavón tiene Milla.

Pero hay otra autoridad más respetable, para don José Milla y Vidaurre, que Goyena, y es el mismo señor Milla, quien juzgando en otra época á don Manuel Francisco Pavón, dijo:

"Aycinena, Pavón, fuera señores,
Fuera con vuestro rancio servilismo.
Soñásteis ser tal vez conservadores,
¿O darnos una burla del torismo?
Honorable Marqués, no más Bretaña,
No más statu quo, ni tiranía:
Vaya que su excelencia no se engaña,
Sin el statu quo, por Dios, ¿qué haría?
¿Cómo sin él las indemnizaciones?
Cómo los sueldos gruesos y continuos?
Cómo cobrar sin él medios millones
Por pérdidas, perjuicios y destinos?
Fuera la camarilla, sea libre
Guatemala por fin, de oscurantistas,
De esos politicones de calibre,
Profundos y rellenos estadistas.
Los tigres de Texiguat ya se lanzan,
Tiemble vuestro cobarde corazón...
¡Y ay! de vosotros zorros, si os alcanzan
Con sus fieros lebreles de león.
Ya hundiréis esa frente hoy orgullosa,
Ya al polvo volveréis de do salisteis;
Y entonces Guatemala generosa
Olvidará los males que le hicisteis".

Esta última estrofa encierra un cálculo profético que hace honor al señor Milla. El olvido, sin embargo, no debe ser tan absoluto que permita la repetición de los mismos males que se deploran, ni puede impedir tampoco que la historia consigne la serie de sucesos que presentan los anales de la patria.

En el fondo de la ley de instrucción pública de don Manuel Francisco Pavón, no hay frivolidad, sino un pensamiento que se dirige a herir al pueblo de Guatemala; pero la hay muy grande en la forma. Ese decreto que con tanta habilidad censuró el señor don Ramon Rosa, en un erudito folleto que se reprodujo en varias naciones de América, ha cubierto en el extranjero de ridículo a las personas que pretendieron

329

6—Los jesuitas, viendo que es imposible oscurecer la tierra, se han propuesto colocarse al frente de la enseñanza, para darle la direccion que á sus ideas conviene. Su primer esfuerzo en sus colejios es cortar la libertad del pensamiento. Ellos enseñan que no es lícito á los gobernantes permitir mas creencia en sus Estados, que la prescrita por el Vaticano, sistema que directa y rápidamente con duce á la Inquisicion. Ellos pretenden monopolizar la enseñanza, para establecer en todas partes su sistema: el quietismo de la intelijencia; y para dar el resultado que su enseñanza produjo en los Paises Bajos, en Portugal, en España y en la desventurada Polonia.

premiar el mérito, convirtiendo en acólitos y monacillos, a los jóvenes sobresalientes.

CAPÍTULO VIGÉSIMONONO: OTRAS EMPRESAS DEL DOCTOR GÁLVEZ.

SUMARIO.

Gálvez estimulaba, no solo las ciencias y la literatura, sino también las artes. Por decreto de 28 de agosto de 32, abrió una suscripción patriótica, para crear fondos que se emplearan en hacer venir del extranjero máquinas y utensilios, que contribuyeran al desarrollo de la industria.

Se empeñó activamente el doctor Gálvez, en que desapareciera un mercado, que, a la usanza de los antiguos pueblos de las provincias españolas, existía en la plaza mayor de Guatemala, cuyo centro se hallaba también ocupado por tiendas de madera, que producían a la vista una impresión desagradable. El Jefe del Estado quería que se construyera un mercado al estilo moderno, en la plaza del Sagrario, y a ese fin dirigió sus trabajos.

Al Este de la Catedral había una plaza, donde se hallaba un templo viejo, cubierto de teja, que sirvió de capilla del Sagrario, antes que se concluyera la que hoy se ostenta. Existía también un panteón repleto de cadáveres, porque en él se habían verificado los enterramientos de los feligreses de esa parroquia, y de muchas personas más, desde que la ciudad se trasladó a este valle.

Gálvez mandó exhumar todos los cadáveres, y que se trasladarán aquellos que no fueran reclamados por alguna persona, a los osarios de San Juan de Dios.

Esta medida tuvo grande oposición. Muchas personas decían que no era lícito al Gobierno tocar la mansión de los muertos: que las leyes eclesiásticas colocaban a los difuntos bajo la protección santa de los sacerdotes: que era una impiedad profanar las sepulturas. La dificultad se aumentaba por algunos, alegando que la plazuela del

Sagrario pertenecía a la Catedral, y no debía dedicarse a usos profanos: que una parte de ella estaba destinada para jardines del palacio arzobispal, y que no era lícito al Gobierno privar a Su Señoría Ilustrísima, cuando Guatemala tuviera el gusto de volverlo a ver, o de tener otro prelado, del grato e inocente recreo que le proporcionaran sus jardines. Los propietarios de tiendas, alrededor de la plaza mayor, creían que con la traslación del mercado disminuiría el valor de éstas, y eran los que más piedad manifestaban, y los que con más calor sostenían los fueros de los muertos. Las personas que poseían casas en torno de la plaza del Sagrario, hablaban como filósofos, y sostenían la necesidad del ornato, del progreso y la reforma.

Las exhumaciones se hicieron. Casi todos los cadáveres estaban bien conservados. Muchas familias reconocieron a sus deudos; y de nuevo se verificaron solemnes inhumaciones. La gran mayoría de cadáveres no fue reclamada, y el Gobierno los condujo en solemne procesión a los osarios de san Juan de Dios. Gálvez hizo demoler los viejos y deformes edificios que en la plaza del Sagrario existían, quedando solo un campanario, porque no había donde poner las campanas, muy semejante por su arquitectura, al antiguo del pueblo de Jocotenaango, que todavía (año de 1878) existe en el panteón de los indios. El doctor Gálvez no tuvo tiempo de ver realizado su proyecto de mercado en que tanto pensó.

Propúsose igualmente el Jefe del Estado, que se hicieran cementerios fuera de poblado, para favorecer la higiene pública, con la supresión de las inhumaciones en los templos. Esta medida fue explotada por el clero para trastornar el orden, y de ella hablaré detenidamente cuando se narren los trastornos que produjo. Gálvez mandó hacer acueductos subterráneos, para que no corriera por las calles el agua inmunda que sale de las casas; y que se construyeran aceras en diversas direcciones; lo que en gran parte pudo ver concluido. No menos se esforzó en amenizar la capital, formando en su rededor alamedas y paseos públicos. De estos quedan algunas señales en el Cerro del Carmen y en otros puntos.

Guatemala abundaba en monasterios; pero no tenía un solo teatro. Barrundia y otros hombres pensadores, desde antes de la Independencia, trabajaron con empeño para que hubiera un coliseo; pero se oponían el arzobispo Casaus, la madre Teresa, fray Anselmo

Ortiz, y otros hombres de capilla. La lucha que hubo entonces, está hábilmente pintada en una comedía histórica que se intitula "El Coliseo".

En esa composición literaria, que Marure atribuye en gran parte a Barrundia, se presenta en escena cómica a fray Ramon Casaus, a fray Anselmo Ortiz, a la madre Teresa, al canónigo Castilla, al Presidente de la Audiencia y Capitán general del Reino, y a otros muchos personajes de aquel tiempo. El señor Castilla habla al Presidente, en favor del teatro, hasta hacerlo vacilar; pero luego entra Casaus, increpa a Castilla, lo declara botarate y hasta loco, y el Capitán general cambia de modo de pensar. Los enemigos del teatro citan palabras de la monja carmelita, y ven hundirse el firmamento, si triunfando los innovadores, algún actor llega a presentarse en las tablas.

Introducido escasamente el espíritu moderno, hubo comedías en casas particulares, y en edificios provisionales; y más tarde Gálvez proyectó levantar un teatro que hiciera honor a Guatemala.

Don Miguel Rivera Maestre, fue comisionado para formar el plano del nuevo coliseo. Rivera hizo un diseño de madera, preparó el terreno, y levantó los cimientos. La fachada del edificio presenta dos cuerpos de elevación, y el vestíbulo una anchura capaz de que las personas que llegaran en carruajes, pudieran descender de ellos, bajo cubierta, en tiempo de lluvias. Según este diseño, las puertas son seis; tres de ellas al frente; de estas una correspondiente a los palcos de la derecha, otra a los palcos de la izquierda y otra al lunetario. A los costados del edificio hay otras dos, correspondientes a la cazuela, con escaleras bastante amplias; la otra puerta se dirige al foro. En el respaldo del mismo edificio, quedan dos salones de piso bajo, uno para reunión de actores y otro para almacén de útiles. En el piso superior hay otro salón espacioso para pintura de las decoraciones. En la embocadura del foro debía colocarse ocultamente, una tela de alambre destinada, soltándola a su tiempo, a impedir en caso de incendio, que las llamas pasaran a la platea, a los palcos o al foro, según el origen del fuego. Sobre los machones de la indicada embocadura debían construirse a derecha e izquierda dos depósitos para agua, los cuales se llenarían en las tardes que inmediatamente precedieran a las representaciones, para tener, en caso de fuego, agua arriba y abajo. Estos depósitos servirían igualmente, al concluirse cada representación, para dejar determinados sitios del teatro enteramente limpios, y sin que pudiera sentirse, por ninguna parte de él, ningún desagradable olor. El techo debía cubrirse con láminas de pizarra, dando a la parte del foro mayor elevación que al resto del edificio, con el fin de elevar los telones sin que se deteriorasen con los pliegues, ni hubiese demora en los cambios de decoraciones. Para ocultarlos bajo el tablado escénico se calculaba una profundidad mayor de la que ahora existe.

Don Manuel Francisco Pavón (séame permitido salir del año a que este capítulo se refiere para dejar terminado el asunto), estimulado por Don Juan Matheu, llegó a creer que el teatro era conveniente para distraer a los artesanos, y a otras personas, y evitar que pensaran en política, y bajo la precisa condición de que las piezas que se pusieran en escena fueran previamente censuradas por personas de toda su confianza, apoyó la empresa que tanto anhelaba don Juan Matheu. Pavón pidió a Rivera Maestre los planos que tenía formados. Rivera Maestre había sido amigo íntimo de Gálvez y estaba siempre en pugna con don Manuel Francisco Pavón; por lo mismo se manifestó poco dispuesto a complacerlo. Matheu instó a Rivera para que diera sus planos y este señor le contestó, que antes de hablarle de planos se le pagara una cuenta de tres mil y tantos pesos, que como arquitecto había pasado al Gobierno. Esta respuesta desagradó a Pavón, quien dijo que iba a probar á Rivera Maestre que ninguna necesidad tenia de él. Bajo estos auspicios y otra dirección, continuó edificándose el Coliseo que hoy existe, muy diferente del que proyectó Gálvez, pues ni sobre todos los cimientos levantados entonces se halla.

CAPÍTULO TRIGÉSIMO: CIUDAD DE FLORES.

SUMARIO.

1—Se recuerda el asesinato de Flores—2. Honores decretados a la memoria de ilustres ciudadanos—3. Decreto del Congreso federal que ordena se dé a la cabecera del Petén, el título de ciudad de Flores—4. Lo que acerca del Peten dice Juarros—5. Divisiones territoriales—6. Una pretensión del Obispo de Yucatán —7. Es combatida por las autoridades centro—americanas.

Marure, en el capítulo sétimo del Bosquejo Histórico, refiere detalladamente el asesinato del vice—jefe del Estado de Guatemala don Cirilo Flores, y lo atribuye a influencias del clero regular, y especialmente de los frailes Carranza y Ballesteros. Los serviles han combatido estos asertos; pero lo cierto es que en el motín contra Flores, se oían las mismas palabras que los frailes continuamente pronunciaban en sus sermones y en sus pláticas. Estos frailes eran verdaderos agentes y cooperadores del partido recalcitrante y poseían armamentos que se les tomaron después. En aquel motín se oían las palabras: Viva la religión y mueran los herejes, palabras que tanto repetían los frailes, y que más tarde sirvieron a Carrera de escala ascendente. Lo cierto es también que el golpe contra don Juan Barrundia se había consumado, y la Asamblea de Guatemala reunida en San Martin Jilotepeque, había emitido un decreto facultando plenamente al vice—Jefe, para resistir las agresiones del Presidente. Es indudable que Arce envió tropas a los Altos, para perseguir a las autoridades del Estado, y emisarios para levantar a los pueblos contra ellas. Consta que no persiguió a los asesinos, y que algunos de ellos gozaron en paz del fruto de su crimen; por lo cual la Asamblea restaurada, en su decreto de 4 de junio de 29, exceptuó a los asesinos de Flores del indulto decretado en aquella fecha. No puede negarse que a la vuelta de las tropas expedicionarias de Arce sobre los liberales que se hallaban en los Altos, hubo regocijos públicos. Los serviles estaban de gala. Arce, sus secretarios, Aycinena y otros muchos individuos de su color político, se presentaron con aire triunfal en la fachada superior del Palacio nacional, cuando la tropa formó en la plaza.

Podrá ser que Arce y los hombres de su círculo fueran inocentes, y que como ha dicho algún servil, estuvieran de luto por la muerte de don Cirilo Flores; pero el luto se hallaba tan oculto, que no se veía ni aun con microscopio.

Los liberales honraron la memoria de las víctimas inmoladas en las aras de la patria. La Asamblea del Estado tuvo a bien acordar en 25 de setiembre de 1829, que se hicieran honores fúnebres al vice—jefe don Cirilo Flores, al diputado Juan Paz, al coronel José Pierzon y al teniente Isidro Velásquez; que se cubrieran de luto los edificios del Poder 'ejecutivo y de la Asamblea, y que la misma ceremonia se repitiera en los tres siguientes aniversarios. Toda esa lúgubre función se hizo con tanta pompa y entusiasmo, que los serviles la han llamado apoteosis.

El Congreso federal, no contento aun con estas demostraciones, decretó el 2 de mayo de 1831, que a la cabecera del distrito del Peten, se dé el título de ciudad de Flores, en memoria del ciudadano ilustre don Cirilo Flores, vice—jefe del Estado de Guatemala.

No creo fuera de oportunidad, consagrar al Peten algunos párrafos. El historiador Juarros, dice: "Entre Verapaz, Chiapas y Yucatán, está la famosa laguna de Itza ó del Peten: es de figura oblonga y como de 26 leguas de circunferencia: en partes tiene 30 brazas de fondo y en partes más: sus aguas son buenas y cría mucha pesca: a dos leguas de la orilla, está el Peten o isla grande, corte de los indios Itzaex: es muy alta y empinada y tiene en la cima un plano, como de un cuarto de legua de diámetro, donde habitaban los citados indios con su rey Canek. En este lugar se fundó un presidio, en virtud y de cédula de 24 de enero de 1698. A corta distancia de esta isla, hay otras cuatro menores: dichas cinco islas, todo el lado de la laguna hacia el Este y la cordillera vecina, estaban muy pobladas de indios de diversas naciones: hoy no han quedado más que siete pueblos y en toda la comarca, 2555 personas. Este partido, por lo temporal, pertenece al Reino de Guatemala, y es gobernado por el Castellano del Peten: por lo espiritual toca al Obispo de Yucatán y es servido por cinco curas".

En los principios del cristianismo, las divisiones eclesiásticas se conformaban con las divisiones civiles y las seguían. El trascurso de los siglos operó grandes cambios en los mapas, y las divisiones eclesiásticas permanecieron muchas veces como antes se hallaban; pero en los grandes Estados, regidos por un solo príncipe, las divisiones eclesiásticas no han tenido más guía que las conveniencias especiales del clero, sin que esto pudiera servir de base a ninguna resolución que al orden civil toque. ¿Quién había de pensar que Madrid, la coronada villa de Madrid, la capital de España, no fuera también capital en lo eclesiástico, y que careciendo de iglesia catedral, estuviera sujeta directamente al Arzobispo de Toledo?

Mientras que Méjico y Centro—América estuvieron sujetos a la corona de Castilla, no hubo dificultad para que el Obispo de Yucatán administrara el Peten;[38] pero la hubo muy grande para que esa administración subsistiera cuando Méjico y Centro—América eran dos naciones independientes.

7—El Obispo de Yucatán intentó después del año de 23, visitar como Prelado eclesiástico el distrito del Petén. El Jefe del Estado de Guatemala se opuso, y dirigió un mensaje a la Asamblea, haciéndole ver que era imposible permitir a un extranjero, ejercer jurisdicción en el territorio de Centro—América. Una comisión compuesta de los representantes Azmitia, Arango, y Lambur, dictaminó de conformidad, y la Asamblea aprobó el dictamen; resolución que ratificó el Congreso federal.[39]

---

[38] El Reino de Guatemala, jamás estuvo sujeto al Imperio de los indios mejicanos. Lo prueba extensamente el historiador don Domingo Juarros, en el capítulo 7°, tratado 4, de su Compendio de la Historia de Guatemala. El Peten fue conquistado por Ursúa y puesto bajo la jurisdicción de la Audiencia de Guatemala, á cuyo territorio siempre perteneció. Lo prueba extensamente don Francisco de Paula García Pelaez, en el capítulo 43, tomo 1 de sus Memorias para la Historia del antiguo Reino de Guatemala.

[39] Las diversas atenciones del Presidente de la República, no le permitieron volverse a fijar en ese asunto, que continuó siendo visto con indiferencia, y hasta el 22 de setiembre de 1863, se expidieron en Roma las letras que los canonistas llaman apostólicas, agregando en lo eclesiástico el Peten, que en lo civil siempre fue guatemalteco, a la diócesis de Guatemala. Mas actividad manifestó Méjico para segregar el obispado de Chiapas de la iglesia metropolitana de Guatemala. Verificada la anexión de Chiapas a Méjico, a consecuencia de la anexión de todo Centro—América, que los serviles hicieron al Imperio mejicano, de la manera que expresa el señor Marure en el libro II, capítulo 39 del "Bosquejo Histórico, "Méjico permaneció en posesión de Chiapas, y quiso que el obispo chiapaneco dejara de ser sufragáneo del arzobispo de Guatemala y lo fuera del arzobispo de Méjico. Cuando la parroquia de Guatemala se elevó a obispado, el obispo de esta diócesis era

sufragáneo del arzobispo de Sevilla, lo cual ofrecía graves dificultades en lo eclesiástico. En 1538 la diócesis de Méjico, se elevó u iglesia metropolitana, y por ser el único arzobispado existente en América, el arzobispo de Méjico fue metropolitano de todos los obispos de la América Central y Meridional. Erigida en metropolitana la diócesis de Lima, los sufragáneos de Méjico se disminuyeron mucho. En 16 de diciembre de 1743, el obispado de Guatemala se elevó a iglesia metropolitana, y fueron sufragáneos del arzobispo de Guatemala todos los obispos de este Reino y por consiguiente el de Chiapas. Los mejicanos no perdieron tiempo; a instancias de ellos, después de la anexión de Chiapas a Méjico, se resolvió en Roma, á 25de abril de 1837, que el obispo de Chiapas fuera sufragáneo del arzobispo de Méjico. El señor Casaus desde la Habana auxilió para este cambio, al obispo de Chiapas; Casaus se proponía hacer daño a los liberales de todos modos; pero con el obispado de Chiapas no obtenía su fin. El daño lo había hecho ya, con la anexión a Méjico, cuyo principal efecto fue la pérdida del territorio chiapaneco.

CAPÍTULO TRIGÉSIMO PRIMO: CAÍDA DEL JEFE DEL SALVADOR.

SUMARIO.

El año de 31, un gran golpe contra los liberales proyectaba el partido servil. Sus combinaciones estaban ramificadas por todas partes. Arce debía invadir la República, viniendo de Méjico,[40] por Soconusco. Domínguez debía expedicionar sobre Honduras[41] con elementos que sus correligionarios le tenían en Belice, apoderarse del

---

[40] Esta gran conjuración es una prueba de que los hombres que sucumbieron el año de 29, solo podían estar quietos bajo la prisión de las bayonetas, y de que las medidas que contra ellos se dictaron, en vez de ser escasas, los dejaron en aptitud de conspirar y de seguir sin tregua hostilizando

[41] He aquí el efecto del decreto que lo indultó de la pena de muerte.

puerto de Trujillo, y marchar hasta Comayagua[42]. Entre tanto, Ramon Guzmán se apoderaba del castillo de Omoa, con doscientos morenos. Arce contaba en su apoyo, en San Salvador, con el Jefe del Estado, y en Guatemala con los esfuerzos del clero.

Hemos visto los elogios que a Cornejo hace el autor de las Memorias de Jalapa, por el comportamiento que con los presos tuvo el año de 29. Arce lo colma también de elogios y mantuvo con él correspondencia secreta. Los serviles, solo elogian a los hombres que les sirven de instrumento. Cornejo influyó activamente, porque las elecciones de diputados en San Salvador, recayeran en hombres de su escuela.

La Asamblea salvadoreña se instaló en febrero de 31. Las tendencias del Jefe y de los diputados electos, inspiraban desconfianzas a los liberales de Guatemala, y por orden Legislativa, la Asamblea de este Estado dispuso que se felicitara a la nuevamente instalada en el Salvador, con el fin de expresar en esa felicitación, la necesidad de la armonía y del sostenimiento de los principios Constitucionales.

En lo público, aquellas autoridades se ocupaban en objetos de positiva utilidad. El 7 de febrero de 31, hubo un terremoto en el Salvador, que causó notables estragos en la capital, y en muchas de las poblaciones situadas cerca de las costas del Pacífico... Cornejo

---

[42] He aquí el efecto de no haberse tomado bastantes precauciones el 19 de abril de 1829 para impedir la fuga de Domínguez. Sin embargo, dicen los serviles, que las prisiones de aquel día fueron un atentado; que el general Morazán fue un tirano: que ellos eran víctimas inocentes. Don Juan José Aycinena consignó en uno de sus folletos estas palabras: "En 1829, un soldado con la espada en la mano, holló con tanto descaro como escándalo, las garantías sociales, las leyes, los derechos naturales del hombre y hasta los sentimientos de humanidad". Sin embargo, a ninguno se fusiló. Menos se obligó a ninguno a que abriera su propio sepulcro para fusilarlo después. Mucho menos se obligó a nadie á que abriendo su fosa se cubriera de tierra hasta la garganta, quedando su cabeza al nivel del suelo para sufrir en ella, después de algunas horas de martirio, golpes que consumirán el inicuo sacrificio. Estos crímenes que se vieron perpetrar bajo la santa dominación de los serviles, no huellan con tanto descaro como escándalo, las garantías sociales, las leyes, los derechos naturales del hombre ni los sentimientos de humanidad. Lo único que huella todo esto, es la expulsión de conspiradores como Domínguez, instrumento de Aycinena; como Arce que se convierte en filibustero y viene u hollar el suelo de su patria, como Pedro González y su círculo nobilísimo, que izan la bandera española en el castillo de Omoa.

manifestó empeño en auxiliar a las personas que, con motivo de aquella catástrofe, experimentaban sufrimientos. El 16 de febrero se concedió al pueblo de Chalatenango el título de villa, y el 24 de julio se instaló un establecimiento de enseñanza, que tenía el título de "Colegio Seminario". Pero entre tanto, una sorda conspiración se preparaba contra las autoridades federales.

Al mismo tiempo que se recibía la noticia del movimiento de Arce por Soconusco, llegó una carta fechada en Yojoa, á 28 de noviembre de 31, y dirigida a una persona de la capital. En esa carta se dice: "Hace cuatro días que estando en Rancho Grande, llegó un correo, llamado Basilio, del puerto de Omoa, quien me aseguró que dicho puerto estaba revolucionado, y que un tal Ramón Guzmán en compañía de Tadeo Martínez y los negros, se apoderó del cuartel y castillo, poniendo preso al comandante Peña. Dicho Basilio me aseguró iba de correo a la ciudad de San Miguel, y presentándome un paquete, que al momento abrí, me encontré en él una proclama de Domínguez".

Esa proclama es incendiaria. Presenta a don Manuel José Arce como una víctima inocente, y como el hombre destinado por la Providencia para remediar los males de los pueblos, y castigar a las personas que abusando de una autoridad usurpada, los oprimían. Dice que Arce abunda en recursos, que cuenta con simpatías en los pueblos de los Altos, y que pronto llegaría triunfante a Guatemala. Exagera los recursos de que él dispone en las costas del Norte, y llama a las armas a todos los centroamericanos, para sostener la causa santa de Dios.[43]

El Presidente de la República se trasladó al Salvador, para combinar mejor sus movimientos. Había pedido a Nicaragua una fuerza auxiliar, que constaba de ochocientos hombres dispuestos a marchar contra los invasores.

Las autoridades federales y las del Estado del Salvador, no estaban de acuerdo, ni podían estarlo. Cornejo era servil y se hallaba en inteligencias secretas con los invasores, y Morazán era el blanco

---

[43] Los que han dicho que las tendencias reaccionarias solo existían en la imaginación de los liberales, ¿qué dirán al ver esta gran conspiración, a cuyo frente se hallan los serviles indultados de la pena de muerte por el decreto de 22 de agosto de 1829.

contra el cual se dirigían los tiros. La conclusión de la guerra estaba reciente. Los serviles no se creían completamente vencidos. Pensaban que habían sucumbido, no porque sus ideas estuvieran en pugna con las ideas del siglo, ni porque su régimen fuera un anacronismo en la historia del Nuevo Mundo, sino porque Raoul y Morazán eran militares y pudieron vencer a don Agustín Prado que de militar solo tenía el nombre. Con estas creencias veían la reacción como un acontecimiento no solo posible, sino natural y lógico. Gálvez envió a San Salvador al coronel Nicolas Espinosa, con pliegos para Cornejo, en que se le decía que Espinosa estaba plenamente autorizado para salvar cualquiera dificultad que se presentara entre Morazán y el mismo Cornejo.

En las inmediaciones de Atiquizaya, tuvo noticia Espinosa de que el Jefe político de Sonsonate había mandado al Alcalde de Santa Ana que lo redujese a prisión. Espinosa se retiró, y la noticia de este suceso desagradable indignó a Gálvez.

El Presidente de la República iba a San Salvador, de acuerdo con las autoridades de aquel Estado. No llevaba fuerza; solo le acompañaba una escolta. No podía, por tanto, inspirar temor a Cornejo el que un golpe de hecho le arrebatara su jefatura. Cornejo, además, había dicho oficialmente que Morazán no tenía partido en San Salvador, y que un completo desprestigio lo rodeaba. Siendo esto así, tampoco debía temer el Jefe del Salvador la presencia del Presidente de la República. Sin embargo, el 6 de enero de 1832, Cornejo dio un gran golpe de insubordinación. Intimó al Presidente de la República, que se hallaba en Santa Ana, que evacuara inmediatamente e Estado, y si no lo hacía seria atacado; y movió fuerzas para que la intimación no fuera solo una amenaza. Morazán no tenía tropa que oponer al Jefe insurrecto, y tuvo necesidad de retirarse.

Para completar la insurrección, se decretó que el Estado se sustraía del pacto federal. La noticia de estos infaustos sucesos, produjo una grande agitación en la mayor parte de la República. La prensa liberal increpaba á Cornejo por haberse rebelado contra la primera autoridad de la nación, por haber hecho un ultraje a la República, en la persona de su primer Magistrado, por haber roto el pacto fundamental, y por haber perpetrado todos estos crímenes políticos en los momentos en que Centro—América se veía por todas partes amenazada. El doctor Gálvez escribía severas cartas a Cornejo. En ellas le reprochaba su conducta, y lo hacía responsable de los males de la guerra.

El 15 de Enero se instaló extraordinariamente el Congreso nacional. El 18 se verificó la apertura de sus sesiones. A este acto concurrieron las autoridades federales que se hallaban en la capital y un gran número de ciudadanos. El Presidente de aquel alto Cuerpo doctor José Antonio Alcayaga, pronunció al abrirse, las sesiones, un discurso notabilísimo. Puede asegurarse que es uno de los documentos más importantes de la Historia de Centro—América. Dice así:

"Ciudadanos Representantes: Otra vez se reúne el Congreso en sesiones extraordinarias, en el mismo día a que ha sido convocado. No es el pavor el que nos ha traído a este santuario, con el objeto de evitar grandes peligros que amenazan a la patria, porque basta la opinión, la justicia de nuestra causa, y el entusiasmo de los pueblos para sofocarlos. Las aberraciones de un Estado, que, dirigido por dignos funcionarios, ha sido antes el baluarte de la libertad: el agravio hecho a la Nación en la persona del Presidente; y el respeto que las leyes merecen, hicieron que los representantes volarán a este lugar desde los puntos en que se hallaban dispersos. ¿Qué miedo inspiraría en nosotros un extranjero, que no teniendo misión legítima para hacernos la guerra, ni perteneciendo a Gobierno alguno, se presenta en Omoa, con el carácter de bandido, sin más recursos que la violencia, el robo y el asesinato: que provoca desde lejos a la anarquía, para buscar en las ruinas de esta República, la fortuna y la representación que nunca tuvo en su país, y que alhajando sus planes de iniquidad con el saqueo de Izabal y de otros pueblos, manifiesta que su engrandecimiento se fundaría siempre en el despojo de los propietarios, y en la opresión del pueblo? ¿Qué temor infundiría el otro, hijo desnaturalizado de Centro—América, que nunca supo corresponder a la confianza que los pueblos engañados hicieron en su persona, sino que abusó del poder envolviéndolos en el desastre de la guerra civil: que en pos de sus particulares intereses, siempre enemigo de los gobiernos establecidos y siempre infiel a los pueblos que alucina, se unió con entusiasmo a los que promovieron la independencia del gobierno español: resistió la agregación al Imperio mejicano; trató de venderlos al general Filísola por un grado militar, los abandonó en el peligro, y fue la causa de su derrota y sus desgracias[44]? Arce, colocado en la primera silla de la República se erigió en déspota, disolviendo con mañosidad el Congreso y el Senado, e impidiendo su reunión por medio de la fuerza; usurpó las facultades que el Congreso no podía concederle: gastó gran parte del empréstito extranjero en verificar sus planes de revolución : protegió y premió descaradamente a los asesinos del benemérito Flores, y no quiso obedecer una ley de que él mismo tuvo la iniciativa, ni dar cuenta al Congreso de la inversión de los caudales públicos. El redujo a prisión a diputados federales: él emitió decretos de prescripción y de muerte: y llevó la guerra y la desolación a los Estados del Salvador y de Honduras, dejando al de Guatemala hundido en el terror y en el espanto. Sus partidarios saquearon e incendiaron pueblos dignos de ser libres, talaron los campos, e hicieron una multitud de pobres é inválidos, de huérfanos y viudas. ¿Podrían estos aventureros inspirar la confianza de que necesitan los conquistadores para dominar a los pueblos? ¿Habría muchos necios que corrieran a derramar su sangre y sacrificar sus bienes con el designio de erigirles un trono rodeado de víctimas, y compuesto de las viudas de la patria? Ni Arce ni Domínguez serán nunca los que triunfen en Centro—América, ni son tampoco estos criminales, QUE PATENTIZAN LA JUSTICIA CON QUE FUERON ARRANCADOS DEL TERRITORIO, el objeto que nos ha reunido. Los funcionarios del Estado del Salvador, restos de la facción liberticida que sucumbió el año de 29 minan solapadamente la Constitución y la Independencia desde principios del año anterior, y ahora descubren sus planes insultando al Presidente, persiguiendo a los patriotas y rompiendo el pacto nacional, con el fin de envolvernos en la anarquía y unirnos después al yugo de los déspotas. La circunspección con que el Congreso vio sus primeros atentados los ha enorgullecido; se creen superiores a la Constitución de su Estado y de la República y a la Nación entera. Ellos la insultan y agravian atrozmente, en la persona del Presidente; y ellos intentan disolverla para sacar de sus ruinas ventajas personales. No advierten que roto el

---

[44] Estas palabras del señor Alcayaga, confunden más á Arce que cien volúmenes.

pacto, se desvanece la autoridad que este les diera, cesando en aquellos pueblos la obligación de obedecerlos; y que la facción á que pertenecen, ni vencedora como el año de 22, ni vencida como el de 29, pudo realizar sus proyectos, porque ha concluido ya el tiempo de los déspotas, porque los pueblos han recobrado sus derechos, y es justo que los tengan, y porque es imposible resistir el torrente que vivifica el universo. Así es que jimen hoy día en el Estado del Salvador los libres que reconquistaron la libertad con su propia sangre: se les imputa a crimen el ser fieles a sus juramentos, por los mismos que en tanto han sido funcionarios, en cuanto han jurado obedecer y hacer cumplir la Constitución de la República. Los pueblos se ven envueltos de nuevo por una cadena de males, y esperan justamente que la nación los salve en estas circunstancias. He aquí el objeto que nos ha reunido. Su gran tamaño me escusa de encarecerlo. Una medida que volviera a los salvadoreños su libertad y Constitución os llenaría de gloria. El tiempo que os queda para dictarla es corto: no dejareis que trascurra inútilmente. Trabajad, pues, de manera que la generación presente, bendiga vuestro nombre y las futuras lo recuerden con agrado".

En febrero se instaló la Legislatura ordinaria de Guatemala. El mensaje de Gálvez presenta la situación de la República, con toda exactitud. Dice: que decidido siempre por la paz y por los acomodamientos y transacciones, jamás ha descuidado la fuerza que hace respetables los Estados. Agrega que marcha una división a colocarse en la línea divisoria del departamento de Santa Ana, y que el carácter de esta fuerza es de observación. Asegura que el orden de la República está a cargo del Presidente, y que el Jefe de un Estado cumple con hacer efectiva la tranquilidad interior del mismo Estado. Hace hincapié en que no quiere la guerra, y en que, sin embargo, no podrá menos de contribuir a ella si el Presidente, en uso de sus legítimas facultades, pide al Estado de Guatemala recursos para salvar la República. Gálvez se jacta del número de hombres bien disciplinados con que el Estado contaba, y de los elementos de guerra que tenía.

El Congreso, de acuerdo con los pensamientos de su presidente Alcayaga, autorizó al Ejecutivo federal, para dictar todas las disposiciones que exigiera la salvación de la ley fundamental y la repulsa de los invasores.

Cornejo dirigió a Gálvez una nota, manifestándole que agradecía mucho los sentimientos de paz y de fraternidad que lo animaban. Le dice que desea se verifiquen arreglos entre los Estados para repeler a los invasores: que su único deseo es que se reforme la Constitución federal, de acuerdo con el voto de los pueblos: que él se trasladaría a la villa de Ahuachapán y esperaba allí comisiones de los otros Estados, para que satisfactoriamente se arreglaran asuntos tan importantes.

La prensa oficial de Guatemala dijo que un porvenir de paz y de orden se inauguraba: que las proposiciones de Cornejo estaban aceptadas, y que pronto no habría en Centro—América más que orden y libertad. Gálvez deseaba que Morazán entrara en algún convenio, que repeliendo a los invasores, dejara en pie al Jefe salvadoreño. Morazán conocía muy bien la situación y estaba dominado por el pensamiento de que Cornejo fuera depuesto. Algunas indiscreciones de éste, predisponían también contra él al Jefe del Estado de Guatemala.

El Gobierno del Estado de Nicaragua, conocedor profundo de los hombres que dominaban la situación y de sus tendencias, dirigió al de Guatemala la comunicación siguiente: "Han sido vistas con horror en el Estado de Nicaragua, las disposiciones de las autoridades del Salvador, consecuencias necesarias de los primeros pasos extraviados que se dieron en aquel Estado. Los sentimientos de la Legislatura y pueblos de Nicaragua, son conformes y unísonos con los sentimientos de la Asamblea y pueblos de Guatemala, y el Ejecutivo sabrá secundarlos y obrar en todo conforme a los intereses y desagravio de la Nación. Por el correo anterior, se ha hecho por este Ministerio y de orden de mi Gobierno, una enérgica exposición al Gobierno del Salvador, manifestándole la nulidad e injusticia de sus operaciones, procurando desvanecer las aparentes razones en que ha querido fundarlas, haciendo presente el ultraje que se ha hecho a toda la Nación en su primer funcionario, y las consecuencias funestas de este paso: se le invita a retroceder: se le protestan los resultados y se le indica su propio peligro. Mi Gobierno me manda asegurar al de Ud., que está dispuesto a formar con ese Estado y el de Honduras, una barrera fuerte para resistir a los enemigos exteriores e interiores, y para restablecer el orden de toda la República".

El Jefe de Nicaragua era don Dionisio Herrera, víctima de Milla en Honduras, v pacificador del Estado a cuyo frente se hallaba. Era entusiasta por la causa liberal, por la Constitución y por la persona del presidente Morazán, y a estos objetos, sagrados para él, se habría inmolado con placer.

La Asamblea de Nicaragua, dio un decreto en que desconoce la legitimidad de las autoridades salvadoreñas, y todos sus actos. Ese decreto declara fuera de la protección de la ley, a las personas que habiendo sido expulsadas del territorio nicaragüense, sirvieran a las autoridades ilegítimas del Salvador, y a cualquier vecino de Nicaragua que hallándose accidentalmente en el Salvador, prestara servicios a sus autoridades. Por último, impone pena de muerte a cualquier nicaragüense que tenga correspondencia con los enemigos de la patria, que escriba o hable en favor de ellos, con objeto de seducir, que tome armas o excite a que se tomen contra las supremas autoridades de la República y del Estado.

La idea de reformas que parece abrigaba Cornejo, habría sido salvadora si se hubiera aceptado por todos con sinceridad y buena fe; pero entonces solo servía a los diferentes partidos para combatirse. La necesidad de la reforma era palpable. El Presidente de la República no tenía un palmo de tierra donde alojarse. Estaba siempre a merced del Jefe del Estado donde la Federación residía, como si benévolamente quisiera otorgarle hospitalidad. Faltaba un distrito federal. No había un punto que todos los Estados miraran como centro y propiedad común, y que procuraran todos engrandecer. El Presidente sufría siempre los ataques que el espíritu de localismo promovía en favor y en contra del Estado donde se hallaba.

Costa—Rica con toda calma y serenidad, siguió los principios que en aquellos momentos la razón y la justicia indicaban. Una nota del ministro ciudadano Joaquín Bernardo Calvo, datada en San José, á 3 de marzo de 1832, y dirigida al Gobierno de Guatemala, dice así: "Por la apreciable carta de Ud., de 1.° de enero último, mi Gobierno se ha puesto al alcance de la constante tendencia de las autoridades del Salvador a romper el pacto federal, y de las medidas tomadas por ese Gobierno, para evitar las consecuencias que debían seguirse del primer paso de aquellas, en la repulsión del Presidente de la República, y salvarla de la tormenta que amenaza en su seguridad y reposo; y con presencia de todo, me ha prevenido decir a Ud., que le es muy grata la ocasión de protestarle que este Gobierno, fiel siempre a las leyes, cooperará con el de Ud., por cuantos medios estén a su alcance, a objeto de tamaño interés; y pondrá a disposición del Ejecutivo federal, los auxilios que se le pidan, para dar al primer Magistrado de la Nación, toda la respetabilidad que necesita en las actuales circunstancias. Así me ordena manifestarlo a Ud., para que se digne dar cuenta al Jefe de ese Estado, sirviéndose admitir los reiterados votos de mi consideración y aprecio".

La fuerza de observación de que habla Gálvez en su mensaje, se hallaba en la frontera del Salvador a las órdenes del coronel don Carlos Salazar. Pero en seguida se dispuso que la mandara el coronel don Juan Prem, quien se había distinguido en la campaña que terminó el año de 29, y muy especialmente en la rendición de Mejicanos.

Gálvez que tenía esperanzas de un arreglo de paz, envió comisionados a la villa de Ahuachapán, para que abrieran conferencias con el jefe Cornejo. Este recibió allí a los comisionados de Guatemala, y nombró otros para que siguieran las conferencias. Los comisionados salvadoreños y su Gobierno, habían sufrido una equivocación. Creían que las fuerzas guatemaltecas, no estaban á las órdenes del Presidente de la República, y cuando supieron que el general Morazán las mandaba, y que el doctor Gálvez solo se proponía mediar entre el Presidente y Cornejo, sin cometer una infidencia, se retiraron alegando causas diferentes.

Al mismo tiempo que se abrían las conferencias de Ahuachapán, partidas de tropas insurrectas penetraban en el territorio de Guatemala. Prem había observado movimientos en las tropas de Cornejo acantonadas en Santa Ana, y mandó que el escuadrón permanente, a las órdenes de Yañas, marchara a Yupiltepeque y se pusieron avanzadas en Chingo, para observar los movimientos de Santa Ana. Se le dio orden de evitar todo rompimiento, a no ser que se introdujera en el Estado de Guatemala alguna fuerza insurrecta, pues entonces debía hacerla retirar ó batirla. Yañas mandó a Chingo una partida de seis hombres, a cargo del capitán Ocampo. Chingo pertenece al territorio de Guatemala. Ahí encontró Ocampo una avanzada de Cornejo y le hizo fuego. Los insurrectos se retiraron, dejando algunos pocos elementos de guerra.

Gálvez comprendió que solo las armas podían salvar la situación e hizo entonces verdaderos esfuerzos para que el drama político terminara con una victoria militar.

El general Morazán se hallaba hacia el lado del Lempa, a la cabeza de fuerzas federales del Salvador y Honduras. Cornejo tenía en el Jocoro 600 hombres. Morazán avanzó a marchas forzadas a ese pueblo y se situó en el Portillo. A las dos de la mañana del 14 de marzo, la descubierta del Presidente se enfrentó con una avanzada enemiga y hubo tiroteo. Morazán cubrió la retaguardia del enemigo con 300 hombres, y el batallón número 1.° de la división de Nicaragua, con 100 hondureños del mismo cuerpo y con una compañía de caballería. Esta fuerza la mandaba el coronel graduado Juan Munguía. El Presidente esperaba que amaneciera para reconocer el campo y disponer el ataque, teniendo el resto del ejército sobre el camino recto. A las tres y media de la mañana, el enemigo rompió el fuego por la derecha, cesó después de una hora y continuó antes de rayar el alba. Morazán dispuso dar el ataque; pero a los primeros tiros de la primera compañía del batallón número 2.°, mandada por el coronel Ramon Balladares, huyeron las tropas de Cornejo. Morazán las siguió hasta el Portillo y no pudo continuar, porque sus tropas estaban sumamente estropeadas. La división del Presidente sufrió pocas bajas, pero entre estas se encuentra la del valiente capitán Bustillos. Cornejo perdió, entre muertos, heridos y prisioneros, 500 hombres.

El 16 de marzo, los alcaldes y comandantes de armas de la villa de Metapán, dieron parte a Prem de que se había pronunciado el vecindario contra el Gobierno de Cornejo y que estaban todos dispuestos a apoyar al Gobierno federal; decían que había hombres y entusiasmo; pero faltaban armas. Agregaban que las fuerzas de Cornejo, estaban situadas en Santa Ana, a catorce leguas de Metapán, y pedían auxilio contra ellas. Prem contestó dando las gracias expresivamente a nombre de la República, les aseguró que no los abandonaba y que al día siguiente estaría en Chalchuapa y en seguida en Santa Ana.

El vecindario de Chalatenango se hallaba animado de los mismos sentimientos y se pronunció contra Cornejo. Pensó en dispersión la fuerza que allí había, a la cual se le quitaron 80 fusiles. Los pronunciados reunieron en seguida 300 hombres, la mayor parte de caballería.

El 18 de marzo se pronunció la capital del departamento de Sonsonate en favor del general Morazán . El teniente coronel Nico las Angulo, estaba al frente de ese movimiento. Las guarniciones del puerto y de la ciudad, las armas y el dinero que allí existían, se pusieron a las órdenes del General Presidente.

El coronel don Carlos Salazar llegó a Chalchuapa el 18 de marzo, y desde allí dirigió a la Municipalidad de Santa Ana, la comunicación siguiente:

"Estado mayor general de la 1. división—A la municipalidad de la ciudad de Santa Ana—Acabo de llegar a este pueblo con la vanguardia del ejército, compuesto de las divisiones 1. al mando del coronel Prem, y la del norte, al mando del coronel Terrelonge; según las órdenes que tengo, debo el día de mañana ocupar esa ciudad para proteger a sus habitantes, oprimidos, vejados y hostilizados por los facciosos que llevan el nombre de gobernantes de San Salvador. Los santanecos se han hecho dignos de esta protección, por su resistencia heroica a marchar a las filas de los bandidos que han asolado los pueblos de todo el Estado; y la sangre derramada en la gloriosa jornada del Jocoro, será vengada por los valientes que han jurado sostener la justa y verdadera libertad consignada en el código sagrado que felizmente nos rige. Este es, ciudadanos municipales, el grande objeto que el Gobierno nacional se ha propuesto al mandar fuerzas á este Estado. A nombre de él mismo, y del comandante general de esta división, yo les protesto que no habrá el más pequeño exceso ó desorden de parte de los soldados que la componen. Defensores de la causa más noble que hubiera, jamás empañarán el mérito y renombre que adquieran.

A mi llegada pondré en manos de ustedes, las últimas disposiciones y decretos del Congreso federal; ellos indican la senda por donde se debe caminar para volver al orden Constitución al, del que desgraciadamente se han separado las autoridades del Salvador.

Protesto á ustedes mis sinceros afectos y las altas consideraciones de mi respeto y aprecio.

"D.U. L.—Cuartel general en marcha, Chalchuapa, marzo 18 de 1832"

Salazar recibió una contestación favorabilísima, que literalmente dice así:

"Del Alcalde 1. ° de esta ciudad. Al Mayor general de la 1. división del ejército federal. A las nueve de esta noche, he recibido la comunicación que Ud. dirige a la municipalidad de esta ciudad; a esa comunicación tengo el honor de contestar por mí solo, por ser hora en que me ha sido difícil reunir la corporación: manifiesto a nombre de este vecindario, que puede Ud. ocupar esta plaza a la hora que crea conveniente, por haber sido desocupada por las tropas del Estado, ayer a las 8 de la mañana. En esta ciudad que tengo el placer de ofrecer a Ud., encontrará los auxilios que necesite; pues el vecindario me ha ofrecido obsequiar á Ud. lo mejor que pueda, y estrechar las relaciones y amistad con que distingue al Jefe que manda el ejército protector de la Constitución . Esta ocasión me presenta la de ofrecer las consideraciones de mi aprecio. D.U.L.—Santa Ana y marzo 18 de 1832.

Valentín Barrientos".

Al recibirse esta contestación, Salazar ocupó la plaza de Santa Ana, sin que hubiera sido preciso disparar un solo tiro.

Después del triunfo del Jocoro, el Presidente se dirigió a la ciudad de San Miguel, donde fue recibido con demostraciones de regocijo. Ahí tuvo noticias favorables sobre la situación de su causa, y muestras de afecto de diferentes pueblos; recibió nuevos refuerzos, y se puso en combinación con el coronel Prem, para dar un asalto simultáneo á la plaza de San Salvador.

A las 11 de la mañana del 27 de marzo, el Presidente con la división de Nicaragua y Honduras, ocupó el pueblo de Soyapango. El ataque debía darse por Soyapango, San Esteban y Milingo, y el Presidente quiso llamar la atención por otros puntos. El salió el 28 a las nueve y media de la mañana, con la primera brigada de infantería perteneciente a la división de Nicaragua, al mando de su ayudante de campo, teniente coronel Benítez, y con la 2. de la misma arma, correspondiente a la división de Honduras, a las órdenes del teniente coronel F. Domínguez. Ambas se componían de cerca de 400 hombres. Morazán se dirigió con ellos sobre las fortificaciones de la Chacra, y llegó sin obstáculo a menos de tiro de fusil. El Presidente observó entonces, que aquellas fortificaciones estaban mal formadas, que no tenían fosos ni podían defenderse, y le vino el deseo de tomarlas inmediatamente. Con este fin mandó que Domínguez llamara la atención del enemigo por la izquierda, hacia el frente de una trinchera, en que estaba colocado un cañón de á cuatro, y que Benítez avanzara por la derecha sobre otra que se hallaba situada en una pequeña altura. Al mismo tiempo mandó a Domínguez que atacara por la izquierda, y las posiciones que ocupaba el enemigo, fueron tomadas simultáneamente. Morazán suspendió el movimiento; pero los fuegos de las tropas que estaban a las órdenes de Benítez, le hicieron comprender que este Jefe se había aproximado a la plaza, y que estaba comprometido. El Presidente marchó entonces a protegerlo, y dio orden para que el resto del ejército ocupara la garita de San Sebastián. Esta orden fue tardía, porque cuando se despidió, ya había ocupado esa garita el coronel comandante de la división Nicaragua, Ramon Balladares, quien batió las partidas que se opusieron a su paso.

El ataque continuó entonces sobre la plaza mayor, con bastante oposición, porque los soldados de Cornejo hacían vigorosa resistencia. Los sitiados fueron reducidos a sus últimos atrincheramientos. Se continuó el ataque sobre éstos por dos puntos, que fueron sostenidos por más de una hora, a causa de no haber instrumentos para romper la casa que enfrentaba con la trinchera que se hallaba al lado de la iglesia de San Francisco. Pero el coronel Balladares pudo romper dicha casa, e hizo subir sobre su techo algunos tiradores que la dominaban. Al mismo tiempo que estos rompían el fuego, marchó de frente la mayor parte de una compañía de la 4. brigada de la división de Nicaragua, y algunos soldados de la 1. y 3. brigada. La trinchera sucumbió en seguida. El comandante de la 4. brigada, capitán Lacayo, ocupó inmediatamente la trinchera que se hallaba a la izquierda de la iglesia parroquial (hoy catedral), entonces los soldados de Cornejo huyeron por diversas direcciones, y la victoria coronó una vez más las sienes del General Presidente.

Los enemigos del general Morazán no le conceden ninguna elevada cualidad: le niegan obstinadamente hasta sus grandes dotes militares; pero la historia los desmiente. El autor del "Bosquejo Histórico," al fin del capítulo 14, libro 3., adelantándose, por vía de reflexiones, a los sucesos que narra, y admirando lo mucho que en poco tiempo había progresado el arte de la guerra, dice: "En 1823, Filísola necesitó 2000 bayonetas para entrar a San Salvador: en 827 y 28, Arce Arzú y Montúfar no pudieron conseguirlo con igual o mayor número; en el año de 32, Morazán , con solo 800 hombres se apoderó de aquella plaza, en menos de dos horas"). Indudable es que el arte de la guerra había progresado, y que el general Morazán tenía altas dotes militares; pero la severidad histórica, exige una observación en favor del pueblo salvadoreño, para evitar que se crea que había decaído como Atenas, que después de grandes glorias militares, fue fácilmente vencida por Demetrio Falereo.

El año de 823, los salvadoreños resistiendo á Filísola, defendían la independencia, la libertad, la república, la honra nacional, contra un puñado de traidores que para continuar llamándose nobles, hollaban el suelo de la patria con las plantas de soldados extranjeros. En 1827 y 28, los salvadoreños no combatían contra un imperio, porque ese imperio, no pudiendo existir en el mundo de las Repúblicas, se había despedazado; pero combatían contra la aristocracia imperial cuyos estragos veían. En 1832, la situación era muy diferente. Los salvadoreños se hallaban mandados por un Jefe que, traicionando al pueblo, intentaba hacer ilusorios los triunfos de su patria, con la misma bandera reaccionaria, que después de una prolongada lucha y una serie de victorias, el pueblo salvadoreño despedazó en Mejicanos. Las villas y ciudades del Estado, inmediatamente que comprendían la traición de Cornejo, se pronunciaban en favor de la bandera de los libres, que desde el cerro de la Trinidad llevaba en triunfo el general Morazán .

Entre los años de 23, de 27 y de 28 y el año de 32, existe una inmensa diferencia. Si el general Morazán hubiera defendido a los reaccionarios, si su lenguaje hubiera sido el mismo que estos dirigían a los salvadoreños, si las tropas del Salvador no hubieran visto en Morazán al defensor de sus más caras instituciones, y al bravo guerrero que tantas veces las condujo a la victoria, Morazán habría sucumbido en el territorio del Estado, sin haber podido acercarse tal vez a las fortificaciones de San Salvador.

Algunos de los comprometidos huyeron hacia el puerto de La Libertad. El ayudante de campo Miguel Cubas, los persiguió; pero a su llegada al puerto, se habían embarcado muchos; y entre ellos los señores V. Villaseñor, Jerónimo Paiz y Carmen Salazar.

Las fuerzas de Guatemala, por la distancia en que se hallaban, no tomaron parte en la ocupación de la plaza de San Salvador. Acaso fue una ventaja. Los salvadoreños recordaban las campañas anteriores, y en aquellos momentos hubieran podido olvidar que los guatemaltecos ya no se presentaban en su territorio como imperiales ni como aristócratas, sino como protectores de la unidad nacional y de la República.

El Presidente reasumió el mando provisional del Estado mientras se hacían elecciones, redujo a prisión a las personas que habían ejercido los supremos poderes, y escoltadas, las remitió a Guatemala para que se les juzgara.

En virtud de esta orden, entraron a la capital y fueron alojados en el convento de San Francisco los individuos cuyos nombres se expresan a continuación:

El ex—jefe del Estado José María Cornejo, Antonio J. Cañas, J. Faustino Ximénez, Damián Villacorta, Faustino Camacho, Manuel Antonio Cordón, Mariano Ibarra, Gregorio Villaseñor, Pedro Nolasco Martínez, Juan J. López, J. Rosales, Francisco Castro, presbítero Ignacio Perdomo, Policarpo Guevara, Antonio Eusebio Mena, J. Dolores Castillo, J. Ildefonso Castillo, José María Loboguerrero, Fernando Miranda, Doroteo Landaverde, José Fuentes, J. Enrique Nuila, presbítero José López, Domingo González, Francisco Castillo, Jerónimo Balcárcel, Anastasio Feria, Julián Valencia, Tomas Dimas, Calisto Hueso, Bonifacio Castillo, Salvador Paz, Pedro León Velásquez, José Estupinán, Fulgencio Morales, Miguel Paz, presbítero Carlos Téllez, Ruperto Trigueros.

CAPÍTULO TRIGÉSIMOSEGUNDO: DERROTA DE ARCE.

SUMARIO.

1—Arce se convierte en filibustero—2. Reclamo del Gobierno centro—americano—3. Circunstancias que rodeaban al Presidente—4. Solicitud de Raoul—5. Contestación del Gobierno mejicano—6. Continúan las maquinaciones —7. Comunicación del Gobernador de Chiapas—8. Reflexiones—9. Interpretaciones que dieron los serviles a una nota de Raoul.

Durante los sucesos que se refieren en el capítulo precedente, la vasta conspiración servil, estalló también en las fronteras de Méjico. Los nobles que se unieron a Arce, cuando estaba en el poder, para convertirlo en un instrumento de la aristocracia contra el pueblo, que lo arrojaron con vilipendio del mando, porque no se prestaba algunas veces, a dar completo lleno 6 sus miras, entre las cuales estuvo el incendio de San Salvador, lo convirtieron segunda vez en instrumento suyo, para arrojarlo por el lado de Soconusco, como un filibustero sobre la República.

Chiapas, a la caída del Imperio de Iturbide, segregándose de Centro—América, se anexó a Méjico; pero el Partido de Soconusco permaneció unido a la América Central. El Gobierno mejicano hizo marchar una división de tropas a la frontera. El de Centro—América se dispuso a proteger, contra cualquier tentativa, a los pueblos qué le eran fieles. Un Ministro de esta República, propuso en Méjico que la gran Dieta americana, reunida en Panamá, decidiera como juez. Esta proposición no fue admitida, sin embargo de que ninguna autoridad podía ser más competente ni más imparcial para resolver una cuestión entre dos Estados americanos, que aquella gran Dieta, compuesta de hombres eminentes del Nuevo Mundo. Privada la América Central de un juez tan ilustrado, el Ministro de Centro—América propuso en Méjico que se terminara el asunto por medio de un tratado. Entre tanto, quedó resuelto que las tropas y autoridades militares de Centro—América, evacuaran el territorio de Soconusco: que se diera franca entrada en Soconusco a las personas que habían emigrado por opiniones políticas en favor de Centro—América: que Méjico se abstuviera de traspasar la línea divisoria: que ninguno de los dos Gobiernos podría sacar de Soconusco contribuciones de hombres, dinero, ni otra cualquier especie, y que solo gobernarían en aquel Partido las autoridades municipales, mientras se daba una solución definitiva s la cuestión de límites. Este convenio es lo que se llama: "Preliminares del año de 25". Él estaba en toda su fuerza y vigor cuando la aristocracia caída hizo su intentona por medio de don Manuel José Arce. Arce aprovechó para sus maquinaciones, la existencia de un territorio neutral. Aquel agente de nobles vencidos, auxiliado por un tal Ocaña y algunos clérigos, se puso en relación con el Obispo de Chiapas, partidario de Casaus, y acérrimo enemigo del Vicario capitular de Guatemala, a quien había declarado cismático: y con tales auxiliares, reunió en Soconusco una fuerza de 400 hombres, que sucesivamente fue engrosando.

El Gobierno de Centro—América, podía fácilmente introducir fuerzas en aquel Partido, y desalojar a los facciosos; pero se creía que Arce se hallaba en buenas relaciones con el Gobierno de la República mejicana, y de cierto se sabía que los serviles intentaban provocar un conflicto, para que Méjico declarara la guerra a Centro—América y ellos volvieran, en consecuencia, al poder que tanto anhelan. Para combatir a don Manuel José Arce, sin que los serviles pudieran producir un rompimiento entre las Repúblicas mejicana y centro—americana, se acordó que la diplomacia interviniera en el asunto, aunque las operaciones militares marcharan lentamente. Con este motivo fue dirigida una exposición al Gobierno mejicano, manifestándole lo acaecido, y pidiéndole dictara providencias para la internación de los facciosos.

La Asamblea de Guatemala, por decreto de 6 de setiembre de 1831, autorizó plenamente al Gobierno para salvar la situación. Se colocó una fuerza de observación, a las órdenes del coronel Raoul, en las fronteras de Soconusco. Raoul, siguiendo la política diplomática de su Gobierno, tuvo necesidad de abrir correspondencia con las autoridades de aquel Partido.

En consecuencia, pidió a las autoridades de Soconusco, que se abriera una conferencia, para manifestarles la injusticia con que los invasores procedían, y los peligros que amenazaban a los pueblos, si engrosando la facción, era preciso proceder contra ella a viva fuerza[45].

El Gobierno de Méjico contestó al de Centro—América, que se expedirían órdenes para la internación de Arce, y para que los centro—americanos no fueran molestados por la frontera de Soconusco. Esta respuesta hizo creer a Gálvez que la cuestión n estaba concluida, y felicitó a la Asamblea en un mensaje, por haberse terminado sin efusión de sangre y en virtud únicamente de la diplomacia.

Sin embargo, ni los revolución arios desaparecieron, ni la fuerza de observación se retiró de la frontera, y la correspondencia entre Raoul y las autoridades de Soconusco continuó. No fue admitida la conferencia que é propuso; pero el comandante de armas de Tapachula, publicó algunas de las disposiciones centro—americanas, con el fin de hacer conocer a los pueblos, la injusticia de la invasión, y paro precaverlos de que tomaran parte en ella. Esta conducta disgustó en alto grado al Gobernador de Chiapas, quien dirigió al Comandante de Tapachula, la comunicación siguiente:

"Gobierno supremo del Estado libre y soberano de Chiapas.—Ha llegado a mis manos, la orden que ha circulado Ud. con fecha tres del corriente, a los pueblos de ese Partido: ella incluye las del Gobierno federal de Centro—América y del Estado de Guatemala, sobre que no se permitan en Soconusco reuniones de hombres que intenten turbar la paz y tranquilidad de aquella República; y la circular de Ud., apoyando y repitiendo dichas prevenciones, las hace muy terminantes, para que sean obedecidas las órdenes de Guatemala. En

---

[45] Ocupado el doctor Gálvez en los graves asuntos de la campaña, llamó su atención el canónigo doctor don Antonio Larrazábal, sacristán mayor de la capilla del Socorro, dándole parte de que habían sido robados, a la imagen de la Virgen, un cintillo, un par de aritos pequeños, dos hilos de perlas y dos bordados. Gálvez dictó providencias activas para descubrir a los ladrones. Algunas ancianas de la aristocracia, atribuyeron este delito a los liberales; probablemente no recordaban, que no mandaban los liberales aquella víspera de Corpus, inmediata al estreno de la Catedral, en que fueron sustraídos del altar mayor cuatro grandes blandones de oro, que necesitaban muchos hombres para ser trasladados de un lugar a otro. Tampoco esas señoras pudieron prever entonces, una solemne protesta que consignará la Historia, hecha por el padre Gálvez, capellán de las Beatas de Belén, en un momento de sustracción de alhajas eclesiásticas.

estas veo abiertamente infringidos los preliminares celebrados en el año de 1825, entre los Gobiernos de Méjico y Centro—América, con respecto a Soconusco. Por aquel convenio, ese Partido debió quedar independiente en cierta manera de ambas Repúblicas, hasta la celebración de un tratado formal que decidiese a cuál de ellas debiera quedar unido: de hecho se ha verificado así desde entonces hasta ahora; y el Gobierno mismo de Guatemala confiesa en su oficio dirigido a Ud., que dejó a ese Partido, aun en más independencia de aquella en que el propio Gobierno quiere entender que debía haberlo dejado. Hoy se muda ya de conducta se pretende ejercer autoridad sobre esos pueblos; y se les dan órdenes, como si se hallasen en actual, completa y muy legítima dependencia de Centro—América. En la circular de Ud. á los pueblos de ese Partido, observo una gran prevención á favor de Guatemala; y aunque es libre la opinión privada de todo hombre, no lo es, ni puede serlo la del funcionario público, sujeta siempre a principios ciertos y á reglas fijas: Ud. como Alcalde 1. ° de esa cabecera, y como Comandante de armas, no ha debido ni debe desviarse de la imparcialidad inherente a sus destinos. La República mejicana y su Gobierno, fieles a los preliminares de 1825, han estado y están muy distantes de querer que el hecho y la violencia decidan la cuestión pendiente acerca de Soconusco: esperando con la calma y circunspección, propias de un país y de un gabinete que sabe respetar el derecho de gentes, el éxito del tratado que debe terminar la pertenencia de ese territorio, se han abstenido de ejercer sobre sus pueblos, toda especie de superioridad, y consiguientes con lo pactado en el preliminar, han enviado a Centro—América un Ministro plenipotenciario que ajuste el convenio sobre Soconusco, sobre límites de las dos Repúblicas y sobre todo lo demás que convenga a sus respectivos y recíprocos intereses: quiere la Federación mejicana y quiere su Gobierno que todo se haga en paz y amistad, como corresponde entre dos países hermanos y vecinos; y ni la indudable superioridad de su poder, le ha inclinado jamás a sacar ventajas indebidas, ni a tratar con menosprecio á Centro—América, ni a otra alguna de las secciones independientes del Nuevo Mundo. Igual conducta han observado el Gobierno y la Comandancia general de las Chiapas. A pesar de los datos que hay para tener por cierto que la opinión de la mayoría, o por mejor decir de la generalidad de esos pueblos, es decidida en favor de su reunión a Méjico y a este Estado: a pesar de las solicitudes y reclamaciones de algunos de los mismos pueblos, de muchos vecinos particulares y de casi todos los comunes de indígenas; y a pesar de las razones de conveniencia y de justicia que existen en las Chiapas para no dejar a Soconusco en la especie de abandono a sí mismo en que se ha mantenido por espacio de más de seis años; ni el Gobierno, ni la Comandancia del Estado, han ejercido autoridad sobre esos pueblos, sino que esperan como el Supremo Gobierno general de la nación, el fin del convenio que ha de terminar el punto. Pero si estos miramientos y esta religiosidad en la observancia de sus pactos, no han de valerle a la República para que se respeten sus derechos: si Centro—América ha de infringir los preliminares de 1825, tratando á Soconusco cual si se hallase legalmente bajo su dependencia; y si el primer funcionario público de ese Partido, lejos de conducirse con la debida neutralidad, ha de querer inclinar la balanza a favor del país vecino, y en contra de la Federación mejicana, entonces esta se verá en la sensible necesidad de obrar de otra manera; y entonces las autoridades de las Chiapas, tendrán también que hacer valer sus derechos. Yo pues, como Gobernador político y Comandante militar de este Estado, desde luego interpelo en toda forma á Ud. y por medio de Ud., a todas las autoridades de ese Partido, a fin de que continúen guardando la debida neutralidad: que se abstengan de recibir y obedecer orden alguna de Guatemala; y que en un todo se arreglen a los preliminares del año de 25. Si así no fuere, se me pondrá en el doloroso caso de ocupar todo ese territorio con las fuerzas de mi mando, y hacer con ellas que se respeten los derechos de la Nación. Al dirigir a Ud. estas amonestaciones, no es ni puede ser mi ánimo el de inclinar indirectamente ni de modo alguno a Ud. ni a las demás autoridades de ese Partido, a que protejan, toleren ni disimulen las reuniones que recela el Gobierno de Guatemala, ni nada que pueda causar perjuicio a aquella República: lejos de eso, mis sentimientos, acordes con los de mi Gobierno, son todos de paz y de amistad hacia Centro—América; y así lo he protestado oficialmente a su Gobierno. Si no he hecho a Ud. ni a las demás autoridades de ese territorio las prevenciones que en otro caso corresponderían, acerca de estas ocurrencias, ha sido precisamente, por no variar de conducta, ni dar motivo a que se creyese que por parte de Méjico se infringían los preliminares. Esto no quita que Ud. y las demás autoridades, cumpliendo con sus deberes, y usando de sus facultades, procedan a todo lo que sea legal, en el caso de que se quiera violar la neutralidad de Soconusco, en daño de cualquiera de las dos Repúblicas. En conclusión, espero que Ud. no dará lugar a otra reclamación de parte mía, ni menos me obligará a usar de los recursos que tengo en mis manos: espero igualmente, que Ud. comunicará al pie de la letra este oficio a todos los ayuntamientos de los pueblos del partido, y que con sus recibos, se servirá Ud. acreditarme que no ha desatendido mis insinuaciones. Ofrezco á Ud. la consideración de mi Gobierno y el afecto fraternal de las Chiapas, y mi particular aprecio. Dios y Libertad. San Cristóbal de Chiapas, octubre 25 de 1831. José Ignacio Gutiérrez—Sr. Alcalde 1.° y Comandante de armas de Tapachula".

La lectura de esta nota, demuestra que cualquier incidente, podía producir un rompimiento entre las Repúblicas mejicana y centro—americana. Ese rompimiento era lo que más deseaban los serviles. Ellos lo promovían de todos modos. Una guerra entre Méjico y Centro—América habría puesto en conflicto a los liberales. No importaba a los serviles que el resultado hubiera sido nuevas mutilaciones del territorio de Centro América. Ellos quieren mandar a cualquier costa. La invasión mejicana provocada por ellos el año de 23, había producido la pérdida de Chiapas, y nada significaba que otra nueva invasión trajera la línea mejicana hasta Chimaltenango ó la Antigua Guatemala, con tal que les quedara un pedazo de terreno donde mandar en absoluto y que solo produjera para ellos. Prueba igualmente esta nota, que el infeliz Alcalde de Tapachula, era un verdadero súbdito del Gobernador de Chiapas, quien disponía de él a su antojo, contra el texto literal dé los preliminares del año de 25 que tanto se invocaban y que tanto se infringían.

1Arce era un hombre sin prestigio; pero el clero hacia esfuerzos extraordinarios por levantar a las poblaciones. El padre José M. Herrera redactó una proclama, que dice así literalmente:

"A los pueblos del Estado de Guatemala. Compañeros, compatriotas, se ha llegado el tiempo venturoso de vuestra regeneración política, y religiosa: corre ya para tres años vuestra depredación é ignominia; sin embargo, vuestros torpes gobernantes quieren perpetuar su imperio sobre las ruinas de la más amable patria, y quieren apretar más y más el grosero eslabón de vuestra esclavitud, vosotros mismos estáis persuadidos de estas verdades, pues vosotros las habéis sufrido.

"Pero van a fenecer vuestros padecimientos, porque se aproxima a vosotros un ejército de conciliación y de paz, sin más objeto que derramar las felicidades asequibles: mientras que vuestros gobernantes, solo han sabido derramar lágrimas, desolación y sangre. El caudillo de este ejército, es el benemérito general Manuel José Arce quien va a dar vida a vuestra patria, y desaparecer el cisma, reponiendo a vuestro legítimo perseguido pastor, el señor Arzobispo; a reponer a vuestros párrocos, vil y bajamente ultrajados: a reponer a vuestros religiosos tan injusta y bárbaramente desterrados: a restaurar las riquezas de los templos que tan sacrílegamente robaron Morazán y sus secuaces; y finalmente, quiere secundar la conducta de los salvadoreños (con cuyo Gobierno y Asamblea está de acuerdo), que desengañados con la experiencia de tanto mal, han concluido con el cisma y restaurado el orden social: vosotros tenéis un derecho sagrado a resistir tan dolorosa opresión.

"Penetrado yo, pues, de tamaños males, me hallo decidido con la división de mi mando a sostener vuestros derechos con mi sangre, y a seguir el plan y suerte del ejército conciliador a quien pertenezco.

"Por tanto, pueblos oprimidos, ayudadme vosotros a romper vuestras cadenas, y contribuid al más grandioso objeto, como es la restauración del orden en todo el Estado.

"Estos son los sentimientos que animan a todo el ejército, el que no marcha contra vosotros, porque por vosotros es llamado: su decisión es morir o vencer; sus garantías y divisa: la religión, la paz, la reconciliación y el orden".

Raoul solicitó de nuevo una conferencia con los individuos que componían la municipalidad de Tuxtla Chico, y recibió una contestación negativa. También se le comunicó la nota severa del Gobernador de Chiapas al Alcalde de Tapachula. Entonces el Jefe de la fuerza de observación, dirigió la comunicación siguiente:

"Al ilustre cuerpo Municipal del pueblo de Tuxtla Chico—Yo me he enterado de la respetable comunicación de Uds., fecha de ayer, y veo con sentimiento que esa Municipalidad no quiso hacerme el honor que yo solicite.—He visto con la mayor satisfacción los oficios de los Gobiernos militares y políticos del Estado de Chiapas; yo tengo que hablar a Uds. absolutamente el mismo lenguaje: manténgase la neutralidad, desármense los vagos que han alterado la tranquilidad de Soconusco, y el negocio será concluido. En cuanto a la cuestión, si estos vagos deben quedar en Soconusco, o ser expulsados de ese territorio, Uds. son los jueces en este asunto: resuelvan si de la permanencia de estos hombres turbulentos en esos pueblos, resultará más ventaja a sus habitantes, las que saquen de las relaciones amigables y comerciales con este Estado; pero mientras yo mande sobre esta frontera, estas relaciones quedarán entorpecidas y sujetas a las mayores vigilancias, hasta que salgan de esos pueblos los rebeldes que los han comprometido. Yo repito á Uds. que yo pienso como su Excelencia el Gobernador de Chiapas. Mi plan de conducta será, precisamente, arreglado a lo que se propone probar en el caso que la neutralidad sea violada con perjuicio de los intereses mejicanos: su Excelencia habla el lenguaje de la moral pública, cuando previene á Uds. y a todas las poblaciones de ese Partido, que todo pronunciamiento que precediese al tratado que debe celebrarse entre ambas Repúblicas, seria criminal y en sumo grado perjudicial a los intereses de esos pueblos; él indica á Uds., y yo se los suplico también, se prevengan contra los indignos intrigantes que un Excelencia señala en su oficio. Contra ellos también invoco la justicia, las leyes y los derechos sagrados de la humanidad. Yo no soy enviado para seguir con Uds. la diplomacia que debe arreglar la suerte de esos pueblos: la política que me corresponde, cabe toda en la vaina de mi espada; pero antes de obrar militarmente, antes de sobreponer mi espada a los bastones de los Magistrados, en lo que toca exclusivamente a desarmar a los rebeldes, y a dispersarlos, yo creo muy oportuno entenderme con Uds., y dejar documentos que permitan a la opinión pública, fallar con acierto sobre los causantes de los males que rodean y amenazan el territorio de Soconusco. Ya la historia con su lápiz en la mano, tomó razón de las intrigas escandalosas, con las cuales se prepara la guerra fratricida que unos indignos americanos intentan encender, con el fin único de bañarse en la sangre de sus víctimas, y apoderarse de las propiedades ajenas; ya varios de ellos, arrepentidos o atemorizados, me remitieron documentos preciosos, implorando el perdón de sus engaños; y el objeto principal de la conferencia que yo había solicitado, era enseñarlos a Uds. antes de remitirlos a mi Gobierno, para que resuelva lo que tenga por conveniente; estos documentos hubieran abierto los ojos a Uds.; pero aquellos con quienes Uds. consultaban y que son los agentes públicos u ocultos de los expulsos, supieron persuadir a Uds. que sus personas corrían peligro en admitir la conferencia, y Uds. los creyeron sin examinar que la perfidia es compañera de la debilidad, y a mí me sobra la fuerza para ejecutar cualquiera violencia que cupiese en mis planes, y que si semejante intento fuese adecuado a la política del Gobierno de Centro—América, yo no tendría necesidad de manchar mi carácter con una felonía, que ha podido ser imaginada únicamente por aquellos que no tienen otro recurso sino valerse de ella. Yo sé también que estos hombres inmorales se han presentado a esos pueblos como los apoderados del cielo, como los restauradores de la religión y que es en el nombre de Dios que quieren derramar sobre Centro—América, todos los males que engendra la guerra civil. Ciudadanos Municipales, examinad imparcialmente lo que ha sucedido en Centro—América en los años anteriores. Este mismo Arce, que anuncia haber venido en medio de Uds. con un fin virtuoso, se hallaba de Presidente de la República del Centro, y las autoridades del Estado descansando en la inviolabilidad de sus caracteres públicos, fueron sorprendidas por las traiciones de ese ex—Magistrado supremo; fueron desarmadas, y unos funcionarios usurpadores, fueron colocados en todos los destinos de la República, por la mano del traidor que holló las leyes de su país.

"Arce tenía también, sus combinaciones con todos los aristócratas: lo recomendaban a la protección divina, el arzobispo en sus rogaciones, los frailes en sus imprecaciones. Los sacerdotes elegidos entre los más anti—independientes, agotaron todo el influjo que su santo ministerio les da sobre los pueblos para exaltarlos contra los patriotas, infamándolos con la nota de herejes, y a pesar de tantos elementos de triunfo, a pesar del concurso de tantas circunstancias favorables a Arce y a sus secuaces, la causa americana que parecía desamparada, triunfó completamente de las maldades, como Uds. lo supieron por los documentos públicos que corrieron en su tiempo. Díganme ahora, ciudadanos Municipales, qué causa han tenido los sucesos victoriosos que han puesto el poder en manos de los patriotas, si no fue la protección visible del cielo; díganme también, por qué Dios ha permitido que estos hombres, que se dicen los defensores de la religión, hayan sido batidos, vencidos, prisioneros, y por fin expulsados, porque los patriotas convencidos de la protección del cielo, no quisieron manchar sus triunfos con derramar sangre americana aun la más criminal. Si estos acontecimientos no tienen a los ojos de Uds. el carácter de milagrosos, acuérdense Uds. de un lance que pasó a la vista de esos pueblos: cuatrocientos de estos defensores de la religión, de estos apóstoles del Evangelio, montados, armados, equipados, apertrechados, fueron atacados en la cumbre de San Marcos por un puñado de mujeres, hombres y muchachos, armados con piedras y palos, y al aspecto de estos nuevos enemigos, y a pesar de la mucha caballería que tenía el supuesto ejército de la fe, los jinetes abandonaron sus caballos, las armas todas se les cayeron de las manos, y cuasi todos los valientes, hoy reunidos en Soconusco, no imploraron en vano la humanidad de las mujeres patriotas que les perdonaron la vida, y fueron después nuestros prisioneros, y no nos inspiraron más que compasión y lástima; un hecho de esta naturaleza, que no tiene semejanza en los anales militares de ningún pueblo, no puede explicarse sino por un efecto milagroso, porque yo me rehúso á atribuirlo a una cobardía que no cabe en lo posible; por el honor de la América, no puedo creer que cuatrocientos hombres, hijos de este suelo, hayan sido desarmados por unas pocas mujeres; la mano de Dios sola, ha podido causar un acontecimiento tan asombroso. Ha venido igualmente a mi conocimiento que estos mismos expulsos y sus agentes, se presentan a Uds. como protegidos por la mano oculta del Gobierno de Méjico, y que muchos de Uds. lo creen sin examen sobre el particular. Yo me tomaré la libertad de hacerles algunas reflexiones. Los diferentes departamentos que forman un Estado, existen políticamente bajo las garantías de una Constitución que arregla los deberes y los derechos de cada uno, y no puede uno de ellos faltar al pacto sin que los otros lo compelan por la fuerza, al cumplimiento de lo jurado. También los Estados que forman una misma República, solo comprometidos por sus Constitución es particulares, a reconocer los derechos escritos de cada uno: si uno o varios de ellos faltasen a estos compromisos, el poder constituido, auxiliado de todos los Estados, se armaría contra los primeros para hacerlos volver al orden. Lo mismo todas las naciones civilizadas del mundo, se gobiernan según unos principios reconocidos y convenidos entre todas ellas, y estos principios escritos, forman un código universal que rige a las naciones civilizadas y se llama el derecho de gentes; una de ellas no puede prescindir de las disposiciones de este código, sin que las otras la reconvengan y la precisen si hubiese lugar a volver a la observancia de los principios mencionados, pues entre ellos se prescribe que cuando en un territorio neutral se haga armamento de guerra contra una nación, ésta tiene un derecho imprescriptible para invadir el dicho territorio neutral, sin que ninguna de las otras naciones pueda tenerlo a mal ni intervenir directa ni indirectamente para impedir el objeto de la invasión, pues no crean Uds. que el Gobierno de Méjico, dirigido por unos hombres cuya ilustración puede lucir en todas partes del mundo, prescinda de estos grandes principios, y si la fatalidad quiere que se aparte de ellos, no faltarán naciones poderosas y justas que se constituyan árbitros entre los derechos que Centro—América tiene sobre Soconusco, y las pretensiones que tiene el Gobierno de Méjico sobre el mismo territorio. En fin, ciudadanos Municipales, todos mis esmeros son dirigidos a que los habitantes de Soconusco hagan el uso conveniente de sus derechos, para hacer respetar la neutralidad de su territorio, que ha sido escandalosamente violada por la reunión armada de Escuintla; me lisonjearía más la gloria de evitar la muerte de un americano que todos los honores que producen las empresas militares que son coronadas por la victoria; pero si se me pone en la dolorosa precisión de acordarme que soy un viejo soldado y que tengo el honor de mandar a unos valientes, acostumbrados a recoger los laureles sembrados en el campo de Marte, yo me esforzaré así, como mis compañeros, para que se nos presente la ocasión de hacernos dignos de nuestra patria y de merecer el aprecio de Uds. y las consideraciones de la América.—Tengo el honor de ofrecer a esa ilustre Municipalidad, los sentimientos de mi distinguido aprecio—N. Raoul".

Arce en una carta a los alcaldes y justicias de la vara alta del pueblo de Huehuetan, dice: "He recibido con el mayor agrado la nota de Uds., del 19 del corriente, en que me avisan que Agustín Guzmán ha entrado en el territorio de esta provincia, sin permiso de las autoridades propias que son Uds. Yo estoy dispuesto a castigar a estos malvados, que han atropellado el pacto de neutralidad, y a defender a los pueblos de Soconusco; y así mismo espero que Uds. no les den ningún auxilio, y maten a todo el que cojan de ellos, en la inteligencia de que es para Uds. todo lo que traigan, pues es lo que han robado en San Francisco, y es justo quitárselos. Tengan Uds. mucho cuidado, no vayan a robar las alhajas de la iglesia y sus bienes, como lo hicieron en el expresado San Francisco, porque estos pirujos no son cristianos, sino herejes, enemigos de Dios y de los hombres, y ASÍ LOS DEBEN MATAR SIN TEMOR NINGUNO[46]. Avísenme de las novedades que ocurran, y reciban el afecto de quien los ama—Manuel José Arce."[47]

Arce se fortificaba en el territorio de Soconusco, en presencia de las autoridades de aquel Partido, y seguía la propaganda revolucionaria. Era preciso penetrar al territorio que se llamaba neutral. Raoul dirigió entonces al Ayuntamiento de Tapachula, la comunicación siguiente:

"Al ilustre Ayuntamiento de la villa de Tapachula—Yo recibí ayer la respetable comunicación de esa Municipalidad, con los anexos relativos a la conferencia que yo solicité anteriormente. Si desde que tengo el mando del cuerpo de observación, yo no hubiese concebido el mayor aprecio y respeto por la conducta de esas autoridades y su comportamiento en circunstancias tan delicadas, hubiera decaído el concepto que yo tenía ya formado de su tino, de su imparcialidad y de su respeto inalterable por los intereses de los pueblos que caben en su jurisdicción. No me cansaré en dar pasos conciliadores para alejar los

---

[46] Véase la moral de los serviles: se debe matar a los liberales porque son herejes. ¿Cuál es la religión de esos hombres? Si son cristianos, su Dios es el Dios del Sinaí y el Dios del Evangelio, que condena el homicidio. La carta de Arce prueba que los serviles no son católicos, protestantes ni judíos: que no tienen mis religión que el egoísmo ni más moral que su ambición, y que si invocan á Dios es precisamente para alucinar a los pueblos y servirse de ellos como de misérrimos instrumentos.

[47] Esta carta se halla inserta en el Boletín Oficial de 14 de marzo de 1832, núm 11, página 80, y estuvo de manifiesto mucho tiempo en la imprenta de Beteta, para que vieran el original todos los que quisieran. San Francisco Motocingo, era una ranchería de indios que seducidos por Arce y sus satélites, hicieron traición u la patria, y fue preciso castigarlos. Lo que pertenecía al culto se trasladó u la iglesia de San Marcos.

males que provocan con sus intrigas los enemigos de Soconusco; deseo que Uds. sean los jueces entre ellos y el Gobierno de Centro—América; en las manos de Uds. deposito todos los documentos que facilitarán a los pueblos el conocimiento exacto de los autores, de los compromisos en que van a hallarse de resultas de la precisión en que me hallaré indudablemente de ir con mis tropas a dispersar los vagos que están armados en Escuintla: entre tanto, suplico á Uds. y a todos los habitantes de Tapachula, calmen los pueblos que la intriga ha alborotado; las culpas de unos pocos, no pueden recaer sobre unos pueblos inocentes, tranquilos y pacíficos, y doy á Uds. mi palabra que las tropas que están a mi mando, se portarán en ese territorio con la disciplina que les caracteriza, con la armonía que debe existir entre amigos; y yo no sé explicar el desasosiego del pueblo de Tuxtla y menos la huida de varios de sus habitantes; en vano yo comunicaría mis intenciones a la Municipalidad de Tuxtla; sus individuos se han declarado parciales en favor de los rebeldes, y hostiles contra nosotros, de suerte que yo estoy persuadido de que ellos, lejos de inspirar confianza al pueblo de Tuxtla, lo inquietan y nos suponen intenciones que no tiene el Gobierno de Centro—América, ni caben en nuestros corazones, y yo espero del acierto de Uds., que persuadan al pueblo de Tuxtla, y vuelvan a sus casas los individuos que las han abandonado, y que ni ellos ni ningún habitante de Soconusco, tiene que recelar de la conducta del cuerpo de observación, al contrario, será para ellos una ocasión de vender sus frutos y entablar con la mayor libertad, las relaciones comerciales que la naturaleza ha creado entre sus pueblos, y los nuestros: pueden aun desde ahora, traernos todos los víveres que les sobraren, pues aquí, personas y bienes, recibirán buena acogida con gran provecho de los vendedores. Remito a esa Municipalidad, como cabecera del Partido, copia de una nueva comunicación que yo dirijo "al Ayuntamiento de Tuxtla; con presencia de todos estos documentos, los pueblos harán cargo a quien corresponde. Si algo puede suavizar el sentimiento que yo tendré de obrar militarmente contra los vagos de Escuintla, será el placer ó la satisfacción de ofrecer a esa Municipalidad, en persona, los sentimientos de mi distinguido aprecio.—D. U.L.—IV. Raoul."

La relación de muchos hechos, los presenta con toda exactitud el ciudadano Francisco Albures, desde San Marcos. Extractar su comunicación, seria desvirtuarla. Dice así: "Al ciudadano Secretario general del Despacho.—Al fin el más aventurero traidor, tuvo el atrevimiento de profanar el suelo de los libres. Arce se halla ya en San Francisco Motocinta, con una fuerza que llega a doscientos hombres, malamente socorridos. Cuando el General en jefe se aseguró de tamaño atentado, hizo reconcentrar sus fuerzas a Tejutla, y de este pueblo marchó el cinco para Tacaná el Mayor General, con más de trescientos hombres de infantería y veinticinco caballos, como a colocarse a la retaguardia de los enemigos. Doscientos hombres de infantería y el escuadrón federal salieron el 6 para Cuilco a las dos de la mañana. El General les siguió al amanecer, y los restos del escuadrón de Sija que no había aun marchado por falta de monturas, salió a las once, ya medianamente equipado con albardas que reuní entre los vecinos de esta villa y Sacatepéquez. Aquí no quedó un soldado, cuando se hizo el movimiento para Tejutla; pero del 5 al 6, se levantaron cincuenta hombres que hice ir a reunirse a la división y durmieron anoche en Tejutla. Ya quedan en esta villa más de treinta de la guardia de la Constitución en servicio, para seguridad de la población, y mañana se completarán cien que he mandado levantar, socorriéndolos con medio prest. El vecindario, sin excepción de personas, se presta gustoso á cuanto se le pide. Esta villa me dio diez monturas y otras tantas Sacatepéquez. Es tal el entusiasmo, que las mujeres se ofrecen a sostener al Gobierno con palos y piedras, y exhortan a sus hijos a tomar las armas y salir a la campaña. Al marchar ésta, su tesorería fue sin un medio, y yo regresé de Tejutla a recoger en esta villa algunas cantidades para remitirle. En efecto, he reunido mil pesos que yo mismo conduzco á Tacaná, a donde paso para dirigirle allí víveres a la división, pues que pasa a puntos donde nada hay. El indígena C. José María Alcabal del pueblo de San Mateo, donó cuatro caballos y uno el C. Raimundo Barillas y otro el C. José Suasnabar. Arce de desesperado ha venido a estrellarse. Hoy entran dos quezaltecos que se le han desertado y remite presos la Municipalidad de Tuxtla. Se sabe que Ocaña ha hecho lo mismo en el tránsito de Escuintla a San Francisco. En virtud de comunicaciones que me hizo el General, he abierto el comercio con la provincia, permitiendo la extracción de harina, y he oficiado a las Municipalidades de Tuxtla y Tapachula, manifestándoles que la causa de haberse cerrado aquel no fue otra que la permisión de sus autoridades para que allí permaneciesen los enemigos de la República; pero unidos aquellos pueblos con los nuestros: por unas mismas costumbres, una misma religión y unos mismos intereses, nada de ellos tenemos que temer, continuando con libertad nuestras relaciones. Sírvase Ud., C. Ministro, dar de esta comunicación conocimiento al Ejecutivo, y admitir la sinceridad de mis respetos— D. U. L.—San Marcos, febrero 7 de 1832—Francisco Albures".

El coronel Nicolas Raoul, pidió al Gobierno se le exonerase del mando de la fuerza destinada a combatir en la frontera a la facción de Arce. Raoul estaba molesto por las dilaciones. El deseaba concluirlo todo militarmente en una hora, y las instrucciones del Gobierno le obligaban a proceder lentamente, para que se comprendiera con claridad, que solo el poder de la necesidad, obligaba a los centro— americanos a penetrar hasta Escuintla de Soconusco donde estaban las fortificaciones del ex—Presidente. Fue nombrado para que le subrogara el coronel José Martínez, el cul salió inmediatamente de esta capital. Durante el viaje de Martínez, Arce llegó hasta San Francisco Motocinta, de donde fue desalojado. Este movimiento indignó al coronel Raoul y escribió al Gobierno de Guatemala, que aunque llegara Martínez, continuaría en la división, a pesar de lo urgente que era a sus intereses el separarse de ella.

De esta respuesta dedujeron los serviles, que Raoul no pensaba en dimitir: que la llegada de Martínez, produciría un choque entre ambos Jefes, y que este choque daría por resultado el triunfo de los invasores; pero los hechos demostraron lo contrario. La esperanza de los serviles, era la división del partido liberal, que de todos modos provocaban.

El 16 de febrero, llegó el coronel Martínez a incorporarse a la división. Raoul se empeñó en darle inmediatamente el mando. Martínez no quería recibirlo, pero debía cumplirse lo mandado por el Gobierno y así se verificó. El coronel Raoul permaneció de ayudante de campo para cumplir su palabra de no separarse hasta destruir la facción. Los dos Jefes marcharon con todas sus fuerzas en diferentes direcciones sobre el enemigo, con resolución de atacarlo en Escuintla de Soconusco el 22 de febrero.

Con fecha 21 de febrero, los coroneles Raoul y Martínez, acampados en Tapachula, informaron al Ministerio, que el invierno había retardado sus trabajos en la cumbre de San Jerónimo: que tenían la certidumbre de un rápido triunfo, porque todos los preparativos del enemigo eran de fuga: que en la marcha de Tonalá a Tuxtla, les había llovido granizo tres días y tres noches, sin que hubieran tenido abrigo alguno; pero que a pesar de todo no habían tenido un desertor. Con fecha 24 de febrero, dice el coronel Martínez al Gobierno del Estado, lo siguiente: "Son las once del día en que esta valiente división, triunfó de los facciosos, que al abrigo de los bosques de Soconusco, se atrevieron a invadir el territorio del Estado de Guatemala, como lo hicieron introduciéndose hasta el pueblo de San Francisco, donde atacaron la fuerza que mandaba el capitán Víctor Porres. Ayer a las 2 de la tarde, nuestra descubierta encontró dos fuertes trincheras sobre el frente y flanco izquierdo del estrecho camino, que una legua antes de este pueblo, tenían obstruido por una tala de árboles que lo hacía impracticable. La terrible carga que los enemigos dieron sobre nuestra descubierta, mandada por los bizarros oficiales, capitán Antonio Martínez y teniente Pedro Vidal, la obligó a ceder algún tanto el terreno; más reanimada por la oportuna llegada del señor Raoul y de algunos otros jefes y oficiales que me acompañaban, ellos fueron obligados a reducirse a sus puestos. Entonces todas las tropas de la división, fueron colocadas militarmente, y comenzó un tiroteo horroroso de ambas partes. Se pasó la noche sin cesar el fuego, y al amanecer dispuso el señor Raoul darles un ataque de flanco que surtió el efecto que este acreditado Jefe se propuso, porque el enemigo viéndose envuelto, apeló a la fuga, habiendo tenido muchos muertos y heridos, que quedan dispersos por los montes. Se han tomado doce cajones de parque de fusil, doce arrobas de pólvora fina, un cajon de piedras de chispa, muchos fusiles, carabinas y lanzas, veintiuna albardas, y el portador lleva orden de entregar una bandera de guerra, tomada a los enemigos. Tengo el sensible dolor de decir a Ud., que han sido heridos el mayor general, C. Agustín Guzmán: mortalmente el capitán Antonio Martínez y el subteniente Rafael Ortiz.

"Yo no encuentro voces con qué elogiar el valor del señor coronel Raoul y sus conocimientos. Él es un viejo militar, y se le haría un agravio, si fuese a detallar su comportamiento. La patria con su ausencia perderá una columna que debería conservar para su sostén a cualquiera costa.

"No hallo como recomendar la bizarría del teniente coronel Máximo Menéndez, comandante de la caballería federal, que con los capitanes Ignacio Malespín y Mariano Irungaray, atacó osadamente al enemigo, causándole la derrota que ha sufrido.

"Son también dignos de elogio, el teniente coronel Félix Fonseca,[48] comandante de la 1. brigada de infantería, que con el teniente Pedro Vidal y los ayudantes de la comandancia general CC. Ignacio Barnoya, José Dolores Larraín y el alférez Salvador Cornejo, llenaron exactamente su deber, así como el cirujano de la fuerza, licenciado Lorenzo Hidalgo.

"La tropa toda es valiente, toda se ha distinguido y no puedo señalar y ninguno. Ella es digna de pertenecer, como pertenece, á un Gobierno justo y liberal.

"Pronto emprenderé mi marcha al Barrio, donde espero órdenes del Gobierno supremo, a quien ruego á Ud. se sirva comunicarle lo dicho y aceptar mi respeto y consideración.

D. U. L.—Cuartel general en Escuintla, febrero 24 de 1832.

José Martínez".

Raoul dice al Gobierno: "Me lisonjeo de que no quedará sin premio, la conducta del perfecto militar capitán Martínez, la del teniente coronel Máximo Menéndez, que mandaba la columna de ataque y brincó el primero en la trinchera, en compañía del capitán de la permanente del Estado, Mariano Irungaray, que tomó la bandera del enemigo. El teniente de caballería federal Pedro Vidal, se ha distinguido particularmente peleando al frente de la infantería, en donde acreditó valor, intrepidez unida a la calma y su sangre fría, tan apreciable en medio del peligro: el capitán Malespín que mandaba la compañía del batallón federal, se distinguió también. El teniente coronel Guzmán, merece el mayor aprecio y la consideración pública por su valor, que no puede ser aventajado. Mañana salgo de aquí para la capital, en donde estaré dentro de ocho días".

---

[48] Muerto gloriosamente el 11 de septiembre de 1838, combatiendo a Carrera en Villanueva.

El Jefe del Estado de Guatemala, dirigió a los centroamericanos, la proclama siguiente:

"Conciudadanos: nuestras armas acaban de dar un cruel desengaño a los enemigos del pueblo. El ambicioso que proclamando los títulos del salvaje, se presentó en nuestra frontera, alegando el derecho de la fuerza, para encender las teas de la guerra; ha visto en el pueblo de Escuintla, desbaratados sus sanguinarios proyectos y probado cuánto excede el ímpetu guerrero del soldado de la ley al de impotentes traidores.

"En 826, Arce, que en mala hora, se había sentado en la silla del Ejecutivo nacional, fue infiel a la ley, y el temor de sus responsabilidades, le condujo a los atentados públicos. La noble resistencia del patriotismo, le hizo añadir la violación a los crímenes y con la guerra cubrió de luto y de sangre toda la faz de este suelo hermoso.

"En 829 el triunfo de la restauración, reunió el Congreso nacional, que había desaparecido por cerca de tres años. Por sus acuerdos, el autor de tantos males, iba a ser juzgado con otros tantos cómplices; más fueron atendidas sus voces suplicantes, con que pedían indulto de la vida, resignándose a la expatriación perpetua. Tal gracia se imploraba ante los hombres ofendidos y ante aquellos que habían derramado lágrimas, testigos del suplicio de los patriotas, y generosos, no supieron imitar a sus tiranos.

"No debe pesarnos este testimonio de humanidad, aun después de la pérfida correspondencia del ingrato. Su maldad y nuestra justicia ha sido hoy la causa que ha conducido a nuestros bravos a los triunfos que os anuncio. No puede el crimen tener valientes partidarios, ni un Gobierno generoso será jamás vencido: entraron ya despavoridos en el territorio mejicano, los malvados que han podido librarse con la fuga. Sus efectos de guerra están en nuestras manos, y la bandera desplegada en Escuintla para, la sedición, se halla expuesta al público en esta ciudad, como trofeo tomado por los amigos del orden.

"Conciudadanos: continuad vuestra cooperación al Gobierno, y él os ofrece los días serenos que ha venido a robarnos un desnaturalizado centro—americano. Y tributad eterna gratitud a los valientes que con su sangre han afirmado la pública seguridad, y los sagrados derechos del pueblo. "Guatemala, 3 de marzo de 1832. Mariano Gálvez".

El coronel Martínez despachó una circular a las autoridades de Soconusco, en que les manifiesta, que la necesidad de destruir la facción, le había obligado a internarse con la fuerza armada en aquel territorio, y que tan luego como desapareciera todo movimiento de sospecha, regresaría al Estado de Guatemala. La contestación del Jefe político fue satisfactoria. El reconoció la necesidad del movimiento, y dio las gracias a los vencedores por haberlo librado de los facciosos.

El Gobierno de Méjico ordenó al Gobernador de Chiapas, indagara con toda exactitud cuanto hubiera ocurrido con posterioridad a la derrota de las fuerzas del ex—presidente Arce, y especialmente si los vencedores habían cometido faltas contra los habitantes de Soconusco, contra los derechos de la República mejicana.

El alcalde de Tapachula, don Silverio Escobar, dio el informe siguiente, dirigido al Juez de 1.a Instancia de Tonalá, para que fuera enviado al Gobernador de Chiapas:

"Ayer fue en mi poder el oficio de Ud., de 12 del actual, en que me traslada lo que el supremo Gobierno de ese Estado le dice con fecha 3 del mismo, encargándome le informe sobre los acontecimientos ocurridos en este. territorio, desde que lo ocuparon las tropas del Gobierno de Centro—América, que vinieron a batir las que acaudillaba don Manuel José Arce en el pueblo de Escuintla. Contrayéndome a los particulares indicados, acerca de los que me pide le comunique cuanto haya ocurrido con posterioridad a la derrota, hechos de los vencedores en el territorio de Soconusco, y si aún permanecen en él o lo han evacuado, digo: que ha sido a estos pueblos todos, tan inesperada como apreciable la conducta que han observado el comandante don José Martínez y los jefes, oficiales y soldados de la fuerza vencedora: que al ingreso de ella, los vecinos de los pueblos inmediatos á Escuintla, los abandonaron, creyendo ser hostilizados; pero disipados sus temores, noticiosos de la disciplina militar de las tropas de Centro—América, han vuelto sin ser molestados en manera alguna: que el Jefe de estas tropas ha respetado y protegido con escrupulosidad sin ejemplar, las propiedades de los vecinos de estos pueblos, mandando también satisfacer el valor de todos los auxilios que han prestado, entendiéndose con las autoridades locales: que éstas han sido por él mismo respetadas y sostenidas' en su sistema de neutralidad: por último, que dichas tropas en su marcha á Escuintla y regreso hasta aquí, donde existen, han acreditado que su objeto solo ha sido deshacer a los que acaudillaba don Manuel José Arce. Así lo ha manifestado el señor Martínez a estos pueblos, y con respecto a la permanencia de la división en este suelo, ha visto que tan luego como el General mencionado supo las providencias tomadas por el Gobierno de ese Estado para hacer internar en él a don Manuel José Arce y a los que los siguen, ha dispuesto su retirada para el territorio de Guatemala, manifestándome que él con alguna fuerza permanecerá mientras se verifique la internación de aquellos, conforme las órdenes que me asegura tener de su Gobierno. Esto es cuanto puedo informar a Ud. ahora; pero si adelante ocurriere algo que merezca ponerse en la consideración de Ud. para que lo haga saber a su Gobierno, no descuidaré en hacerlo. Esta ocasión me proporciona ofrecerle la gratitud de mi más distinguida consideración y aprecio.

"Tapachula, marzo 19 de 1832.

"Silverio Escobar.

"Sr. don José Martínez, juez de 1ª instancia de Tonalá".

Arce se internó con los restos de su gente a la República mejicana. Ahí todos se dispersaron. Aseguraba que iba a dirigirse a Trujillo, con el fin de auxiliar a Domínguez; pero no lo hizo. Las tropas de Guatemala volvieron al Estado, no para descansar de sus fatigas, sino para continuar la campaña en Honduras. Con la derrota de don Manuel José Arce, termina la segunda parte de la gran conspiración servil; pero quedaba en pie la tercera parte, que al mismo tiempo había comenzado por las costas del Atlántico en el Estado de Honduras, y que no concluyó sino hasta el 12 de setiembre de 32. En el capítulo inmediato, se verán los esfuerzos de los serviles para establecer la división en el partido liberal, y en el siguiente veremos correr á torrentes la sangre centroamericana en Tercales, Jaitique, Trujillo, el Espino, Opoteca y Oinoa.

Cuando se dice que durante la administración del partido liberal, no progresó el país lo que debiera, no se tiene en cuenta que la aristocracia y el clero, jamás dejaron de conspirar: que desde el 13 de abril de 29, hasta el 13 de abril de 39, hubo una incesante y porfiada lucha, en que los serviles esgrimieron todas las armas, para no dejar que las instituciones liberales se afianzaran, ni el Gobierno tuviera una hora de sosiego. Las medidas poco enérgicas contra ellos, los alentaban. La idea de la inviolabilidad de la propiedad, llegó al extremo de no exigirse indemnizaciones pecuniarias a los verdaderos autores de tantos males; quienes permanecían en lujosas habitaciones, burlándose pérfidamente de las desgracias de la patria, y preparándole otras mayores. Las indemnizaciones, conformes con los principios de justicia, según las cuales el que hace un daño debe repararlo, habrían quitado a los conspiradores los medios de continuar delinquiendo, y evitado el escándalo que presentan hombres en la opulencia, deleitándose en el infortunio de la nación y en las desgracias que ellos han producido.

CAPÍTULO TRIGESIMOTERCIO: UN EPISODIO POLÍTICO.

SUMARIO.

1—Se hace al Gobierno una denuncia—2. Prisión y fuga de un emisario—3. Conducta del partido servil—4. Se introduce segunda vez el mismo emisario—5. Se le reduce a prisión—6. Acontecimientos verificados en una visita de cárcel—7. Conferencia entre el doctor Gálvez y don Bernardo Escobar—8. Agentes del partido servil exaltan á Escobar—9. Otros pretenden irritar a Gálvez—10. Mensaje del Jefe del Estado—.

En setiembre de 31, el Gobierno tuvo aviso de que Isidro Arriola, vecino de Chiapas, se había introducido en el Estado, con el fin de reclutar gente para la empresa servil, acaudillada por don Manuel José Arce, agente de la aristocracia de Guatemala.

El Gobierno tenía certeza de la introducción de Arriola sin pasaporte. Se le mandó prender; pero él tuvo habilidad para escaparse y llegó a Chiapas con algunos reclutas centroamericanos, que sirvieron al ex—Presidente, en la descabellada campaña que terminó en Escuintla.

Los serviles no descansan en sus maquinaciones contra los liberales. Si están en el poder, su principal é incesante ocupación es destruir las ideas progresistas y aniquilará los hombres que las profesan, sin perdonar medio alguno; si están en la oposición, conspiran sin tregua, preparando siempre dificultades y todo género de obstáculos a los gobernantes. Los verdaderos jefes del partido servil, cuidan siempre de que los motores del movimiento no se vean. Estos permanecen emboscados, y elijen para que se presenten en la arena y sufran el rigor de las campañas, las persecuciones y la muerte, a hombres como Ramon Guzmán y como otros muchos que presentará la Historia.

En el mes de junio de 32, dio parte el Jefe político de Quezaltenango, de que Arriola se había introducido por Cuilco: que no trayendo pasaporte, se le había arrestado; pero que de la cárcel se fugó. El Jefe del Estado dio órdenes a todos los funcionarios para la captura de aquel hombre. En esos momentos llegó el correo de

Chiapas que traía cartas para el doctor Gálvez, en las cuales se aseguraba que Arriola era un emisario del ex—Presidente.

Arriola se introdujo furtivamente en Guatemala, y al segundo día de su llegada, fue preso por un teniente de policía. Este dio cuenta al Alcalde 1.º quien averiguó la existencia de algunos cómplices, y puso incomunicado al preso. Se aproximaba la visita de cárcel, y el Alcalde consultó al Jefe del Estado, acerca de la manera de presentar en ella al enunciado Arriola, y Gálvez respondió que debía presentársele como detenido por la policía, por sus fugas, y por haberse introducido furtivamente y sin pasaporte.

Don Bernardo Escobar, uno de los liberales más sinceros y uno de los oradores más notables de la República, era magistrado, y a él estaba encomendada la visita de cárcel. Todavía la ruda experiencia no había colocado a los liberales en el terreno práctico que debían ocupar, para sostener sus principios y para que su régimen no atraviese las columnas de la historia como un rápido meteoro. Para Escobar, la plena observancia de la ley de garantías aun en los momentos más difíciles de la patria, era el único fin a que todas las autoridades públicas debían encaminarse. El juzgó en la visita, indebida la prisión de Arriola, y en el acto ordenó que se le pusiera en libertad. El Alcaide hizo observaciones, diciendo que aquel hombre se hallaba preso de orden del Gobierno, por ser un espía. La injerencia del Jefe del Estado, en un asunto judicial, exaltó á Escobar, y pronunció allí en presencia de muchos espectadores, un discurso enérgico sobre la independencia del poder judicial. El Alcalde dio cuenta al Jefe político, y éste contestó que no saldría el reo, sin orden del Jefe del Estado. Esto pareció al Magistrado de la visita, un crimen horrendo contra las libertades públicas, y pronunció otro discurso que puede considerarse como una catilinaria.

Escobar y Gálvez inmediatamente conferenciaron sobre diferente asunto, y en la conferencia se habló de Arriola. El doctor Gálvez, era uno de esos hombres a quienes no se puede ofender frente a frente, porque desarman con su talento. Gálvez propuso a Escobar, como un medio de transacción, que Arriola fuese trasladado a un cuartel, mientras que la causa terminaba. Escobar aceptó, y en su presencia se dio la orden de traslación que en el acto fue ejecutada.

Los serviles supieron que se hallaban en pugna dos notabilidades del partido liberal, ignorando todavía el convenio entre Gálvez y Escobar, y al instante se esforzaron en que ese choque fuera en aumento hasta producir un cataclismo político. Emisarios del partido servil, diestramente aleccionados, se dirigieron a Escobar, y con lenguaje sagaz increparon a Gálvez, citando una serie de hechos, que aquellos llamaban infracciones de la ley fundamental, atentados contra los derechos del hombre, crímenes contra las garantías de la Nación y de sus habitantes. Escobar volvió a exaltarse, y su exaltación aumentó con la noticia de que en el expediente contra Arriola, no se procedía velozmente, y dictó segunda orden de libertad que fue pronto ejecutada.

No solo estos agentes del partido servil estaban en movimiento. Otros de ellos, por diferentes intermedios, tocaron á Gálvez, presentándole la conducta de Escobar, como una rebelión contra la autoridad, como un delito que no podía quedar impune sin que todo el orden social se trastornara. Se le pedía que al instante diera una lección severa a ese miserable demagogo, que trataba de turbar la tranquilidad y la paz de que tan urgentemente necesitábamos.

Gálvez, práctico en política, no se dejó alucinar. Escobar no fue reducido a prisión. Pero el Jefe del Estado expidió orden para que Arriola fuera recapturado, y dio cuenta a la Asamblea de todo lo ocurrido. En su exposición al Cuerpo Legislativo, dijo: que un decreto del Congreso federal, emitido a 8 de diciembre de 1830, imponia tremenda responsabilidad a los Jefes de los Estados, que teniendo avisos como el que dio el Jefe político de Quezaltenango, no acordaran medidas prontas: que el artículo 32 de la Constitución del Estado, otorgaba garantías a los habitantes del mismo Estado, y no a los que furtivamente se introdujeran en él contra la expresada Constitución y contra las leyes: que en la cárcel quedaban por orden del Gobierno otros hombres sin auto judicial de prisión: que estos eran los prisioneros de Escuintla y los que por fama de ladrones, en número de más de treinta, estaban en la cárcel en virtud de un acuerdo del vice—jefe Márquez.

Algunos diputados declamaron contra Escobar, haciéndole cargo de tener connivencias con Arce. Ellos no observaban que si hubieran existido esas connivencias, las mismas disposiciones en favor de

Arriola, habría dictado Escobar para proteger a los reos de Escuintla. Ellos no conocían bien a Escobar, demócrata leal, sincero republicano, incapaz de unirse a los traidores. Esta confusión, estos errores, era lo que necesitaban los serviles para dividir al partido liberal, a fin de que dos secciones de éste se hicieran pedazos, y después los llamados conservadores entraran a batirlo en detal. La Asamblea declaró que había lugar a formación de causa contra el magistrado Escobar, y éste quedó suspenso. Barrundia y Molina estaban divididos; Gálvez y Escobar se habían dividido también. La facilidad con que la Asamblea declaraba haber lugar a formación de causa contra los próceres del partido liberal, era el punto de apoyo que los serviles encontraban a la palanca de Arquímedes. El autor de estas líneas, que por su edad no inspiraba entonces ninguna desconfianza, recuerda bien haber oído a personas principales del partido servil decir: "Es preciso procurar que los fiebres se dividan y se despedacen".

Don Bernardo Escobar publicó un folleto intitulado: "Apelación al tribunal de la opinión pública". En ese folleto se pinta al doctor Gálvez como un tirano, y a la Asamblea como si fuera el Senado de Roma en tiempo de Tiberio César.

El folleto de Escobar produjo sensación, y la prensa se dividió. Unos papeles lo apoyaban, y otros lo combatían fuertemente. La Municipalidad de la Antigua, creyó que debía tomar parte activa en el asunto, y dirigió con fecha 4 de setiembre, una exposición al doctor Gálvez. Uno de sus párrafos, dice: "El turbulento y perverso Escobar, nada medrará con las especies sediciosas que publica.... Los Gobiernos son responsables de su tibieza; porque al fin los pueblos son víctima de ella. La libertad es la diosa de nuestro corazón, y en sus aras nos hemos sacrificado; pero las acciones sediciosas no pertenecen a ella: son el cáncer de su existencia".

El 10 de setiembre contestó Gálvez, que el Gobierno estaba siempre seguro del ardor patriótico del pueblo de la Antigua Guatemala, cuyo nombre se conservaría en la historia de los heroicos servicios a la libertad de Centro—América.

Sin embargo de que en esos días las armas liberales, humillaban a los serviles, la cuestión de Escobar continuó agitando los ánimos y poniendo de manifiesto intrigas conservadoras, dirigidas por todas partes contra la democracia. La Asamblea había cerrado sus sesiones, y Gálvez se dirigió al Consejo representativo, por medio de su secretario general don Marcos Dardon, pidiendo que aquel alto cuerpo se reuniera para presentar su renuncia.

El Consejo representativo oyó a la comisión de legislación, que presentó un dictamen altamente honorífico para el doctor Gálvez; sin embargo, no se pudo negar la convocatoria de la Asamblea.

Reunido el Cuerpo Legislativo, Gálvez formalizó ante él su renuncia.

Al saber el pueblo cuál era el objeto de la convocatoria, una exposición firmada por más de ochocientos ciudadanos, se presentó a la Asamblea. En ella se elogia al Jefe del Estado, se ponen de manifiesto sus importantes servicios y se pide que continúe en el poder. Los signatarios se mantuvieron en incesante agitación, hasta que la Asamblea dio un decreto en absoluta conformidad con sus deseos.

CAPÍTULO TRIGESIMOOUARTO: RENDICIÓN DEL CASTILLO DE OMOA Y FIN DE LA GRAN CONSPIRACIÓN SERVIL.

SUMARIO.

Proclama del invasor—1. Los facciosos pretenden destruir la independencia nacional—2. Buques con que contaba Centro—América—3. Muerte del francés Duplessis—4. Ferrera recobra el puerto de Trujillo—5. Acción de Omoa—6. Acción del Espino—7. Rendición de Omoa—8. Llegan más fuerzas a Omoa—8. Muerte de Domínguez—9. Entrada de los vencedores a Guatemala—8. Excesos provenientes del entusiasmo—9.

El primero de diciembre de 1831, el Gobierno de Honduras manifestó al de Guatemala, que el contador vista de Omoa Francisco Lozano, se dirigía a aquel puerto, y que fue sorprendido con la noticia de haber sido tomado el mismo puerto y su castillo por cien expulsos que se hallaban en Belice. Agregaba que esta operación había sido combinada con Arce, y que se dictaban medidas, entre ellas la de aumentar las guarniciones de Comayagua y Tegucigalpa, con el fin de que marchara una división a desalojar a los invasores. Igual noticia se envió por extraordinario al Presidente de la República.

Casi al mismo tiempo Domínguez ocupó el puerto de Trujillo. Lo acompañaba Pedro González, el mismo que se halló en la plaza de Guatemala sirviendo a Aycinena el año de 29, que pasó al campo del general Morazán el 12 de diciembre, á suplicarle ocupara la plaza y que no obstante hallarse comprendido en los decretos de expulsión, fue indultado por repetidas súplicas.

Con fecha 31 de diciembre, Domínguez tuvo la audacia de dirigir una circular a las Municipalidades del Estado de Guatemala, excitándolas a la insurrección. En ese documento se pinta con negros colores al partido liberal, y se dice que es indispensable aniquilarlo para salvar a la Nación.

La misma fecha tiene una proclama de Domínguez a los centroamericanos. Ese documento es una prueba evidente de la liga que existió entre los hombres que sucumbieron en 1829 y don José María Cornejo, jefe del Estado del Salvador. Don Vicente

Domínguez, en su proclama, como don Manuel Montúfar y don Manuel José Arce en sus Memorias, colma de elogios a Cornejo; pero Domínguez se extiende, expresando lo que aquel Jefe había prometido, y lo que de él esperaba.

Un correo extraordinario dio aviso de las circunstancias de la toma de Omoa. Según ese parte, Ramon Guzmán á la cabeza de doscientos morenos, sorprendió el fuerte y cuartel de Omoa el 21 de noviembre a las ocho de la noche. Aprehendió el armamento y municiones de guerra que allí había, y logró poner quinientos hombres sobre las armas.

Los facciosos enviaron a la Habana, la goleta Ejecutivo, a la cual ellos dieron el nombre de General Domínguez. Ella conducía pliegos y agentes de los serviles al Capitán General de la isla de Cuba, con el fin de manifestarle que los hombres de bien en Centro—América, aspiraban a la dominación española, y que solo los forajidos y los miserables que vivían del presupuesto querían ser independientes. El mismo lenguaje habían empleado en la Corte de Madrid algunos aristócratas mejicanos, que fueron desmentidos por el éxito fatal de la expedición del general Barradas.

Los centroamericanos contaban con las goletas "María Josefa" y "Nueva María", que estaban armadas y equipadas en el puerto de Izabal, con otros dos buques nacionales a las órdenes del general Terrelonge, y con otro de ochenta toneladas, armado con cuatro cañones que se tenían en Belice.

El francés Duplessis mandaba la goleta "Fénix," una de las que estaban al servicio, de la República. Esa goleta, surta en las aguas de Omoa, fue sorprendida por Domínguez, quien condujo a Duplessis a la plaza de Omoa, donde fue fusilado. Salió al patíbulo con un valor admirable. En los momentos de la ejecución, dijo a los espectadores con voz muy serena, que aprendieran a despreciar la muerte. Este asesinato, como el de Merino, daba a conocer lo que los liberales debían esperar del partido servil, y presentaba una viva demostración de que no solo se trataba de la independencia centroamericana, sino de la vida y de la muerte de los hombres que la sostenían.

La vanguardia de Domínguez se aproximó a Yoro, el día 7 de marzo de 1832. El comandante Ferrera le salió al encuentro. Los invasores desaparecieron y Ferrera ocupó sus equipajes. Entonces la misma vanguardia apareció de nuevo y atacó a Ferrera sobre el punto de Tercales. Allí dos compañías de infantería y un piquete de la caballería de Yoro, hicieron) resistencia y derrotaron completamente a los facciosos. Estos huyeron dejando dos muertos. Domínguez quiso rehacerse en Olanchito, pero nadie le auxilió, y tuvo que escapar para Trujillo, dejando doscientos fusiles empacados, nueve cargas de equipaje en que había algún dinero, treinta y ocho carabinas, tres sables, algunas forrituras, parque y un caballo con buena montura[49].

Domínguez, bien pronto experimentó las fatales consecuencias del asesinato que acababa de cometer. Las autoridades de Olancho, dieron parte de que los morenos franceses, disgustados por la muerte de Duplessis, quien no había cometido más crimen que hallarse al servicio de la República, abandonaban al invasor.

Llegó Domínguez a Trujillo en precipitada fuga. Tuvo necesidad de pedir ropa ajena para vestirse, quiso ocultar su derrota, pero no pudo. Marchó a Omoa a donde llegó el 22 de marzo con su capellán y tres personas más.

Domínguez se dirigió inmediatamente a Santa Bárbara, por cuya dirección se había internado con 300 hombres su agente y cómplice Pedro González. En ese departamento pudo reunir otros 300hombres, y con 600 marchó sobre el pueblo de Jaitique, donde había 200 de las fuerzas centroamericanas, pertenecientes a la columna llamada "Invencible", que mandaba el coronel Gutiérrez.

El 26 de marzo, a las 3 de la mañana, Domínguez, con fuerzas más que dobles, comenzó el ataque. A las cuatro horas de un fuego vivo en que tomaron parte todas las fuerzas que se hallaban frente á frente, el agresor tuvo que huir hacia la aldea de San José, dejando multitud de cadáveres, sables, bayonetas, carabinas, dos cajas de guerra, un clarín y otros despojos.

La columna vencedora acreditó en esta acción, que era digna del nombre que se le había dado. Pero el triunfo fue costoso. Murió el

---

[49] Entre los equipajes se encontraron ocho camándulas de rezar y 25 oraciones u la virgen de Guadalupe, para entumir a los enemigos. Con estas supercherías, se conducía gente a la matanza. Domínguez no tenía caudal. Los elementos con que contaba, prueban que muchos serviles que se mantenían incógnitos, sostuvieron con sus bienes la campaña.

capitán Estévez, el teniente Carias y el subteniente Pepiton. El comandante Gutiérrez recibió una herida mortal.

Gutiérrez llamó a Sotero Moncada y le dictó una nota que ya no pudo firmar. Dice así: "Comandancia general. Columna invencible. —C. Ministro general—A las cinco de la mañana, hemos sido atacados. El fuego ha durado cuatro horas: creo hemos tenido de pérdida cincuenta hombres entre muertos y heridos. La victoria ha sido nuestra, y yo quedo mortalmente herido. No puedo ya continuar. Con las ansias de la muerte dirijo mis votos al cielo por el bien de la patria. Los oficiales me informan que todos los soldados han peleado con mucho valor. —D. U. L.—Jaitique, marzo 26, a las 8 de la mañana".

El día de la batalla de Jaitique, fue sepultado en Comayagua el jefe del Estado de Honduras, D. José Antonio Márquez, víctima de una fiebre maligna. Al comprender que estaba grave, dirigió una proclama a los hondureños, fechada el 22 de marzo. En ella dice que deposita el mando en el Presidente del Consejo, quien sabría llenar los deberes de su cargo. Se despide del pueblo hondureño y lo exhorta para que continúe con valentía por la senda gloriosa que el honor le traza.

Los facciosos, sin embargo de la derrota de Jaitique, mantenían una insurrección en Santa Bárbara, y contaban con algunos morenos de Antillas que no son francesas, los cuales ocupaban el puerto de Trujillo. Las autoridades hondureñas no se creían seguras en la ciudad de Comayagua, que por su situación topográfica, no es un punto militar. La evacuaron, y a principios de abril, Domínguez la ocupó sin resistencia.

El 11 de abril, Ferrera, con la división de su mando, se presentó en Trujillo. Solo le hizo resistencia una goleta, que para disputarle la entrada, se fijó frente al campamento donde hizo algunos tiros. Ferrera avanzó hasta el punto nombrado la Ofrecedera. Allí tenían los enemigos doscientos hombres bien parapetados. Ferrera destacó dos compañías del batallón de cazadores, al mando de los capitanes León Ramírez y Fernando Martínez, con el objeto de cortarlos por el interior de la montaña, dejando el resto de la tropa para llamarles la atención de frente. Una circunstancia no esperada, obligó a que se rompiese el fuego antes que estuviese cortado el enemigo, lo cual dilató la acción por más de una hora. Fueron completamente derrotados los facciosos, dejando seis muertos, y todo cuanto tenían en aquel puesto. Ferrera tuvo cinco muertos y diez y siete heridos, entre ellos cuatro de gravedad. Todos los correos de la facción desaparecieron, y solo se encontraron personas insignificantes. Se embarcaron parte de los cabecillas y parte se esparcieron por los montes.

El coronel Terrelonge se dirijió á Omoa. En la plaza de la Barranca, encontró la primera trinchera enemiga, situada en un ventajoso punto: intimó a su comandante le franquease el paso, ofreciéndole las garantías necesarias, a nombre del Supremo Gobierno nacional. Al principio manifestó deseos de hacerlo, pero se decidió después a que se tomara la trinchera á viva fuerza. Terrelonge destinó al efecto la primera compañía federal, mandada por el coronel don Máximo Menéndez. Este se arrojó sobre la trinchera con una intrepidez admirable, despreciando sus fuegos y los que hacían en la playa tres goletas. Terrelonge hizo continuar el movimiento, a paso de maniobra, dejando cubierta la fortificación tomada, y se presentó en la segunda trinchera que estaba defendida como por cien hombres de infantería. Terrelonge arreglaba la tropa para tomarla a la bayoneta, cuando se adelantó el esforzado y valiente coronel Menéndez, seguido solo de dos dragones, quien con su ordenanza y el del Jefe, tomó la trinchera e hizo huir a los que la defendían. Se destinaron en seguida, un piquete de caballería, al mando del capitán Francisco Malespín, para que fuera a ocupar el pueblo, y la primera compañía a las órdenes del coronel Menéndez para que se situase en la loma, y todo se verificó en el momento, dispersándose completamente algunas partidas enemigas que aún no habían tenido tiempo de replegarse al castillo.

El 3 de mayo, estando una columna centro—americana en la aldea del Espino, a dos leguas de Comayagua, Domínguez hizo un movimiento con 400 hombres que tenía a sus órdenes. Dejó 200 en Opoteca y con 200 atacó el Espino. En hora y media de fuego fue derrotado, dejando trece muertos y un oficial irlandés, capitán de los morenos, herido y prisionero. La columna tuvo cuatro muertos.

El día 4, la misma columna marchó sobre Opoteca, y el 5 atacó a Domínguez. A las tres horas de fuego éste huyó, dejando muchos muertos. Acompañaban a Domínguez en su fuga, el capitán Alvert y otros oficiales. Quedaron treinta prisioneros y entre ellos un teniente, llamado Salvador López. Se tomaron dos cañones desmontados, que Domínguez había sacado de Comayagua, cuatrocientas carabinas de infantes, veintinueve de dragones, cuarenta y cinco fusiles, doscientas treinta y una bayonetas, quince lanzas, diez balas de cañón, ochocientas cincuenta piedras extranjeras, quinientas del país, catorce cartucheras, diez bolsas, ciento cincuenta tiros de fusil, dos baquetones, tres cajas de guerra, un tercio de balas sueltas. Las fuerzas del Gobierno perdieron al valiente coronel José Rosario López y tres soldados.

Domínguez fue perseguido en todas direcciones y capturado. Se le condujo preso á Comayagua.

Toda la esperanza de los serviles, después del último triunfo de Opoteca, estaba reducida al castillo de Omoa, y a los auxilios que los españoles de la Habana le dieran.

El 27 de junio por lo mañana, hubo un eclipse. La oscuridad llegó a tal punto, que fue preciso encender velas. Los caminantes tuvieron necesidad de suspender su marcha. Guatemala quedó en este paso de la luna entre el sol y la tierra, por algunos minutos, al centro de la penumbra. Este acontecimiento anunciado por los astrónomos, sirvió a los fanáticos contra los liberales. Unos decían que eran visibles señales del juicio y que llegaba la hora suprema de las expiaciones. Otros aseguraban que la cólera de Dios estaba marcada: que si un día faltó la luz por poco tiempo, otro día desaparecería del todo, en castigo de tantos crímenes. Las personas menos sensatas, repetían muchas veces estas palabras: "Señales en el cielo, trabajos en la tierra. La madre Teresa multiplicó sus profecías; pero la situación del castillo de Omoa, continuó sin embargo, empeorando a cada instante.

El primero de julio, llegando a Omoa, de regreso de la isla de Cuba, la goleta. "Ejecutivo", llamada por los facciosos "General Domínguez", fue aprehendida por la goleta nacional "Deseada". A bordo venia de capitán el español Juan Miguel Arrechea. Le acompañaban el español Antonio Fernández, el trujillano José Suarez y Ciriaco Velásquez de Comayagua, todos oficiales de Domínguez. El coronel Terrelonge, después de haberles tomado declaración, los mandó fusilar, diciendo que estaban fuera de la ley. Los auxilios que traían para el castillo, eran banderas españolas y municiones de guerra y boca suministradas por el Gobernador de la Habana.

Las declaraciones de los que traían los auxilios de la isla de Cuba, estaban conformes en un punto, y discrepaban en otros. Estaban conformes en que esos auxilios los dio el Gobernador de la Habana y en que este ofreció otros de la misma especie. Discrepaban en las causas por qué aquel Gobernador no les había dado buques y tropa. Arrechea aseguró que ese funcionario dijo que no podía hacerlo sin órdenes terminantes del Gobierno español. Velásquez depuso que se les había contestado que el auxilio no haría más que comprometer a España, porque a la fecha el castillo estaría ya rendido.

Los rebeldes celebraron acta, declarándose súbditos del Rei de España, cuyo pabellón enarbolaron solemnemente en el castillo, el 10 de agosto de 1832. Ellos decían que aquella fortaleza era española, y que combatirla, era hacer la guerra a España.

Bajo los fuegos del castillo, se hallaba la goleta "Génis", tomada por los rebeldes a Duplessis. Ramon Guzmán la hizo salir con dirección a la Habana; pero a pesar de las profecías del convento de Santa Teresa, esta embarcación fue atacada por el coronel Galindo, que se hallaba a bordo de la goleta "María Josefa" y la "Génis" fue averiada. El piloto y tres marineros salieron en una lancha para tomar un cayo donde los prendió Galindo. La escuadra centroamericana constaba entonces de siete buques.

Ramon Guzmán no tenía que esperar en el castillo. Los víveres se agotaban. Las municiones de guerra no eran interminables. Los hombres que lo acompañaban no podían tener el mismo entusiasmo que él por la causa de los serviles. En los primeros días de setiembre, salieron veinte hombres del castillo, al mando de Vicente Hoyos, con el fin de quemar la población de Omoa. Estos fueron repelidos y murió su caudillo. El mal éxito de esta empresa exasperó a los facciosos que rodeaban á Guzmán, quienes al fin se sublevaron contra éste, lo redujeron a prisión é izaron bandera blanca. El coronel don Agustín Guzmán mandaba en jefe por enfermedad de Terrelonge. El oyó, proposiciónes de paz y se firmó el convenio siguiente:

"1°. Se depondrán las armas entregándolas al oficial que comisione el General sitiador, al tiempo de ocupar la fortaleza del castillo, quedando la guarnición rendida en el paraje que se señale.

2°. Se entregará el comandante Ramon Guzmán al mismo oficial para que quede a disposición del ciudadano Comandante General, y hasta ese momento estará escoltado por la misma guarnición. 3.° Todos los oficiales y tropa de la guarnición de este castillo, quedarán garantidos en sus vidas e intereses por mí, y serán tratados con consideración. 4.° No serán comprendidos en estas garantías, los que hoy se hallan fuera del castillo, pues la opinión de estos con respecto a la conclusión de la guerra, no está manifestada por ellos personalmente. 5.° Se pondrá en libertad a los prisioneros que por opiniones políticas se hallan en este castillo. Si fueren aprobados los artículos anteriores, la devolución del ejemplar que acompaño, será la seña de la admisión y la hora en que se pondrá en práctica lo convenido por una y otra parte. Dado en el cuartel general de Omoa, firmado de mi mano, á 12 de setiembre de 1832. El coronel comandante en jefe accidental— Agustín Guzmán. Este pliego volvió con estas palabras escritas al pie: "Aprobada la capitulación anterior por los oficiales de la guarnición del castillo—Fecha ut supra—Lino Montero—Pedro Policarpo— Pedro Lubo".

El estado de las fuerzas de la República que sitiaban el castillo al tiempo de rendirse, era el siguiente: artilleros 21. De la primera compañía del batallón federal, 74. Id. de la segunda, 116. De la compañía de milicias del Salvador, 97. Id. de Zacapa 112. Id. permanente de Guatemala, 73. Id de la segunda, 47. De la primera de Chiquimula 46. De la segunda de id. 37. De la compañía de Texiguat, 34. De la de Verapaz, 78. De la de Yoro, 53. De la caballería federal, 51. De los dos escuadrones de la guardia de la Constitución de Chiquimula, 97.

El día 13 llegaron a Omoa dos compañías de infantería de Chiquimula y tres de Honduras; esta fuerza había sido enviada, en el concepto de que el castillo continuaría resistiendo. Sin contar con ella, había en el sitio mil ciento noventa y siete hombres, de los cuales estaban en servicio ochocientos diez y ocho. El resto se encontraba en los hospitales.

El 13 de setiembre, Ramón Guzmán fue fusilado en Omoa, de orden del comandante en jefe accidental, Agustín Guzmán.

Domínguez se hallaba en Comayagua, y quedó comprendido entre las personas a quienes no garantizaba Guzmán, por hallarse estas fuera del castillo, cuando aquel fuerte se rindió, y fue fusilado el 14 de setiembre. El coronel Domínguez no salió al cadalso con la serenidad del honrado artesano, teniente de patriotas Isidro Velásquez, condenado a muerte en tiempo de Aycinena, por haber simpatizado con los salvadoreños. Menos manifestó el valor heroico de Pierzon, condenado a muerte por un decreto gubernativo de don Mariano Aycinena, suscrito por don Agustín Prado. Pierzon durmió tranquilo la noche que precedió a su muerte. Cuando sonó la hora de salir al suplicio, se preparó como si fuera a un paseo. No permitió que se le cubrieran los ojos. Iba mirando por todas direcciones y dirigiendo saludos a las personas conocidas. Poco antes de las doce de la mañana del 11 de mayo de 1827, Pierzon llegó a los muros del Hospital de Guatemala, sitio de la ejecución; contempló con impavidez el asiento que le estaba destinado, y con voz tan serena, como si estuviera mandando una parada, dio órdenes a los soldados, ministros de su muerte, ¡hasta la voz ¡FUEGO! Domínguez iba abatido. Bien se comprende que profundas meditaciones quebrantaban su ánimo. El no pudo tener en los últimos momentos de su vida, la energía que animó a Merino, ni el despejo de Duplessis. La gran columna servil espiró en Comayagua. El partido recalcitrante quedó en la orfandad, hasta que el cólera asiático le otorgó un nuevo caudillo.

El 26 de diciembre llegaron a la ciudad de Guatemala, las tropas vencedoras. Las calles de la entrada, estaban adornadas con arcos triunfales, alfombras de rosas, coronas y colgaduras. Un concurso numeroso las ocupaba. Salvas de artillería y de cohetes y un repique general de campanas, anunciaron que se aproximaban los vencedores. Ellos entraron a Guatemala sobre un pavimento de flores.

Durante la noche y el día siguiente, las demostraciones de regocijo fueron incesantes. Faltó la calma con que se verificó la Independencia el 15 de setiembre de 1821, y las demostraciones que contra España se hacían en las calles y en las plazas de Guatemala, eran violentas. Las banderas españolas que se tomaron a bordo de la goleta "Ejecutivo" y la que se enarboló el 10 de agosto en el castillo de Omoa, atadas a las colas de los caballos, fueron arrastradas por las calles. Sin embargo, los serviles que desde esta capital fomentaron la insurrección, los clérigos que tanto habían predicado contra los liberales, y las monjas que tantas profecías habían lanzado contra ellos, permanecieron en sus alojamientos sin ser molestados.

El triunfo liberal que coronó la rendición del castillo de Omoa, es el más espléndido que se había obtenido desde el año de 21. La conjuración servil era vasta, y estaba ramificada por todas partes. El Arzobispo desde la Habana conmovía al clero, el obispo de Chiapas, fray Luis García, favorecía al ex—presidente Arce, los partidarios de Arce, vociferaban que el ex—Presidente, tenía en su apoyo al Gobierno de la República mejicana. Podrá ser esto una falsedad; pero lo cierto es que sin embargo de las repetidas solicitudes del Gobierno de Centro—América, Arce no llegó a ser internado. Reclutó gente, expidió proclamas e hizo fortificaciones en Soconusco, á presencia de las autoridades chiapanecas, las cuales siempre procuraron limitar la acción de las fuerzas centro—americanas. Arce estaba en combinación con el Jefe del Salvador, como lo demuestran las proclamas de Domínguez y la del padre Herrera, los elogios que los serviles tributaban á Cornejo y la insurrección de éste contra el Presidente de la República, en los momentos supremos en que se verificaba la invasión de Arce y de Domínguez. Tan colosal tempestad, fue combatida y deshecha por los liberales. Morazán ,ni en Gualcho, ni en ninguno de los campos en que la victoria ciñó su frente, fue más grande que al triunfar sobre Cornejo, Arce y Domínguez, haciendo tremolar la bandera de los libres sobre toda la…extensión de Centro—América.

FIN DEL TOMO PRIMERO.

INDICE

www.ingramcontent.com/pod-product-compliance
Lightning Source LLC
Chambersburg PA
CBHW061550120626
46550CB00004B/1430